엑셀 · 파워포인트

곽 효 연 저

도서출판 상 학 당

머리말

오늘날 우리 사회는 디지털 혁명이라 불리는 정보화시대로 빠르게 전환하고 있는 추세이다. 디지털 혁명은 국내외적으로 치열한 경쟁에 처한 산업체로 하여금 정보기술의 도입과 활용에 적극성을 요구하고 있다. 그 결과 산업체에서는 컴퓨터 하드웨어, 소프트웨어, 인터넷 등 기초적인 컴퓨터 활용기술과 전자·정보통신 등의 응용기술을 기반으로 한 기업정보화 능력을 갖춘 인력의 확보가 중요시되고 있다.

산업체의 이러한 흐름에 따라 전공에 관계없이 전공심화 교육과정에 앞서 학생들은 산업현장실무의 다양한 분야에서 기본적으로 수행되는 사무자동화업무를 원활히 처리할 수 있는 능력을 갖추어야 한다. 이 업무를 지원하기 위해 개발된 대표적인 응용 소프트웨어가 엑셀과 파워포인트이다.

이 책은 제Ⅰ편 엑셀과 제Ⅱ편 파워포인트 두 부분으로 구성되어 있다.

제Ⅰ편에서는 엑셀의 개요, 데이터 입력과 서식관리, 입력한 데이터를 활용한 계산·그래프·데이터베이스 기능 등을 다루었다. 제Ⅱ편에서는 파워포인트의 개요, 프리젠테이션과 마스터 만들기, 그리고 완성된 슬라이드 내용을 효과적으로 전달하는 법 등을 다루었다.

특히 제Ⅰ편에서는 실습을 통해 해당 기능을 쉽게 익힐 수 있도록 하였다. 그리고 정보화 기초과정의 교재 및 자습서로 활용할 경우 효과적인 학습을 위해서 가능한 많은 예제를 수록하고자 노력하였다.

정보화 활용능력을 배양할 수 있는 기초적인 기능 내용에 초점을 두어 미약하지만 초보자가 이 책을 통해 유익한 첫걸음을 내딛기 바란다.

저 자 씀

차 례

⊠ 제 I 편 엑 셀

⊠ 제II편 파워포인트

제 I 편

엑 셀

1장 ··· 엑셀의 개요

1. 엑셀이란

엑셀(excel)은 마이크로소프트사에서 개발한 스프레드시트(spreadsheet)용 응용프로그램이다. 스프레드시트란 수치나 문자데이터를 활용하여 다양한 계산과 분석이 가능한 프로그램을 말한다.

따라서 엑셀의 용도는 다음과 같다.

- **계산기능**

입력한 데이터를 바탕으로 계산식을 입력하거나 함수마법사를 사용하여 성적산정, 세금계산, 급여 등을 계산할 수 있다.

- **그래프기능**

입력한 데이터를 활용하여 막대그래프, 원그래프, 이중막대그래프 등 다양한 형태의 그래프를 작성할 수 있다. 데이터를 시각적으로 나타내기 때문에 비교와 분석이 쉽다.

- **데이터베이스기능**

입력한 데이터를 사용목적에 맞도록 보관, 분류하거나 조건에 맞는 데이터를 검색 및 추출할 수 있다.

- **매크로와 비주얼 베이직을 활용한 프로그램작성기능**

반복적으로 자주 수행하는 작업을 자동화할 수 있는 기능을 가진 매크로와 비주얼 베이직 프로그램언어를 활용하여 사용자가 직접 프로그램을 개발하여 사용할 수 있다.

2. 엑셀 시작하기와 끝내기

(1) 시작하기

1) '시작' 메뉴로 시작하기

화면 아래 왼쪽의 [시작]－[프로그램]－[Micro Excel]을 실행시킨다.

2) 단축 아이콘으로 시작하기

바탕화면에 있는 

을 더블클릭한다.

3) 윈도우 탐색기로 시작하기

윈도우 탐색기를 실행시킨 후 C:\Program File/Microsoft Office/Office 폴더의 Excel.exe 파일을 더블클릭한다.

(2) 종료하기

1) 메뉴를 이용하여 종료하기

엑셀의 메뉴 중 [파일]－[끝내기]를 선택하여 종료한다.

2) 단축키를 이용하여 종료하기

키보드에서 단축키 Alt + F4를 동시에 누른다.

3) '닫기' 단추를 이용하여 종료하기

[방법 1] 제목표시줄의 을 클릭한 후 '닫기'를 선택한다.

[방법 2] 메뉴표시줄의 을 클릭한 후 '닫기'를 선택한다.

3. 화면구성요소

엑셀은 다음과 같은 요소들로 구성되어 있다.

① 제목표시줄 : 프로그램의 이름과 파일명을 표시한다.
② 메뉴표시줄 : 사용할 수 있는 기능들을 메뉴형태로 표시한다.
③ 표준도구 : 자주 사용하는 기능들을 편리하게 작업할 수 있도록 아이콘으로 표시한다.
④ 서식 도구 : 글꼴, 정렬, 표시형식 등 서식지정에 관련된 아이콘들의 모임이다.
⑤ 셀 포인터 : 활성화되어 있는 셀을 의미한다.
⑥ 이름상자 : 활성화된 셀의 주소를 나타낸다. 셀주소는 가로방향의 행번호와 세로방향의 열문자을 조합하여 만들어진다. 예를 들어, A열 1행에 위치한 셀은 주소 A1을 갖는다.
⑦ 수식표시줄 : 셀에 입력되어 있는 내용을 보여준다. '=(등호)'표시가 있으면 수식이 입력된 것이고, '='표시가 없으면 문자데이터이다.
⑧ 행번호 : 영문 알파벳으로 표기되며 A~IV까지 총 256개의 열로 구성된다.
⑨ 열번호 : 열번호는 숫자로 표기되는데 1~65,536번까지 표시된다.
⑩ 시트이동영역 : 시트들 사이를 이동할 수 있는 탭이다.
⑪ 상태표시줄 : 작업의 상태를 나타낸다.
⑫ 키입력상태 표시영역 : 키보드상태를 나타낸다.

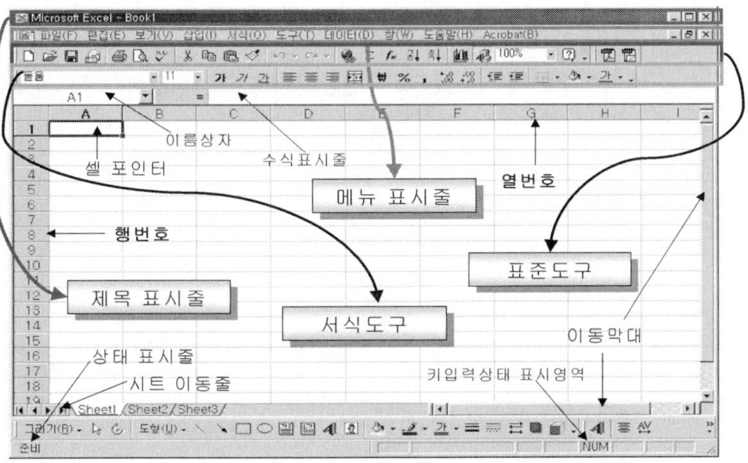

[그림 1-1] 엑셀의 화면구성

4. 통합문서

1) 셀(cell)

엑셀 작업의 가장 기초가 되는 단위 작업으로서 행과 열이 교차하는 지점을 셀이라고 한다.

2) 행(row)

세로로 이루어진 셀의 집합을 말하며 총 65,536개의 행이 존재한다.

2) 열(column)

가로로 이루어진 셀의 집합으로 총 256개의 열이 존재한다.

3) 시트(worksheet)

시트는 256개의 열이나 65,536개의 행으로 구성된다· 그러므로 시트는 셀들의 집합으로 16,777,216개의 셀로 만들어지며 한 개의 셀에 총 65,000자를 입력할 수 있다.

4) 통합문서(book)

엑셀은 통합문서를 관리하는데, 1개의 통합문서에는 기본적으로 3개의 시트로 구성되어 있다. 하나의 파일에 많은 시트를 사용할 수 있기 때문에 엑셀 파일을 통합문서라고 한다.

2장 ··· 데이터입력의 기초

1. 데이터의 종류

엑셀에서 사용하는 데이터의 종류는 문자, 숫자, 수식, 날짜와 시간 등 다양하다.

데이터형	개 요
문자형	수치연산의 대상에서 제외되는 자료
숫자형	수치연산의 대상으로 사용되는 자료
수식형	숫자형 데이터를 대상으로 연산을 수행하는 식, 직접 입력하거나 함수마법사를 사용하여 수식형태가 되는데 이 두 가지를 수식형, 함수형으로 구분하기도 함
날짜/시간형	날짜와 시간을 표시(실제 입력되는 것은 숫자 또는 문자형)
논리형	결과를 참 또는 거짓으로 표시

1) 문자형

- 문자형 데이터는 숫자와 문자, 숫자와 공백, 숫자가 아닌 문자의 조합이다.
  예) 10AA119, 123 456, 200－12, 123AB, 실무
- 일반적으로 셀의 왼쪽에 입력된다(왼쪽 정렬)
- 입력한 문자열이 셀 너비를 초과할 때 옆 셀에 입력된 내용이 없으면 옆 셀에 걸쳐 내용이 표시되지만 옆 셀에 내용이 입력되어 있으면 셀의 너비만큼 그 내용이 표시된다. 만약, 셀에 입력한 문자열을 모두 표시하려면 메뉴[셀 서식]－[맞춤]탭－[텍스트 줄바꿈]을 선택하면 된다.
- 한 개의 셀에는 영문자 255자, 한글 128자까지 입력할 수 있다.

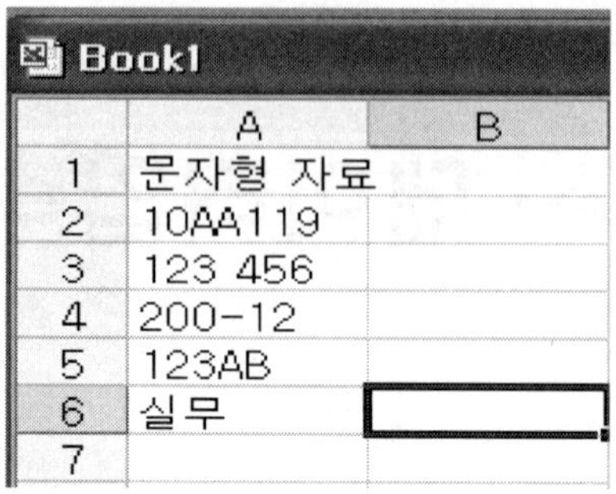

2) 숫자형

- 아라비아 숫자와 +, −, 콤마, 소수점 %, $,₩, E, e, ( ) 등의 특수문자를 포함할 수 있다.
- 일반적으로 셀의 오른쪽에 입력된다(오른쪽 정렬).
- 입력된 숫자형 데이터가 셀 너비를 초과할 경우 셀 서식이 지정되어 있지 않으면 지수형식으로 표시되며, 천 단위 구분기호 또는 통화기호와 같이 서식이 지정되어 있으면 '######'기호가 표시된다.
- 입력된 숫자는 기본적으로 양수이기 때문에 숫자 앞에 '+'기호를 입력하더라도 셀에는 표시되지 않는다. 만약 음수데이터를 입력할 경우 '−'기호를 입력하거나 숫자를 ( )로 묶어 입력하면 된다(예 : −123, (123)).
- 최대 유효자리 숫자는 표시되는 자릿수에 상관없이 15자릿수까지 저장된다(예 : 111111111111111.5). 15자릿수를 초과하면 나머지 자릿수는 0으로 사사오입된다.
- 분수를 입력하려면 분수 앞에 '0'을 붙인다· 예를 들어, 1/2를 입력할 때 앞에 '0'을 입력 후 공백 그리고 난 후 1/2를 입력해야 분수 1/2이 표시되지만 그렇지 않으면 날짜형 데이터로 간주한다.
- 콤마를 숫자에 입력하여 사용할 경우 정확하게 세자리마다 콤마를 표시해야 숫자로 취급하지 그렇지 않을 경우 문자형 데이터로 취급한다.
- 백분율을 계산식에 입력할 경우 10%를 수식에 입력하는 것과 0.1을 입력하는 것은 결과가 동일하다.

▶ 다음을 입력하시오.

	A	B	C	D	E
1	이름	국어	영어	수학	과학
2	김기봉	98	88	87	91
3	박철수	91	79	80	86
4	유선자	90	82	77	93
5	박수희	86	93	87	76
6	김미경	84	94	89	90
7	이보성	76	85	80	82
8	이충호	85	90	85	84
9	문경철	91	90	83	80
10	김지영	76	89	87	79

3) 수식형

수식을 입력할 때는 반드시 '=(등호)'기호부터 입력해야 한다. 만약, '=(등호)' 기호가 없으면 문자형 데이터로 인식한다.

수식형 데이터의 입력형태는 아래와 같다.

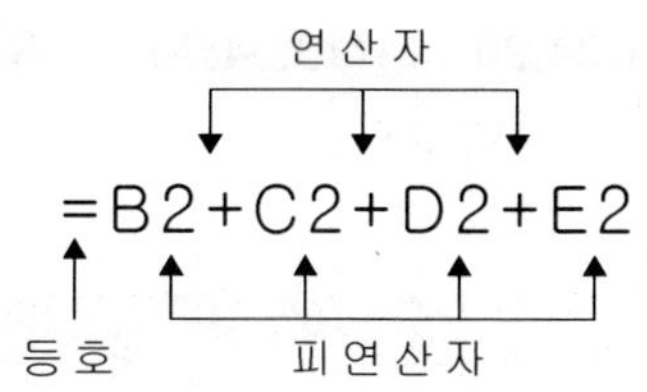

① 등호 : 수식임을 나타내는 표시
② 피연산자 : 계산할 요소로서 셀 주소나 데이터
③ 연산자 : 수식을 계산하는 주체로서 산술, 비교, 문자열, 참조 연산자 등

셀 F2의 수식표시줄에 나타나 있는 것처럼 '=B2+C2+D2+E2'를 입력한 후 Enter↵ 키를 누르면 계산결과인 '364'가 표시된다.

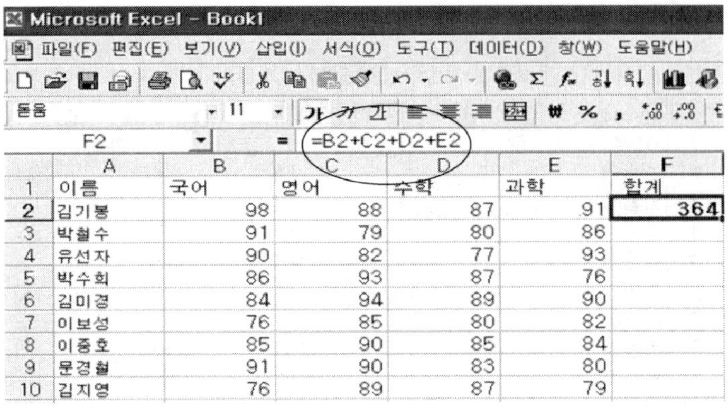

Microsoft Excel - Book1

F2 = =B2+C2+D2+E2

	A	B	C	D	E	F
1	이름	국어	영어	수학	과학	합계
2	김기봉	98	88	87	91	364
3	박철수	91	79	80	86	
4	유선자	90	82	77	93	
5	박수희	86	93	87	76	
6	김미경	84	94	89	90	
7	이보성	76	85	80	82	
8	이종호	85	90	85	84	
9	문경철	91	90	83	80	
10	김지영	76	89	87	79	

4) 날짜와 시간형

날짜형은 연, 월, 일을 구분하는 '－(hyphen)' 또는 '/(slash)' 등의 기호를 입력하면 자동으로 시스템에 설정되어 있는 형태로 통일되어 표시된다. 그리고 현재 날짜를 입력하기 위해서는 Ctrl + ;을 입력한다.

시간을 입력하기 위해서는 시, 분, 초 사이를 ':(colon)'으로 구분하여 입력한다. 시스템이 가지고 있는 현재 시간을 입력하기 위해서는 Ctrl + Shift + ;을 누른다. 아래 그림은 셀 A1, A2에 '1:04:20'과 '13:04:20'을 입력하면 수식표시줄에 1:04:20AM과 1:04:20PM이 표시됨을 나타낸다.

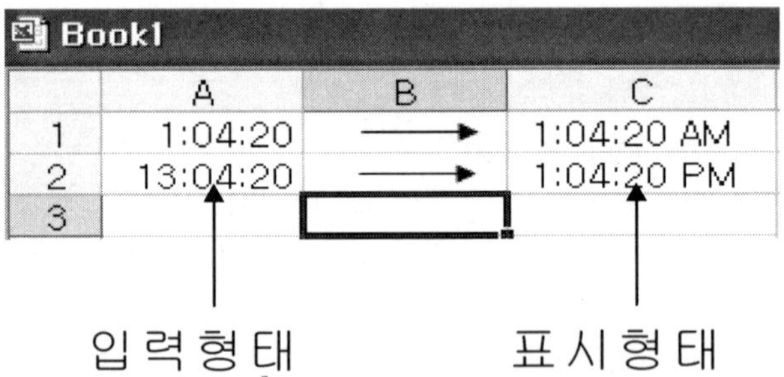

5) 한자입력

한글을 먼저 입력한 후 입력모드 상자에서 [한자]를 누르면 입력된 한글에 해당하는 한자목록이 나타난다. 이때 원하는 한자를 클릭한다.

2. 채우기 핸들기능

데이터를 자동으로 채워주는 기능으로 먼저 초기 데이터를 입력한다. 초기 데이터가 입력된 셀의 오른쪽하단 모서리(채우기 핸들기능)를 드래그하면 된다. 데이터의 종류에 따라 채워지는 내용이 달라진다.

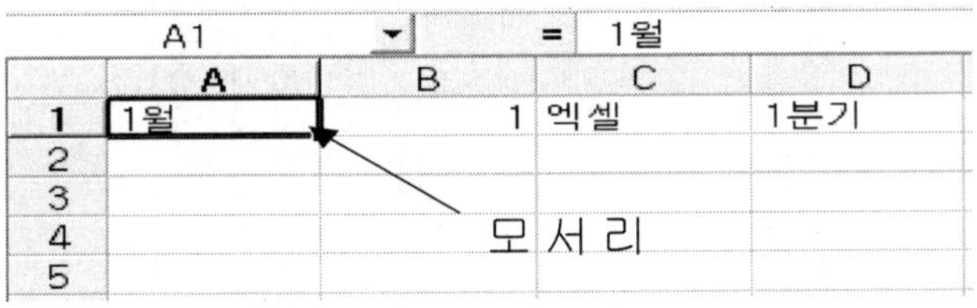

A1 = 1월

	A	B	C	D
1	1월	1	엑셀	1분기
2				
3				
4				
5				

▶ 1행에 입력된 데이터를 채우기 기능을 이용하여 10행까지 나타내시오.

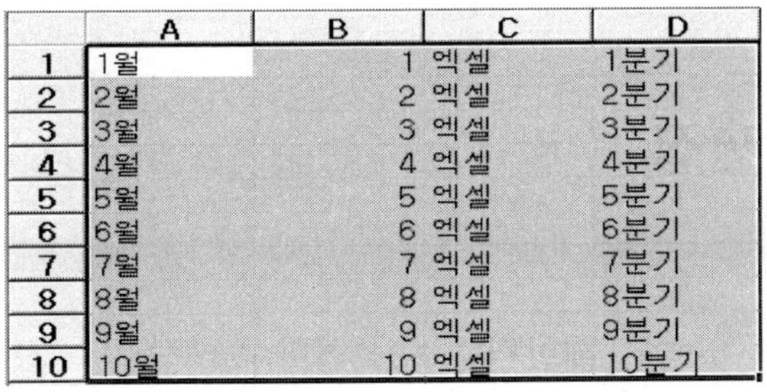

	A	B	C	D
1	1월	1	엑셀	1분기
2	2월	2	엑셀	2분기
3	3월	3	엑셀	3분기
4	4월	4	엑셀	4분기
5	5월	5	엑셀	5분기
6	6월	6	엑셀	6분기
7	7월	7	엑셀	7분기
8	8월	8	엑셀	8분기
9	9월	9	엑셀	9분기
10	10월	10	엑셀	10분기

▶ 문 제

셀 F2에 입력된 합계수식을 채우기 기능을 이용하여 합계 계산결과를 영역 [F2:F10]에 나타내시오.

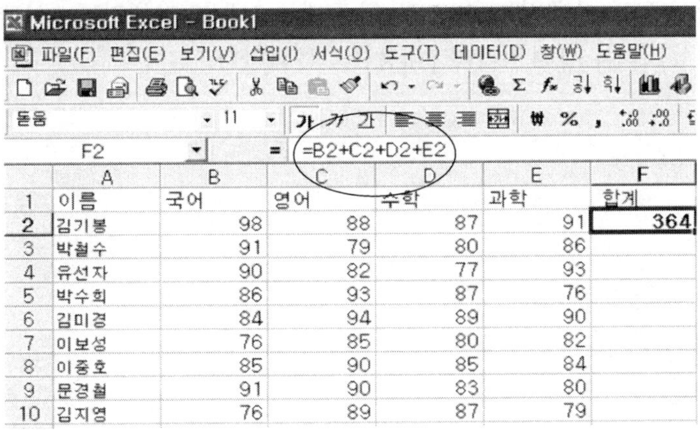

	A	B	C	D	E	F
1	이름	국어	영어	수학	과학	합계
2	김기봉	98	88	87	91	364
3	박철수	91	79	80	86	
4	유선자	90	82	77	93	
5	박수희	86	93	87	76	
6	김미경	84	94	89	90	
7	이보성	76	85	80	82	
8	이종호	85	90	85	84	
9	문경철	91	90	83	80	
10	김지영	76	89	87	79	

▶ 문 제

3행에 초기 데이터를 입력한 후 채우기 기능을 이용하여 아래와 같은 결과를 완성하시오.

	A	B	C
1		연속데이터	
2	선형	급수	날짜(월)
3	1	1	2000-01-01
4	3	3	2000-03-01
5	5	9	2000-05-01
6	7	27	2000-07-01
7	9	81	2000-09-01
8	11	243	2000-11-01
9	13	729	2001-01-01
10	15	2187	2001-03-01
11	17	6561	2001-05-01
12	19	19683	2001-07-01
13	21	59049	2001-09-01

3. 데이터의 편집

1) 데이터 수정

셀을 더블클릭하여 입력된 데이터를 수정한다.

2) 데이터 삭제

데이터를 삭제할 때 3가지 방법을 사용할 수 있다.

[방법 1] 삭제하려는 셀에서 Del키를 누른다.

[방법 2] 마우스 오른쪽버튼을 눌러 단축메뉴 [내용 지우기]를 선택한다.

[방법 3] 메뉴[편집]-[지우기]-[내용]을 선택한다.

3장 ··· 저장하기와 불러오기

1. 저장하기

지금까지 작업한 내용을 저장하기 위해서는

- 메뉴[파일]－[저장]을 선택하거나 표준도구모음에서 디스켓모양의 [저장]단추를 클릭한다.
- 다른 이름으로의 저장 대화상자가 나타난다. '저장위치'란의 오른쪽 내림단추(▼)를 눌러 작업한 내용을 저장할 위치를 지정한다.
- '파일이름'란에 이름을 입력한 후 '저장'단추를 클릭한다. 파일이름의 확장자는 입력할 필요가 없다. 엑셀은 기본파일 확장자 .xls를 적용한다.

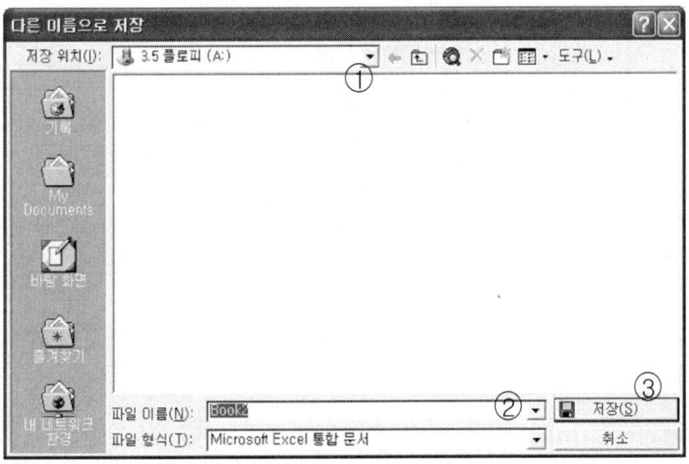

2. 불러오기

- 메뉴[파일]-[열기]를 선택하거나 표준도구모음에서 [열기]단추를 클릭한다.
- 열기대화상자가 나타난다. 열기대화상자에서 '찾는 위치'란의 오른쪽 내림단추(▼)를 눌러 불러오고자 하는 파일이 저장되어 있는 위치를 지정한다.
- 그리고 불러오고자 하는 파일을 선택한 후 '열기'단추를 누르거나 열고자 하는 파일을 더블클릭한다.

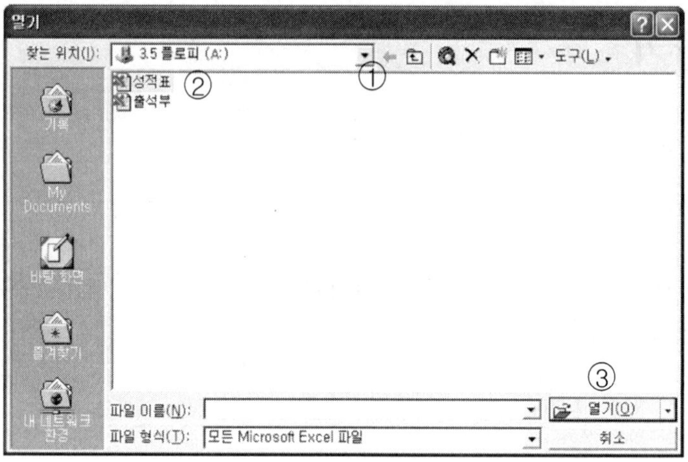

4장 … 엑셀의 기본 조작

1. 셀 다루기

(1) 셀의 이동

[방법 1] 마우스나 이동막대를 사용한다.

[방법 2] 다음과 같이 이동키나 단축키를 사용하여 셀 포인터를 이동시킨다.

키 종류	개 요
←→↑↓	셀 포인터를 상, 하, 좌, 우로 이동
Enter↵	셀 포인터를 아래쪽 셀로 이동
Shift + Enter↵	셀 포인터를 위쪽 셀로 이동
Tab	셀 포인터를 오른쪽 셀로 이동
Shift + Tab	셀 포인터를 왼쪽 셀로 이동
Shift + ↑(↓)	범위지정
Shift + ←(→)	범위지정
Shift + PgUp(Page Up)	범위지정
Shift + PgDn(Page Down)	범위지정
Home(Home)	셀 포인터를 시트의 동일한 행의 가장 왼쪽으로 이동
PgUp(Page Up)	한 화면 위로 셀 포인터 이동
PgDn(Page Down)	한 화면 아래로 셀 포인터 이동
Ctrl + ←(→)	셀 포인터를 시트의 왼쪽(오른쪽) 마지막 셀로 이동
Ctrl + ↑(↓)	셀 포인터를 시트의 위쪽(아래쪽) 마지막 셀로 이동
Ctrl + Home(Home)	셀 포인터를 작업 중인 시트의 셀 A1로 이동
Ctrl + End(End)	셀 포인터를 사용 중인 워크시트에서 데이터가 입력되어 있는 가장 마지막 셀로 이동
Ctrl + PgUp(Page Up)	첫 번째 시트로 셀 포인터를 이동
Ctrl + PgDn(Page Down)	마지막 시트로 셀 포인터를 이동
Ctrl + backspace	현재 셀 포인터가 있는 화면으로 이동
Alt + PgUp(Page Up)	셀 포인터를 한 화면 왼쪽으로 이동
Alt + PgDn(Page Down)	셀 포인터를 한 화면 오른쪽으로 이동

(2) 셀의 선택

1) 단일의 셀 선택

셀을 활성화시키려면 해당 셀을 마우스로 클릭하면 된다.

2) 복수개의 셀 선택

① 인접한 여러 개의 셀 선택

지정하고자 하는 셀 시작위치에서 시작 셀을 선택한 후 마우스로 마지막 셀까지 드래그를 하거나 셀 시작위치에서 Shift 키를 누른 상태에서 방향키를 사용하여 마지막 셀까지 범위를 지정하다. 선택된 셀들은 반전이 된다.

② 떨어져 있는 여러 개의 셀 선택

지정하고자 하는 셀 시작위치에서 Ctrl 키를 누른 상태에서 마우스로 떨어져 있는 셀(들)을 선택한다. 선택된 셀들은 반전이 된다.

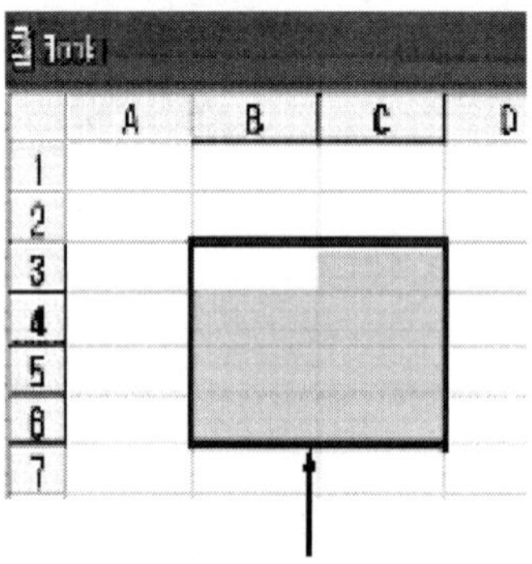

연속셀영역 [B3 : C6] 선택

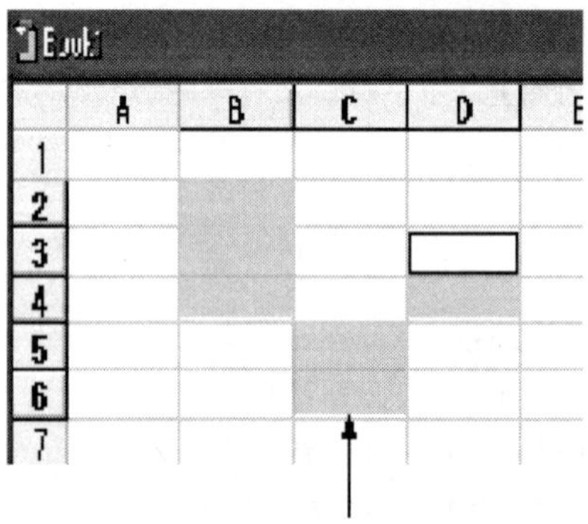

이산영역 [B2 : B4], [C5 : C6], [D3 : D4] 영역 선택

3) 셀 전체 선택

행번호와 열번호가 교차하는 지점인 왼쪽 모서리부분(그림에서 동그라미부분)을 마우스로 클릭하면 작업중인 시트의 셀 전체가 선택된다.

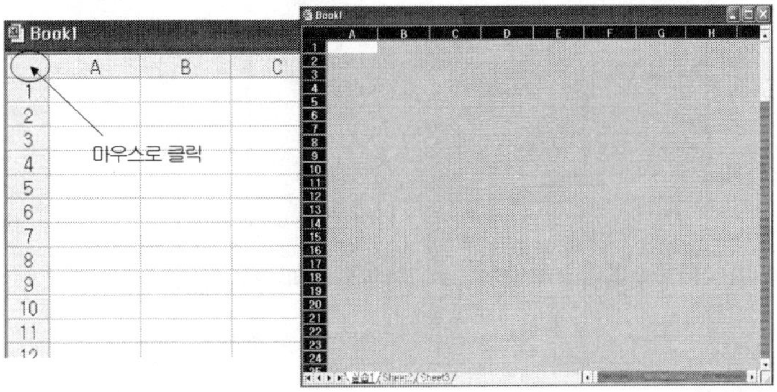

(3) 셀의 편집

1) 셀의 잘라내기/복사하기/붙여넣기

① 잘라내기와 붙여넣기

- 이동시키려는 부분의 범위를 지정한다.

	A	B	C	D
1	1월	1	엑셀	1분기
2	2월	2	엑셀	2분기
3	3월	3	엑셀	3분기
4	4월	4	엑셀	4분기
5	5월	5	엑셀	5분기
6	6월	6	엑셀	6분기
7	7월	7	엑셀	7분기
8	8월	8	엑셀	8분기
9	9월	9	엑셀	9분기
10	10월	10	엑셀	10분기

- 범위 지정한 영역 위에서 마우스오른쪽 버튼을 눌러 단축메뉴 [잘라내기]를 선택한다.

참고 1 : 범위 지정한 영역 밖에서 마우스오른쪽 버튼을 누르면 지정된 영역이 사라진다.

참고 2 : [잘라내기]를 클릭하면 지정된 영역 테두리에 깜박임이 생긴다.

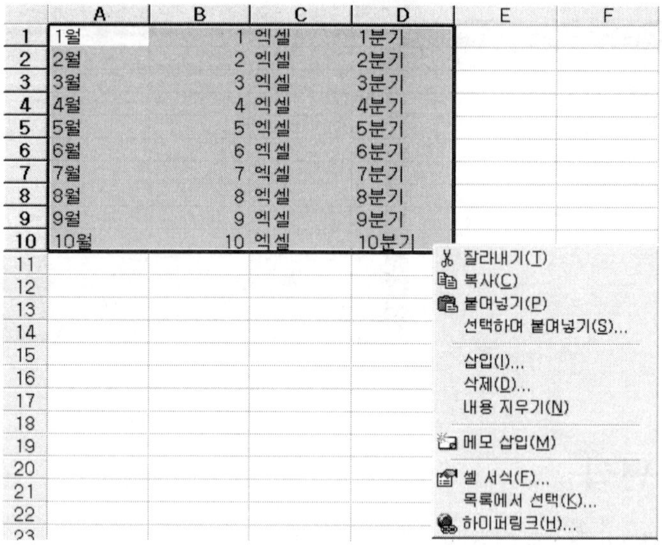

• 잘라낸 데이터가 새로이 위치할 영역의 시작 셀을 클릭한 후 단축메뉴 [붙여넣기]를 선택한다.

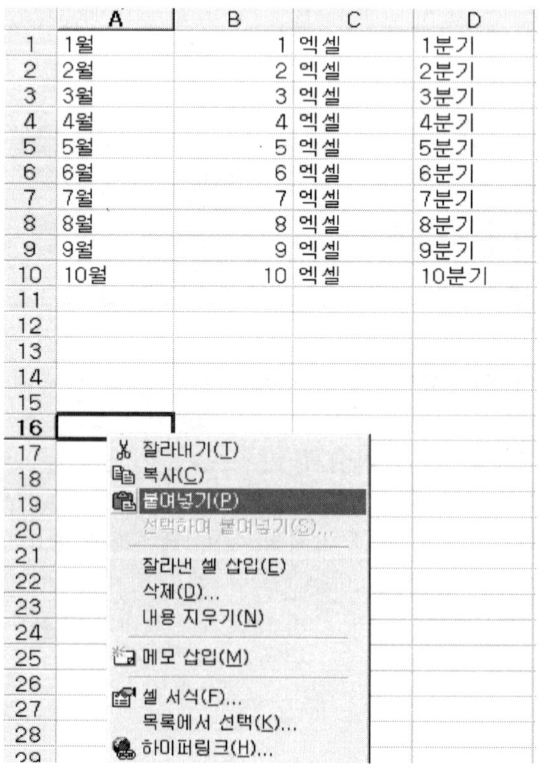

② 복사하기와 붙여넣기

이것은 셀의 잘라내기/붙여넣기와 동일한 방법으로 진행되는데 차이점은 동일한 내용이 입력된 셀 영역을 추가적으로 작성할 때 이용된다.

2) 셀의 삽입과 삭제

많은 양의 데이터를 입력하다보면 빠뜨린 내용이 있거나 중복된 내용을 입력한 경우가 있다. 또는 새로운 데이터를 추가하거나 삭제해야 하는 경우가 있다.

① 셀의 삽입

- 마우스 포인터로 삽입할 영역(예 : 영역[A1:D1])을 지정한 후 단축메뉴 [삽입]-[셀]을 선택한다.
- 삽입대화상자에서 삽입위치(예 : [셀을 아래로 밀기])를 체크한 후 '확인'단추를 선택한다.

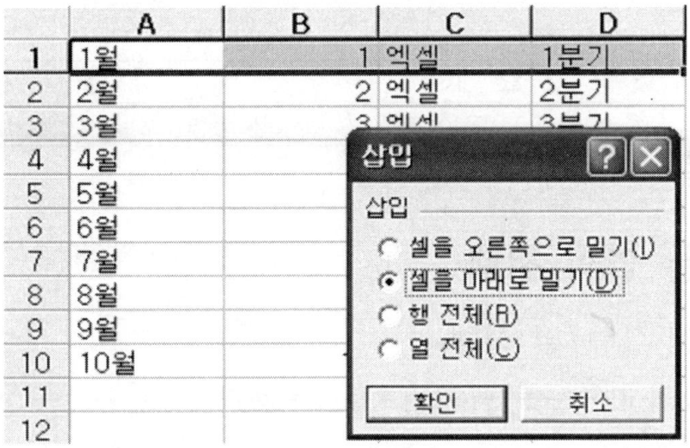

- 선택한 셀(1행)에 빈 셀이 삽입되고 원본 데이터는 삽입된 셀(2행)만큼 아래로 이동한다.

	A	B	C	D
1				
2	1월	1	엑셀	1분기
3	2월	2	엑셀	2분기
4	3월	3	엑셀	3분기
5	4월	4	엑셀	4분기
6	5월	5	엑셀	5분기
7	6월	6	엑셀	6분기
8	7월	7	엑셀	7분기
9	8월	8	엑셀	8분기
10	9월	9	엑셀	9분기
11	10월	10	엑셀	10분기

② 셀의 삭제

- 삭제하려는 셀의 범위를 지정한 후 단축메뉴 [편집]-[삭제]를 선택한다. 그리고 삭제위치를 선택한 후 '확인'단추를 누른다.

2. 행과 열 다루기

(1) 행 또는 열의 선택

1) 단일의 행 또는 열 선택

마우스로 지정하고자 하는 행(열)번호를 클릭한다.

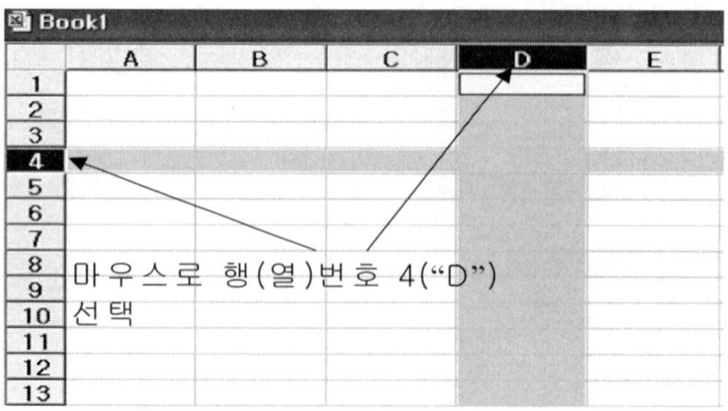

2) 복수개의 행 또는 열 선택

① 인접한 여러 개의 행 또는 열 선택

마우스로 지정하고자 하는 행(열)번호를 클릭한 후 마지막 행(열)번호까지 드래그하거나 행(열)시작번호위치에서 Shift키를 누른 상태에서 방향키를 사용하여 마지막 행(열)번호까지 범위를 지정하다. 선택된 행(열)들은 반전이 된다.

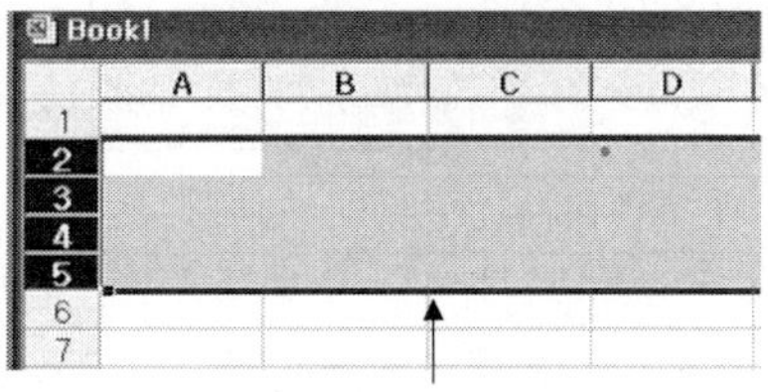

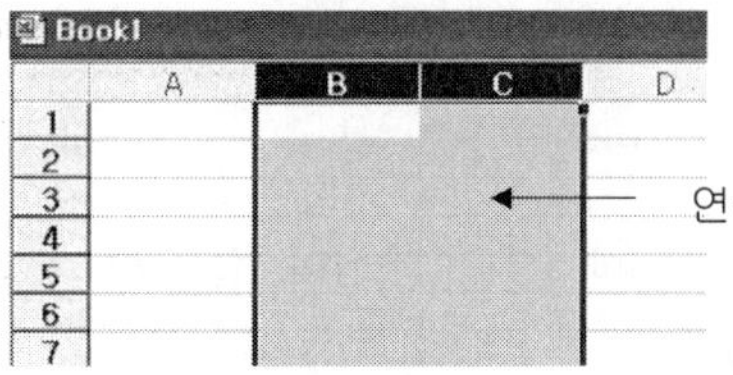

② 떨어져 있는 여러 개의 행 또는 열 선택

마우스로 지정하고자 하는 시작 행(열)번호를 클릭한 후 Ctrl키를 누른 상태에서 마우스로 다른 지정 행(열)번호를 클릭하면 선택된 행(열)들은 반전이 된다.

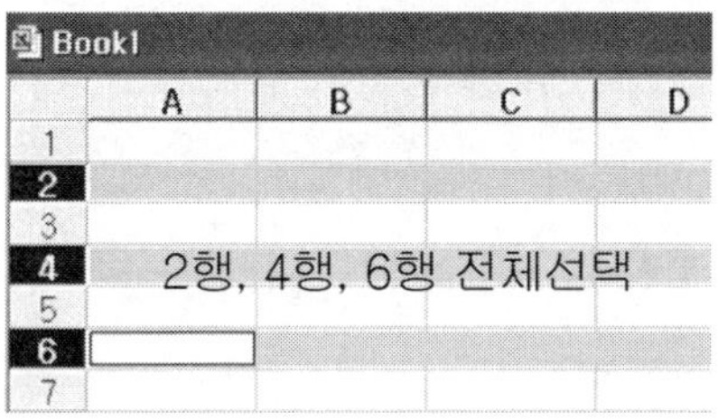

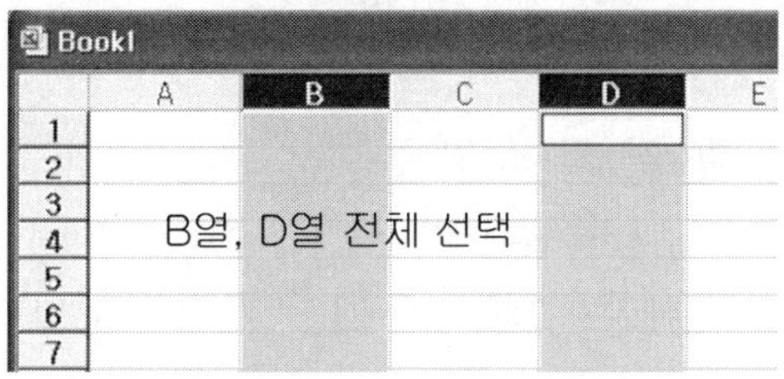

(2) 행과 열의 편집

1) 열(행)의 삽입

셀의 '삽입/삭제'기능 이외에 열과 행의 '삽입/삭제'기능을 이용하여 빠뜨린 내용을 추가하거나 중복된 내용을 입력한 경우가 있다. 또는 데이터를 삭제할 수 있다.

- 삽입하고자 하는 내용이 입력될 셀 주소를 참고하여 삽입하고자 하는 행(열)번호를 선택한 다음 단축메뉴 [삽입]을 클릭하거나 메뉴 [삽입]-[행]([열])을 선택한다.

• 선택한 행(열)에 빈 행(열)이 삽입되고 해당 셀의 데이터는 삽입된 행(열)만큼 아래(오른쪽)로 이동한다.

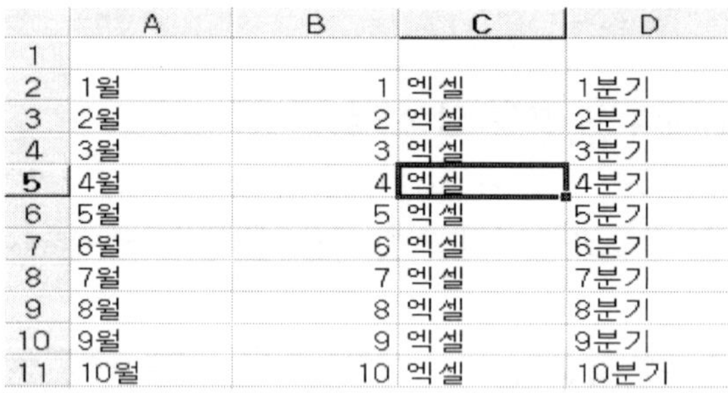

2) 행(열)의 삭제

• 삭제하려는 행(열)번호를 선택하여 범위를 지정한 후 단축메뉴 [편집]-[삭제]를 선택하거나 메뉴 [편집]-[삭제]를 선택한다.

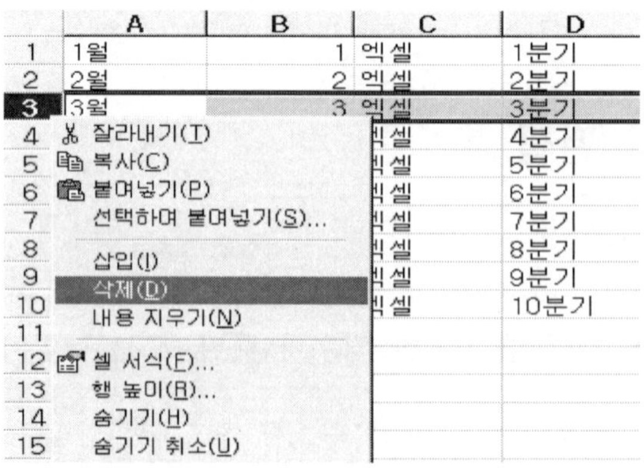

• 삭제를 실행하면 바로 뒤에 있던 데이터들이 행(열) 수만큼 위쪽(왼쪽)으로 이동한다.

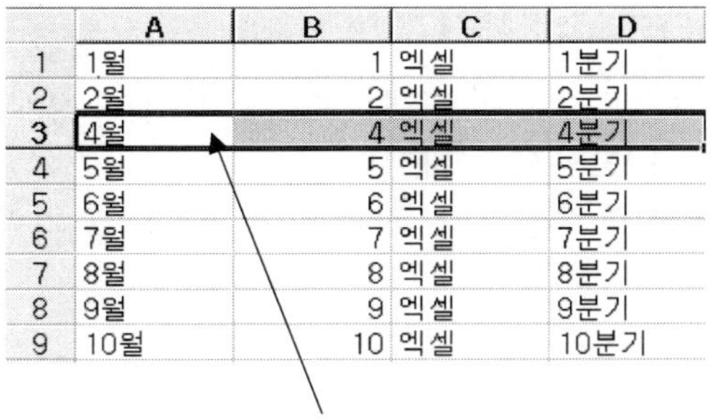

4행의 데이터들이 3행으로 이동

3) 행 높이/열 너비 조정

입력하는 데이터보다 셀의 크기가 작아 데이터가 넘칠 경우 자동으로 한 셀에 넣을 수 있는 기능이다.

[방법 1]

- 크기를 변경할 열(행)번호를 선택한 후 단축메뉴 [열 너비]([행 높이])를 선택하거나 메뉴 [서식]–[열]([행])–[너비]([높이])를 선택한다.

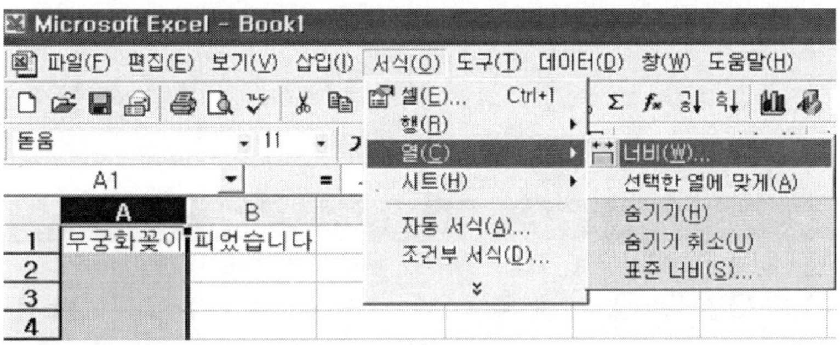

- 열 너비(행 높이) 대화상자에서 [열 너비]란 ([행 높이]란)에 열의 너비(행의 높이)값을 입력한 후 '확인'단추를 누른다.

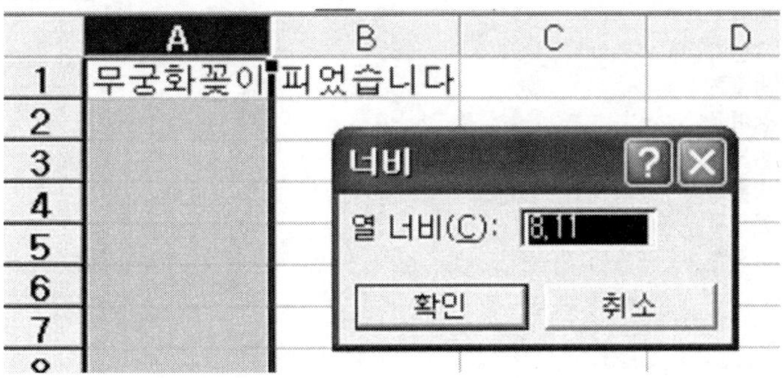

[방법 2] 마우스 끌기로 크기 조정하기

- 마우스 포인터를 열과 열 사이의 경계(행과 행 사이의 경계)에 가져가면 마우스 포인터의 모습이 십자(+)모양으로 바뀐다.
- 이 상태에서 마우스왼쪽버튼을 누른 상태에서 원하는 크기만큼 드래그하면 셀의 크기를 조정할 수 있다.

▶ 문 제

입력자료를 조건에 따라 처리하시오.

[조 건]

① 행 삽입기능을 사용하여 1행을 삽입하기
② 셀 A1에 '성적표'입력하기
③ 행 높이 기능을 이용하여 행의 높이를 20으로 변경하기
④ 열 너비 기능을 이용하여 데이터가 입력되어 있는 셀의 너비를 10으로 변경하기
⑤ 셀 B12에 수식을 입력하여 국어의 합계를 구하기
⑥ 영역 [C12:F12] : 채우기 기능을 이용하여 합계를 구하기

[입력자료]

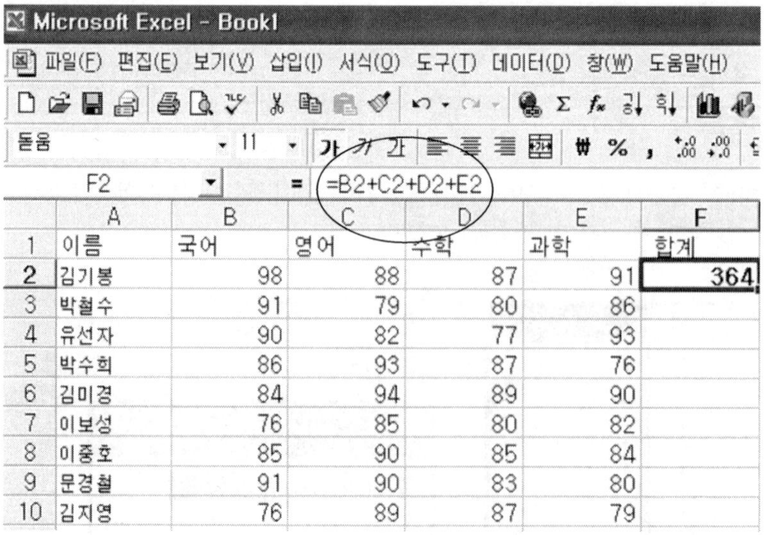

	A	B	C	D	E	F
1	이름	국어	영어	수학	과학	합계
2	김기봉	98	88	87	91	364
3	박철수	91	79	80	86	
4	유선자	90	82	77	93	
5	박수희	86	93	87	76	
6	김미경	84	94	89	90	
7	이보성	76	85	80	82	
8	이중호	85	90	85	84	
9	문경철	91	90	83	80	
10	김지영	76	89	87	79	

3. 시트 다루기

(1) 시트의 선택

1) 단일 시트의 선택

[방법 1] 시트를 활성화시키려면 해당 시트를 마우스로 클릭한다.

[방법 2] 마우스로 시트 이동줄을 클릭한다.

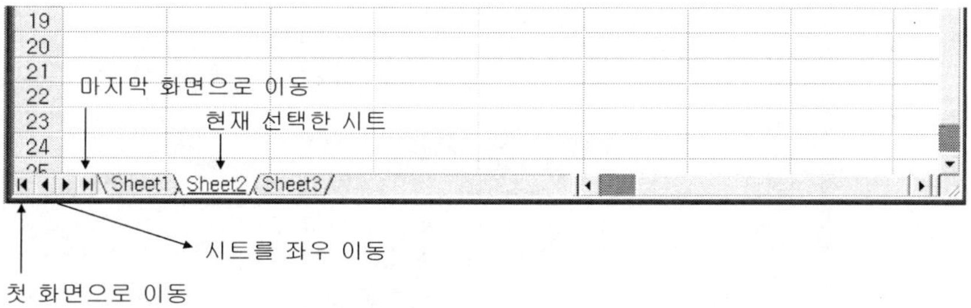

2) 여러 개의 시트 선택

① 인접한 시트들을 선택

지정하고자 하는 시트영역의 시작위치에서 첫 번째 시트탭을 선택한 후 Shift 키를 누른 상태에서 마우스로 마지막 시트탭 선택한다.

② 떨어져 있는 시트들을 선택

지정하고자 하는 시트영역의 시작위치에서 첫 번째 시트탭을 선택한 후 Ctrl키를 누른 상태에서 마우스로 떨어져 있는 시트탭을 하나하나씩 선택한다.

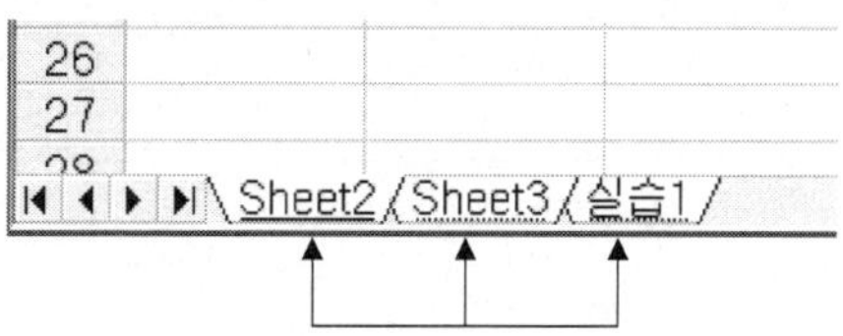

3개의 시트 선택

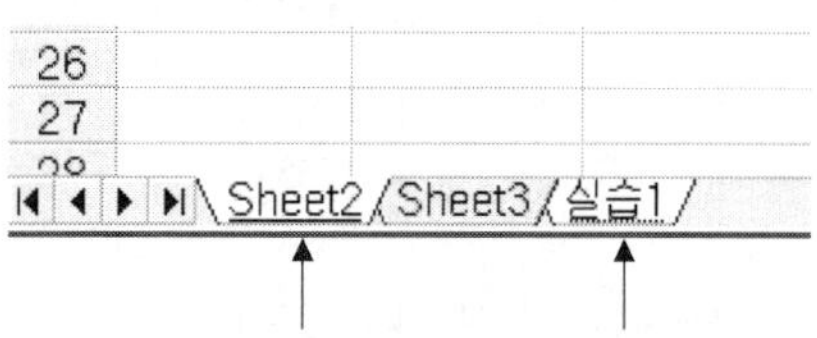

3개의 시트 중[sheet 2]
와 [실습1] 선택

(2) 시트의 편집

화면 하단의 시트탭에 마우스를 위치시킨 후 마우스의 오른쪽 버튼을 누르면 시트에 대한 단축메뉴가 표시된다.

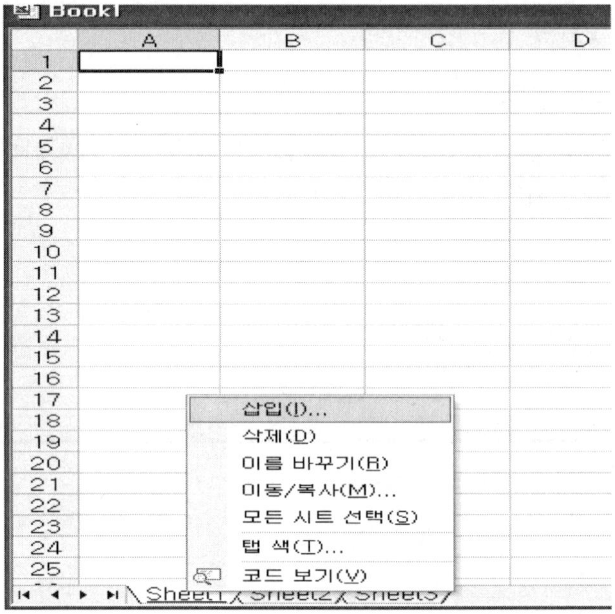

단축메뉴에 대한 설명은 다음과 같다.

단축메뉴	개 요
삽입	현재 시트의 왼쪽에 시트가 삽입
삭제	현재 시트가 영구히 삭제
이름바꾸기	시트의 이름을 변경하여 사용
이동/복사	시트를 현재의 통합문서나 열려 있는 다른 통합문서로 이동하거나 복사
모든 시트 선택	표시되어 있는 모든 시트를 선택

1) 시트의 삽입과 삭제

엑셀은 기본적으로 3개의 시트를 제공한다. 그런데 작업을 하다보면 시트의 개수를 변경해야 하는 경우가 발생할 수 있다. 디폴터로 지정된 시트의 개수를 변경하려면 메뉴 [도구]-[옵션]을 선택하여 개수를 지정한다. 이후 엑셀을 실행하거나 새 통합문서를 열면 새로이 지정한 수만큼의 시트가 시트탭에 표시된다.

이외에도 삽입을 위해서는

[방법 1] 마우스 포인터로 시트탭을 선택한 후 시트 단축메뉴 [삽입]을 선택한다.

[방법 2] 마우스 포인터로 시트탭을 선택한 후 메뉴 [삽입]-[워크시트]를 선택한다.

삭제를 위해서는

[방법 1] 시트탭에서 삭제하고자 하는 시트를 선택한 후 시트 단축메뉴 [삭제]를 선택한다.

[방법 2] 시트탭에서 삭제하고자 하는 시트를 선택한 후 메뉴 [편집]-[시트 삭제]를 선택한다.

2) 시트의 이름바꾸기

[방법 1] 시트 단축메뉴 [이름바꾸기]를 선택한다. 그러면 시트이름이 반전되므로 시트이름을 새로이 입력한다.

[방법 2] 시트탭에서 이름을 변경시키고자 하는 시트를 마우스로 더블클릭하면 시트이름이 반전되므로 새로운 시트이름을 입력한다.

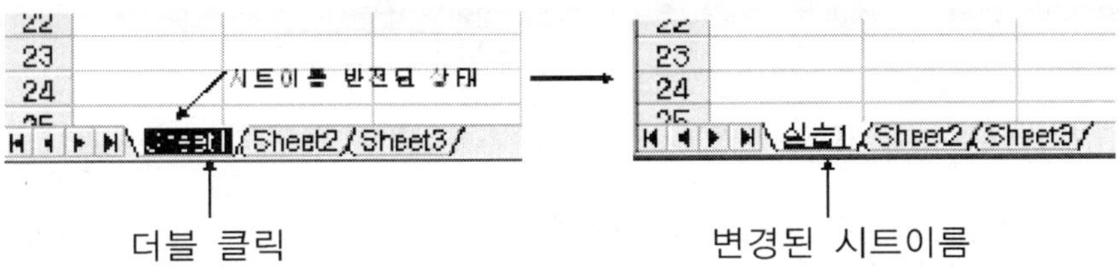

3) 시트의 이동과 복사

시트의 '이동'은 시트탭의 위치만 바꾸는 것을 말하고 '복사'는 동일한 내용을 갖는 시트를 같은 통합문서 내에 또는 다른 통합문서에 하나 더 만드는 것을 말한다. 이것은 셀의 이동, 복사기능과 같은 역할을 한다.

① 시트의 이동

[방법 1]

- 시트 단축메뉴 [이동/ 복사]를 선택한다.
- 이동/복사 대화상자가 나타난다. '대상 통합문서'란의 오른쪽 내림단추(▼)를 눌러 이동계획인 시트가 어떤 '통합문서'로 이동할 것인지를 정한다. 그리고 '다음 시트의 앞에'란의 오른쪽 내림단추(▼)를 눌러 어떤 시트 앞으로 이동할 것인지를 결정한 후 '확인'단추를 누른다.

아래 그림에서 시트 [실습1]은 [sheet3] 뒤에 놓이게 된다.

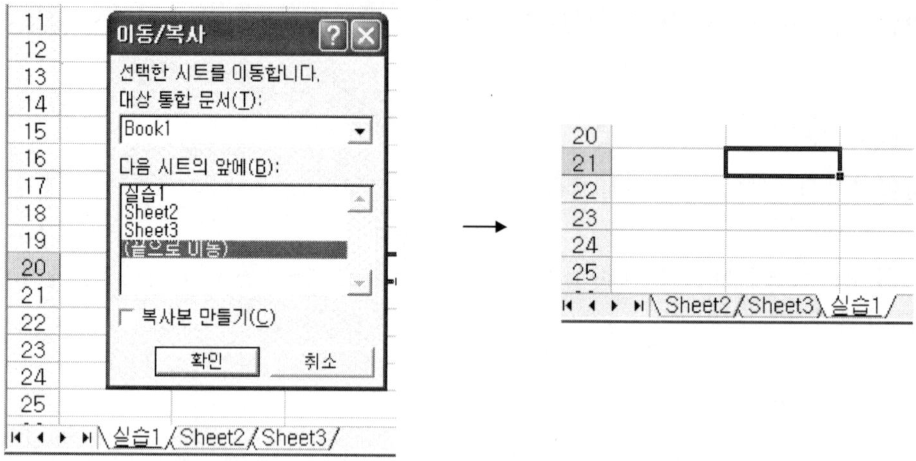

[방법 2] 마우스로 시트탭의 시트 [실습1]을 선택한 상태에서 [sheet3] 뒤로 드래그하여 시트의 위치를 변경한다.

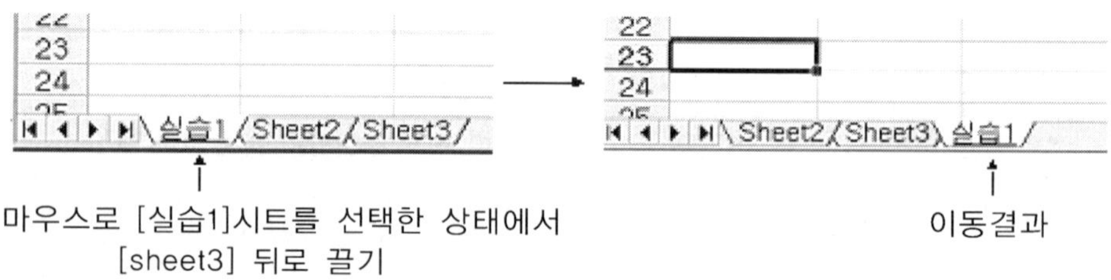

[방법 3]

- 마우스 포인터로 위치를 변경하고자 하는 시트의 임의 셀을 지정한 후 메뉴 [편집]-[시트 이동/복사]를 선택한다.
- 이동/복사 대화상자가 나타난다. '대상 통합문서'란의 오른쪽 내림단추(▼)를 눌러 이동계획인 시트가 어떤 '통합문서'로 이동할 것인지를 정한다. 그리고 '다음 시트의 앞에'란의 오른쪽 내림단추(▼)를 눌러 어떤 시트 앞으로 이동할 것인지를 결정한 후 '확인'단추를 누른다.

② 시트의 복사

시트의 복사방법은 시트의 이동방법과 동일하다. 단지 차이점은 이동/복사 대화상자에서 '복사본 만들기'를 선택한 후 '확인'단추를 누른다. 아래 그림에서 시트

[실습1]이 복사되어 복사된 시트 [실습1(2)]가 시트탭의 맨 마지막에 놓이게 된다.

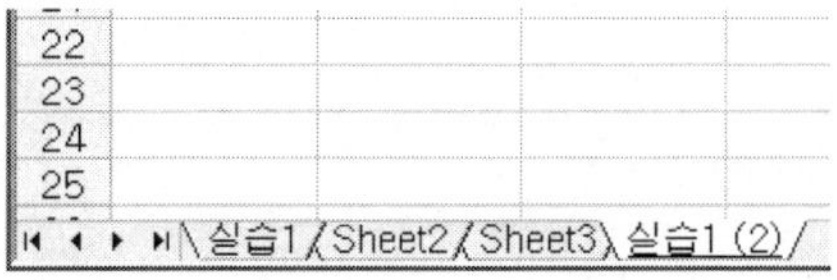

5장 ··· 인쇄하기

1. 미리보기

시트에 입력한 데이터를 화면으로 먼저 출력하여 전체적인 배열을 조정하는 기능이다. 엑셀은 미리보기에서 보이는 형태로 데이터를 출력한다. 만약, 시트상에서는 잘 보이는 숫자라도 미리보기에서 '#######'으로 표시된다면 출력시에도 '#######'으로 출력된다. 그러므로 이런 오류를 방지하기 위해 미리보기에서 여백주기를 이용하여 조정할 수 있다.

- 이미 작성한 데이터나 파일은 연 다음 표준도구모음에서 [인쇄미리보기]단추를 클릭하거나 메뉴 [파일]-[인쇄미리보기]를 선택한다.

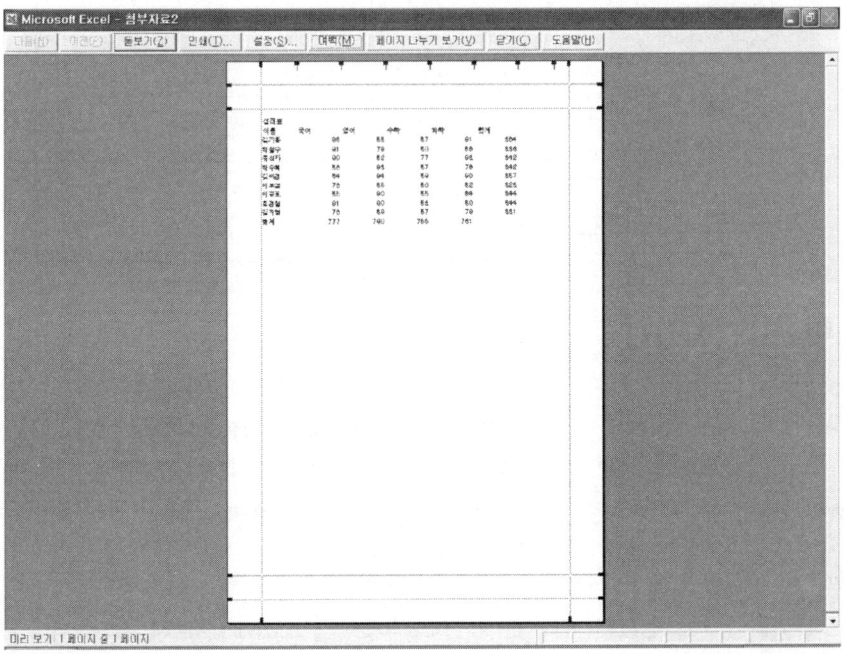

다음과 같은 요소들을 사용할 수 있다.

- 다음, 이전 : 앞, 뒤 페이지를 보여주는 기능
- 돋보기 : 화면 확대 및 축소기능
- 인쇄 : 실제 인쇄 실행기능
- 설정 : 페이지 설정에 관한 기능
- 여백 : 여러 개의 점선이 표시되며 이 점선을 이용하여 여백을 설정
- 쪽 구분보기 : 워크시트를 쪽단위로 구분하여 보여주는 기능, 다시 한번 미리보기를 실행하면 기본 보기로 변경
- 닫기 : 미리보기를 끝내고 시트로 돌아감.

(1) 페이지 설정 대화상자

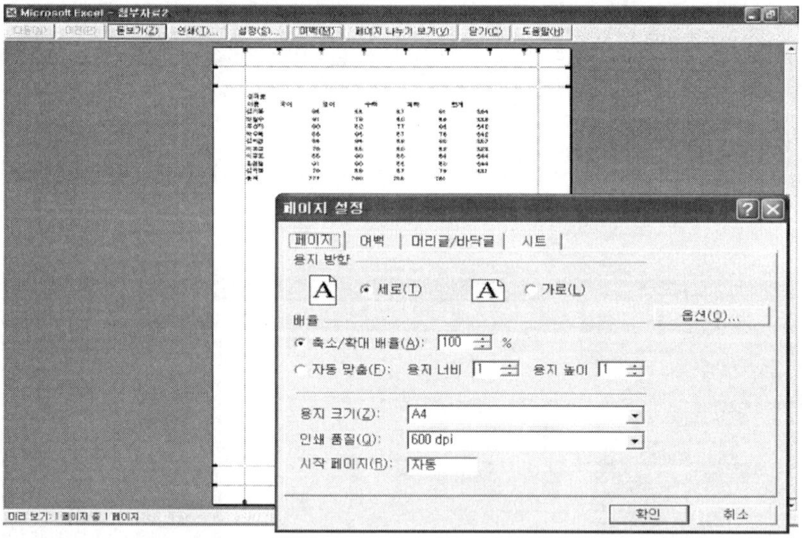

1) 페이지

① 용지방향 : 인쇄할 용지의 방향을 가로 또는 세로로 지정한다.

② 배율 : 인쇄할 글꼴의 크기 지정, 축소/확대 배율(A)을 체크한 후 200을 입력하면 2배로 확대되어 데이터가 인쇄된다. 보통 100으로 지정한다. 자동맞춤을 용지너비 1, 용지높이 2로 지정하면 아무리 큰 시트라도 가로 1쪽, 세로 2쪽에 인쇄할 수 있도록 자동적으로 배율이 조정된다.

③ 용지크기 : 인쇄할 종이의 크기를 지정한다.

④ 인쇄품질 : 프린터의 성능에 따라 해상도를 지정한다· 해상도가 높을수록 더 선명하게 인쇄된다.

⑤ 시작페이지 : 문서에 쪽 번호를 매길 경우 시작 쪽을 몇 쪽으로 할 것인가를 지정한다. 만약, '2'를 입력하면 인쇄하는 첫 쪽부터 쪽 번호 2,3,4, ...로 매겨진다.

2) 여 백

인쇄용지의 여백주기에서 지정 가능한 항목은 다음과 같다.

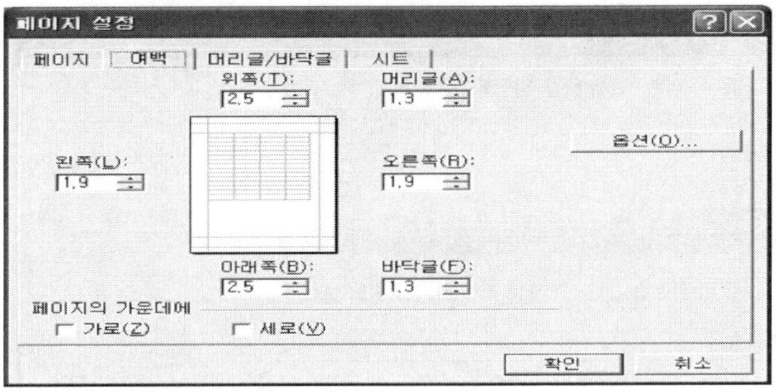

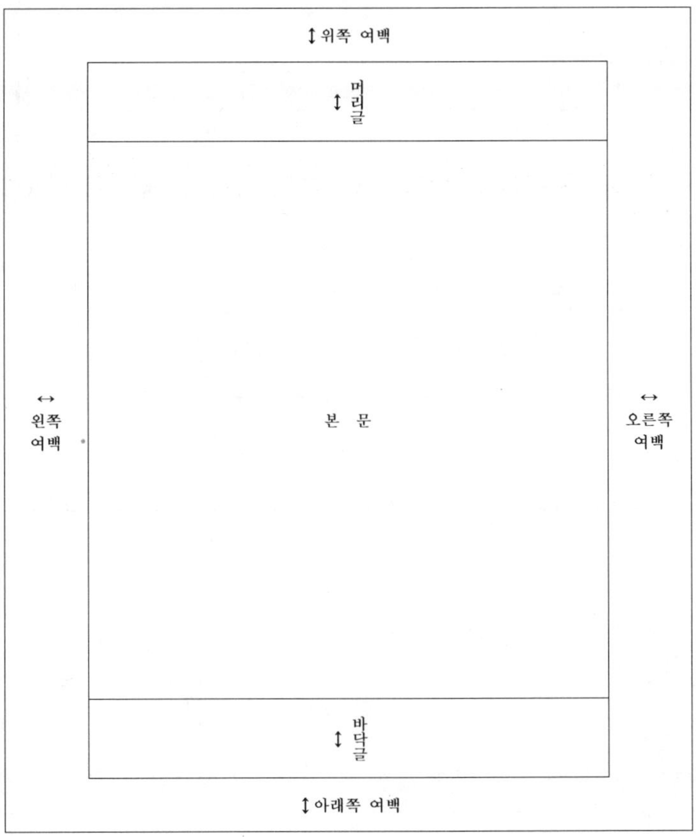

3) 머리글/바닥글

- 문서의 머리글 여백과 바닥글 여백 안에 그 문서의 쪽 번호나 책 제목, 장 제목을 입력할 수 있다.
- 머리글 상자의 오른쪽 내림단추(▼)를 클릭하면 지정된 형식이 표시된다.
- 머리글 편집(바닥글 편집)을 클릭하여 지정된 형식이외에 사용자가 형식을 지정할 수 있다.

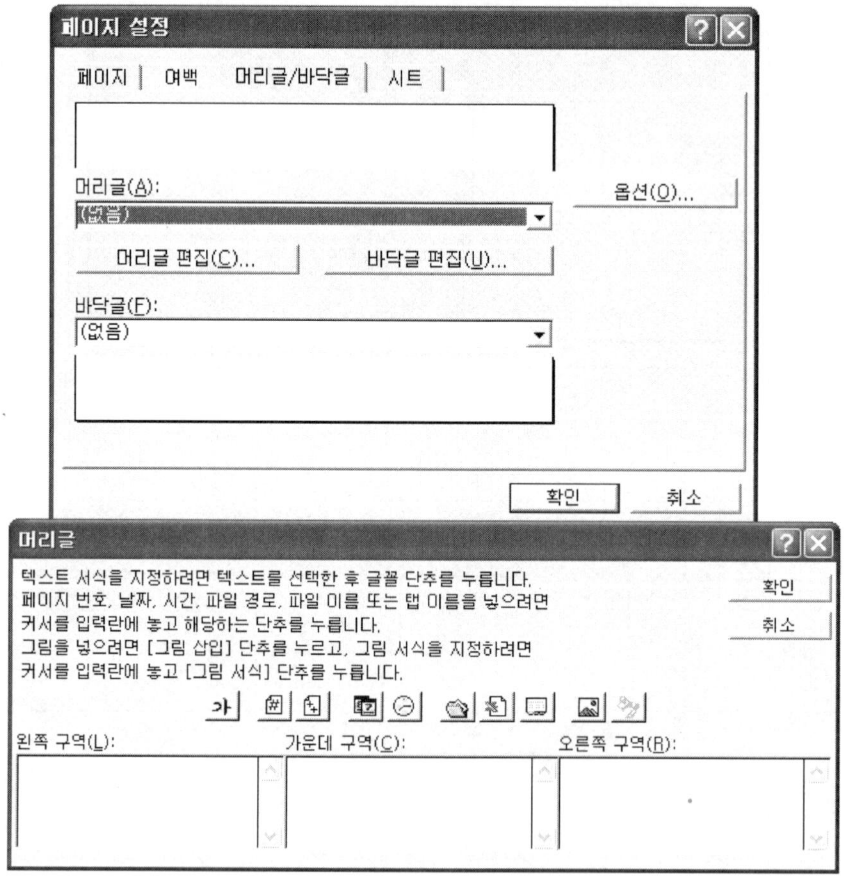

▶ 문 제

입력자료를 조건에 따라 처리하시오.

[조 건]
도구단축을 활용하여 머리글의 가운데 구역에 '현재시간'을 입력

[입력자료]

	A	B	C	D	E	F
1	성적표					
2	이름	국어	영어	수학	과학	합계
3	김기봉	98	88	87	91	364
4	박철수	91	79	80	86	336
5	유선자	90	82	77	93	342
6	박수희	86	93	87	76	342
7	김미경	84	94	89	90	357
8	이보성	76	85	80	82	323
9	이중호	85	90	85	84	344
10	문경철	91	90	83	80	344
11	김지영	76	89	87	79	331
12	합계	777	790	755	761	

4) 시 트

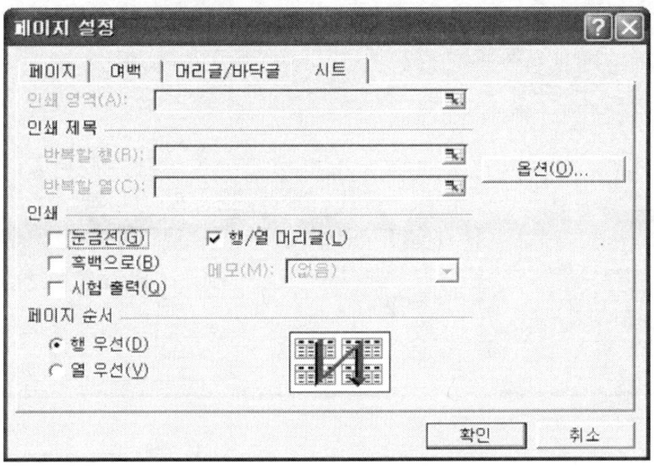

① **인쇄제목**

시트에 입력한 데이터가 많아 한 페이지에 모든 내용이 인쇄되지 않는 경우첫 페이지에는 제목행이 인쇄되나 두 번째 페이지부터는 제목행이 인쇄되지 않는다. 이런 경우에 인쇄제목 항목을 '반복할 행'으로 지정하면 매 페이지마다 제목행이 표시된다.

② **인 쇄**

- 눈금선 : 데이터와 셀 구분선이 모두 인쇄된다.
- 행/열 머리글 : 이것을 지정하면 입력한 데이터와 행/열 머리글이 함께 인쇄된다.

③ **페이지 순서**

데이터가 많아 한 페이지로 인쇄할 수 없을 경우 행이나 열의 중간에서 페이지를 구분하여 인쇄할 때 행과 열의 인쇄 우선순위를 지정할 수 있다.

2. 인쇄하기

작성한 데이터나 파일을 연 다음 표준도구모음에서 [인쇄]단추를 클릭하거나 메뉴 [파일]−[인쇄]를 선택한다.

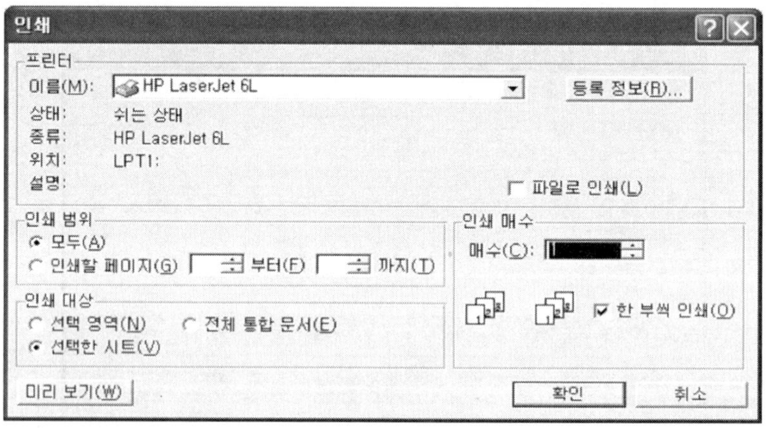

▶ 인쇄 대화상자

① 프린터 : 컴퓨터에 연결되어 있는 프린터의 상태, 종류, 위치 등이 자동으로 설정된다.
② 인쇄 범위 : 인쇄할 페이지의 범위를 지정한다.
③ 인쇄 대상
- 선택 영역 : 시트내에서 선택한 지정범위만 인쇄
- 선택한 시트 : 선택한 시트만 인쇄
- 전체 통합문서 : 현재 작업 중인 모든 시트를 인쇄

▶ 입력자료 '성적표'의 데이터 중 영역 [B2:C12]만 인쇄하시오.

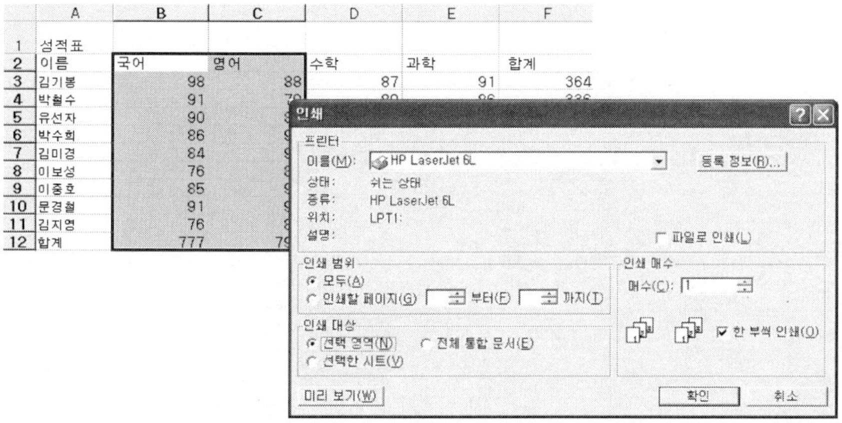

④ 인쇄매수 : 같은 문서를 몇 장이나 반복해서 인쇄할 것인지를 지정한다.

6장 ··· 서식관리

1. 셀 서식

서식기능을 사용하여 데이터를 효과적으로 나타낼 수 있다. 예를 들어 셀에 입력된 문자의 크기 변경, 맞춤을 변경하거나 시트에서 서로 다른 형식의 정보를 구분하기 위해 셀에 테두리를 적용한다. 서식을 지정하는 방법은 3가지가 있다.

[방법 1] 메뉴 [서식]−[셀]([행], [열], [시트])를 선택한다.
[방법 2] 서식 도구모음에 있는 각종 단추를 사용한다.
[방법 3] 마우스의 오른쪽버튼을 눌러 단축메뉴 [셀 서식]을 선택한다.

1) 표시형식

숫자형 데이터인 경우 통화, 회계, 지수, 백분율, 날짜/시간 등을 일정한 형식에 맞춰 표시할 수 있다. 셀 서식 대화상자에서 [표시형식]탭을 클릭한다.

▶ 숫자형 데이터의 표시형식을 통화, 통화기호 \, 세 자리마다 콤마로 표시하시오.

- 영역 [B3:E7]을 지정한다.
- 셀 서식 대화상자에서 [표시형식]탭을 선택한 후 '범주'란은 '통화'를 선택한다. 그리고 '기호'란의 오른쪽 내림단추(▼)를 클릭하여 '\'을 선택한 후 '확인'단추를 누른다.

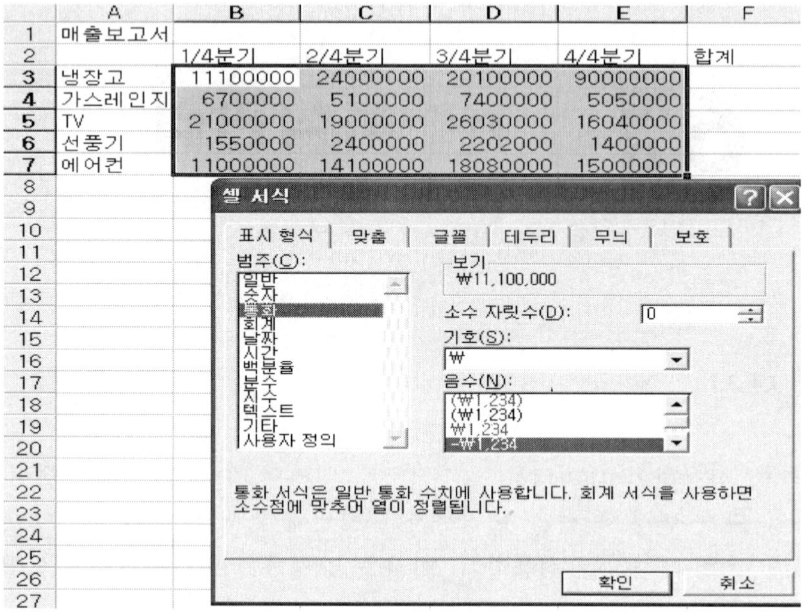

[결 과]

첨부자료2

	A	B	C	D	E	F
1	매출보고서					
2		1/4분기	2/4분기	3/4분기	4/4분기	합계
3	냉장고	₩11,100,000	₩24,000,000	₩20,100,000	₩90,000,000	
4	가스레인지	₩6,700,000	₩5,100,000	₩7,400,000	₩5,050,000	
5	TV	₩21,000,000	₩19,000,000	₩26,030,000	₩16,040,000	
6	선풍기	₩1,550,000	₩2,400,000	₩2,202,000	₩1,400,000	
7	에어컨	₩11,000,000	₩14,100,000	₩18,080,000	₩15,000,000	

2) 글 꼴

셀 서식 대화상자에서 [글꼴]탭을 클릭한다.

▶ 2행에 입력된 문자형 데이터의 글꼴(궁서체), 글꼴 스타일(굵게), 크기(12)를 변경하고자 한다.

- 영역 [B2:E2]을 지정한다.
- 셀 서식 대화상자에서 [글꼴]탭을 선택 후 '글꼴'란에서 '궁서체', '글꼴 스타일'란에서 '굵게', '크기'란에서 '12'를 지정한 후 '확인'단추를 누른다.

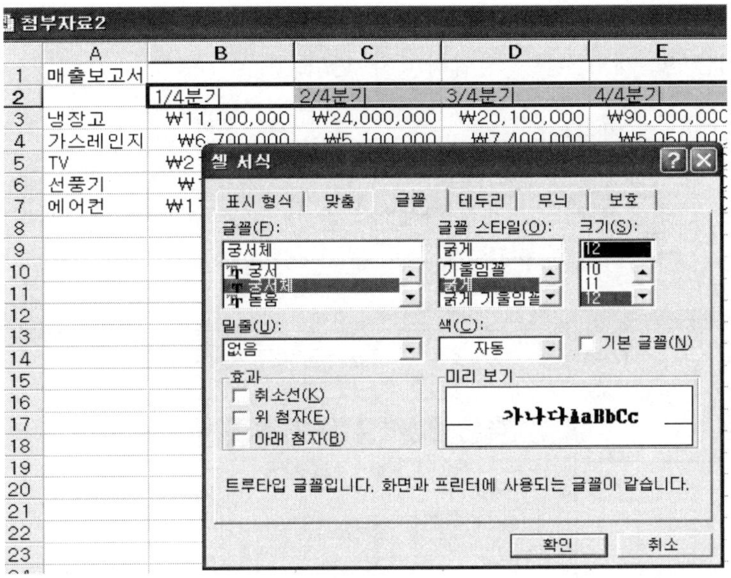

[결 과]

첨부자료2

	A	B	C	D	E
1	매출보고서				
2		**1/4분기**	**2/4분기**	**3/4분기**	**4/4분기**
3	냉장고	₩11,100,000	₩24,000,000	₩20,100,000	₩90,000,000
4	가스레인지	₩6,700,000	₩5,100,000	₩7,400,000	₩5,050,000
5	TV	₩21,000,000	₩19,000,000	₩26,030,000	₩16,040,000
6	선풍기	₩1,550,000	₩2,400,000	₩2,202,000	₩1,400,000
7	에어컨	₩11,000,000	₩14,100,000	₩18,080,000	₩15,000,000

3) 맞 춤

디폴터로 지정된 데이터의 맞춤을 변경하기 위해서는 셀 서식 대화상자에서 [맞춤]탭을 클릭한다. '텍스트 맞춤', '텍스트 방향', '텍스트 조정'을 설정할 수 있다.

텍스트 방향은 텍스트의 각도를 조정할 수 있으며 텍스트 조정에서 '텍스트 줄 바꿈'과 '셀에 맞춤'은 셀에 입력된 데이터가 한 셀을 넘칠 때 한 셀에 입력된 내용을 모두 나타내기 위해 사용한다. '셀 병합'은 범위가 지정된 영역이 하나의 셀로 합쳐진다.

표준도구모음에서 는 셀 병합과 가운데 맞춤을 동시에 실행할 수 있는 단추이다.

▶ 셀 A1에 입력된 문자형 데이터 '매출보고서'의 맞춤을 가운데로 변경한 후 영역 [A1:F1]을 한 개의 셀로 병합하고자 한다.

- 영역 [A1:F1]을 지정한다.
- 셀 서식 대화상자에서 [맞춤]탭을 선택 후 '텍스트 맞춤－가로'란의 '가운데'를 지정한다. 그리고 '텍스트 조정'란에서 '셀 병합'을 선택한 후 '확인'단추를 누른다.

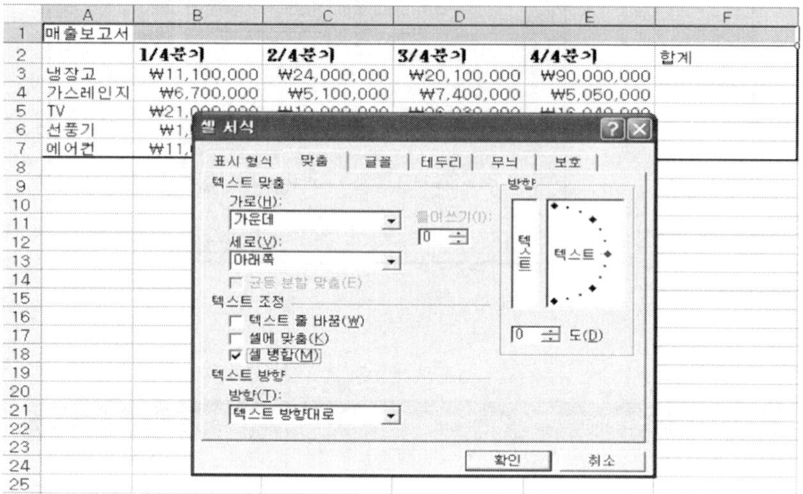

[결 과]

	A	B	C	D	E	F
1	매출보고서					
2		1/4분기	2/4분기	3/4분기	4/4분기	합계
3	냉장고	₩11,100,000	₩24,000,000	₩20,100,000	₩90,000,000	
4	가스레인지	₩6,700,000	₩5,100,000	₩7,400,000	₩5,050,000	
5	TV	₩21,000,000	₩19,000,000	₩26,030,000	₩16,040,000	
6	선풍기	₩1,550,000	₩2,400,000	₩2,202,000	₩1,400,000	
7	에어컨	₩11,000,000	₩14,100,000	₩18,080,000	₩15,000,000	

4) 테두리

시트에서 보이는 선은 실제 인쇄에서는 출력되지 않는다. 따라서 시트에 입력된 서로 다른 형식의 정보를 구분하기 위한 표의 효과를 주기 위해서는 셀에 테두리를 적용하여야 한다.

- 영역 지정 후 셀 서식 대화상자에서 [맞춤]탭을 클릭한다.
- 선의 스타일을 선택한다. '선의 스타일'은 선의 종류를 단선, 이중선, 실선, 점선 등을 가늘게, 굵게 등으로 설정할 수 있다.
- '미리설정' 항목은 선택한 선의 스타일이 지정한 영역의 어떤 부분에 적용할 것인지를 결정한다. 셀의 테두리 전체에 일괄적으로 적용하기 위해서는 '미리 설정' 항목에서 '윤곽선'을 선택한다.
- 그러나 선의 스타일이나 색을 셀의 테두리에 부분적으로 적용하기 위해서 '테두리' 항목를 선택한다.

▶ 영역 [A1:F7]의 윤곽선에 테두리를 설정하되 선의 스타일은 단일선, 선은 굵게 하고자 한다. 그리고 셀 병합된 셀 A1의 셀 테두리의 아래쪽을 이중 실선으로 설정하고자 한다.

- 영역 [A1:F7]]을 지정한다.
- 아래 그림처럼 셀 서식 대화상자에서 [테두리]탭을 선택한다.
- '선 스타일'항목은 '굵은 실선'을 선택한다. 그리고 '미리 설정'항목에서 '윤곽선'을 선택한 후 '확인'단추를 누른다.

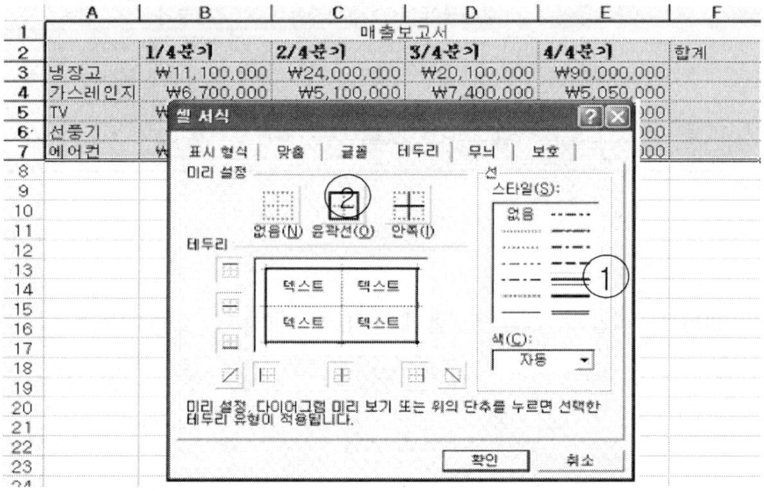

- 셀 A1을 선택 후 셀 서식 대화상자의 [테두리]탭을 선택한다.
- '선 스타일'항목에서 아래 그림처럼 '이중실선'을 선택하고 '테두리'항목에서 셀의 '아래쪽'을 선택한 후 '확인'단추를 누른다.

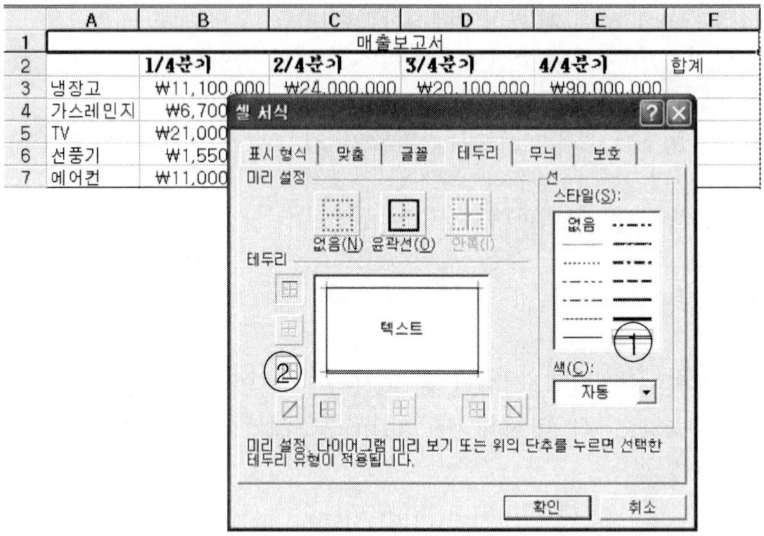

[결 과]

	A	B	C	D	E	F
1	매출보고서					
2		**1/4분기**	**2/4분기**	**3/4분기**	**4/4분기**	합계
3	냉장고	₩11,100,000	₩24,000,000	₩20,100,000	₩90,000,000	
4	가스레인지	₩6,700,000	₩5,100,000	₩7,400,000	₩5,050,000	
5	TV	₩21,000,000	₩19,000,000	₩26,030,000	₩16,040,000	
6	선풍기	₩1,550,000	₩2,400,000	₩2,202,000	₩1,400,000	
7	에어컨	₩11,000,000	₩14,100,000	₩18,080,000	₩15,000,000	
8						

▶ 문 제

입력자료 '2006년 상반기 제품별 판매실적'에 대하여 조건대로 서식을 지정하시오.

[조 건]

① 셀 A1에 '2006년 상반기 제품류별 판매실적' 입력
② 영역 [A1:C1]병합 후 가운데 맞춤, 굵게, 셀 음영 녹색채우기
③ 문자형 데이터 : 가운데 맞춤, 굴림체
④ 숫자형 데이터 : 세 자리 콤마 표시
⑤ 영역 [A3:C10] : 테두리 선 스타일 이중실선, 윤곽선 주기

	A	B	C
1	2006년 상반기 제품류별 판매실적		
2			
3		음료	주류
4	1월	2955	10200
5	2월	5167	13000
6	3월	5035	27000
7	4월	6900	23000
8	5월	6700	21000
9	6월	7100	25800
10	합계	33857	120000

2. 자동서식과 조건부서식

자동서식과 조건부서식을 사용하여 빠르고 효율적으로 서식을 지정할 수 있다.

(1) 자동서식

- 자동서식이 적용될 영역을 지정한 후 메뉴[서식]－[자동서식]을 선택한다.

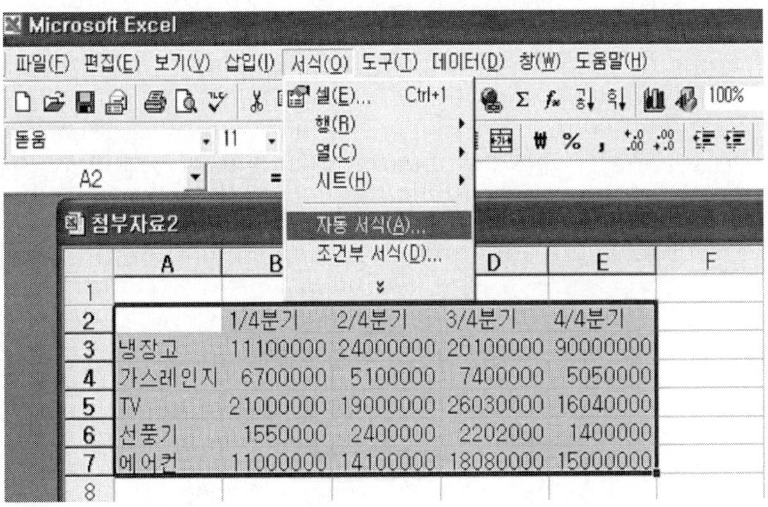

- '옵션'단추를 선택하여 적용할 서식을 지정한다. 그리고 이동단추를 사용하여 서식의 종류 '회계형 2'를 선택한 후 '확인'단추를 누른다.

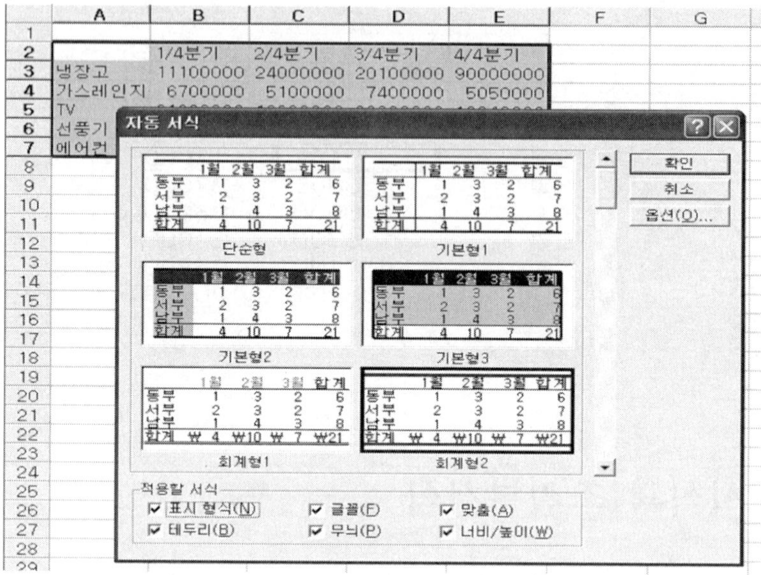

[결 과]

	A	B	C	D	E
1					
2		1/4분기	2/4분기	3/4분기	4/4분기
3	냉장고	11,100,000	24,000,000	20,100,000	90,000,000
4	가스레인지	6,700,000	5,100,000	7,400,000	5,050,000
5	TV	21,000,000	19,000,000	26,030,000	16,040,000
6	선풍기	1,550,000	2,400,000	2,202,000	1,400,000
7	에어컨	11,000,000	14,100,000	18,080,000	15,000,000

▶ 문 제

입력자료 '2006년 상반기 제품류별 판매실적'에 자동서식 – 기본형 3을 적용하시오.

[입력자료]

	A	B	C
1	2006년 상반기 제품류별 판매실적		
2			
3		음료	주류
4	1월	2955	10200
5	2월	5167	13000
6	3월	5035	27000
7	4월	6900	23000
8	5월	6700	21000
9	6월	7100	25800
10	합계	33857	120000

(2) 조건부서식

조건에 일치하는 셀을 강조하기 위해 조건부서식을 사용할 수 있다.

- 영역을 지정한 후 메뉴[서식]－[조건부서식]을 선택한다.

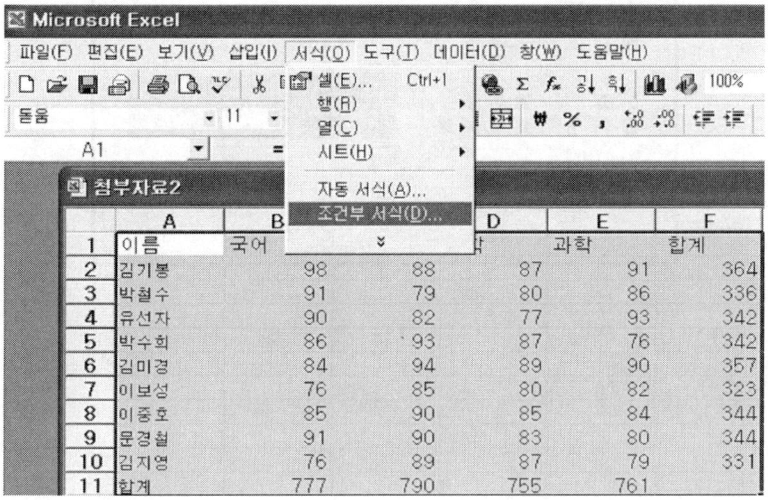

- 조건부서식 대화상자에서 '조건'란에 조건들을 입력한다. '추가'단추를 사용하여 조건을 3개까지 추가할 수 있다. '삭제'단추는 이미 설정되어 있는 조건들 중에서 불필요한 조건울 제거할 때 사용한다.

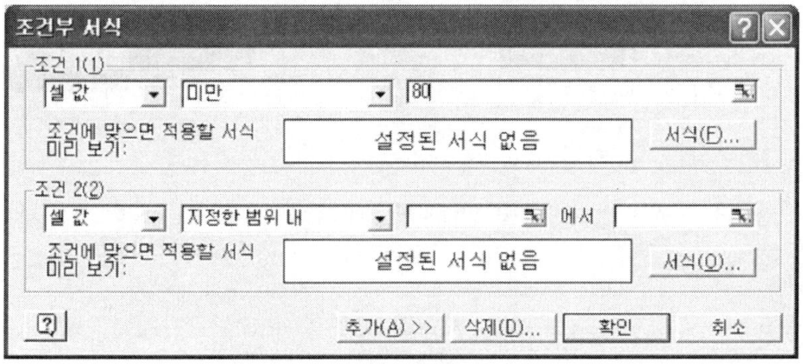

- 조건부서식 대화상자에서 '서식'단추를 누르면 셀 서식 대화상자가 나타난다.
- 다음 그림처럼 셀 서식 대화상자에서 [무늬]탭을 클릭한 후 셀 음영에 '빨강'색을 지정한 후 '확인'단추를 누른다.

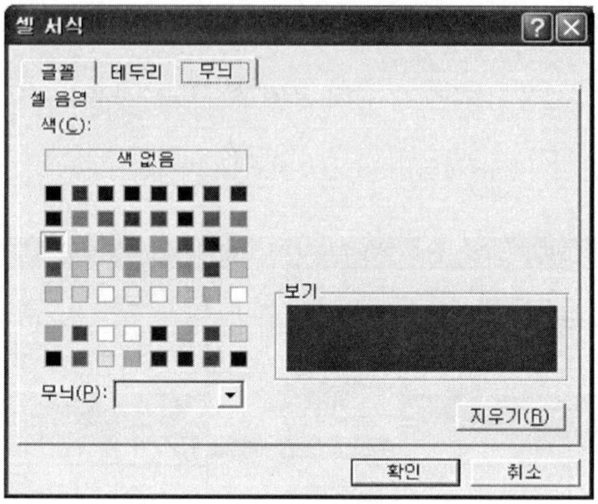

• 다시 조건부서식 대화상자가 나타난다. 추가해야 할 조건들을 모두 설정한 후 '확인'단추를 누른다.

[결 과]

	A	B	C	D	E	F
1	이름	국어	영어	수학	과학	합계
2	김기봉	98	88	87	91	364
3	박철수	91	79	80	86	336
4	유선자	90	82	77	93	342
5	박수희	86	93	87	76	342
6	김미경	84	94	89	90	357
7	이보성	76	85	80	82	323
8	이충호	85	90	85	84	344
9	문경철	91	90	83	80	344
10	김지영	76	89	87	79	331
11	합계	777	790	755	761	

▶ 문 제

입력자료 '2005년 A마트 분기별 판매액' 대하여 다음과 같은 조건부 서식을 적용하시오.

[조 건]

① 5,000 이하 값 : 셀 음영 파란색 채우기, 숫자 빨간색, 글씨 기울이기
② 70,000 이상 값 : 셀 음영 노란색 채우기, 숫자 파란색, 글씨 굵게

[입력자료]

	A	B	C	D	E
1					
2	2005년 A마트 분기별 판매액				
3					
4	제품분류	1/4분기	2/4분기	3/4분기	4/4분기
5	음료	45300	49500	58810	49950
6	조미료	4700	4990	5780	5040
7	해산물	53900	60420	71730	60970
8	빙과류	7800	7910	9460	8030
9	과자류	56500	63440	75380	64060
10	의류	58500	65720	78040	66320
11	주류	1700	17160	20380	19320
12	화장품	69400	78720	93520	79610
13	과일류	14500	12580	14920	12640
14	채소류	6200	8630	8020	6290

7장 ··· 함 수

1. 함수의 기본 형태

엑셀은 함수기능을 제공하여 자주 사용하거나 복잡하고 어려운 수식을 자동적으로 쉽게 처리할 수 있다. 함수란 인수라고 하는 특정 값을 사용하여 특정 순서나 구조로 계산을 수행하는 미리 정의된 수식이다.

함수도 수식이기 때문에 '=(등호)'부터 시작해야 한다. 그리고 사용할 함수는 메뉴[삽입]－[함수] 또는 표준도구모음에서 [함수마법사] 단추를 클릭하면 표시된다. 이외에도 수식표시줄에 직접 함수를 입력할 수 있다.

함수의 기본형태는 아래와 같다.

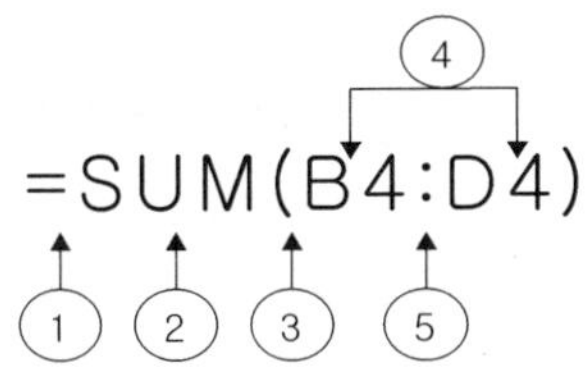

① 등호 : 수식임을 나타내는 표시 ② 함수명 : 엑셀에서 제공하는 함수의 이름 ③ (괄호) : 인수와 콜론으로 결합된 영역을 묶는 역할 ④ 함수가 적용될 셀의 주소 즉, 인수 ⑤ 콜론 : 함수가 적용될 셀의 범위가 연속적일 때 사용

함수에서 참조할 셀이 불연속적일 때는 콤마(,)로 구분한다. 예를 들면, '=SUM(A7, B4:D4, G15:H15)'이다. 두 참조영역에서 공통 셀을 참조할 경우 공백을 사용한다. 예를 들어, '=SUM(B2:D4 D2:G3)'인 경우 공통 셀인 D2, D3의 데이터를 더하기한다.

2. 연산자의 종류

1) 산술연산자

더하기, 빼기, 곱하기, 나누기 등의 사칙연산과 %, 지수 등이 있다.

산술연산자	설 명	계산식 예	계산식 결과
+	더하기	=A1+B1	21
−	빼기	=A1−B1	−1
*	곱하기	=A1*B1	110
/	나누기	=B1/A1	1.1
%	백분율	=30%	0.3
^	지수	=3^4	81

셀 A1에 10, 셀 B1에 11을 입력한 후 계산식(영역 [D1:D6] 참조)을 영역 [C1:C6]에 입력하면 산술계산식 결과값이 표시된다.

	A	B	C	D
1	10	11	21	=A1+B1
2			-1	=A1-B1
3			110	=A1*B1
4			1.1	=B1/A1
5			100000000000	=A1^B1
6			0.11	=B1%

2) 비교연산자

두 값을 비교하여 참(True)이나 거짓(False)의 논리값을 되돌려준다.

비교연산자	설 명	계산식 예	계산식 결과
=	같다	=A1=B1	False
>	왼쪽이 크다	=A1>B1	False
>=	왼쪽이 크거나 같다	=A1>=B1	False
<	오른쪽이 크다	=A1<B1	True
<=	오른쪽이 크거나 같다	=A1<=B1	True
<>	같지 않다	=A1<>B1	True

셀 A1에 10, 셀 B1에 11을 입력한 후 계산식(영역 [E1:E6] 참조)을 영역 [D1:D6]에 입력하면 논리결과값이 표시된다.

	A	B	C	D	E
1	10	11		FALSE	=A1=B1
2				FALSE	=A1>B1
3				FALSE	=A1>=B1
4				TRUE	=A1<B1
5				TRUE	=A1<=B1
6				TRUE	=A1<>B1

3) 문자열연산자

문자열과 문자열을 연결시키는 연산자 '&'을 사용하면 두 문자열이 하나의 문자열이 된다.

문자열연산자	설 명	계산식 예	계산식 결과
&	두 값을 연결하여 한 개의 문자열로 변환	=A1&B1	컴퓨터활용

	A	B	C	D
1	컴퓨터	활용	컴퓨터활용	=A1&B1
2				

3. 주소의 이해

수식이 있는 셀을 복사하거나 채우기 기능이 가능한 것은 셀의 주소를 참조할 수 있기 때문이다. 참조할 수 있는 형태는 상대주소, 절대주소, 혼합주소가 있다.

1) 상대주소

수식을 다른 셀로 복사할 경우 현재 셀의 위치가 변하면 이에 따라 상대적으로 지정된 위치가 변하게 된다.

▶ 셀 F3에 입력된 수식을 복사하여 F열의 나머지 셀 영역[F4:F7]에서 합계를 구하고자 한다.

- 셀 F3에 합계를 구하는 수식 '=B3+C3+D3+E3'을 입력한다.

COUNT ▾ X ✓ = =B3+C3+D3+E3

	A	B	C	D	E	F
1	매출보고서					
2		1/4분기	2/4분기	3/4분기	4/4분기	합계
3	냉장고	₩11,100,000	₩24,000,000	₩20,100,000	₩90,000,000	=B3+C3+D3+E3
4	가스레인지	₩6,700,000	₩5,100,000	₩7,400,000	₩5,050,000	
5	TV	₩21,000,000	₩19,000,000	₩26,030,000	₩16,040,000	
6	선풍기	₩1,550,000	₩2,400,000	₩2,202,000	₩1,400,000	
7	에어컨	₩11,000,000	₩14,100,000	₩18,080,000	₩15,000,000	

- 나머지 셀 영역 [F4:F7]에서 합계를 구하는 방법은 3가지가 있다.

[방법 1] 셀 F3의 오른쪽 하단 테두리에 마우스 포인터를 대면 채우기 핸들(+)포인터가 나타난다. 채우기핸들 포인터를 셀 F7까지 드래그하면 F열의 셀 주소가 자동적으로 변경되면서 합계가 구해진다.

[방법 2] 셀 F3을 선택한 상태에서 메뉴 [편집]−[복사]를 선택한다. 그리고 영역 [F4:F7]를 지정한 후 메뉴 [편집]−[붙여넣기]를 선택한다.

[방법 3] 셀 F3을 선택한 후 단축메뉴 [복사]를 클릭한다 그리고 영역 [F4:F7]를 지정한 후 단축메뉴 [붙여넣기]를 선택한다.

아래 그림에서 알 수 있듯이 셀 주소가 상대적으로 바뀌어 셀 F4에 '=B4+C4+D4+E4'가 입력된다.

COUNT ▾ X ✓ = =B4+C4+D4+E4

	A	B	C	D	E	F
1	매출보고서					
2		1/4분기	2/4분기	3/4분기	4/4분기	합계
3	냉장고	₩11,100,000	₩24,000,000	₩20,100,000	₩90,000,000	₩145,200,000
4	가스레인지	₩6,700,000	₩5,100,000	₩7,400,000	₩5,050,000	=B4+C4+D4+E4
5	TV	₩21,000,000	₩19,000,000	₩26,030,000	₩16,040,000	₩82,070,000
6	선풍기	₩1,550,000	₩2,400,000	₩2,202,000	₩1,400,000	₩7,552,000
7	에어컨	₩11,000,000	₩14,100,000	₩18,080,000	₩15,000,000	₩58,180,000

2) 절대주소

수식을 다른 셀로 복사하더라도 셀의 위치가 변하지 않고 고정되어 있다. 행과 열을 고정시키기 위해 행과 열 번호 앞에 '$'를 먼저 입력한다.

- 셀 F3에 절대주소를 사용한 수식'=$B$3+$C$3+$D$3+$E$3'을 입력한다.
- 셀 F3을 선택한 후 단축메뉴 [편집]−[복사]를 선택한다.
- 영역 [F4:F7]를 지정한 후 단축메뉴 [편집]−[붙여넣기]를 선택한다.

셀 F3에 입력된 주소가 고정되어 영역 [F4:F7]에 표시되는 결과값은 셀 F3의 결과값 \145,200,200과 동일하다.

COUNT =$B$3+$C$3+$D$3+$E$3

	A	B	C	D	E	F	G
1	매출보고서						
2		1/4분기	2/4분기	3/4분기	4/4분기	합계	
3	냉장고	₩11,100,000	₩24,000,000	₩20,100,000	₩90,000,000	=$B$3+$C$3+$D$3+$E$3	
4	가스레인지	₩6,700,000	₩5,100,000	₩7,400,000	₩5,050,000		
5	TV	₩21,000,000	₩19,000,000	₩26,030,000	₩16,040,000		
6	선풍기	₩1,550,000	₩2,400,000	₩2,202,000	₩1,400,000		
7	에어컨	₩11,000,000	₩14,100,000	₩18,080,000	₩15,000,000		

↓

COUNT =$B$3+$C$3+$D$3+$E$3

	A	B	C	D	E	F	G
1	매출보고서						
2		1/4분기	2/4분기	3/4분기	4/4분기	합계	
3	냉장고	₩11,100,000	₩24,000,000	₩20,100,000	₩90,000,000	₩145,200,000	
4	가스레인지	₩6,700,000	₩5,100,000	₩7,400,000	₩5,050,000	=$B$3+$C$3+$D$3+$E$3	
5	TV	₩21,000,000	₩19,000,000	₩26,030,000	₩16,040,000	₩145,200,000	
6	선풍기	₩1,550,000	₩2,400,000	₩2,202,000	₩1,400,000	₩145,200,000	
7	에어컨	₩11,000,000	₩14,100,000	₩18,080,000	₩15,000,000	₩145,200,000	

▶ 문 제

셀 A1과 영역 [B1:B3]에 입력된 데이터를 곱하기 한 결과를 영역 [C1:C3]에 나타내시오.

C1 =$A$1*B1

	A	B	C
1	2	1	2
2		2	
3		3	

채우기 →

C1 =$A$1*B1

	A	B	C
1	2	1	2
2		2	4
3		3	6

3) 혼합주소

상대주소와 절대주소를 함께 사용하는 경우인데, 행 번호 또는 열 번호 앞에 '$'를 먼저 입력한다. $A1은 A열을, A$1은 1행을 고정시킨 것이다.

▶ 1행과 A열에 입력된 데이터를 곱한 결과값을 영역 [B2:D4]에 나타내고자 한다.

- 셀 B2에 '=A2*B1'를 입력한다. 그런데 데이터가 입력된 A열과 1행을 고정시키기 위해 A열과 1행 앞에 '$'를 추가하여 '=$A2*B$2'를 완성시킨 후 Enter키를 누른다.

B2 =$A2*B$1

	A	B	C	D
1		100	200	300
2	2	200		
3	4			
4	6			

• 영역 [B3:B4]는 채우기기능을 이용하여 구한다.

B2 = =$A2*B$1

	A	B	C	D
1		100	200	300
2	2	200		
3	4			
4	6			

• 영역 [B2:B4]를 지정한 후 영역 [C2:D4]까지 드래그한다.

B2 = =$A2*B$1

	A	B	C	D
1		100	200	300
2	2	200		
3	4	400		
4	6	600		

[결 과]

D4 = =$A4*D$1

	A	B	C	D
1		100	200	300
2	2	200	400	600
3	4	400	800	1200
4	6	600	1200	1800

4. 수식오류의 종류

아래 그림처럼 셀에 잘못된 수식이 사용되면 오류가 발생한다.

	A	B	C	D	E
1				계산식 결과	D열에 입력한 계산식
2		1	0	#DIV/0!	=B2/C2
3		1	□	#VALUE!	=B3/C3
4		1	2	#NAME?	=SU(B4,C4)
5					

일반적으로 자주 발생하는 오류의 종류와의 해결방법은 다음과 같다.

종 류	원 인	해결방법
#DIV/0! 숫자가 0으로 나누어지는 경우	0으로 나누어지는 명시적 나눗셈(예 : =5/0)이 포함된 수식을 입력한 경우	나누는 수를 0이 아닌 숫자로 변경한다.
	0이 포함된 셀이나 빈 셀의 셀 참조를 나누는 수로 사용한 경우(피연산자가 빈 셀인 경우 빈 셀을 0으로 해석)	1. 셀 참조를 다른 셀로 변경한다. 2. 나누는 수로 사용되는 셀에 0이 아닌 값을 입력한다. 3. 나누는 수로 참조되는 셀에 값 #N/ A를 입력한다. 이렇게 하면 수식의 결과가 #DIV/0!에서 #N/A로 변경되어 나누는 수를 사용할 수 없음을 나타낸다. 4. IF함수를 사용하여 오류값이 표시되지 않게 한다. 예를 들어, 오류를 만드는 수식이 =A5/B5이면 이 수식 대신=IF(B5=0,"",A5/B5)를 사용한다. (두 따옴표는 빈 텍스트 문자열을 나타냄)
	#DIV/0!을 반환하는 수식이나 함수를 사용하는 매크로를 실행한 경우	함수 또는 수식에서 나누는 수는 0이 아니거나 비어 있지 않도록 한다.
#VALUE! 잘못된 인수나 피연산자가 사용된 경우	수식에 텍스트를 입력한 경우	TRUE 또는 FALSE와 같은 논리값이나 숫자로 변경한다.
	배열 수식을 입력 또는 편집한 다음 Enter키를 누른 경우	배열 수식이 들어 있는 셀 또는 셀 범위를 선택하고 F2키를 눌러 수식을 편집한 다음 Ctrl+Shift+Enter키를 누른다.
	셀 참조, 수식 또는 함수를 배열 상수로 입력한 경우	배열 상수는 셀 참조, 수식 또는 함수가 아니어야 한다.
	범위 대신 단일 값을 필요로 하는 함수나 연산자를 범위로 제공한 경우	1.범위를 단일 값으로 변경한다. 2.범위를 변경하여 수식을 포함하는 동일한 열 또는 동일한 행을 포함시킨다.
	행렬시트 함수 중 하나에 올바르지 않은 행렬을 사용한 경우	행렬의 범위가 행렬 인수에 알맞아야 한다.
	#VALUE!가 반환되는 함수가 있는 매크로를 실행한 경우	함수에 올바르지 않은 인수를 사용 중이 아닌지 확인한다.
#NAME? 수식의 텍스트를 인식하지 못한 경우	추가 기능을 로드하지 않고 분석 도구 추가 기능의 일부인 함수를 사용하는 경우	분석 도구 추가 기능을 설치하고 로드한다.
	존재하지 않는 이름을 사용한 경우	존재하는 이름인지 확인한다. [삽입] 메뉴에서 이름을 선택하고 정의를 클릭한다. 이름이 목록에 없으면 정의 명령을 사용하여 이름을 추가한다.
	이름의 철자가 틀린 경우	철자를 확인한다. 수식입력줄에서 이름을 선택하고 F3키를 누른 다음, 원하는 이름을 클릭하고 확인을 클릭한다.
	레이블 사용을 허용하지 않고 수식에서 레이블을 사용한 경우	레이블 사용을 허용한다. [도구] 메뉴에서 옵션을 클릭하고 계산탭을 클릭한다. 통합문서 옵션에서 수식에 레이블 적용 확인란을 선택한다.
	함수 이름의 철자가 틀린 경우	틀린 철자를 고친다. [삽입] 메뉴에서 함수를 클릭하여 수식에 정확한 함수 이름을 삽입한다.
	텍스트를 큰따옴표로 묶지 않고 수식에 텍스트를 입력한 경우	수식에서 텍스트를 큰 따옴표로 묶는다. 예를 들어, 다음 수식은 "총 금액은 "과 B50 셀의 값을 연결한다. ="총 금액은 "&B50
	범위 참조에서 콜론(:)이 생략된 경우	수식의 모든 범위 참조에 콜론(:)을 사용하는지 확인한다.
	작은 따옴표로 묶지 않은 다른 시트를 참조하는 경우	수식에서 다른 워크시트나 통합 문서의 값이나 셀을 참조하며 그 워크시트나 통합 문서의 이름에 알파벳이 아닌 문자나 공백이 들어 있으면 이름을 작은 따옴표(' ')로 묶어야 한다.

5. 함수의 종류

함수 마법사를 이용하여 함수를 사용한다. 함수의 종류는 다음과 같다.

종 류	개 요
재무함수	감가상각, 투자가치, 이자, 연금 계산
날짜/시간함수	날짜와 시간 계산
수학/삼각	절대값, 반올림 등을 계산
통계함수	평균, 합계, 표준편차 등 통계에 관한 계산
찾기/참조영역	참조영역에 관한 정보를 구하는 계산 수행
데이터베이스	데이터베이스에서 필요한 정보를 구하는 계산 수행
문자열함수	문자열을 결합하는 계산 수행
논리값함수	논리값을 구하는 계산 수행
정보함수	현재 셀에 잘못 계산된 값이나 정보를 구하는 계산 수행

1) SUM : 합계를 구하는 함수

합계를 구하는 함수로서 표준도구모음의 자동합계단추 Σ 를 사용하는 것과 동일한 결과를 얻는다.

2) AVERAGE : 평균을 구하는 함수

함수형태는

AVERAGE(number1, number2, number3, number4, …)

number : 인수

- 셀 F3을 선택한 후 메뉴 [삽입]-[함수]를 선택하거나 fx 를 클릭한다.
- 함수마법사 대화상자가 나타난다. 함수범주 '통계'를 선택한 후 함수이름 'AVERAGE'를 선택하고 '확인'단추를 누른다.

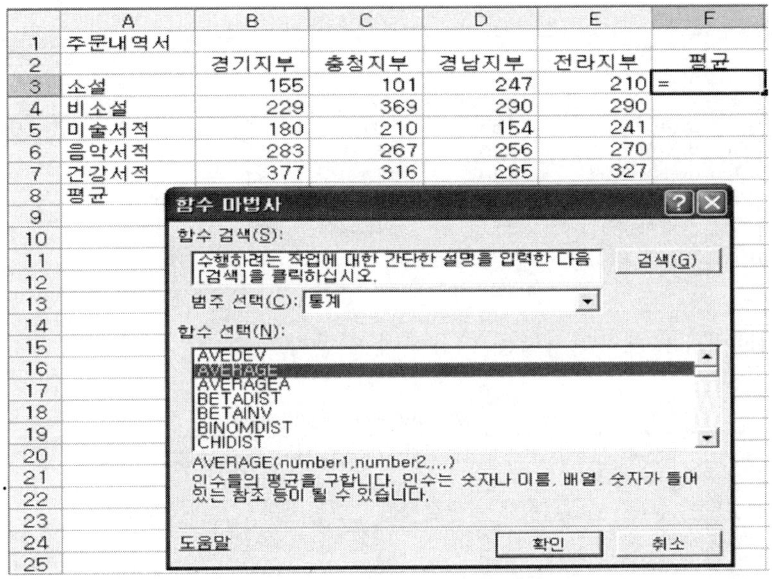

• 함수인수 대화상자가 나타난다. ‘number1’란에 영역[B3:E3]을 지정한 후 ‘확인’ 단추를 누른다. 인수는 숫자, 텍스트, True나 False와 같은 논리값, 배열, #N/A와 같은 오류 값, 셀 참조 등이 될 수 있다. 지정한 인수는 해당 인수에 대해 유효한 값을 만들어야 한다. 인수 개수는 최대 30개까지 가능하며 한 개의 필드에 모든 인수를 입력할 수 있다. 함수인수 대화상자에서는 수식결과를 미리 보여주기 때문에 인수입력오류를 쉽게 발견할 수 있다.

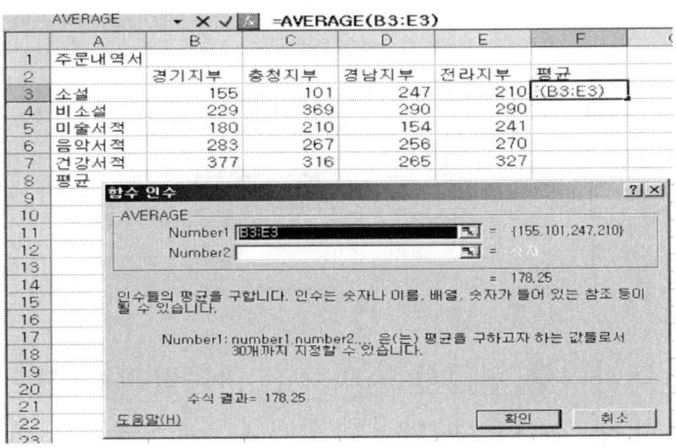

• 셀 F3에 결과값이 나타난다.

F3 =AVERAGE(B3:E3)

	A	B	C	D	E	F
1	주문내역서					
2		경기지부	충청지부	경남지부	전라지부	평균
3	소설	155	101	247	210	178.25
4	비소설	229	369	290	290	
5	미술서적	180	210	154	241	
6	음악서적	283	267	256	270	
7	건강서적	377	316	265	327	
8	평균					

• 영역 [F4:F7]은 채우기기능을 이용하여 구한다.

F4 =AVERAGE(B4:E4)

	A	B	C	D	E	F
1	주문내역서					
2		경기지부	충청지부	경남지부	전라지부	평균
3	소설	155	101	247	210	178.25
4	비소설	229	369	290	290	294.5
5	미술서적	180	210	154	241	196.25
6	음악서적	283	267	256	270	269
7	건강서적	377	316	265	327	321.25

▶ 문 제

입력자료 '주문 내역서'에서 지부별 도서주문수량의 평균을 8행에 나타내시오.

[입력자료]

	A	B	C	D	E	F
1	주문내역서					
2		경기지부	충청지부	경남지부	전라지부	평균
3	소설	155	101	247	210	178.25
4	비소설	229	369	290	290	294.5
5	미술서적	180	210	154	241	196.25
6	음악서적	283	267	256	270	269
7	건강서적	377	316	265	327	321.25
8	평균					

3) ROUND : 데이터를 지정한 자리수로 반올림하는 함수

숫자를 지정한 자릿수로 반올림할 때 ROUND함수를 사용한다.
함수형태는

=ROUND(number, num_digits)
number : 반올림할 숫자
num_digits : 반올림할 number의 자릿수

반올림할 숫자의 자릿수가 양수, 0, 음수에 따라서 결과값이 달라진다. 만약 반올림할 숫자의 자릿수가 양수이면 숫자는 지정한 소수 자릿수로 반올림하며, 0이면 가장 가까운 정수로 반올림, 그리고 음수이면 소수점 왼쪽에서 반올림된다.

함수형태	결 과
=ROUND(2.15, 1)	2.2
=ROUND(2.149, 1)	2.1
=ROUND(2.95, 0)	3
=ROUND(−1.475, 0)	−1
=ROUND(−1.475, 2)	−1.48
=ROUND(21.5, −1)	20

▶ 입력자료 '주문 내역서'를 이용하여 F열에 표시되어 있는 평균값을 소수점아래 한자리로 나타내고자 한다(결과값은 영역 [G3:G7]에 나타내기).

[입력지료]

	A	B	C	D	E	F	G
1	주문내역서						
2		경기지부	충청지부	경남지부	전라지부	평균	평균값반올림하기
3	소설	155	101	247	210	178.25	
4	비소설	229	369	290	290	294.5	
5	미술서적	180	210	154	241	196.25	
6	음악서적	283	267	256	270	269	
7	건강서적	377	316	265	327	321.25	
8	평균						

• 셀 G3을 선택한 후 메뉴 [삽입]−[함수]를 선택하거나 fx 를 클릭한다.
• 함수마법사 대화상자가 나타난다. 함수범주 '수학/삼각'를 선택한 후 함수이름 'ROUND'를 선택하고 '확인'단추를 누른다.

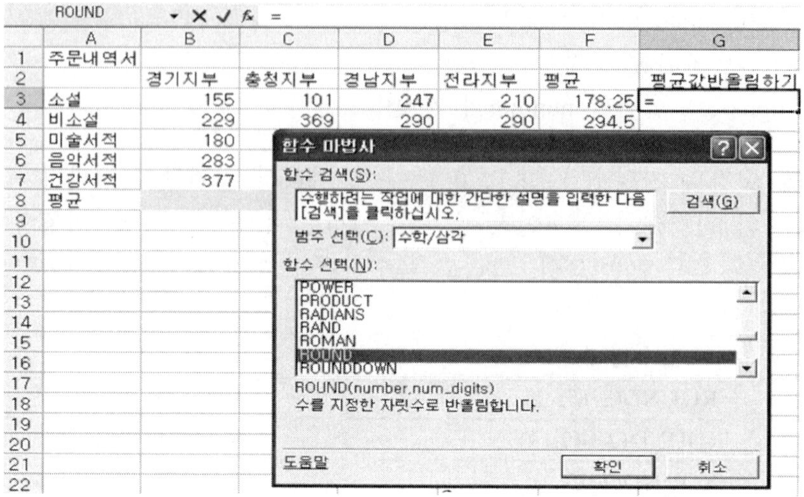

• 함수인수 대화상자가 나타난다. 'number'란에 반올림할 숫자가 입력되어 있는 셀 'F3'을 입력하고 'num_digits'란에는 반올림할 숫자의 자릿수 '1'를 지정한 후 '확인'단추를 누른다.

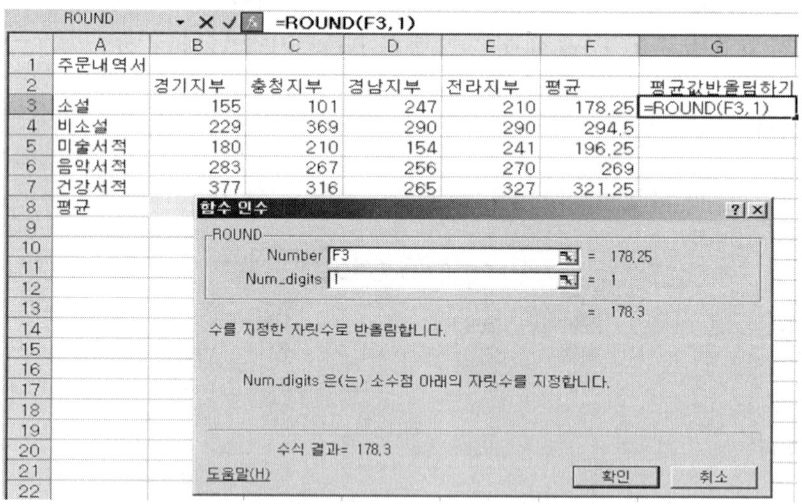

• 셀 G3에 결과값 '178.3'이 나타난다.

	A	B	C	D	E	F	G
1	주문내역서						
2		경기지부	충청지부	경남지부	전라지부	평균	평균값반올림하기
3	소설	155	101	247	210	178.25	178.3
4	비소설	229	369	290	290	294.5	
5	미술서적	180	210	154	241	196.25	
6	음악서적	283	267	256	270	269	
7	건강서적	377	316	265	327	321.25	
8	평균						

• 영역 [G4:G7]은 채우기기능을 이용하여 구한다.

G4 =ROUND(F4,1)

	A	B	C	D	E	F	G
1	주문내역서						
2		경기지부	충청지부	경남지부	전라지부	평균	평균값반올림하기
3	소설	155	101	247	210	178.25	178.3
4	비소설	229	369	290	290	294.5	294.5
5	미술서적	180	210	154	241	196.25	196.3
6	음악서적	283	267	256	270	269	269
7	건강서적	377	316	265	327	321.25	321.3
8	평균						

▶ 문 제

입력자료 '1/4분기 전화요금내역서'에 대하여 조건대로 작업을 수행하시오.

[조 건]

① 월별, 통화내역별 합계 구하기(결과값 : 영역 [B7:E7], 영역 [F3:F6]에 나타내기)
② 월별, 통화내역별 평균구하기 (결과값 : 영역 [B8:E8], 영역 [G3:G6]에 나타내기)
③ 월별 평균값을 반올림하여 소수점 아래 한자리로 구하기(결과값 : 영역 [B9:E9]에 나타내기)

[입력자료]

	A	B	C	D	E	F	G
1	1/4분기 전화요금내역서						
2	통화내역 \ 월	1월	2월	3월	4월	합계	평균
3	시내통화료	8814	6270	7829	6310		
4	인접지역시외통화	1212	5669	1680	1020		
5	이동전화에 건 통화	790	1890	4890	2600		
6	인터넷 사용	25100	26900	26000	29120		
7	합계						
8	평균						
9	평균반올림						

4) MIN : 최소값을 구하는 함수

이 함수는 값들 중에서 가장 작은 수를 반환한다.

함수형태는

= Min(number1, number2, number3, number4, …)

number : 인수

- 셀 B8을 선택한 후 메뉴 [삽입]-[함수]를 선택하거나 *fx* 를 클릭한다.
- 함수마법사 대화상자가 나타난다. 함수범주 '통계'를 선택한 후 함수이름 'MIN'을 선택하고 '확인'단추를 누른다.

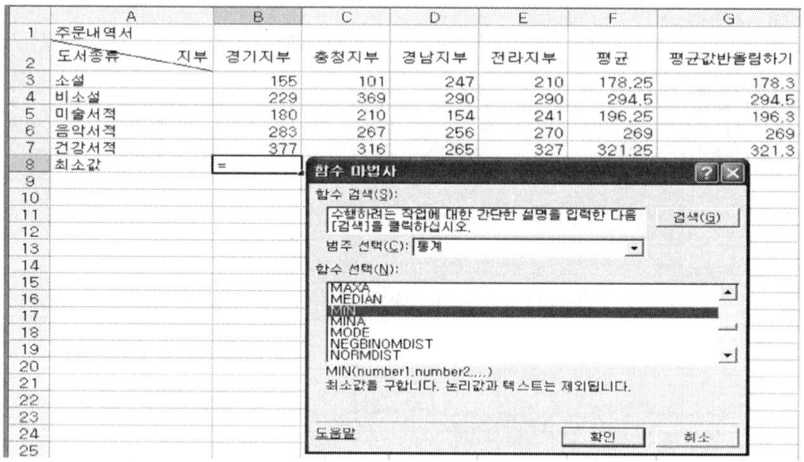

	A	B	C	D	E	F	G
1	주문내역서						
2	도서종류 지부	경기지부	충청지부	경남지부	전라지부	평균	평균값반올림하기
3	소설	155	101	247	210	178.25	178.3
4	비소설	229	369	290	290	294.5	294.5
5	미술서적	180	210	154	241	196.25	196.3
6	음악서적	283	267	256	270	269	269
7	건강서적	377	316	265	327	321.25	321.3
8	최소값	=					

- 함수인수 대화상자가 나타난다. 'number1'란에 최소값을 구하려는 셀 범위를 입력한 후 '확인'단추를 누른다.

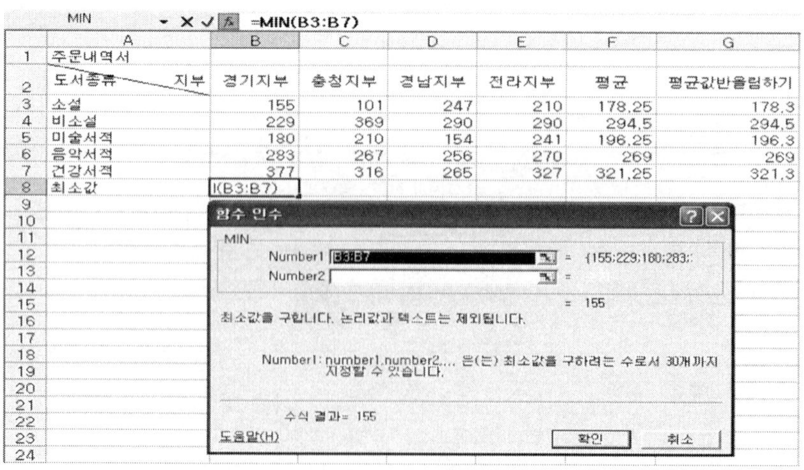

	A	B	C	D	E	F	G
1	주문내역서						
2	도서종류 지부	경기지부	충청지부	경남지부	전라지부	평균	평균값반올림하기
3	소설	155	101	247	210	178.25	178.3
4	비소설	229	369	290	290	294.5	294.5
5	미술서적	180	210	154	241	196.25	196.3
6	음악서적	283	267	256	270	269	269
7	건강서적	377	316	265	327	321.25	321.3
8	최소값	I(B3:B7)					

• 셀 B8에 결과값이 나타난다.

B8 ▾ fx =MIN(B3:B7)

	A	B	C	D	E	F	G
1	주문내역서						
2	도서종류 지부	경기지부	충청지부	경남지부	전라지부	평균	평균값반올림하기
3	소설	155	101	247	210	178.25	178.3
4	비소설	229	369	290	290	294.5	294.5
5	미술서적	180	210	154	241	196.25	196.3
6	음악서적	283	267	256	270	269	269
7	건강서적	377	316	265	327	321.25	321.3
8	최소값	155					

• 영역 [C8:E8]은 채우기기능을 이용하여 구한다.

B8 ▾ fx =MIN(B3:B7)

	A	B	C	D	E	F	G
1	주문내역서						
2	도서종류 지부	경기지부	충청지부	경남지부	전라지부	평균	평균값반올림하기
3	소설	155	101	247	210	178.25	178.3
4	비소설	229	369	290	290	294.5	294.5
5	미술서적	180	210	154	241	196.25	196.3
6	음악서적	283	267	256	270	269	269
7	건강서적	377	316	265	327	321.25	321.3
8	최소값	155	101	154	210		

▶ 문 제

입력자료 '주문내역서'의 이용하여 도서 종류별로 가장 적은 주문량(최소값)을 구하시오(결과값 : 영역 [G3:G7]에 나타내기).

[입력자료]

	A	B	C	D	E	F	G
1	주문내역서						
2	도서종류 지부	경기지부	충청지부	경남지부	전라지부	평균	최소값
3	소설	155	101	247	210	178.25	
4	비소설	229	369	290	290	294.5	
5	미술서적	180	210	154	241	196.25	
6	음악서적	283	267	256	270	269	
7	건강서적	377	316	265	327	321.25	

5) MAX : 최대값을 구하는 함수

MIN함수가 값들 중에서 가장 작은 수를 반환한다면 MAX 함수는 가장 큰 수를 반환한다. 함수 사용방법은 MIN함수와 동일한 절차를 따른다.

6) RANK : 지정된 범위 중에서 순위를 구하는 함수

수의 목록에 있는 어떤 수의 순위를 구할 때 RANK함수를 사용한다.
함수형태는

= RANK(number, ref, order)
number : 순위를 구하려는 수
ref : 숫자 목록의 배열 또는 참조. Ref에 있는 숫자 값은 무시
order : 순위 결정 방법을 정의하는 수

여기서 ref는 절대주소값으로 된 순위를 구하고자 하는 범위를 지정하게 된다. order는 순위를 매길 때 오름차순으로 정렬할 것인지, 내림차순으로 정렬할 것인지를 결정하는 기준이다. 내림차순이란 큰 수부터 작은 수로 정렬, 오름차순은 작은 수부터 큰 수로 정렬하는 것을 말한다.

order가 0이거나 생략되면 ref가 내림차순으로 정렬된 목록처럼 number의 순위를 부여한다. 그러나 order가 0이 아니면 ref가 오름차순으로 정렬된 목록처럼 number의 순위를 부여한다. 오름차순으로 정렬할 때 일반적으로 1을 사용한다.

▶ 셀 B2에 함수 '=RANK(A2,$A$2:$A$7)'을 입력한 후 영역 [B3:B7]을 채우기 기능으로 구한다. B열에 나타난 결과값은 영역 [A2:A7]를 참조하여 내림차순으로 데이터의 순위가 매겨진다.

B2 fx =RANK(A2,$A$2:$A$7)

	A	B	C	D	E
1	입력자료	순위			
2	14	6			
3	19	4			
4	22	3			
5	28	1			
6	16	5			
7	24	2			

▶ 입력자료 '주문내역서' 데이터에 순위를 매기고자 한다. 평균적으로 주문량이 가장 많은 도서가 1순위가 되도록 데이터를 정렬한다.

- 셀 H3을 클릭한 후 메뉴 [삽입]−[함수]를 선택하거나 fx 를 클릭한다.
- 함수마법사 대화상자가 나타난다. 함수범주 '통계'를 선택한 후 함수이름 'RANK'을 선택한 후 '확인'단추를 누른다.

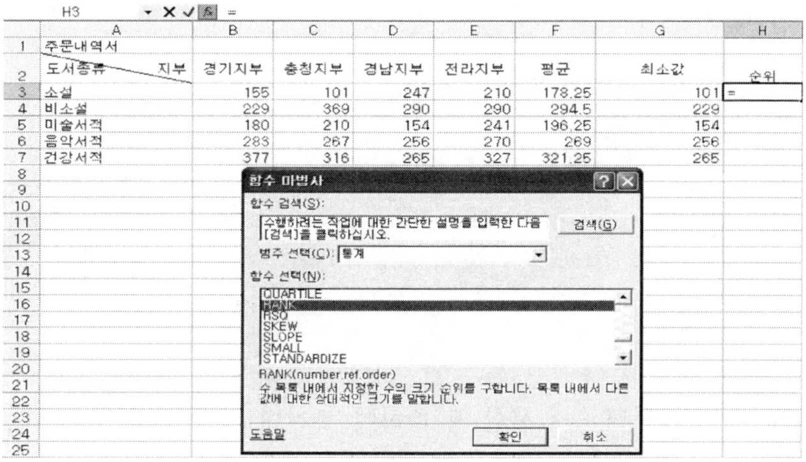

• 함수인수 대화상자가 나타난다. 평균값을 활용하여 순위를 매기기 위해서는 F열의 입력자료를 활용해야 한다. 따라서 number란에 'F3', 'ref'란에 '$F$3:$F$7'을 입력한다. 그리고 평균적으로 주문수량이 많은 도서가 1순위가 되도록 목록을 정렬하기 위해서 내림차순을 사용한다. 'order'란에 '0'을 입력한 후 '확인'단추를 누른다.

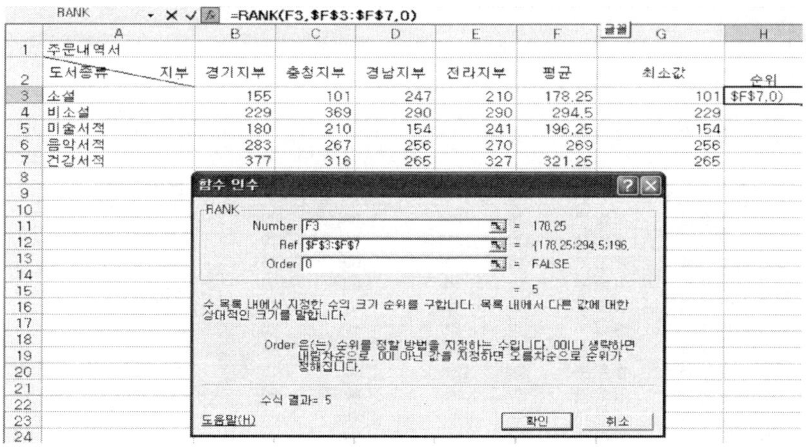

• 셀 H3에 결과값이 나타난다.

H3 fx =RANK(F3,$F$3:$F$7,0)

	A	B	C	D	E	F	G	H
1	주문내역서							
2	도서종류 지부	경기지부	충청지부	경남지부	전라지부	평균	최소값	순위
3	소설	155	101	247	210	178.25	101	5
4	비소설	229	369	290	290	294.5	229	
5	미술서적	180	210	154	241	196.25	154	
6	음악서적	283	267	256	270	269	256	
7	건강서적	377	316	265	327	321.25	265	

• 영역 [H4:H7]은 채우기기능을 이용하여 순위를 매긴다.

H3 fx =RANK(F3,$F$3:$F$7,0)

	A	B	C	D	E	F	G	H
1	주문내역서							
2	도서종류 지부	경기지부	충청지부	경남지부	전라지부	평균	최소값	순위
3	소설	155	101	247	210	178.25	101	5
4	비소설	229	369	290	290	294.5	229	2
5	미술서적	180	210	154	241	196.25	154	4
6	음악서적	283	267	256	270	269	256	3
7	건강서적	377	316	265	327	321.25	265	1

▶ 문 제

입력자료 '영어/컴퓨터 능력시험'에 대하여 조건대로 작업을 수행하시오.

[조 건]

① 총점 구하기(결과값 : 영역 [G4:G23]에 나타내기)
② 평균 구하기(결과값 : 영역 [H4:H23]에 나타내기)
③ 총점을 활용하여 순위를 구하되 총점이 높을수록 1순위가 되도록 정렬하기 (결과값 : 영역 [I4:I23]에 나타내기)

[입력자료]

	A	B	C	D	E	F	G	H	I
1	영어/컴퓨터 능력 시험								
2									
3	이름	소속부서	성별	나이	영어	컴퓨터	총점	평균	순위
4	백현진	개발부	여	28	98	85			
5	김신정	개발부	남	35	95	100			
6	김신철	영업부	남	39	80	75			
7	이동하	기술부	남	44	85	90			
8	마동탁	영업부	남	49	90	70			
9	류춘	영업부	여	37	80	75			
10	박호원	기획실	남	53	100	80			
11	강무병	총무부	여	25	70	75			
12	최솔	기술부	여	31	80	90			
13	양기봉	총무부	남	50	75	100			
14	오연술	관리부	남	29	80	60			
15	이기태	기획실	남	36	85	85			
16	차지철	기획실	남	30	90	90			
17	이원지	관리부	남	45	90	90			
18	하지원	총무부	여	44	85	75			
19	정진수	개발부	남	37	90	65			
20	최승희	관리부	여	51	90	100			
21	조미진	기술부	여	47	75	60			
22	김철선	영업부	남	47	75	60			
23	한상태	기술부	남	34	85	100			

7) IF : 조건에 맞는 결과를 나타내는 함수

논리검사를 수행하여 참(true)이나 거짓(false)에 해당하는 값을 돌려준다.

함수형태는

= IF(logical_test, value_if_true, value_if_false)

logical_test : 참과 거짓을 판단할 논리식(조건식)

value_if_true : 조건식이 참일 때 나타낼 결과값

value_if_false : 조건식이 거짓일 때 나타낼 결과값

결과값은 또 다른 논리식, 셀 주소, 문자, 숫자 등이 사용된다. 만약, 결과값이 문자형 데이터인 경우 반드시 큰 따옴표(“ ”) 안에 입력해야 한다. 여기서 주의해야 할 것은 IF함수를 사용한 개수만큼 괄호‘( )’를 사용해야 한다. 그리고 인수 사이에 공백이 있을 경우 수식오류 메시지가 표시된다.

예를 들어, A열의 점수데이터를 이용하여 점수가 70점 이상이면 합격이고 그렇지 않으면 불합격이라는 표시를 B열에 나타내기 위해서는 셀 B3에 ‘=if(A3>=70, “합격”, “불합격”)’을 입력한다.

B3 fx =IF(A3>=70, "합격", "불합격")

	A	B	C	D	E
1					
2	점수	결과값			
3	88	합격			
4	91	합격			
5	65	불합격			
6	69	불합격			
7	74	합격			

IF함수는 IF함수 안의 인수로서 또 다른 IF함수를 중첩해서 쓰는 경우가 많은데 최대 7번까지 가능하다. 인수로 숫자를 사용할 경우 천단위 구분기호와 같은 표시형식을 지정하지 않아야 한다. 또한 IF함수는 조건에 비교 연산자, AND함수, OR함수, NOT함수 등을 함께 사용하기도 한다.

▶ 입력자료 ‘성적표’를 평균을 이용하여 등급을 매긴다고 가정하자. 평균이 90점 이상이면 ‘A’, 80점 이상이면 ‘B’, 70점 이상이면 ‘C’, 60점 이상이면 ‘D’, 60점 미만이면 ‘F’라는 결과값을 G열에 나타내도록 하시오.

- 셀 G3을 선택 후 메뉴 [삽입]-[함수]를 선택하거나 fx 를 클릭한다.
- 함수마법사 대화상자가 나타난다. 함수범주 ‘논리’, 함수이름 ‘IF’를 선택하고 ‘확인’단추를 누른다.

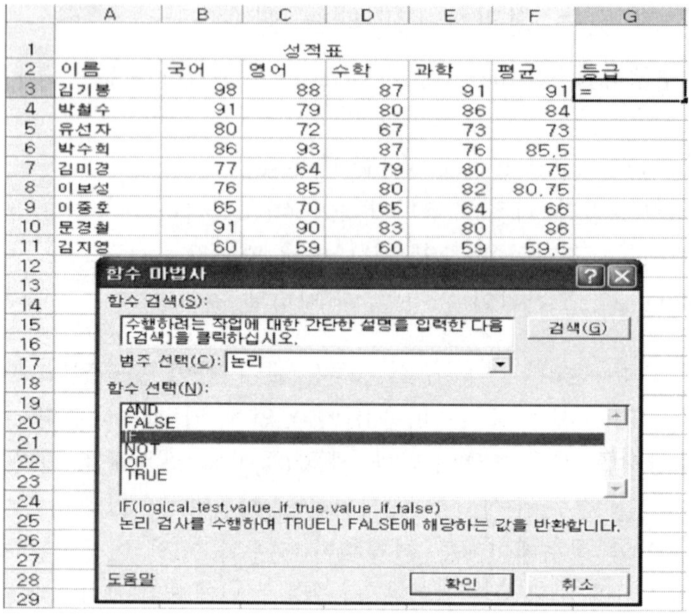

• 함수인수 대화상자가 나타난다. 'logical_test'란에 'F3>=90', 'value_if_true'란에 '90'을 입력한다. 그리고 'value_if_false'란에는 '=if(F3>=80, "B", if(F3>=70, "C", if(F3>=60, "D", "F")))'을 입력한 후 '확인'단추를 누른다.

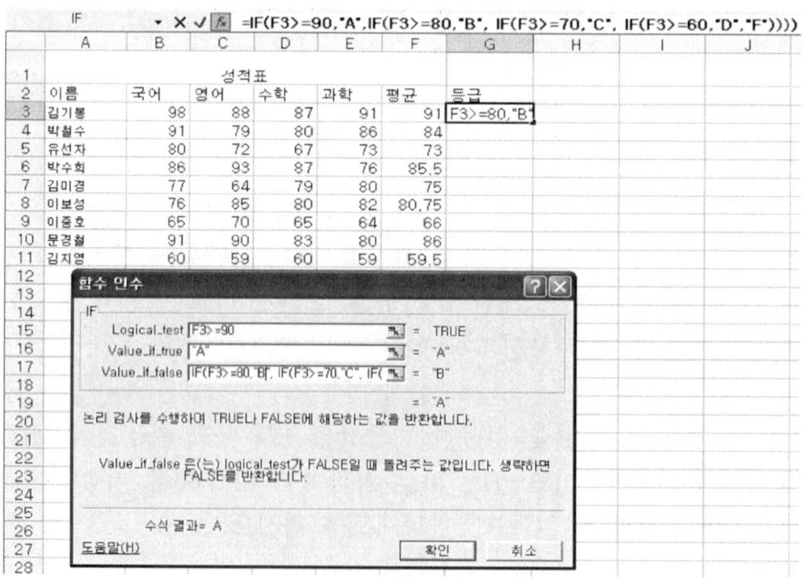

• 셀 G3에 결과값 'A'가 나타난다.

G3 | fx =IF(F3>=90,"A",IF(F3>=80,"B", IF(F3>=70,"C", IF(F3>=60,"D","F"))))

	A	B	C	D	E	F	G	H	I
1			성적표						
2	이름	국어	영어	수학	과학	평균	등급		
3	김기봉	98	88	87	91	91	A		
4	박철수	91	79	80	86	84			
5	유선자	80	72	67	73	73			
6	박수희	86	93	87	76	85.5			
7	김미경	77	64	79	80	75			
8	이보성	76	85	80	82	80.75			
9	이중호	65	70	65	64	66			
10	문경철	91	90	83	80	86			
11	김지영	60	59	60	59	59.5			

• 영역 [G4:G11]은 채우기기능을 이용하여 구한다.

G4 | fx =IF(F4>=90,"A",IF(F4>=80,"B",IF(F4>=70,"C", IF(F4>=60,"D", "F"))))

	A	B	C	D	E	F	G	H	I
2	이름	국어	영어	수학	과학	평균	등급		
3	김기봉	98	88	87	91	91	A		
4	박철수	91	79	80	86	84	B		
5	유선자	80	72	67	73	73	C		
6	박수희	86	93	87	76	85.5	B		
7	김미경	77	64	79	80	75	C		
8	이보성	76	85	80	82	80.75	B		
9	이중호	65	70	65	64	66	D		
10	문경철	91	90	83	80	86	B		
11	김지영	60	59	60	59	59.5	F		

▶ 입력자료 '매출보고서'에서 분기별 매출합계가 70,000,000원 이상이거나 60,000,000원 미만일 때 '관리대상', 그렇지 않을 때 '비관리대상' 이라는 문자열을 9행에 표시하고자 한다.

	A	B	C	D	E
1			매출보고서		
2	종류 \ 분기	1/4분기	2/4분기	3/4분기	4/4분기
3	냉장고	₩11,100,000	₩24,000,000	₩20,100,000	₩40,000,000
4	가스레인지	₩6,700,000	₩5,100,000	₩7,400,000	₩5,050,000
5	TV	₩21,000,000	₩19,000,000	₩26,030,000	₩16,040,000
6	선풍기	₩1,550,000	₩2,400,000	₩2,202,000	₩1,400,000
7	에어컨	₩11,000,000	₩14,100,000	₩18,080,000	₩15,000,000
8	매출합계	₩51,350,000	₩64,600,000	₩73,812,000	₩77,490,000
9	평가				

• 셀 B9를 선택한 후 수식 입력줄에 직접 수식을 입력한다. 여기서 첫 번째 인수에 해당하는 조건식에 OR연산자를 사용하여 논리식을 완성해야 한다. 그러므로 '= If(OR(B8>= 70000000, B8 < 60000000), "관리대상", "비만관리대상")'을 입력한다.

IF ▾ ✕ ✓ fx =IF(OR(B8>=70000000, B8<60000000), "관리대상", "비관리대상")

	A	B	C	D	E	F
1			매출보고서			
2	종류 분기	1/4분기	2/4분기	3/4분기	4/4분기	
3	냉장고	₩11,100,000	₩24,000,000	₩20,100,000	₩40,000,000	
4	가스레인지	₩6,700,000	₩5,100,000	₩7,400,000	₩5,050,000	
5	TV	₩21,000,000	₩19,000,000	₩26,030,000	₩16,040,000	
6	선풍기	₩1,550,000	₩2,400,000	₩2,202,000	₩1,400,000	
7	에어컨	₩11,000,000	₩14,100,000	₩18,080,000	₩15,000,000	
8	매출합계	₩51,350,000	₩64,600,000	₩73,812,000	₩77,490,000	
9	평가	=IF(OR(B8>=70000000, B8<60000000), "관리대상", "비관리대상")				
10		OR(**logical1**, [logical2], [logical3], ...)				

• 셀 B9에 수식을 입력 후 'enter'키를 누르면 결과값 '관리대상'이 표시된다.

B9 ▾ fx =IF(OR(B8>=70000000, B8<60000000), "관리대상", "비관리대상")

	A	B	C	D	E	F
1			매출보고서			
2	종류 분기	1/4분기	2/4분기	3/4분기	4/4분기	
3	냉장고	₩11,100,000	₩24,000,000	₩20,100,000	₩40,000,000	
4	가스레인지	₩6,700,000	₩5,100,000	₩7,400,000	₩5,050,000	
5	TV	₩21,000,000	₩19,000,000	₩26,030,000	₩16,040,000	
6	선풍기	₩1,550,000	₩2,400,000	₩2,202,000	₩1,400,000	
7	에어컨	₩11,000,000	₩14,100,000	₩18,080,000	₩15,000,000	
8	매출합계	₩51,350,000	₩64,600,000	₩73,812,000	₩77,490,000	
9	평가	관리대상				

• 영역 [C9:E9]는 채우기기능을 이용하여 구한다.

C9 ▾ fx =IF(OR(C8>=70000000, C8<60000000), "관리대상", "비관리대상")

	A	B	C	D	E	F
1			매출보고서			
2	종류 분기	1/4분기	2/4분기	3/4분기	4/4분기	
3	냉장고	₩11,100,000	₩24,000,000	₩20,100,000	₩40,000,000	
4	가스레인지	₩6,700,000	₩5,100,000	₩7,400,000	₩5,050,000	
5	TV	₩21,000,000	₩19,000,000	₩26,030,000	₩16,040,000	
6	선풍기	₩1,550,000	₩2,400,000	₩2,202,000	₩1,400,000	
7	에어컨	₩11,000,000	₩14,100,000	₩18,080,000	₩15,000,000	
8	매출합계	₩51,350,000	₩64,600,000	₩73,812,000	₩77,490,000	
9	평가	관리대상	비관리대상	관리대상	관리대상	

▶ 문 제

입력자료 '영어/컴퓨터 능력 시험'에 대하여 조건대로 작업을 수행하시오.

[조 건]

① 평점 구하기
조건 : 평균이 90점 이상이면 '1', 80점 이상이면 '2', 70점 이상이면 '3', 70점 미만이면 '4' 로 나타내기
결과값 : 영역 [J4:J23]에 나타내기

② 성과급 구하기
조건 : 나이가 50세 이상이고 평균이 90점 이상이면 '지급', 그렇지 않으면 '미지급'으로 나타내기
결과값 : 영역 [K4:K23]에 나타내기

[입력자료]

	A	B	C	D	E	F	G	H	I	J	K
1	영어/컴퓨터 능력 시험										
2											
3	이름	소속부서	성별	나이	영어	컴퓨터	총점	평균	순위	평점	성과급
4	백현진	개발부	여	28	98	85	183	92	4		
5	김신정	개발부	남	35	95	100	195	98	1		
6	김신철	영업부	남	39	80	75	155	78	14		
7	이동하	기술부	남	44	85	90	175	88	8		
8	마동탁	영업부	남	49	90	70	160	80	12		
9	류춘	영업부	여	37	80	75	155	78	14		
10	박호원	기획실	남	53	100	80	180	90	5		
11	강무병	총무부	여	25	70	75	145	73	17		
12	최솔	기술부	여	31	80	90	170	85	10		
13	양기봉	총무부	남	50	75	100	175	88	8		
14	오연술	관리부	남	29	80	60	140	70	18		
15	이기태	기획실	남	36	85	85	170	85	10		
16	차지철	기획실	남	30	90	90	180	90	5		
17	이원지	관리부	남	45	90	90	180	90	5		
18	하지원	총무부	여	44	85	75	160	80	12		
19	정진수	개발부	남	37	90	65	155	78	14		
20	최승희	관리부	여	51	90	100	190	95	2		
21	조미진	기술부	여	47	75	60	135	68	19		
22	김철선	영업부	남	47	75	60	135	68	19		
23	한상태	기술부	남	34	85	100	185	93	3		

8) SUMIF : 조건을 만족하는 데이터의 합계를 계산하는 함수

SUM과 IF함수가 결합된 함수로서 조건을 만족하는 데이터의 합계를 구한다. 함수형태는

= SUMIF(range, criteria, sum_range)
range : 조건을 적용시킬 셀 범위
criteria : 숫자, 수식 또는 텍스트 형태의 찾을 조건
sum_range : 합을 구하려는 실제 셀

▶ 입력자료 '가전제품 판매 실적표'에서 품목코드가 1인 품목의 판매액의 합계를 구하고자 한다.

- 셀 D12를 선택한 후 메뉴 [삽입]−[함수]를 선택하거나 fx 를 클릭한다.
- 함수마법사 대화상자가 나타난다. 함수범주'수학/삼각'을 선택한 후 함수이름 'SUMIF'를 선택하고 '확인'단추를 누른다.

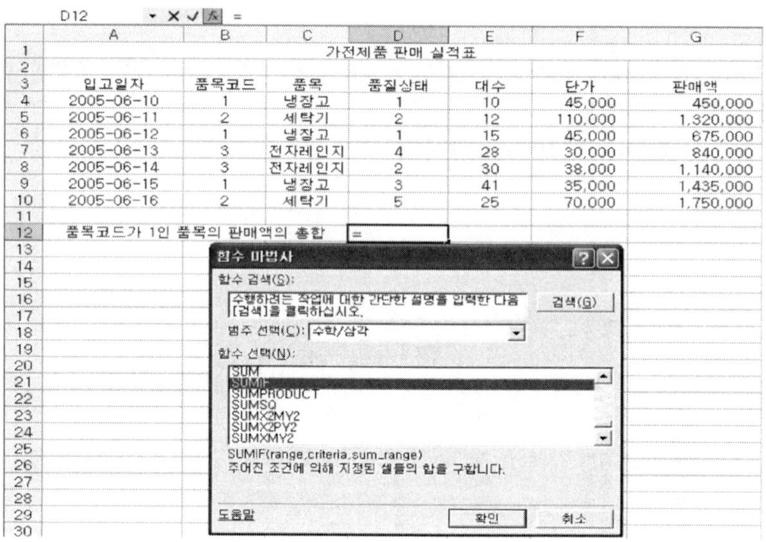

가전제품 판매 실적표

입고일자	품목코드	품목	품질상태	대수	단가	판매액
2005-06-10	1	냉장고	1	10	45,000	450,000
2005-06-11	2	세탁기	2	12	110,000	1,320,000
2005-06-12	1	냉장고	1	15	45,000	675,000
2005-06-13	3	전자레인지	4	28	30,000	840,000
2005-06-14	3	전자레인지	2	30	38,000	1,140,000
2005-06-15	1	냉장고	3	41	35,000	1,435,000
2005-06-16	2	세탁기	5	25	70,000	1,750,000

품목코드가 1인 품목의 판매액의 총합 =

- 함수인수 대화상자가 나타난다. 품목코드를 이용하여 판매액의 총합을 계산하기 B열의 입력자료를 활용해야 한다. 따라서 'range'란에 영역 'B4:B10', 'criteria'란은 품목코드 중 1이 입력되어 있는 셀 'B4', 'sum_range'란은 판매액이 표시되어 있는 영역 'G4:G10'을 입력한 후 '확인'단추를 누른다.

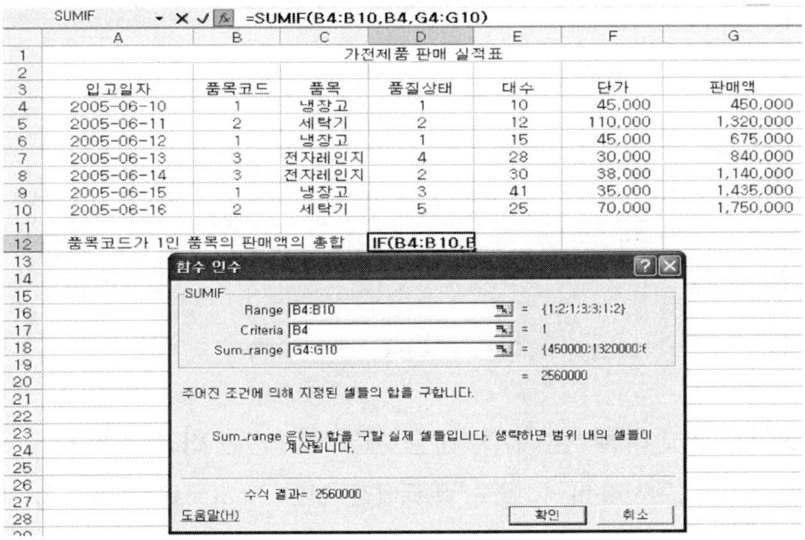

SUMIF ▾ × ✓ =SUMIF(B4:B10,B4,G4:G10)

	A	B	C	D	E	F	G
1	가전제품 판매 실적표						
2							
3	입고일자	품목코드	품목	품질상태	대수	단가	판매액
4	2005-06-10	1	냉장고	1	10	45,000	450,000
5	2005-06-11	2	세탁기	2	12	110,000	1,320,000
6	2005-06-12	1	냉장고	1	15	45,000	675,000
7	2005-06-13	3	전자레인지	4	28	30,000	840,000
8	2005-06-14	3	전자레인지	2	30	38,000	1,140,000
9	2005-06-15	1	냉장고	3	41	35,000	1,435,000
10	2005-06-16	2	세탁기	5	25	70,000	1,750,000
11							
12	품목코드가 1인 품목의 판매액의 총합			IF(B4:B10,B			

• 셀 D12에 결과값이 나타난다.

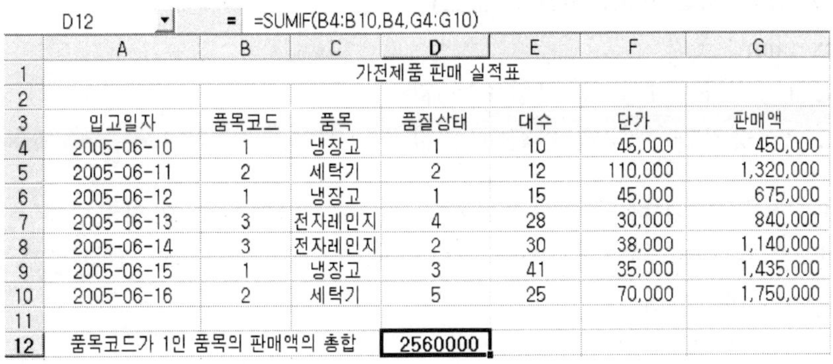

D12 = =SUMIF(B4:B10,B4,G4:G10)

	A	B	C	D	E	F	G
1	가전제품 판매 실적표						
2							
3	입고일자	품목코드	품목	품질상태	대수	단가	판매액
4	2005-06-10	1	냉장고	1	10	45,000	450,000
5	2005-06-11	2	세탁기	2	12	110,000	1,320,000
6	2005-06-12	1	냉장고	1	15	45,000	675,000
7	2005-06-13	3	전자레인지	4	28	30,000	840,000
8	2005-06-14	3	전자레인지	2	30	38,000	1,140,000
9	2005-06-15	1	냉장고	3	41	35,000	1,435,000
10	2005-06-16	2	세탁기	5	25	70,000	1,750,000
11							
12	품목코드가 1인 품목의 판매액의 총합			2560000			

▶ 문 제

입력자료 '상반기 고객관리표'를 활용하여 고객등급이 '골드'인 고객이 상반기에 구매한 금액의 총합을 구하시오.

[입력자료]

D13 =

	A	B	C	D	E	F
1			상반기고객관리표			
2						
3	고객코드	등급	구매횟수	선호제품	포인터점수	구매금액
4	1001	VIP	10	보석류	2000	1,450,000
5	1002	골드	25	가전제품	1100	920,000
6	1003	일반	39	의류	600	175,000
7	1004	골드	7	의류	2400	1,840,000
8	1005	일반	19	인테리어소품	700	180,000
9	1006	VIP	4	보석류	3000	2,435,000
10	1007	골드	17	인테리어소품	1800	1,105,000
11	1008	골드	17	가구류	2100	1,550,000
12						
13		골드고객의 구매금액의 총합				

9) CHOOSE : 숫자를 받아서 해당 숫자를 반환하는 함수

숫자(index_num)를 사용하여 인수 목록에서 값을 구하는데 29개까지 지정할 수 있다.

함수형태는

= CHOOSE(index_num,value1,value2,)
index_num : 숫자
value 1 : 숫자가 1일 때 반환하는 값
value 2 : 숫자가 2일 때 반환하는 값

▶ 입력자료 '입고현황'에서 하역코드를 이용하여 하역사를 입력하고자 한다. 조건은 하역코드가 1일 때 '군산항업', 2일 때 '한진', 3일 때 '대한통운', 4일 때 '한라해운'을 반환한다.

[입력자료]

C2 = 하역사

	A	B	C	D	E	F
1			입고현황표			
2	입항일자	하역코드	하역사	화물명	화주명	총톤수
3	2005-03-08	1		수지	축협	700
4	2004-01-28	5		자동차	현대	261
5	2005-07-02	2		수산물	제일수산	32
6	2005-07-10	4		수산물	제일수산	44
7	2004-07-11	1		당밀	남덕	500
8	2004-07-12	4		수산물	제일수산	1,000
9	2004-07-02	2		소금	효성물산	3,000
10	2004-06-01	3		자동차	대우	1,000
11	2005-07-13	4		수산물	제일수산	50
12	2005-07-01	3		조개류	성광실업	1,500
13	2005-12-05	5		자동차	현대	261
14	2005-11-26	1		조주정	성광실업	2,500
15	2004-07-01	2		당밀	한영	3,000
16	2005-07-01	3		옥수수	축협	12,000

• 셀 C3을 선택한 후 메뉴 [삽입]-[함수]를 선택하거나 fx 를 클릭한다.
• 함수마법사 대화상자가 나타난다. 함수범주'찾기/참조'를 선택한 후 함수이름 'CHOOSE'를 선택하고 '확인'단추를 누른다.

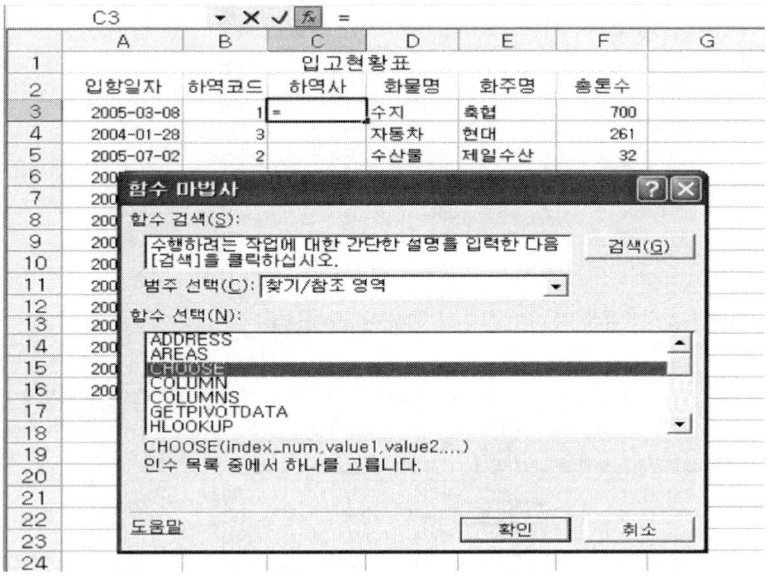

• 함수인수 대화상자가 나타난다. 'index_num'란에 하역코드가 표시되어 있는 셀 'B3'을 입력한다. 그리고 'value 1'란에 '군산항업', 'value 2'란에 '한진', 'value 3'란에 '대한통운', v'alue 4'란에 '한라해운'을 입력한 후 '확인'단추를 누른다.

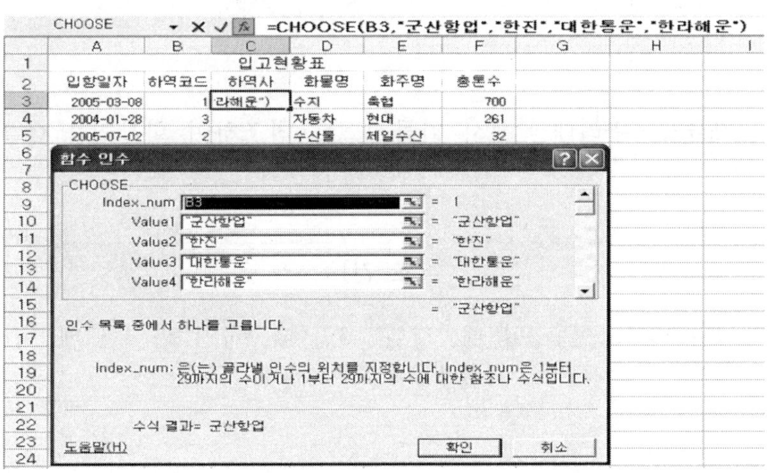

• 셀 C3에 결과값이 나타난다.

C3 = =CHOOSE(B3,"군산항업","한진","대한통운","한라해운")

	A	B	C	D	E	F	G	H
1			입고현황표					
2	입항일자	하역코드	하역사	화물명	화주명	총톤수		
3	2005-03-08	1	군산항업	수지	축협	700		
4	2004-01-28	3		자동차	현대	261		
5	2005-07-02	2		수산물	제일수산	32		
6	2005-07-10	4		수산물	제일수산	44		
7	2004-07-11	1		당밀	남덕	500		
8	2004-07-12	4		수산물	제일수산	1,000		
9	2004-07-02	2		소금	효성물산	3,000		
10	2004-06-01	3		자동차	대우	1,000		
11	2005-07-13	4		수산물	제일수산	50		
12	2005-07-01	3		조개류	성광실업	1,500		
13	2005-12-05	4		자동차	현대	261		
14	2005-11-26	1		조주정	성광실업	2,500		
15	2004-07-01	2		당밀	한영	3,000		
16	2005-07-01	3		옥수수	축협	12,000		

• 영역 [C4:C16]은 채우기기능을 이용하여 구한다.

C4 = =CHOOSE(B4,"군산항업","한진","대한통운","한라해운")

	A	B	C	D	E	F	G	H
1			입고현황표					
2	입항일자	하역코드	하역사	화물명	화주명	총톤수		
3	2005-03-08	1	군산항업	수지	축협	700		
4	2004-01-28	3	대한통운	자동차	현대	261		
5	2005-07-02	2	한진	수산물	제일수산	32		
6	2005-07-10	4	한라해운	수산물	제일수산	44		
7	2004-07-11	1	군산항업	당밀	남덕	500		
8	2004-07-12	4	한라해운	수산물	제일수산	1,000		
9	2004-07-02	2	한진	소금	효성물산	3,000		
10	2004-06-01	3	대한통운	자동차	대우	1,000		
11	2005-07-13	4	한라해운	수산물	제일수산	50		
12	2005-07-01	3	대한통운	조개류	성광실업	1,500		
13	2005-12-05	4	한라해운	자동차	현대	261		
14	2005-11-26	1	군산항업	조주정	성광실업	2,500		
15	2004-07-01	2	한진	당밀	한영	3,000		
16	2005-07-01	3	대한통운	옥수수	축협	12,000		

▶ 문 제

입력자료 '화물품목관리대장'에서 화물코드를 참조하여 화물명을 C열에 나타내시오.

[조 건]
화물코드가 1일 때 '고철', 2일 때 '당밀', 3일 때 '바지락', 4일 때 '수산물', 5일 때 '옥수수', 6일 때 '조개류'를 화물명으로 나타내기

[입력자료]

	A	B	C	D	E
1	화물품목관리대장				
2	입항일자	화물코드	화물명	화주명	총톤수
3	2002-07-21	2		남덕	1,500
4	2002-07-28	2		남덕	700
5	2002-08-08	3		성광실업	1,000
6	2003-08-13	5		서영주정	2,388
7	2003-09-01	5		남덕	500
8	2003-09-06	5		남덕	500
9	2003-11-24	6		성광실업	2,500
10	2004-12-04	4		축협	500
11	2004-12-20	4		축협	700
12	2004-02-15	1		기아	1,500
13	2005-02-28	1		기아	700
14	2004-04-08	3		성광실업	1,000
15	2004-04-22	2		서영주정	2,388
16	2005-06-19	2		남덕	500
17	2002-12-26	6		성광실업	2,500
18	2005-01-09	5		남덕	4,000
19	2002-01-22	1		기아	500
20	2003-03-08	1		기아	700
21	2005-03-05	1		기아	700

10) VLOOKUP : 특정 값을 찾아서 지정된 셀에 그 값을 넣어주는 함수

참조영역의 열에서 특정 값을 찾아 지정한 열에서 같은 행에 있는 값을 표시할 때 사용한다.

함수형태는

= VLOOKUP(lookup_value, table_array, col_index_num, range_lookup)

lookup_value : 찾을 값

table_array : 참조영역

col_index_number : 열번호

range_lookup : True 또는 False

여기서, 참조영역은 절대주소로 표기되어야 한다. col_index_num이 1이면 참조영역의 첫 열에서 해당하는 행의 값을 찾고, col_index_num이 2이면 참조영역의 둘째 열에서 값을 찾는다. range_lookup이 True이거나 생략되면 정확한 값이 없는 경우 근사값 즉, lookup_value보다 작은 값 중에서 최대값을 찾는다. False이면 정확하게 일치하는 값을 찾으며 만일 일치하는 값이 없으면 #N/A 오류값을 표시한다. 그리고 range_lookup이 True이면 참조영역의 첫 열에 있는 값은 오름차순(..., −2, −1, 0, 1, 2, ..· , A~Z, False, True)으로 정렬되어 있어야 하고 그렇지 않으면 VLOOKUP은 정확한 값을 찾지 못할 수 있다· range_lookup이 False이면 참조영역은 정렬하지 않아도 된다.

▶ 입력자료 '입고현황표'에서 영역 [C19:D24]의 표를 이용하여 영역 [C3:C16]에 하역사를 나타내고자 한다.

	A	B	C	D	E	F
1				입고현황표		
2	입항일자	하역코드	하역사	화물명	화주명	총톤수
3	2005-03-08	1		수지	축협	700
4	2004-01-28	5		자동차	현대	261
5	2005-07-02	2		수산물	제일수산	32
6	2005-07-10	4		수산물	제일수산	44
7	2004-07-11	1		당밀	남덕	500
8	2004-07-12	4		수산물	제일수산	1,000
9	2004-07-02	2		소금	효성물산	3,000
10	2004-06-01	3		자동차	대우	1,000
11	2005-07-13	4		수산물	제일수산	50
12	2005-07-01	3		조개류	성광실업	1,500
13	2005-12-05	5		자동차	현대	261
14	2005-11-26	1		조주정	성광실업	2,500
15	2004-07-01	2		당밀	한영	3,000
16	2005-07-01	3		옥수수	축협	12,000
17						
18						
19			하역코드	하역사		
20			1	군산항업		
21			2	한진		
22			3	대한통운		
23			4	한라해운		
24			5	세방기업		

• 셀 C3을 선택한 후 메뉴 [삽입]－[함수]를 선택하거나 fx 를 클릭한다.
• 함수마법사 대화상자가 나타난다. 함수범주'찾기/참조'를 선택한 후 함수이름 'V-LOOKUP'을 선택하고 '확인'단추를 누른다.

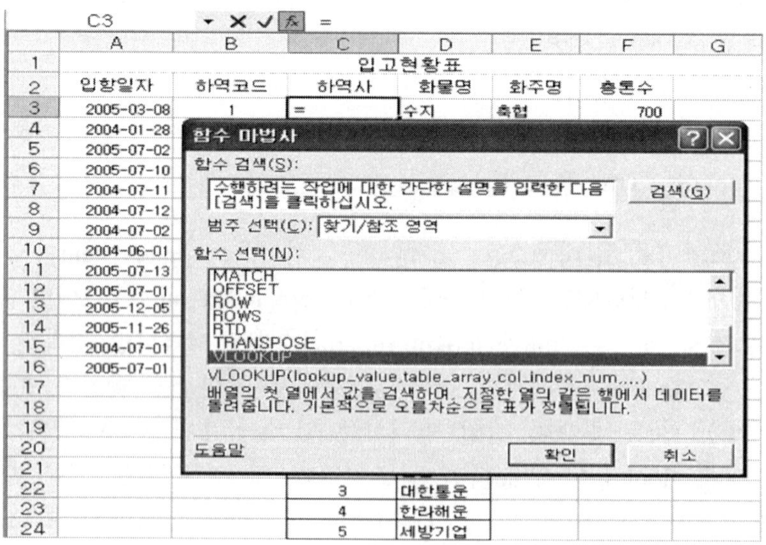

• 함수인수 대화상자가 나타난다. 'lookup_value'란은 하역코드가 표시되어 있는 셀 'B3'을 입력한다. 'table-array'란은 절대주소를 사용하여 '$C$19:$D$24'를 입력한

다. 하역사가 두 번째 열에 표시되어 있기 때문에 'col_index_num'란은 2를 입력한다. 그리고 'range-lookup'은 입력을 생략한 후 '확인'단추를 누른다.

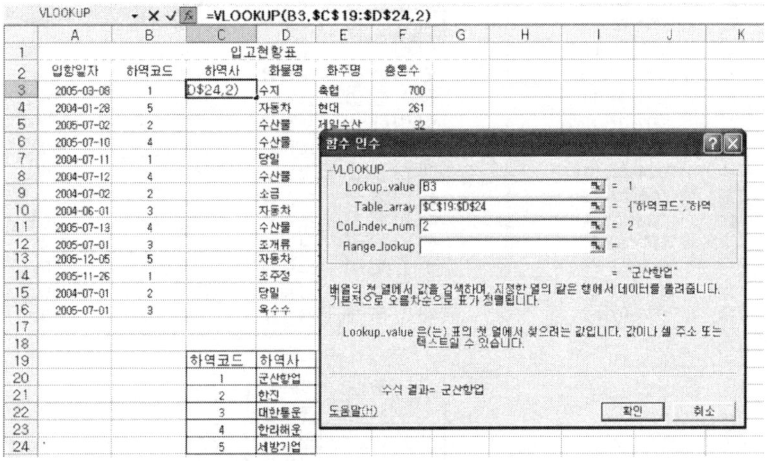

• 셀 C3에 결과값이 나타난다.

C3 = =VLOOKUP(B3,$C$19:$D$24,2)

	A	B	C	D	E	F
1			입고현황표			
2	입항일자	하역코드	하역사	화물명	화주명	총톤수
3	2005-03-08	1	군산항업	수지	축협	700
4	2004-01-28	5		자동차	현대	261
5	2005-07-02	2		수산물	제일수산	32
6	2005-07-10	4		수산물	제일수산	44
7	2004-07-11	1		당밀	남덕	500
8	2004-07-12	4		수산물	제일수산	1,000
9	2004-07-02	2		소금	효성물산	3,000
10	2004-06-01	3		자동차	대우	1,000
11	2005-07-13	4		수산물	제일수산	50
12	2005-07-01	3		조개류	성광실업	1,500
13	2005-12-05	5		자동차	현대	261
14	2005-11-26	1		조주정	성광실업	2,500
15	2004-07-01	2		당밀	한영	3,000
16	2005-07-01	3		옥수수	축협	12,000
17						
18						
19			하역코드	하역사		
20			1	군산항업		
21			2	한진		
22			3	대한통운		
23			4	한라해운		
24			5	세방기업		

• 영역 [C4:C16]은 채우기기능을 이용하여 구한다.

C4 = =VLOOKUP(B4,$C$19:$D$24,2)

	A	B	C	D	E	F
1			입고현황표			
2	입항일자	하역코드	하역사	화물명	화주명	총톤수
3	2005-03-08	1	군산항업	수지	축협	700
4	2004-01-28	5	세방기업	자동차	현대	261
5	2005-07-02	2	한진	수산물	제일수산	32
6	2005-07-10	4	한라해운	수산물	제일수산	44
7	2004-07-11	1	군산항업	당밀	남덕	500
8	2004-07-12	4	한라해운	수산물	제일수산	1,000
9	2004-07-02	2	한진	소금	효성물산	3,000
10	2004-06-01	3	대한통운	자동차	대우	1,000
11	2005-07-13	4	한라해운	수산물	제일수산	50
12	2005-07-01	3	대한통운	조개류	성광실업	1,500
13	2005-12-05	5	세방기업	자동차	현대	261
14	2005-11-26	1	군산항업	조주정	성광실업	2,500
15	2004-07-01	2	한진	당밀	한영	3,000
16	2005-07-01	3	대한통운	옥수수	축협	12,000
17						
18						
19			하역코드	하역사		
20			1	군산항업		
21			2	한진		
22			3	대한통운		
23			4	한라해운		
24			5	세방기업		

▶ 문 제

입력자료 '입고현황표'를 이용하여 조건대로 작업을 수행하시오.

[조 건]

① 서적종류(C열)는 영역 [B13:D17]의 서적코드표를 이용하여 나타내기
② 포인트액(F열)은 다음 계산식으로 구하기
=(구매횟수*포인트 금액)-(교환횟수*포인트 감액)
단, 포인트 금액은 VLOOKUP함수를 사용하여 서적코드표에서 구하고, 포인트 감액은 셀 B10을 이용할 것

[입력자료]

	A	B	C	D	E	F
1			고객관리대장			
2	고객번호	서적코드	서적종류	구매횟수	교환횟수	포인트액
3	1100	B		40	8	
4	1101	D		30	6	
5	1102	B		50	12	
6	1103	C		65	5	
7	1104	A		35	10	
8	1105	B		45	7	
9						
10	포인트감액	100				
11						
12		서적코드표				
13		서적코드	서적종류	포인트금액		
14		A	수험서	300		
15		B	소설	400		
16		C	잡지	500		
17		D	시집	200		

12) MID : 지정한 문자 수에 따라 문자열의 지정한 위치로부터 지정한 개수의 문자를 표시하는 함수

임의의 문자열 중에서 지정한 위치로부터 지정한 개수의 문자를 추출할 때 사용한다.

함수형태는

= MID(text, start_num, num_chars)

text : 추출할 문자가 들어 있는 문자열 또는 셀 주소

start_num : 추출할 첫 문자의 왼쪽에서부터의 위치

num_chars : 추출할 문자의 개수

MID함수는 공백도 문자로 취급한다.

▶ 셀 A1에 입력된 문자열 중 "무궁화" 문자열을 추출하고자 한다.

- 셀 B3을 클릭한 후 메뉴 [삽입]－[함수]를 선택하거나 *fx* 를 클릭한다.
- 함수마법사 대화상자가 나타난다. 함수범주'텍스트'를 선택한 후 함수이름 'MID'를 선택하고 '확인'단추를 누른다.

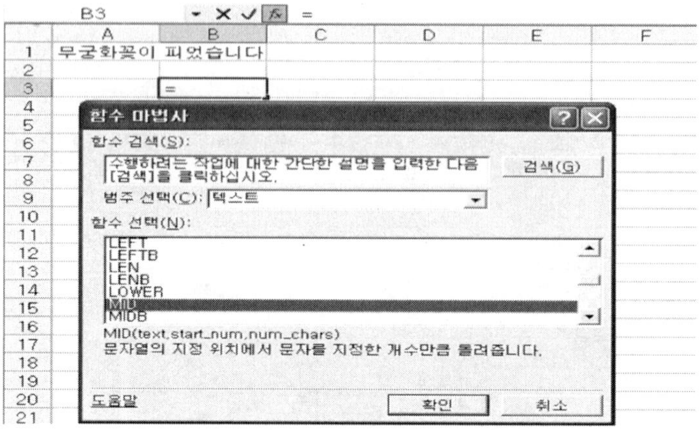

• 함수인수 대화상자가 나타난다. 'text'란에는 셀 'A1', 문자열 '무궁화'는 문자열의 왼쪽 첫째자리에 위치하므로 'start_num'란에 1을 입력한다. 그리고 추출할 문자 개수가 3개이므로 'num-chars'란에 3을 입력하므로 최종적으로 MID(A1, 1,3)이라는 수식이 완성된다.

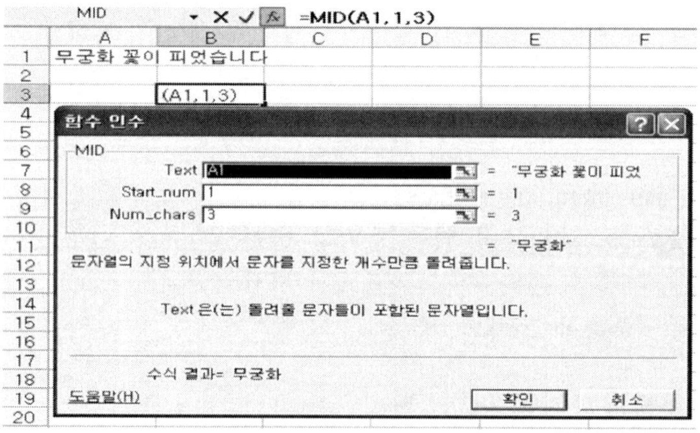

• 셀 B3에 결과값이 나타난다.

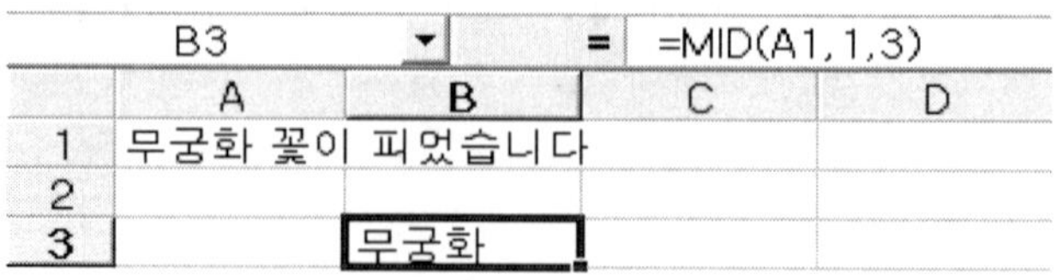

▶ 문 제

입력자료를 이용하여 조건대로 작업을 수행하시오.

[조 건]
① 셀 A1에 입력된 문자열 중 '꽃'을 추출하여 셀 A4에 표시하기 ② 셀 B3에 입력된 문자열 중 '마법사'를 추출하여 셀 A5에 표시하기

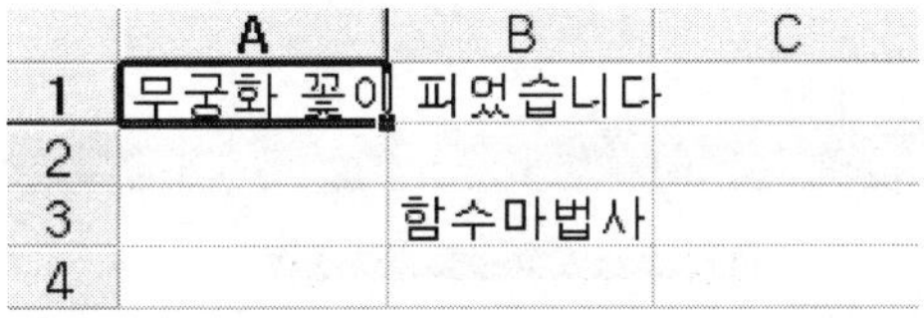

13) LEFT : 문자열의 첫 문자부터 원하는 수만큼의 문자를 추출하는 함수

함수형태는

LEFT(text, num_chars)

text : 추출할 문자가 들어있는 문자열 또는 셀 주소

num_chars : 문자열의 왼쪽에서부터 추출할 문자 갯수

num_chars를 생략하면 1로 간주한다.

▶ LEFT 함수를 사용하여 셀 A1에 입력된 문자열 중 '무궁화' 문자열을 추출하고자 한다.

- 셀 B4를 선택한 후 메뉴 [삽입]−[함수]를 선택하거나 fx 를 클릭한다.
- 함수마법사 대화상자가 나타난다. 함수범주'텍스트'를 선택한 후 함수이름 'LEFT'를 선택하고 '확인'단추를 누른다.

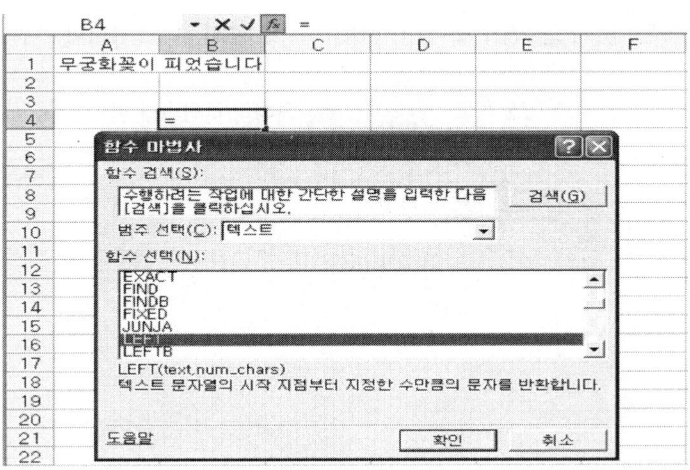

- 함수인수 대화상자가 나타난다. ‘text’란에 셀 ‘A1’을 입력하고 ‘num_chars란에는 문자열의 왼쪽에서부터 추출한 문자 개수가 3개이므로 3을 입력한 후 ‘확인’단추를 누른다.

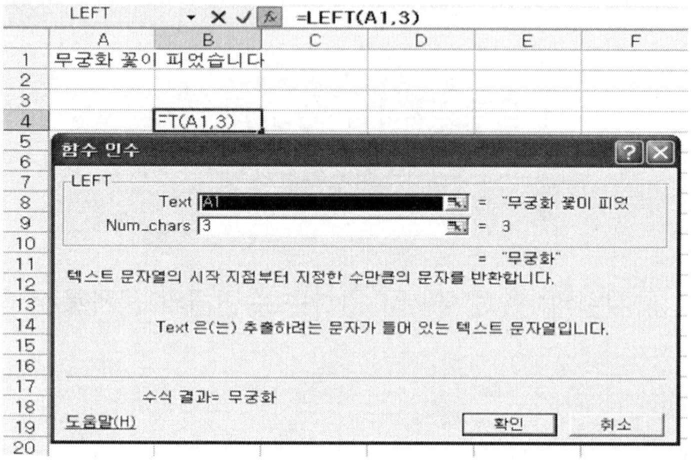

- 셀 B4에 결과값이 표시된다.

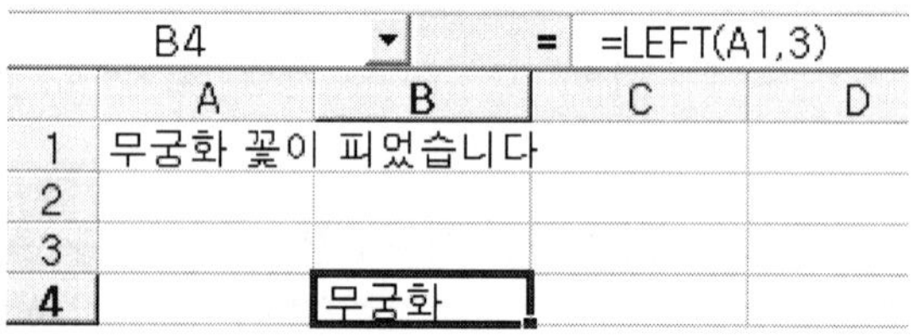

▶ 문 제

셀 A2에 입력된 문자열 중 ‘가나다 라마’를 추출하여 셀 B4에 나타내시오.

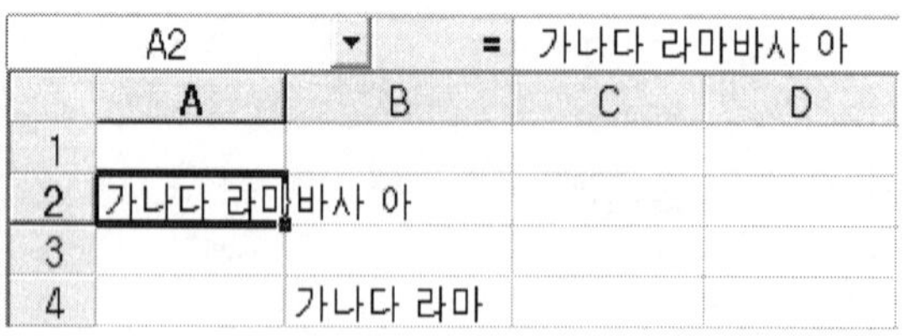

14) RIGHT : 문자열의 마지막 문자부터 지정된 개수의 문자를 추출하는 함수

이것은 LEFT 함수와 유사한 형태를 갖는데 차이점은 문자열의 오른쪽에서부터 추출할 문자 개수를 지정한다.

예를 들어
= RIGHT("무궁화 꽃이 피었습니다", 5)를 사용하게 되면 "피었습니다"를 추출하게 된다.

▶ 문 제

셀 A1에 입력된 문자열을 RIGHT함수를 사용하여 셀 B3에 표시된 것과 동일한 형태의 문자열을 추출하시오.

B2 =

	A	B	C
1	12345 67890		
2			
3		5 67890	

15) VALUE : 문자열을 숫자로 변환시키는 함수

함수형태는
= VALUE(text)
text : 문자열 또는 참조영역

▶ 셀 A1은 문자형 데이터 "\1,000"을 갖는다. 이 데이터를 숫자로 변환한 후 셀 B1의 데이터를 빼기한 결과 값 '990'이 셀 C1에 나타나도록 하자.

- 셀 C3을 선택한 후 메뉴 [삽입]-[함수]를 선택하거나 를 클릭한다.
- 함수마법사 대화상자가 나타난다. 함수범주'텍스트'를 선택한 후 함수이름 'VALUE'를 선택하고 '확인'단추를 누른다.

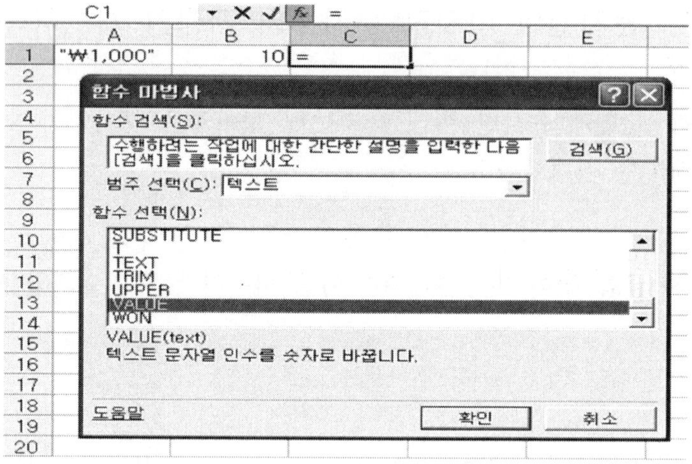

• 함수인수 대화상자가 나타난다. ‘text’란에 “\1,000”을 입력한 후 ‘확인’단추를 누른다.

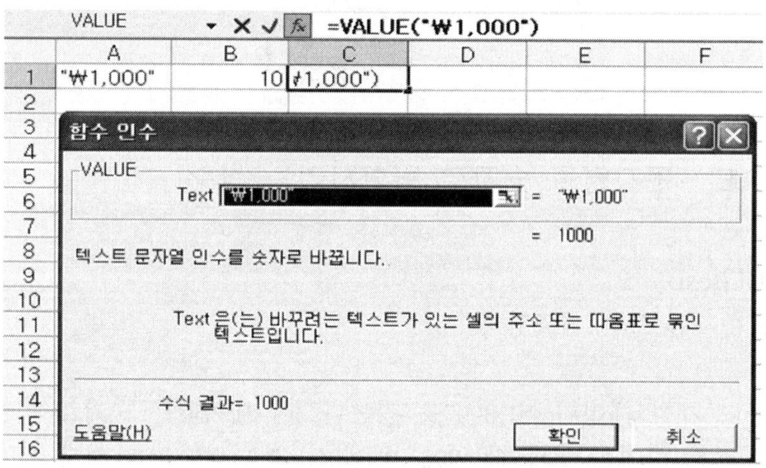

• 셀 C1에 결과값 ‘1,000’이 표시된다.

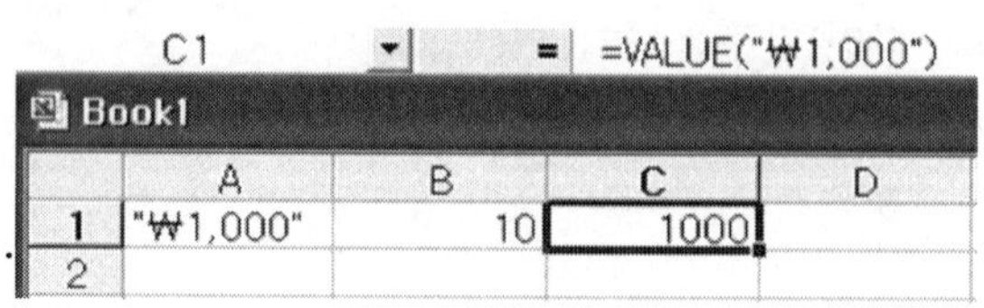

• 셀 C1에 직접 수식 ‘－B1’을 추가적으로 입력하여 수식 “＝VALUE(“\1,000”)－B1”을 완성시킨 후 ‘enter’키를 누른다.

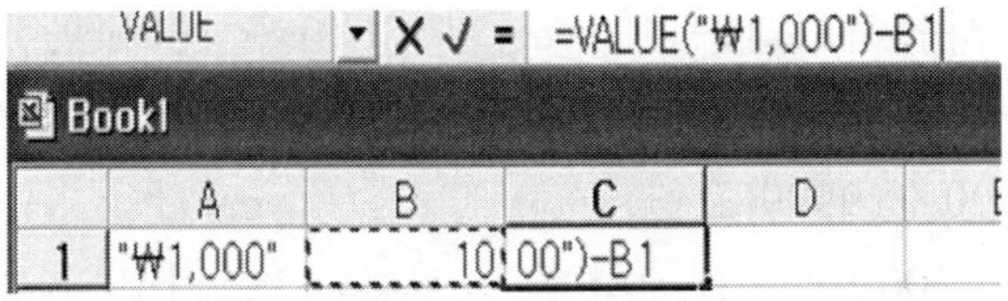

• 최종적으로 셀 C1에 결과값 '990'이 표시된다.

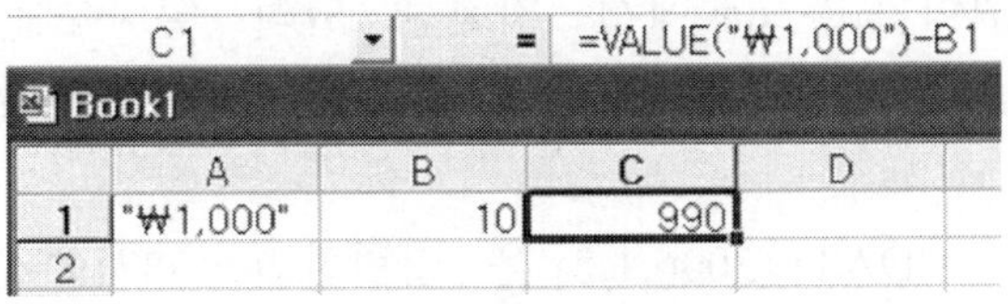

16) YEAR : 날짜에 해당하는 연도를 추출하는 함수

함수형태는

= YEAR(serial_number)

serial_number : 찾으려는 년도의 날짜

날짜는 따옴표가 쳐진 텍스트 문자열, 일련 번호(예:35825, 1900 날짜 체계를 사용하는 경우 1998년 1월 30일을 나타냄) 또는 수식이나 함수의 결과(예 : DATEVALUE("2005/1/30"))로 입력될 수 있다.

예를 들어, 아래 그림과 같이 셀 A1에 '=Year("2005/1/30")'을 입력하면 '2005'가 표시된다.

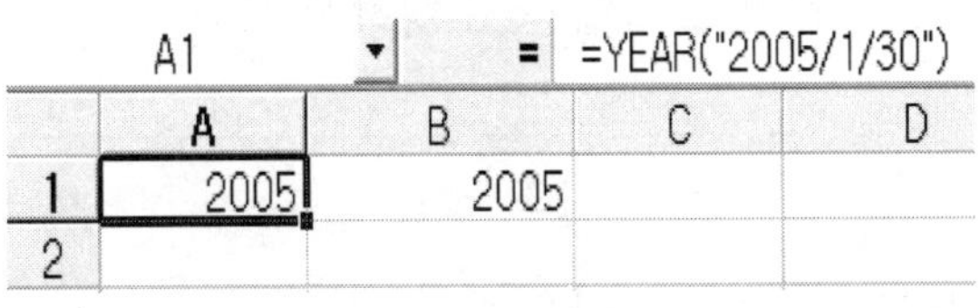

17) DATE : 특정한 날짜의 일련번호를 표시하는 함수

함수형태는

= DATE(year, month, day)

year : 한 자리에서 네 자리까지 가능

month : 월을 표시하는 수

day : 일을 표시하는 수

1900날짜 체계를 사용하기 때문에 year가 영(0)과 1899(포함) 사이일 경우 year값에 1900을 더한다. 예를 들어 DATE(100, 1, 2)는 2000년 1월 2일(1900+100)을 표시한다. year가 1900과 9999(포함) 사이일 경우 year값을 연도 값으로 사용한다. DATE(2000, 1, 2)는 2000년 1월 2일을 표시한다. 그리고 month가 12보다 크면 다음 해로 넘어가고 month에서 12를 뺀다. 예를 들어 DATE(1998, 14, 2)는 1999년 2월 2일을 나타내는 날짜 일련번호를 표시한다. day는 지정한 달의 일 수보다 크면 다음 달로 넘어가고 day에서 지정한 달의 일 수를 뺀다. 예를 들어 DATE(1998, 1, 35)는 1998년 2월 4일을 나타내는 날짜 일련번호를 표시한다.

▶ 만약 셀 A1에 '=DATE(2006,1,2)'을 입력하면 '38719'가 표시된다. 이것은 2006년 1월 2일에 해당하는 날짜 일련번호이다.

▶ 문 제

주민등록번호를 이용하여 만나이를 계산하시오(YEAR, DATE, MID함수).

B3 =

	A	B
1		
2	주민등록번호	만나이
3	570826-2721314	
4		

▶ 문 제

입력자료를 이용하여 조건대로 작업을 수행하시오.

[조 건]

① A열에 입력된 데이터를 이용하기
② B열 : YEAR함수를 사용하여 년도 표시하기(예 : 1999)
③ C열 : MONTH함수를 이용하여 월 표시하기(예 : 1)
④ D열 : DATE함수를 이용하여 일 표시하기(예 : 14)

[입력자료]

	A	B	C	D	E	F	G	H
1	연월일	년	월	일	성명	부서	직위	실적
2	1999/7/5				김대수	영업부	사원	2,300
3	1999/7/6				김봉유	관리부	부장	4,500
4	1999/7/7				김지영	영업부	대리	3,300
5	1999/7/8				박헌재	기획부	부장	4,700
6	1999/7/9				양규모	기획부	차장	4,200
7	1999/7/10				오성균	총무부	과장	3,800
8	1999/7/11				이승룡	기획부	대리	3,550
9	1999/7/12				이영규	총무부	과장	4,100
10	1999/7/13				장진상	관리부	과장	3,900
11	1999/7/14				최정식	영업부	사원	2,780
12	1999/7/15				김대수	영업부	사원	2,300
13	1999/7/16				김봉유	관리부	부장	4,500

18) DSUM : 데이터베이스에서 지정한 조건에 맞는 필드값의 합을 구하는 함수

데이터베이스는 레코드(행)와 필드(열)로 이루어진 관련 데이터들의 목록이다. 데이터베이스의 첫째 행에는 각 열의 레이블이 들어 있다. 이와 같은 데이터베이스를 다루기 위한 함수를 데이터베이스 함수라고 한다. 그 중에서 DSUM함수는 데이터베이스에서 지정한 조건에 맞는 필드값의 합을 구한다.

함수형태는

= DSUM(database, field, criteria)

database : 데이터목록

field : 함수에서 사용할 열

criteria : 찾을 조건이 들어 있는 셀 범위

▶ 입력자료 '가전제품 판매현황'에서 영역 [B12:F13]을 이용하여 품질상태에 따라 품목의 판매액 합계를 구하고자 한다.

B14 =

	A	B	C	D	E	F	G
1			가전제품 판매현황				
2	판매일자	품목코드	품목	품질상태	대수	단가	판매액
3	2005-06-10	1	냉장고	1	10	45,000	450,000
4	2005-06-11	2	세탁기	2	12	110,000	1,320,000
5	2005-06-12	1	냉장고	1	15	45,000	675,000
6	2005-06-13	3	전자레인지	4	28	30,000	840,000
7	2005-06-14	3	전자레인지	2	30	38,000	1,140,000
8	2005-06-15	1	냉장고	3	41	35,000	1,435,000
9	2005-06-16	2	세탁기	5	25	70,000	1,750,000
10							
11							
12	구분	품질상태	품질상태	품질상태	품질상태	품질상태	
13		1	2	3	4	5	
14	합계						

- 셀 H3을 선택한 후 메뉴 [삽입]-[함수]를 선택하거나 fx 를 클릭한다.
- 함수마법사 대화상자가 나타난다. 함수범주'데이터베이스'를 선택한 후 함수이름 'DSUM'을 선택하고 '확인'단추를 누른다.

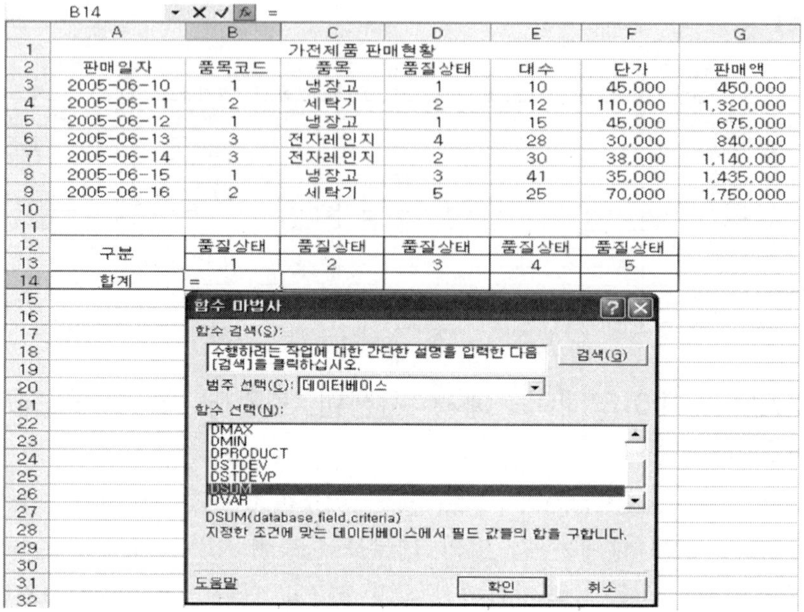

• 함수인수 대화상자가 나타난다. 'database'란은 절대주소로 영역 'A2:G9'를 입력한다. 그리고 판매액이 표시되어 있는 필드는 일곱번째 열에 해당하므로 'field'란에 '7'을 입력한다. 찾을 조건이 있는 셀 범위를 입력하는 'criteria'란은 영역 'B12:B13'을 입력한 후 '확인'단추를 누른다.

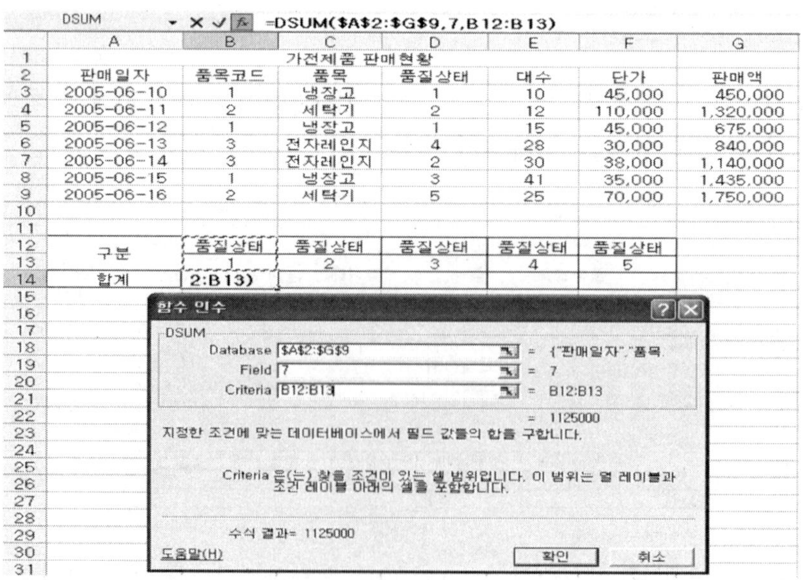

• 셀 B14에 결과값이 나타난다.

B14 = =DSUM($A$2:$G$9,7,B12:B13)

	A	B	C	D	E	F	G
1			가전제품 판매현황				
2	판매일자	품목코드	품목	품질상태	대수	단가	판매액
3	2005-06-10	1	냉장고	1	10	45,000	450,000
4	2005-06-11	2	세탁기	2	12	110,000	1,320,000
5	2005-06-12	1	냉장고	1	15	45,000	675,000
6	2005-06-13	3	전자레인지	4	28	30,000	840,000
7	2005-06-14	3	전자레인지	2	30	38,000	1,140,000
8	2005-06-15	1	냉장고	3	41	35,000	1,435,000
9	2005-06-16	2	세탁기	5	25	70,000	1,750,000
10							
11							
12	구분	품질상태	품질상태	품질상태	품질상태	품질상태	
13		1	2	3	4	5	
14	합계	1125000					

• 영역 [C14:F14]는 채우기기능을 이용하여 구한다.

C14 = =DSUM($A$2:$G$9,7,C12:C13)

	A	B	C	D	E	F	G
1			가전제품 판매현황				
2	판매일자	품목코드	품목	품질상태	대수	단가	판매액
3	2005-06-10	1	냉장고	1	10	45,000	450,000
4	2005-06-11	2	세탁기	2	12	110,000	1,320,000
5	2005-06-12	1	냉장고	1	15	45,000	675,000
6	2005-06-13	3	전자레인지	4	28	30,000	840,000
7	2005-06-14	3	전자레인지	2	30	38,000	1,140,000
8	2005-06-15	1	냉장고	3	41	35,000	1,435,000
9	2005-06-16	2	세탁기	5	25	70,000	1,750,000
10							
11							
12	구분	품질상태	품질상태	품질상태	품질상태	품질상태	
13		1	2	3	4	5	
14	합계	1125000	2460000	1435000	840000	1750000	

▶ 문 제

입력자료 '휴대폰 이용요금관리'를 이용하여 제주지역의 고객들이 자동이체로 할인혜택을 받는 금액의 합계를 구하시오(결과값 : 영역 [A30:C37]에 나타내기).

[입력자료]

	A	B	C	D	E	F	G	H	I
1					휴대폰 이용요금관리				
2									
3	고객코드	지역	요금항목						
4			국내통화	국외통화	단문메시지	장문메시지	번호호출	멀티메일	자동이체할인
5	K1000	서울/경기	19090	4300	2010	100	30	200	1029
6	k1001	강릉/강원	18810	9000	1170	100	100	3222	1296
7	k1002	부산/경상	30450	0	2000	1400	0	4000	1514
8	k1003	서울/경기	17800	0	870	100	330	3100	888
9	k1004	강릉/강원	12700	12000	2560	50	0	1500	1152
10	k1005	제주	10700	11000	1200	1200	250	545	996
11	k1006	서울/경기	20628	0	1000	0	100	1000	909
12	k1007	부산/경상	44600	19800	0	0	400	0	2592
13	k1008	광주/전라	16580	0	1710	100	30	1300	789
14	k1009	대전/충청	28810	11000	1170	400	530	0	1676
15	k1010	강릉/강원	20100	0	700	1600	30	0	897
16	k1011	제주	14840	13200	0	0	100	0	1126
17	k1012	부산/경상	30450	0	1000	1400	100	3500	1458
18	k1013	광주/전라	20180	0	1160	320	90	200	878
19	k1014	대전/충청	13644	14000	1500	1500	0	1529	1287
20	k1015	강릉/강원	48410	0	1100	2300	0	3200	2200
21	k1016	부산/경상	16500	14300	0	880	60	2050	1352
22	k1017	광주/전라	29400	0	3000	100	0	4900	1496
23	k1018	대전/충청	24100	0	0	450	130	2600	1091
24	k1019	서울/경기	30900	7610	1000	300	210	2050	1683
25	k1020	제주	14410	0	0	200	60	0	587

19) DCOUNT : 데이터베이스에서 지정한 조건에 맞는 레코드의 개수를 구하는 함수

DSUM함수와 동일한 형태를 갖고 있다.
함수형태는
= DCOUNT(database, field, criteria)
database : 데이터들의 목록
field : 함수에서 사용할 열
criteria : 찾을 조건이 들어 있는 셀 범위

▶ 앞에서 사용된 예제 '가전제품 판매현황'에서 영역 [B12:F13]을 이용하여 품질상태가 1인 품목의 개수가 몇 개인가를 추출해 보자.

A15 = 건수

	A	B	C	D	E	F	G
1	가전제품 판매현황						
2	판매일자	품목코드	품목	품질상태	대수	단가	판매액
3	2005-06-10	1	냉장고	1	10	45,000	450,000
4	2005-06-11	2	세탁기	2	12	110,000	1,320,000
5	2005-06-12	1	냉장고	1	15	45,000	675,000
6	2005-06-13	3	전자레인지	4	28	30,000	840,000
7	2005-06-14	3	전자레인지	2	30	38,000	1,140,000
8	2005-06-15	1	냉장고	3	41	35,000	1,435,000
9	2005-06-16	2	세탁기	5	25	70,000	1,750,000
10							
11							
12	구분	품질상태	품질상태	품질상태	품질상태	품질상태	
13		1	2	3	4	5	
14	합계	1125000	2460000	1435000	840000	1750000	
15	건수						

- 셀 B15를 선택한 후 메뉴[삽입]-[함수]를 선택하거나 fx 를 클릭한다.
- 함수마법사 대화상자가 나타난다. 함수범주'데이터베이스'를 선택한 후 함수이름 'DCOUNT'를 선택하고 '확인'단추를 누른다.

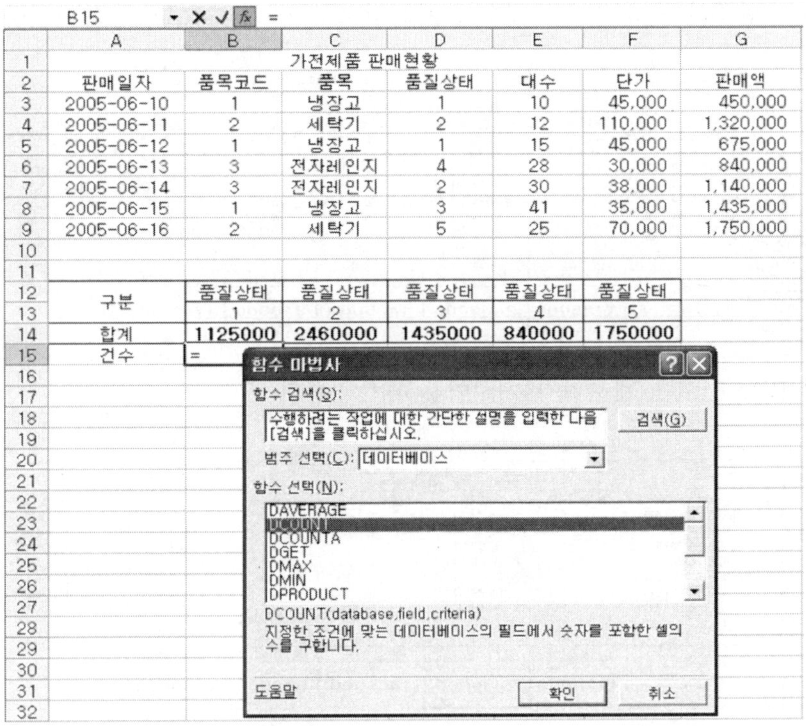

• 함수인수 대화상자가 나타난다. 'database'란은 절대주소로 영역 'A2:G9'를 입력한다. 그리고 품질상태가 표시되어 있는 필드는 네번째 열에 해당하므로 'field'란에 '4'를 입력한다. 찾을 조건이 있는 셀 범위를 입력하는 'criteria'란은 영역 'B12:B13'을 입력한 후 '확인'단추를 누른다.

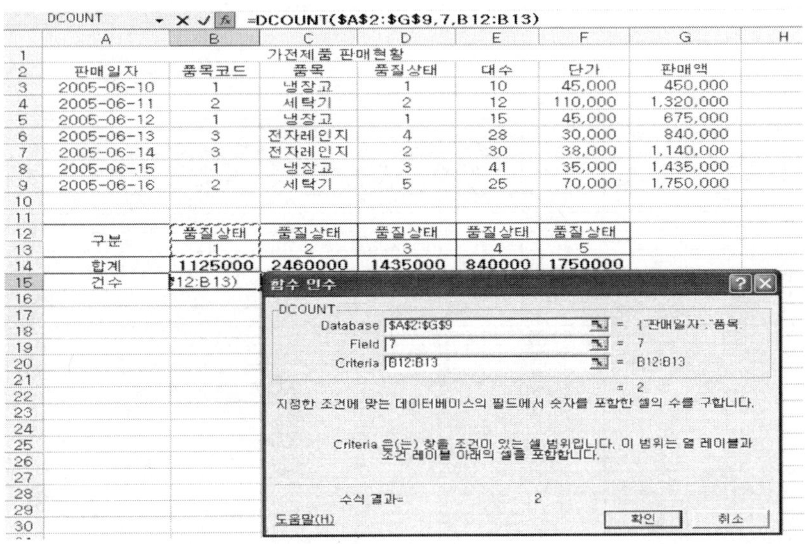

• 조건을 만족하는 레코드의 개수가 2개 이므로 셀 B15에 '2'가 표시된다.

B15 = =DCOUNT($A$2:$G$9,4,B12:B13)

	A	B	C	D	E	F	G
1			가전제품 판매현황				
2	판매일자	품목코드	품목	품질상태	대수	단가	판매액
3	2005-06-10	1	냉장고	1	10	45,000	450,000
4	2005-06-11	2	세탁기	2	12	110,000	1,320,000
5	2005-06-12	1	냉장고	1	15	45,000	675,000
6	2005-06-13	3	전자레인지	4	28	30,000	840,000
7	2005-06-14	3	전자레인지	2	30	38,000	1,140,000
8	2005-06-15	1	냉장고	3	41	35,000	1,435,000
9	2005-06-16	2	세탁기	5	25	70,000	1,750,000
10							
11							
12	구분	품질상태	품질상태	품질상태	품질상태	품질상태	
13		1	2	3	4	5	
14	합계	1125000	2460000	1435000	840000	1750000	
15	건수	2					

• 영역 [C15:F15]은 채우기기능을 이용하여 구한다.

C15 = =DCOUNT($A$2:$G$9,4,C12:C13)

	A	B	C	D	E	F	G
1			가전제품 판매현황				
2	판매일자	품목코드	품목	품질상태	대수	단가	판매액
3	2005-06-10	1	냉장고	1	10	45,000	450,000
4	2005-06-11	2	세탁기	2	12	110,000	1,320,000
5	2005-06-12	1	냉장고	1	15	45,000	675,000
6	2005-06-13	3	전자레인지	4	28	30,000	840,000
7	2005-06-14	3	전자레인지	2	30	38,000	1,140,000
8	2005-06-15	1	냉장고	3	41	35,000	1,435,000
9	2005-06-16	2	세탁기	5	25	70,000	1,750,000
10							
11							
12	구분	품질상태	품질상태	품질상태	품질상태	품질상태	
13		1	2	3	4	5	
14	합계	1125000	2460000	1435000	840000	1750000	
15	건수	2	2	1	1	1	

▶ 문 제

입력자료 '휴대폰 이용요금관리'를 이용하여 강릉/강원지역에 거주하는 고객이 몇 명인지를 구하시오(결과값 : 영역 [E30: H37]에 나타내기).

[입력자료]

	A	B	C	D	E	F	G	H	I
1					휴대폰 이용요금관리				
2									
3	고객코드	지역	요금항목						
4			국내통화	국외통화	단문메시지	장문메시지	번호호출	멀티메일	자동이체할인
5	K1000	서울/경기	19090	4300	2010	100	30	200	1029
6	k1001	강릉/강원	18810	9000	1170	100	100	3222	1296
7	k1002	부산/경상	30450	0	2000	1400	0	4000	1514
8	k1003	서울/경기	17800	0	870	100	330	3100	888
9	k1004	강릉/강원	12700	12000	2560	50	0	1500	1152
10	k1005	제주	10700	11000	1200	1200	250	545	996
11	k1006	서울/경기	20628	0	1000	0	100	1000	909
12	k1007	부산/경상	44600	19800	0	0	400	0	2592
13	k1008	광주/전라	16580	0	1710	100	30	1300	789
14	k1009	대전/충청	28810	11000	1170	400	530	0	1676
15	k1010	강릉/강원	20100	0	700	1600	30	0	897
16	k1011	제주	14840	13200	0	0	100	0	1126
17	k1012	부산/경상	30450	0	1000	1400	100	3500	1458
18	k1013	광주/전라	20180	0	1160	320	90	200	878
19	k1014	대전/충청	13644	14000	1500	1500	0	1529	1287
20	k1015	강릉/강원	48410	0	1100	2300	0	3200	2200
21	k1016	부산/경상	16500	14300	0	880	60	2050	1352
22	k1017	광주/전라	29400	0	3000	100	0	4900	1496
23	k1018	대전/충청	24100	0	0	450	130	2600	1091
24	k1019	서울/경기	30900	7610	1000	300	210	2050	1683
25	k1020	제주	14410	0	0	200	60	0	587

8장 ··· 차트 사용법

1. 차트의 작성

시트의 숫자데이터는 차트마법사를 사용하여 차트로 변환되어 데이터의 비교와 분석이 쉬워진다.

(1) 차트의 구성요소

시트에 입력한 데이터를 차트로 나타낼 때 다음과 같은 요소들로 구성되어 있다.

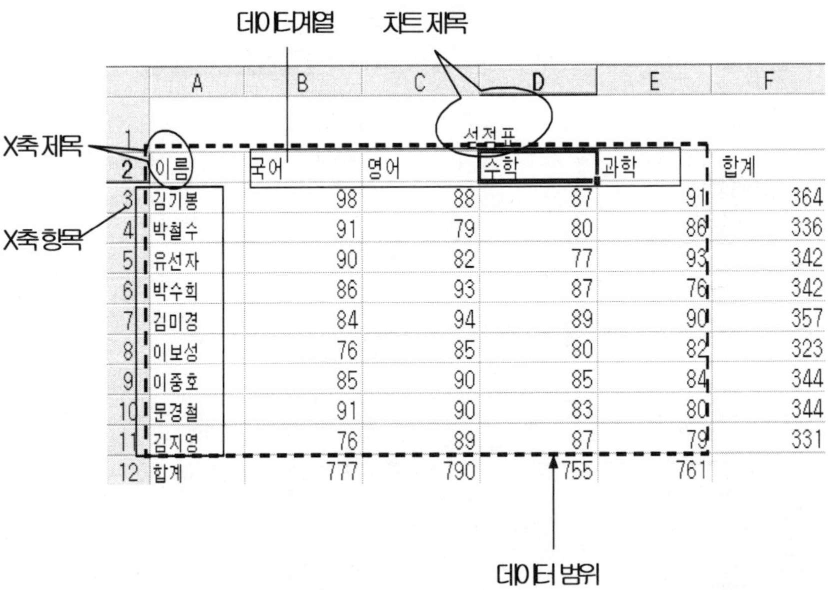

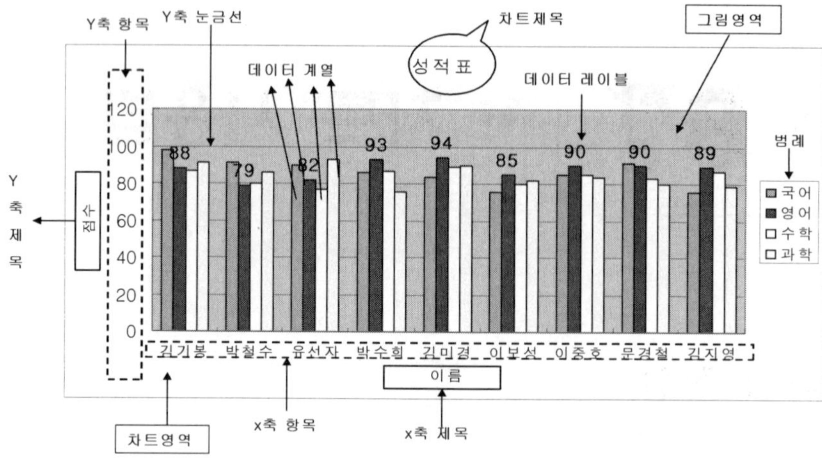

(2) 차트의 기본 작성법

차트 작성은 다음 절차를 따른다.

① 차트할 데이터가 시트에 입력되어 있어야 한다.

D2 = 회원수 증감

	A	B	C	D	E
1		회원등록 현황			
2	월	예상 회원수	등록 회원수	회원수 증감	
3	1월	120	131	11	
4	2월	110	99	-11	
5	3월	125	120	-5	
6	4월	110	140	30	
7	5월	90	87	-3	
8	6월	130	140	10	
9	합계	685	717		
10					

② 차트에 포함시킬 데이터의 영역을 지정한다.

A2 = 월

	A	B	C	D	E
1		회원등록 현황			
2	월	예상 회원수	등록 회원수	회원수 증감	
3	1월	120	131	11	
4	2월	110	99	-11	
5	3월	125	120	-5	
6	4월	110	140	30	
7	5월	90	87	-3	
8	6월	130	140	10	
9	합계	685	717		
10					

③ 메뉴 [삽입]-[차트]를 선택하거나 표준도구모음에서  를 선택한다.

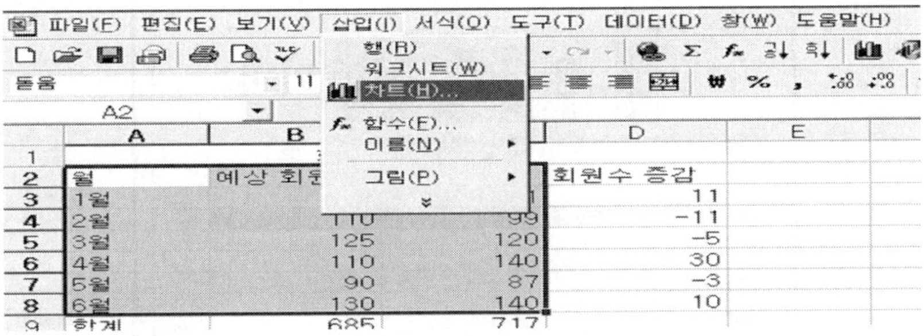

④ 차트마법사-4단계 중 1단계-차트종류 대화상자가 나타난다. [표준종류]탭과 [사용자지정종류]탭을 눌러 원하는 차트 종류를 선택한 후 '다음'단추를 누른다.

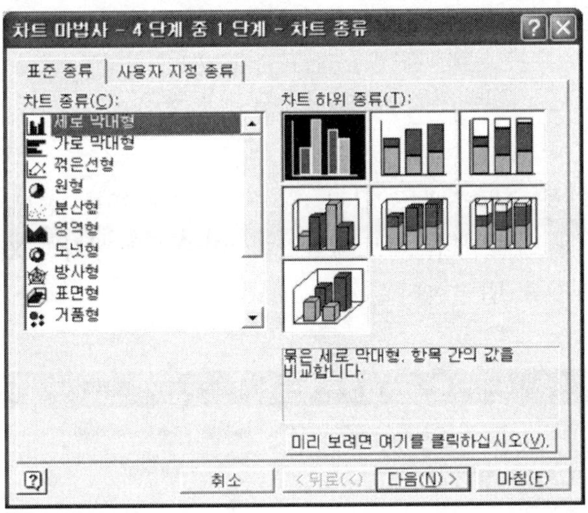

⑤ 차트마법사-4단계 중 2단계-차트원본데이터 대화상자가 나타난다. [데이터 범위]탭에서 '데이터 범위'란에 차트로 나타낼 데이터 영역을 입력한 후 '다음' 단추를 누른다. [계열]탭에서는 계열위치의 선택에 따라 차트에서 사용하는 데이터의 형태가 다르게 표현된다.

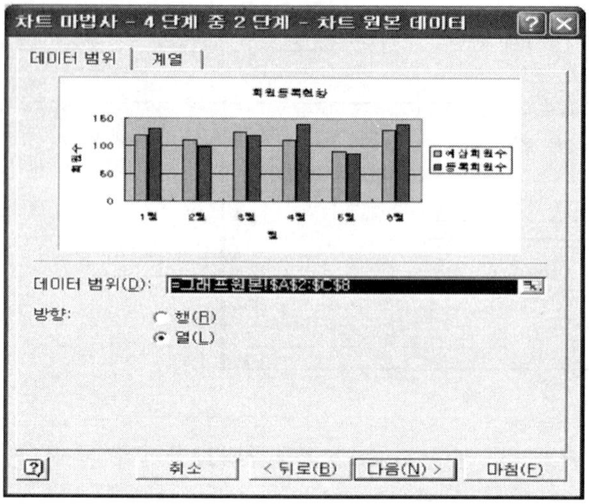

⑥ 3단계는 차트옵션 부분으로 차트의 제목을 비롯하여 세부적인 부분을 지정할 수 있다.

▶ [제목]탭

차트제목, X축 제목, Y축 제목 입력, 이중 축 그래프를 선택했을 경우 보조 X축, 보조 Y축 제목을 입력한다. 차트제목란에 "회원등록현황", X(축)항목란에 "월", Y(값)축란에 "회원수"를 입력한다.

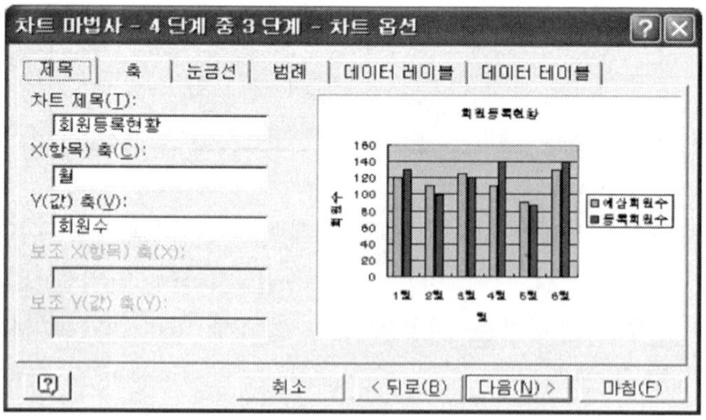

▶ [축]탭

축 제목에 관련된 기능으로 이 항목을 지정하지 않으면 회원수와 월이 출력되지 않는다.

기본축 항목에서 X(항목)축－자동, Y(값)축을 선택한다.

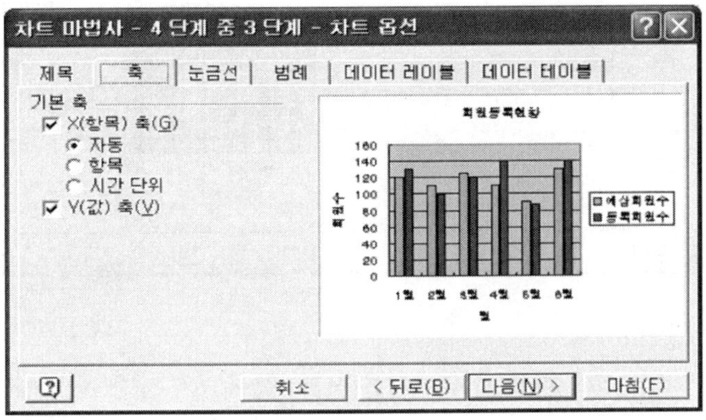

▶ [눈금선]탭

각 회원수의 눈금선을 제공한다. 기본 눈금선은 축에 지정된 수치를 기준으로 출력된다.

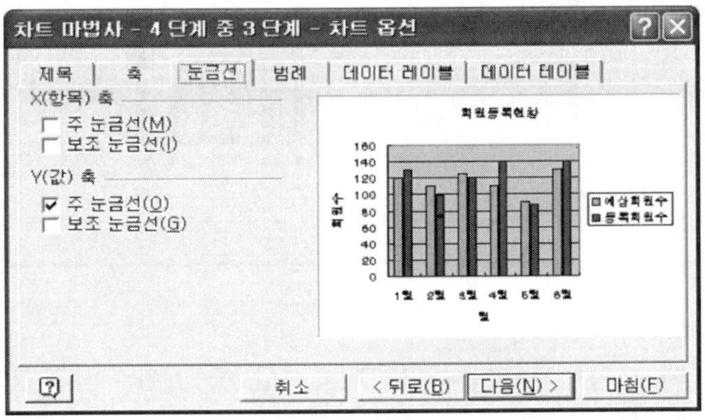

▶ [범례]탭

'범례의 표시'여부와 범례 위치를 지정한다. '범례 표시'를 체크하고 배치항목－'오른쪽'을 선택한다.

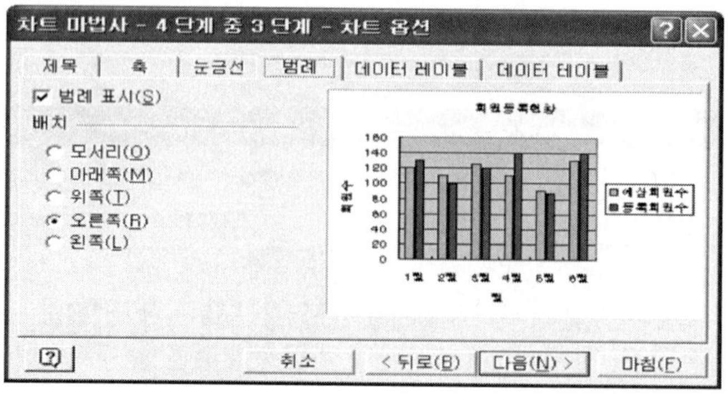

▶ [데이터 레이블]탭

각각의 차트에 값(Y축 항목)이나 이름(X축 항목)을 직접 나타낼 수 있다. 아래 그림은 레이블 내용항목에서 [값]을 선택하여 각각의 막대가 지닌 회원수를 표시한 것이다.

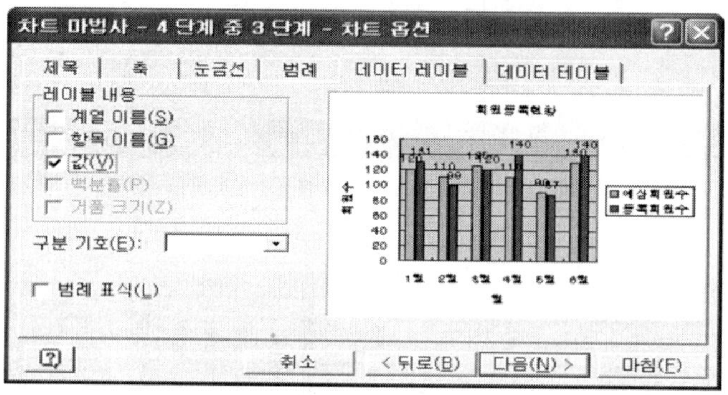

▶ [데이터 테이블]탭

차트의 아래쪽에 데이터 테이블을 함께 표시할 수 있다. 아래 그림은 데이터 테이블 표시와 범례표식 표시가 모두 지정된 경우이다.

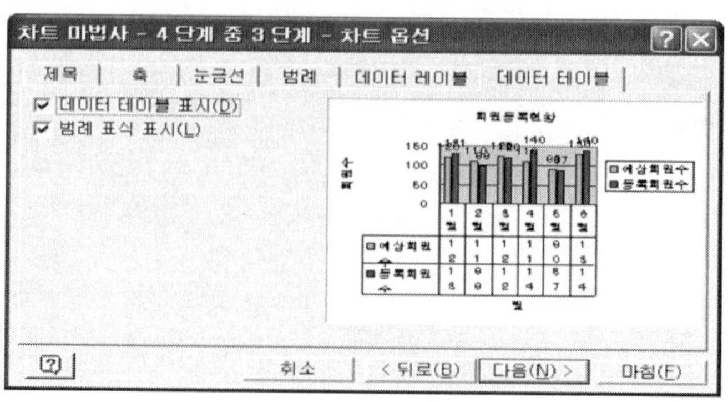

⑦ 차트 마법사－4단계 중 4단계－차트위치 대화상자가 나타난다. 차트를 현재 시트 혹은 새로운 시트에 출력할 것인지를 결정한다. '워크시트에 삽입'을 선택하고 '마침'단추를 누른다.

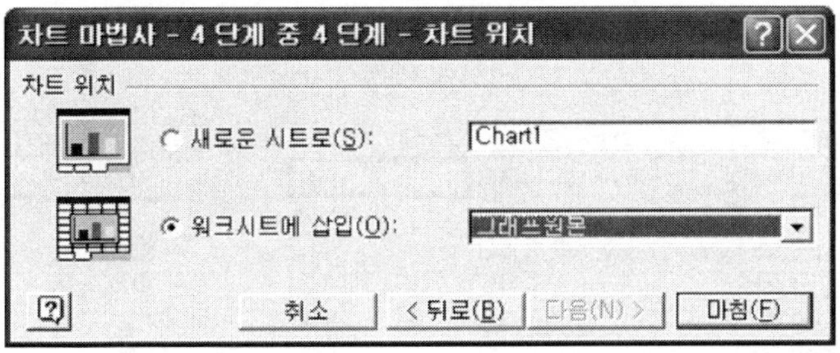

[결 과]

현재 시트에 차트가 나타난다.

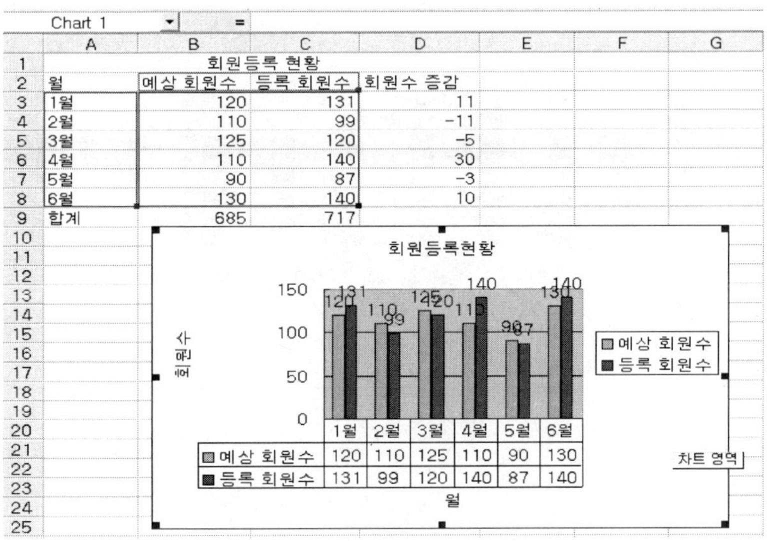

▶ 문 제

입력자료 '구매/판매 비교'를 활용하여 아래 결과와 같은 차트를 작성하시오.

[입력자료]

	A	B	C	D	E
1	구매/판매 비교				
2					단위:천원
3	품목	구매수량	구매단가	판매수량	판매단가
4	하이힐1	30	150	30	195
5	하이힐2	30	190	17	247
6	단화1	40	150	12	195
7	단화2	45	110	40	143
8	샌들1	45	58	42	74
9	샌들2	30	61	22	77
10	샌들3	30	45	29	57

[결 과]

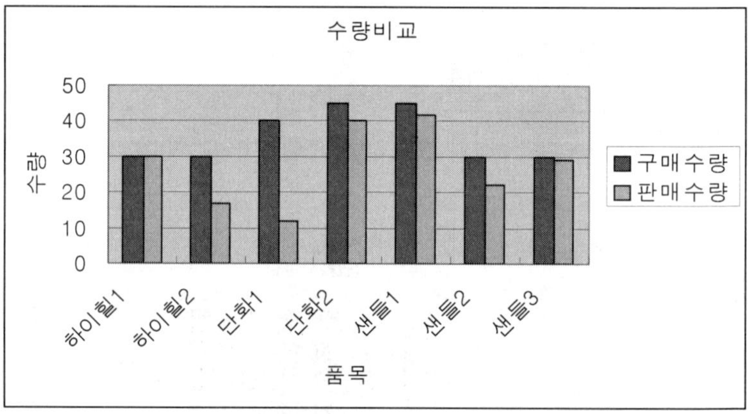

2. 차트 다루기

이미 작성한 차트를 다시 편집해야 하는 경우가 발생할 수 있다. 이를 경우 차트를 편집상태로 변경한 후에 수정이 가능하다.

차트가 만들어진 후 차트를 클릭하면 차트영역의 테두리에 점이 나타난다. 이것을 '노드'라고 부르는데 노드가 나타나 있는 상태는 '차트가 편집이 가능한 상태가 되었다'는 것을 의미한다. 마우스 포인터는 노드가 나타나 있는 차트영역위에 있어야 차트와 관련된 기능들을 선택할 수 있다.

차트영역의 테두리에 노드가 나타나도록 한 후 단축메뉴나 메뉴표시줄에서 기능들을 선택하는 방법과 차트영역을 마우스로 더블클릭하여 기능을 선택할 수 있다.

(1) 차트의 크기 조절

노드들 중 하나에 마우스 포인터를 가져가면 양방향(↔)모양으로 바뀔 것이다. 이때 마우스의 왼쪽 버튼을 누른 채 드래그하면 차트의 크기를 변경할 수 있다.

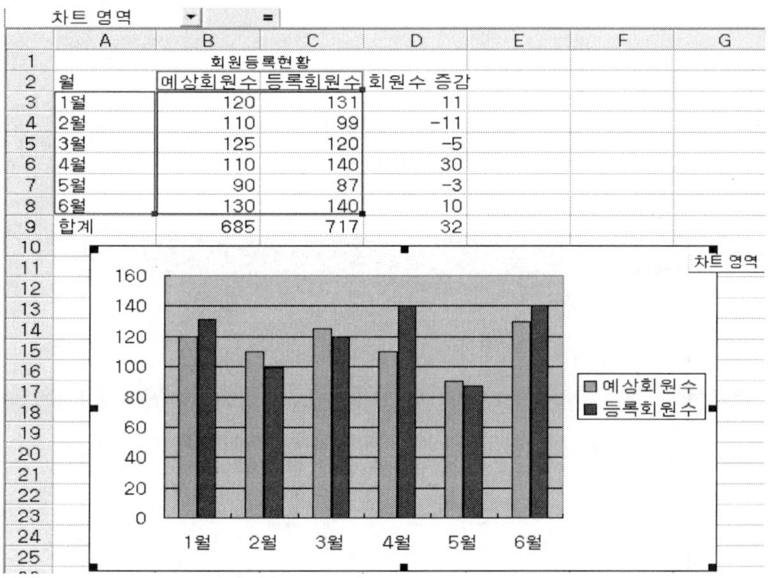

(2) 차트의 위치 이동

차트영역의 빈 여백에 마우스 포인터를 가져간다. 그런 다음 마우스 왼쪽 버튼을 누른 상태에서 드래그하여 차트를 원하는 위치로 이동시킬 수 있다.

(3) 차트 구성요소의 편집

1) 차트영역서식

- 차트편집상태에서 마우스를 차트영역에 놓은 상태에서 단축메뉴 [차트영역서식]을 선택한다.

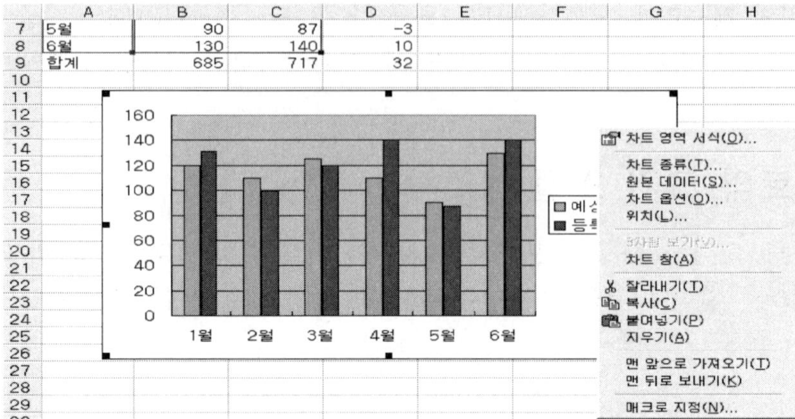

• 차트영역서식 대화상자가 나타난다. [무늬]탭, [글꼴]탭, [속성]탭을 선택하여 테두리 및 영역의 무늬, 글꼴 등을 변경할 수 있다.

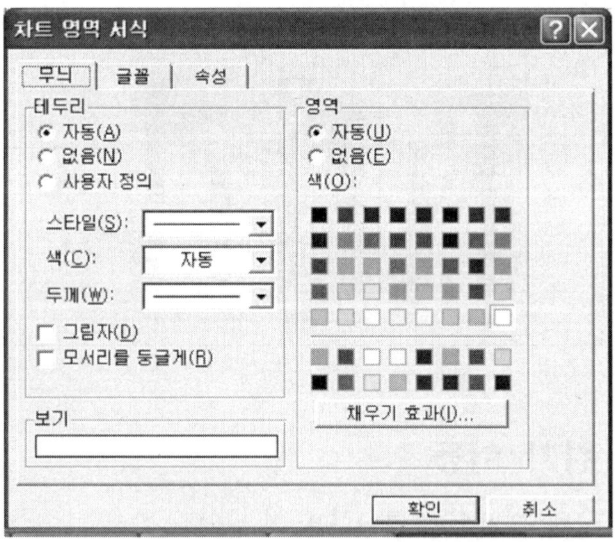

2) 그림영역서식

• 차트편집상태에서 마우스가 그림영역에 놓여 있는 상태에서 단축메뉴 [그림영역서식]을 선택한다.

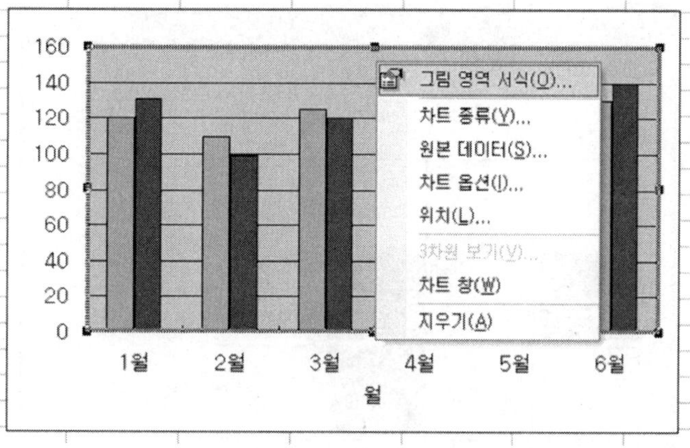

• 그림영역서식 대화상자가 나타난다. [무늬]탭을 클릭하여 '영역'항목의 채우기 효과 '흰색 대리석'을 선택하기 위해 '채우기 효과' 단추를 누른다.

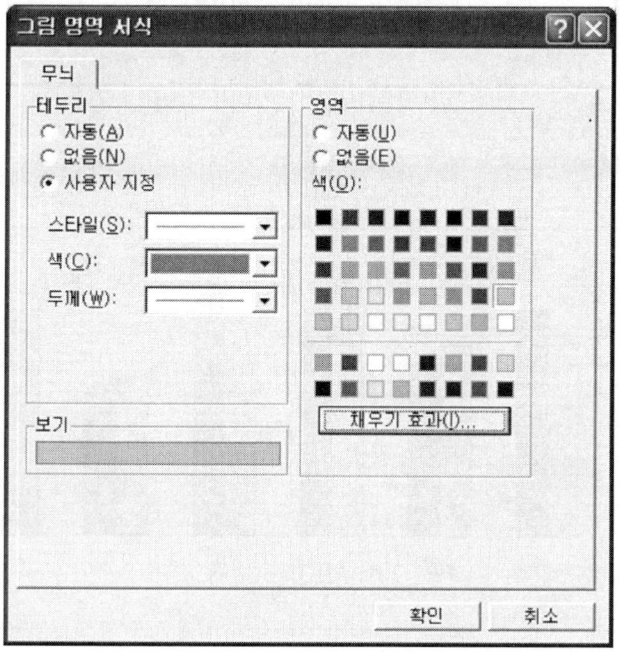

• 채우기효과 대화상자에서 [질감]탭을 클릭한 후 '흰색 대리석'을 선택하고 '확인' 단추를 누른다.

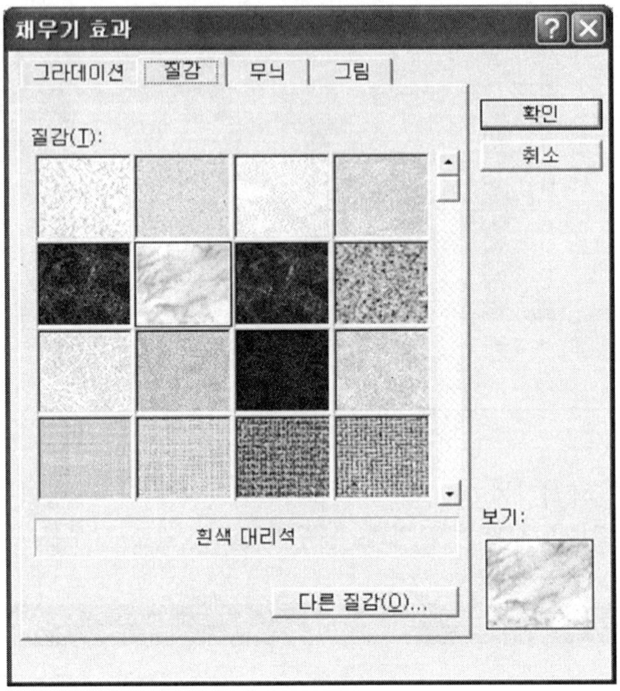

[결 과]

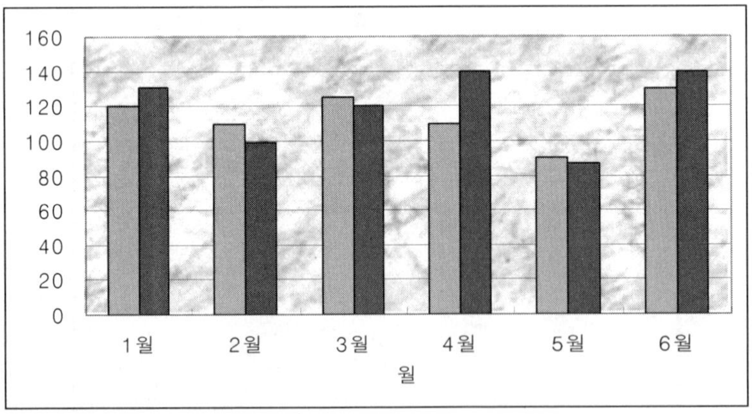

3) 차트 종류

- 메뉴 [차트]-[차트종류]를 선택하거나 단축메뉴 [차트종류]를 선택한다.

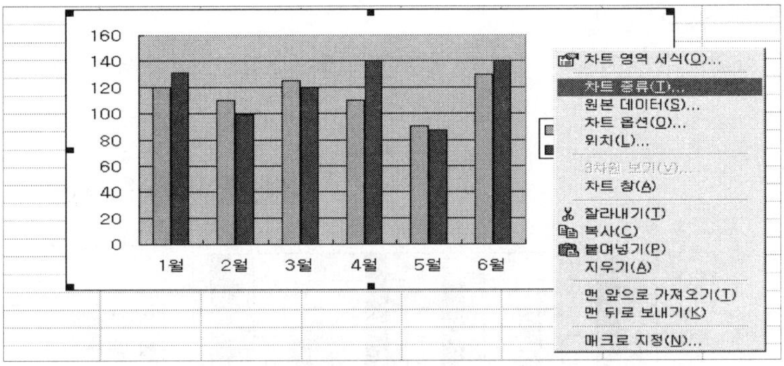

• 차트종류 대화상자가 나타난다. [표준종류]탭과 [사용자정의 종류]탭을 사용하여 변경하고자 하는 차트 종류를 선택한다. 아래 그림에서는 [사용자 정의 종류]탭에서 '이중 축 꺾은선형'을 선택한 것이다.

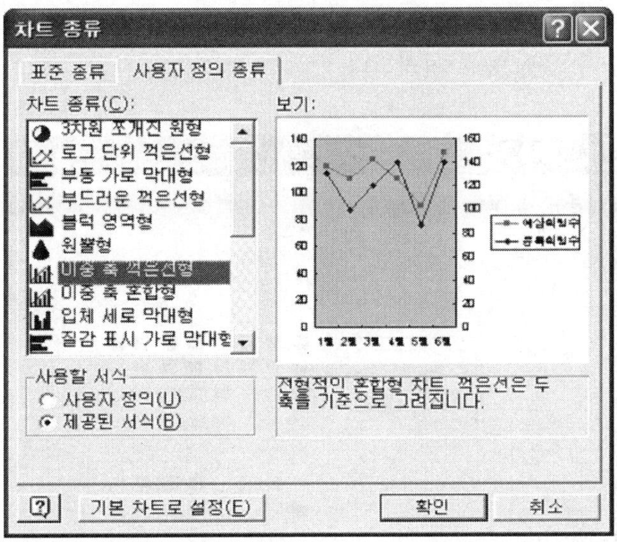

4) 차트 옵션 편집

• 단축메뉴 [차트옵션]을 선택하거나 메뉴 [차트]-[차트옵션]을 선택하며 차트마법사의 4단계 중 3단계에 해당하는 차트옵션들을 수정할 수 있다. 또는 차트옵션을 구성하는 각 요소를 더블클릭하여 나타나는 서식대화상자에서 차트옵션들을 변경할 수 있다.

① **차트 제목에 음영 넣기**

차트 제목'회원등록현황'을 선택한 후 단축메뉴 [차트 제목서식]을 선택한다.

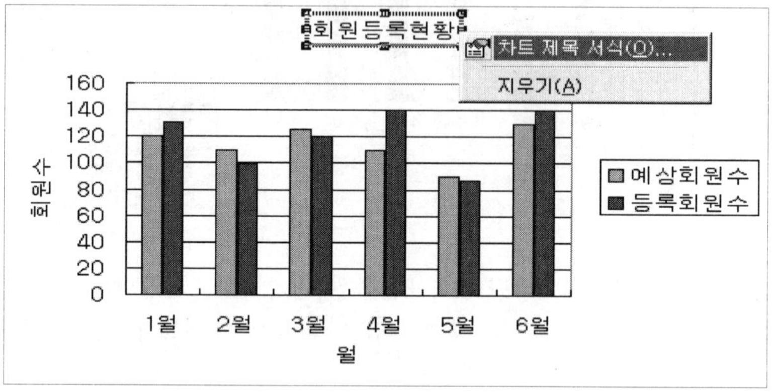

• 차트 제목 서식 대화상자가 나타난다. [무늬]탭을 클릭한 후 '그림자'항목을 체크하면 제목부분이 음영으로 처리된다.

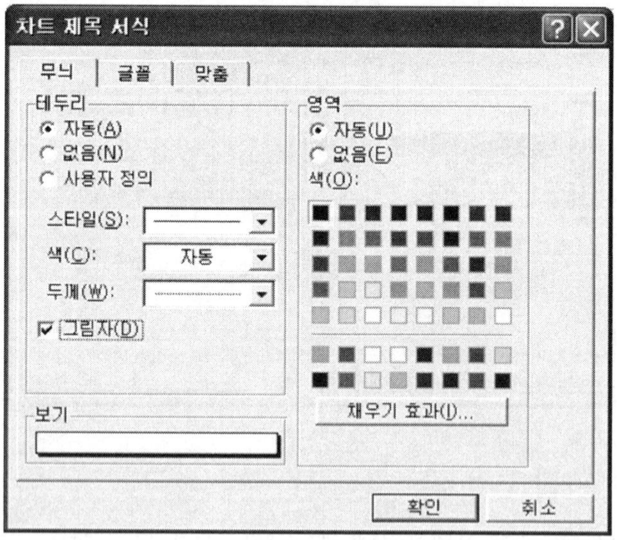

[결 과]

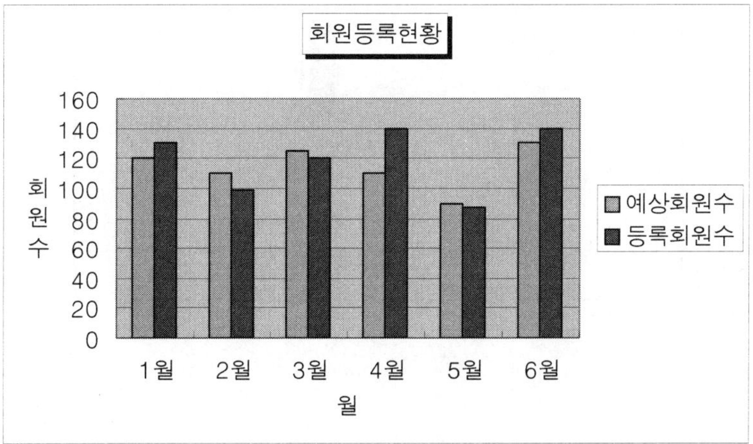

② Y축 제목서식

Y축 제목'회원수'를 클릭한 후 단축메뉴 [Y축 제목서식]을 선택한다.

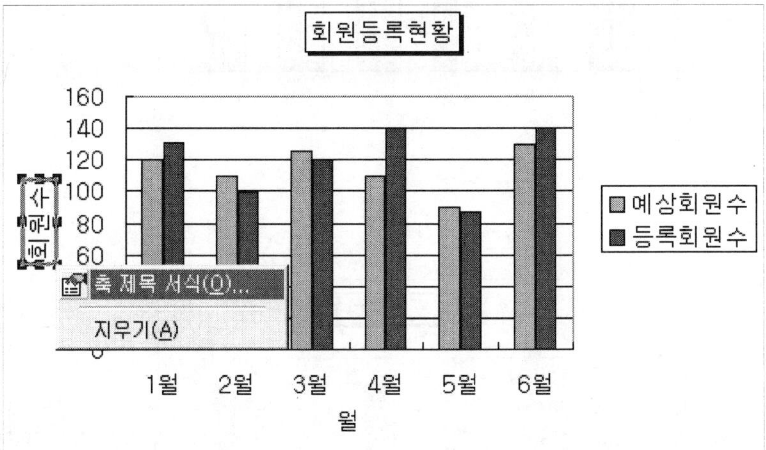

- 축 제목서식 대화상자가 나타난다. [맞춤]탭을 클릭한 후 '텍스트 방향'항목을 '수직'으로 선택하고 '확인'단추를 누르면 제목'회원수'의 방향이 세로방향으로 변경된다.

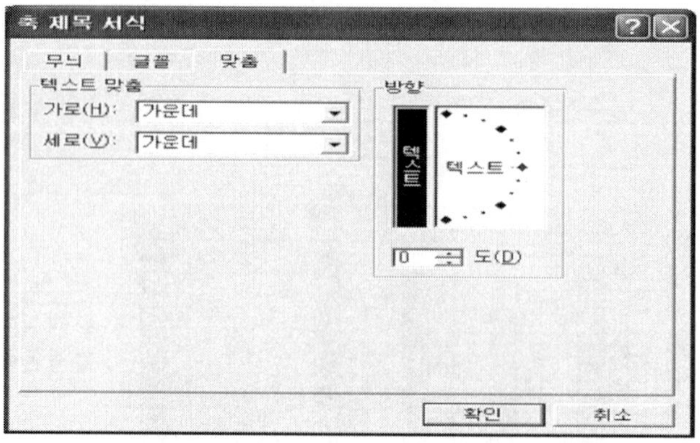

[결 과]

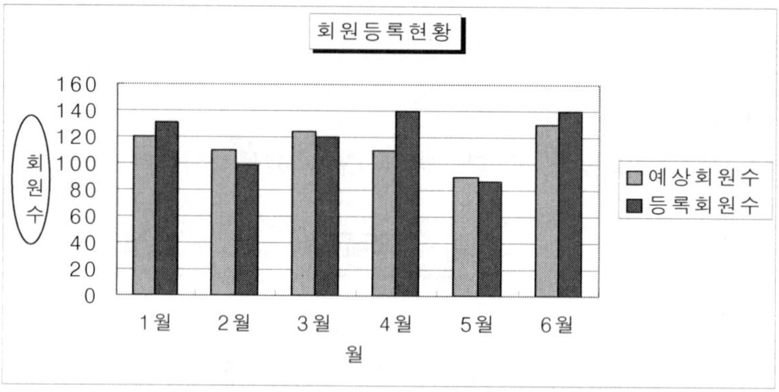

③ Y축 서식

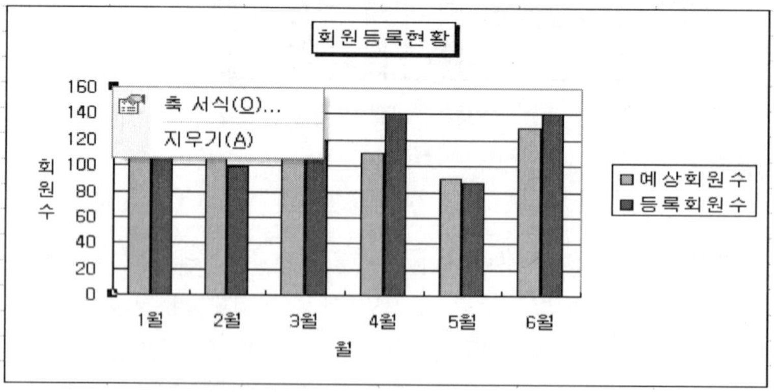

- Y축을 선택한 후 단축메뉴 [축서식]을 선택한다.
- 축서식 대화상자가 나타난다. 축서식 대화상자에서 다음 항목들을 지정할 수 있다.

▶ 눈금 변경

[눈금]탭을 클릭한 후 Y축 눈금의 최소값, 최대값, 주 단위, 보조단위, X축과의 교점 등을 지정할 수 있다.

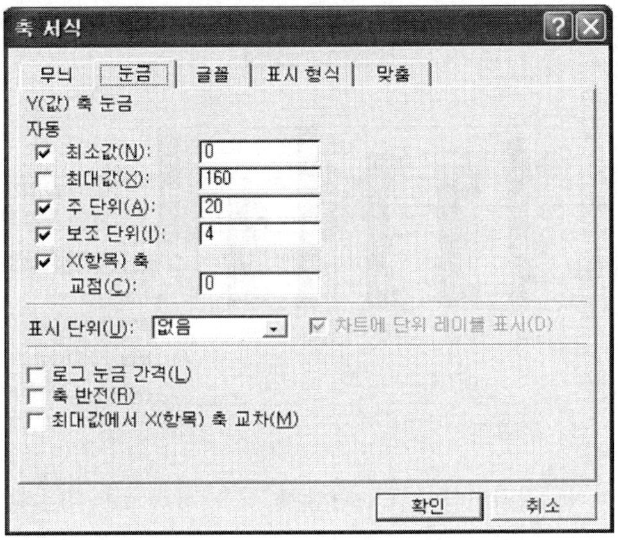

▶ 표시형식변경

Y축 항목에 해당하는 숫자가 화폐임을 나타내고자 할 때 축서식 대화상자에서 [표시형식]탭을 클릭한 후 범주 '통화'를 선택하고 '기호'란의 오른쪽 내림단추(▼)를 눌러 기호 '$'를 지정한다.

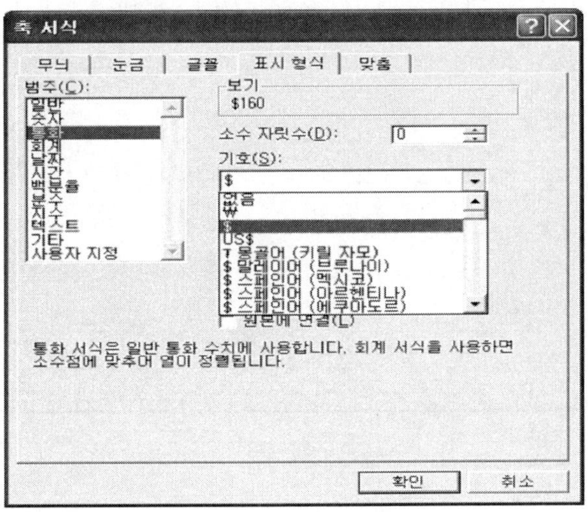

④ **데이터계열 서식**

차트편집상태에서 데이터 막대를 더블클릭하거나 단축메뉴 [데이터계열서식]을 선택한다.

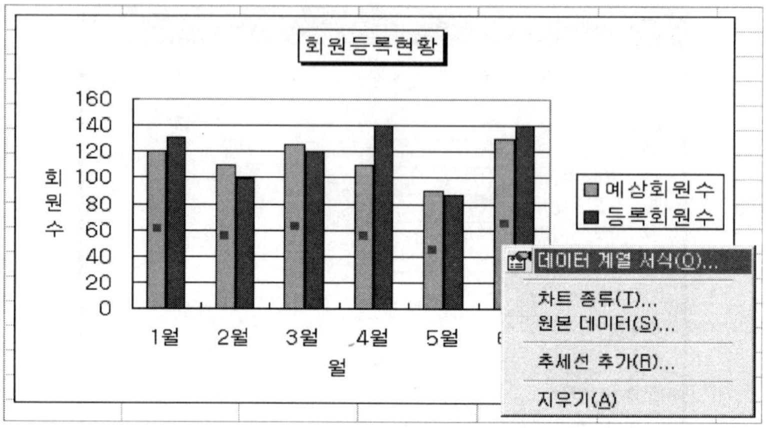

• 데이터 계열서식상자가 나타난다. 다음과 같은 항목들을 지정할 수 있다.

▶ 데이터 레이블 표시하기

[데이터 레이블]탭을 선택하여 레이블 내용 항목 '값'을 선택하면 데이터 막대 위에 정확한 수치가 표시된다.

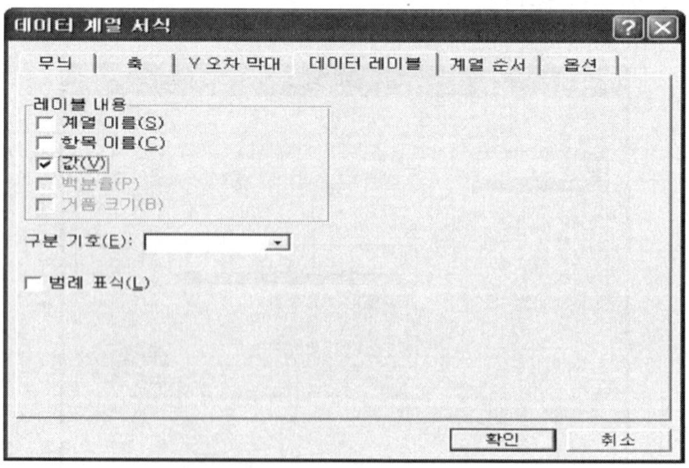

[결 과]

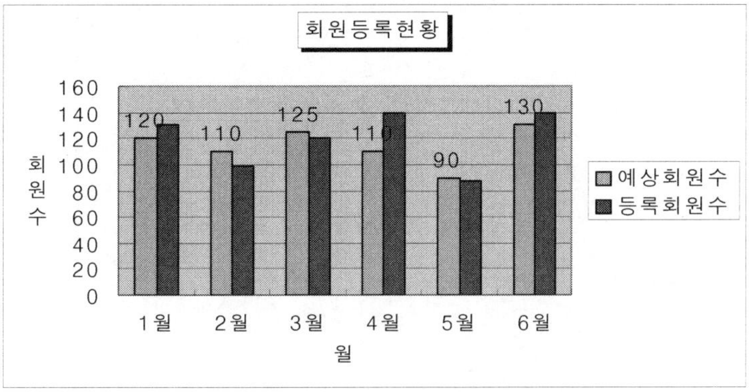

만약 데이터 레이블의 서식을 변경하고자 할 때는 다음의 절차를 따른다.

- 차트 편집상태에서 막대그래프 위에 표시된 데이터 레이블을 마우스로 클릭한다.
- 단축메뉴 [데이터 레이블 서식]을 선택한다.

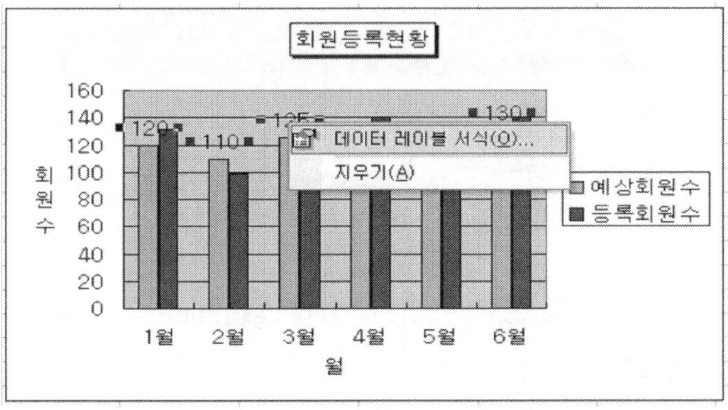

- 데이터 레이블 서식 대화상자가 나타난다. 여기서 '궁서체', '15pt', '굵게'를 지정한다고 가정하자.

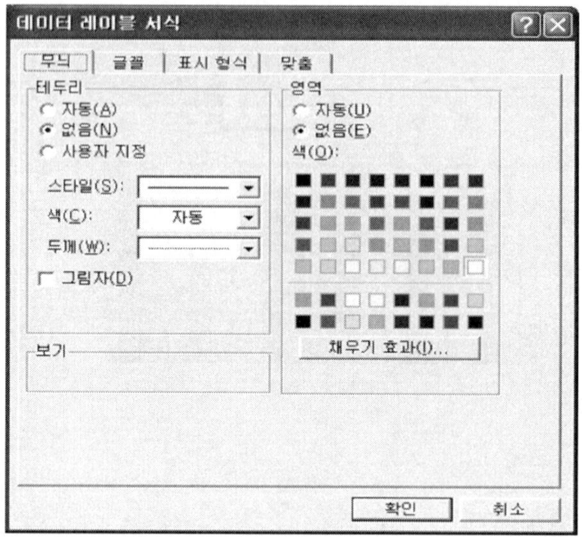

• 데이터 레이블 서식대화상자에서 [글꼴]탭을 선택한 후 글꼴 '궁서체', 글꼴 스타일 '굵게', 크기 '15'를 선택하고 '확인'단추를 누른다.

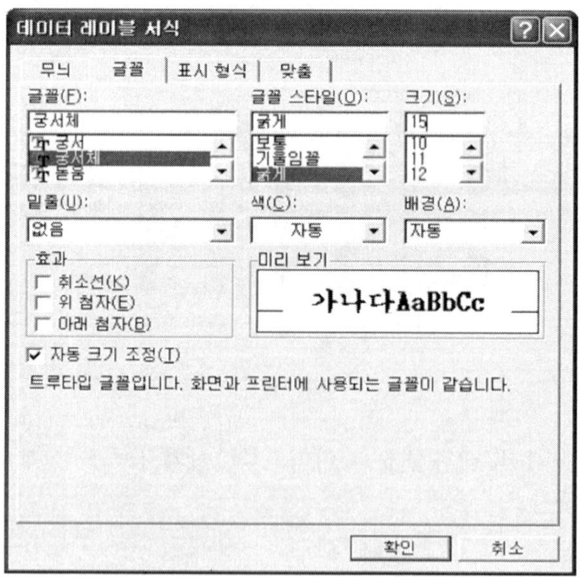

[결 과]

예상 인원수 막대그래프의 레이블이 변경되어 표시된다.

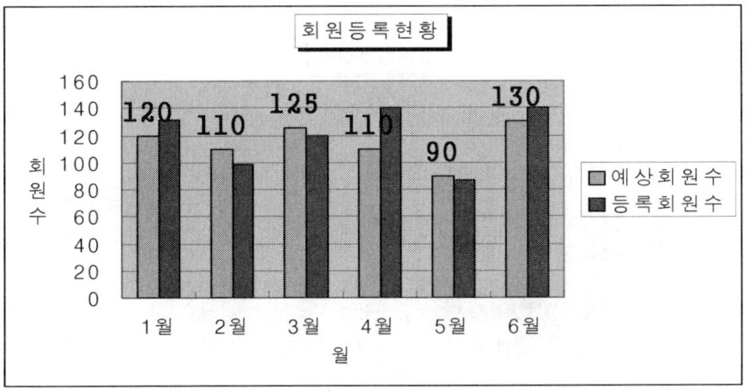

▶ 계열순서 바꾸기

X축의 각 항목마다 배치되어 있는 데이터 막대가 2개 이상일 때 데이터 막대의 순서를 변경할 수 있다. 아래 그림에서 첫 번째에 놓여 있는 예상회원수 데이터 막대를 두 번째 자리로 순서를 변경하기 위해서는 [계열순서]탭을 클릭한다. 그리고 계열순서항목에서 '예상회원수'를 선택한 후 '아래로 이동'을 선택하고 '확인'단추를 누른다.

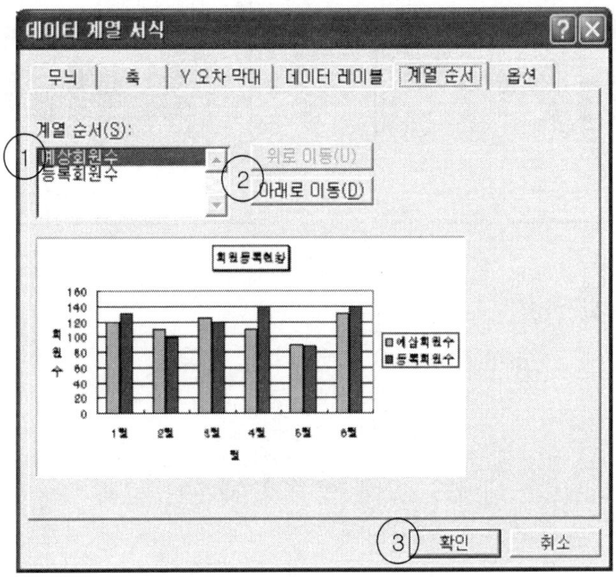

[결 과]

예상회원수 막대의 위치가 바뀌어진다.

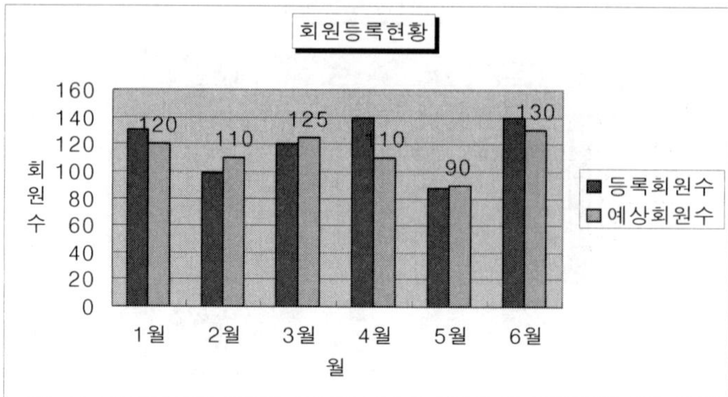

▶ X축 항목 간격너비 조정

[옵션]탭을 클릭한 후 간격너비를 '0'으로 변경하면 X축 항목간에 여백이 사라진다.

⑤ 데이터 요소서식 변경

차트편집상태에서 개개의 데이터요소에 대한 서식을 각각 다르게 수정변경할 수 있다.

▶ '3월의 예상 회원수' 데이터 막대 영역의 채우기 효과 '녹색 대리석', 데이터 레이블의 '값'을 표시한다고 가정하자.

- 해당 데이터 막대만 더블클릭하거나 단축메뉴 [데이터요소서식]을 선택한다.

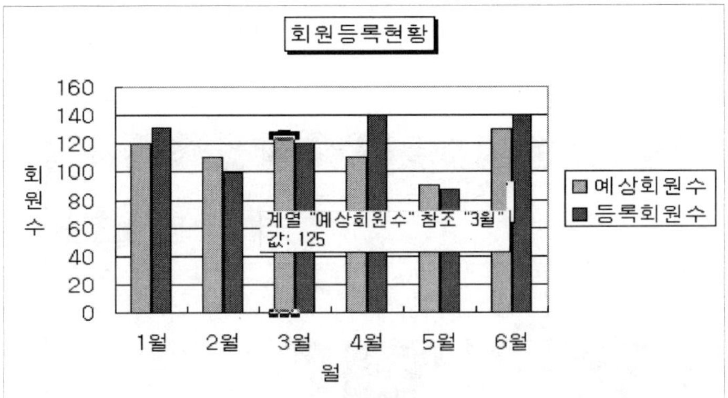

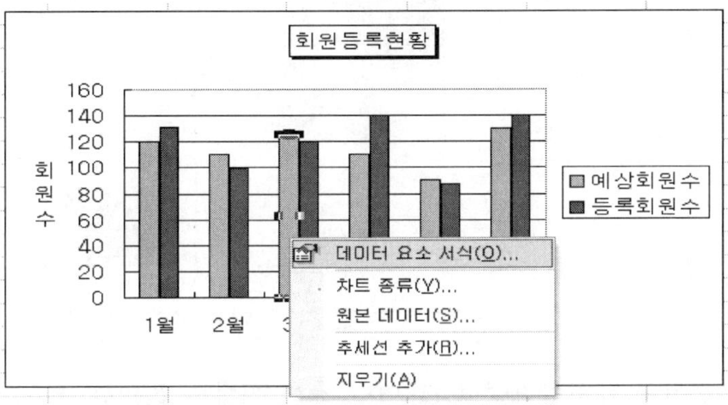

• 데이터 요소 서식대화상자가 나타난다. [무늬]탭의 '영역'항목에서 '채우기 효과'를 선택한다.

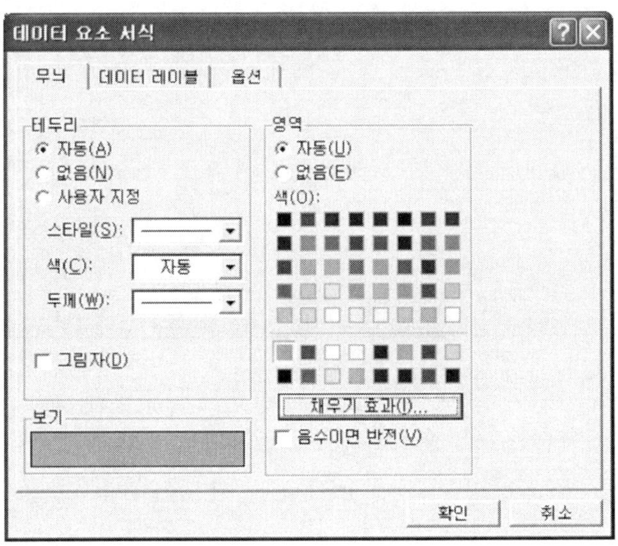

• 채우기 효과 대화상자가 나타난다. [질감]탭을 선택하여 '녹색대리석'을 선택하고 '확인'단추를 누른다.

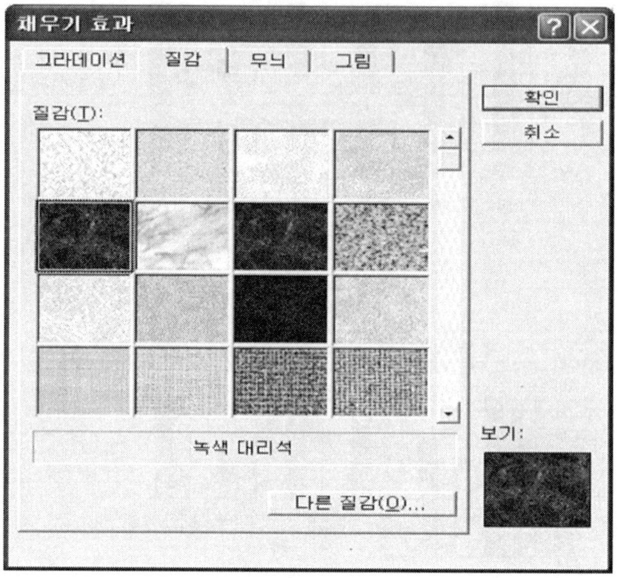

• 데이터 요소서식 대화상자에서 [데이터 레이블]탭을 선택한 후 레이블내용 항목 '값'을 체크하고 '확인'단추를 누른다.

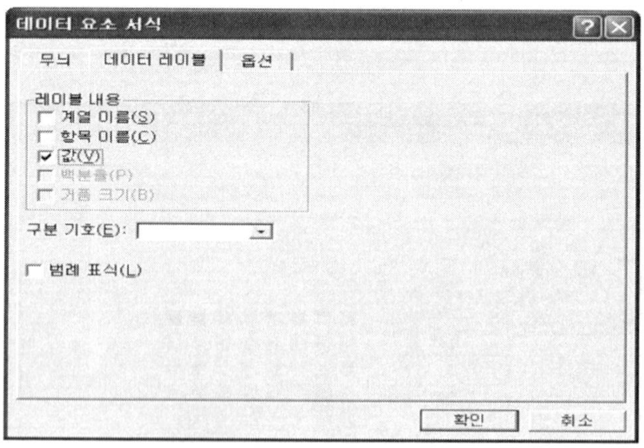

[결 과]

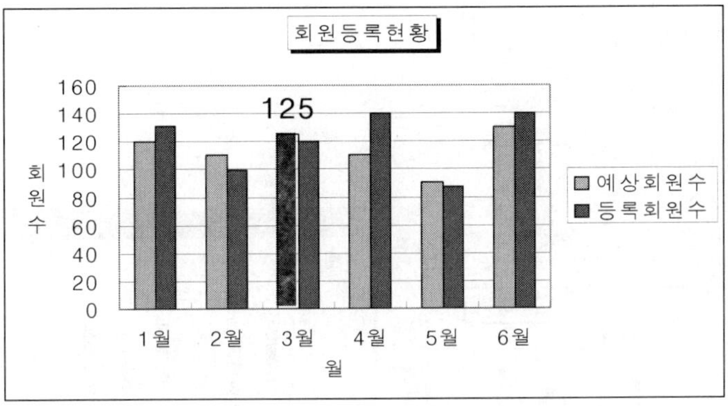

5) 데이터의 추가

이미 작성된 차트에서 차트로 나타내어야 할 데이터가 누락된 것을 발견했을 때 차트를 다시 작성하지 않은 상태에서 데이터를 추가할 수 있다.

2가지 방법을 사용할 수 있다.

[방법 1]

- 편집상태인 차트를 클릭하여 메뉴 [차트]-[원본데이터]를 선택하거나 단축메뉴 [원본 데이터]를 선택한다.

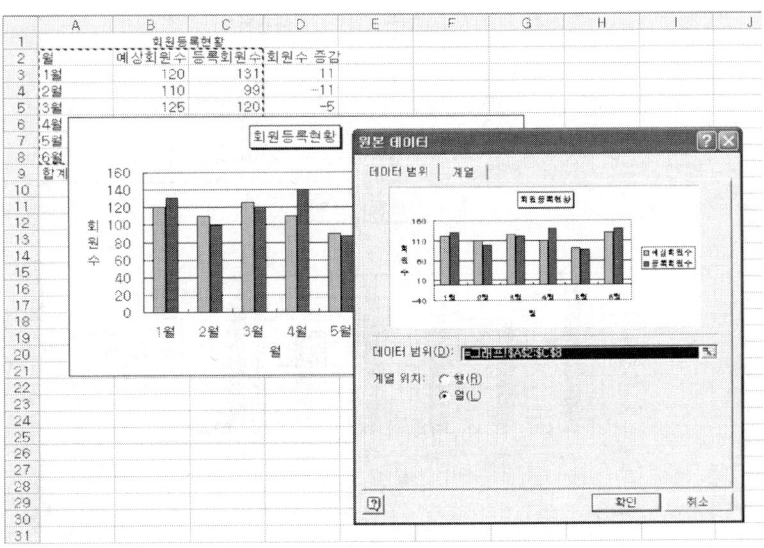

- 원본데이터 대화상자가 나타난다. [데이터 범위]탭을 클릭한 후 '데이터 범위'란

을 선택한다. 데이터 범위란에 추가시킬 데이터의 범위를 입력한다. 이때 범위를 직접 입력하거나 시트에 표시되어 있는 데이터를 마우스 포인터로 드래그하여 데이터를 추가·입력시킬 수 있다.

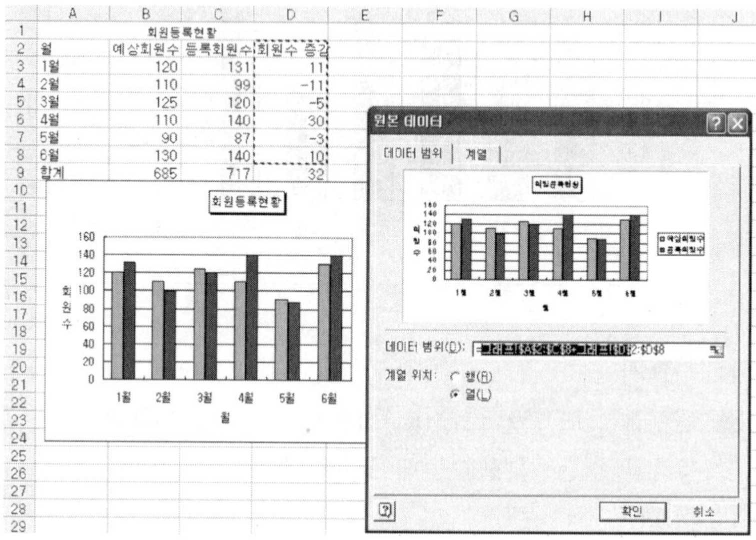

• 추가된 데이터가 함께 표시되는 차트가 나타난다.

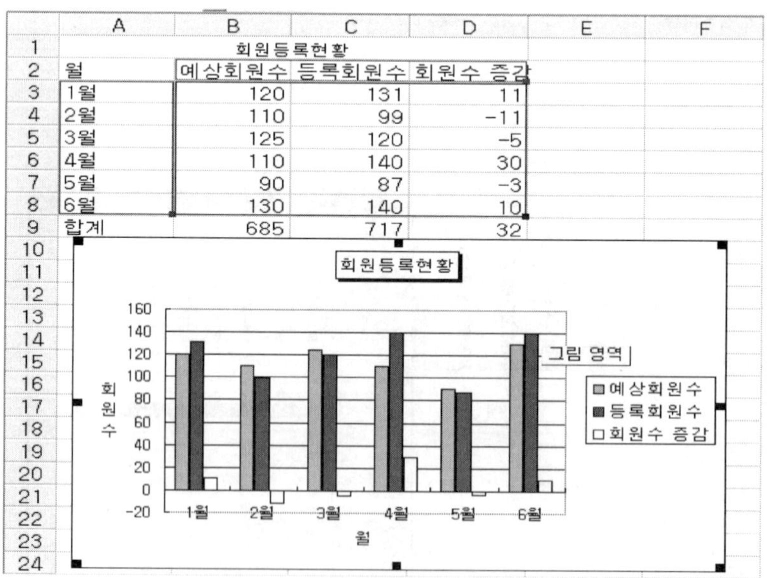

[방법 2]

• 메뉴[차트]－[데이터추가]를 선택한다.

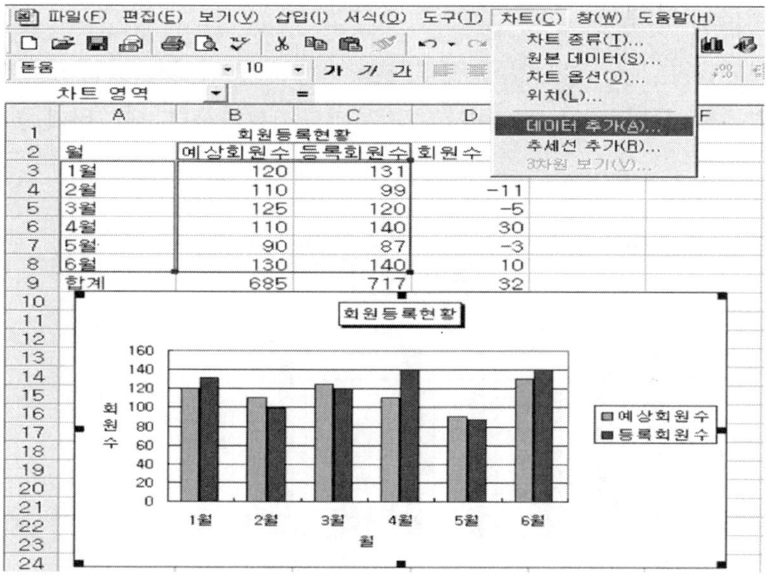

• 데이터추가 대화상자가 나타난다. '범위'란에 추가시킬 데이터의 영역을 직접 입력하거나 시트에 표시되어 있는 데이터를 마우스 포인터로 드래그하여 데이터를 추가 · 입력시킬 수 있다.

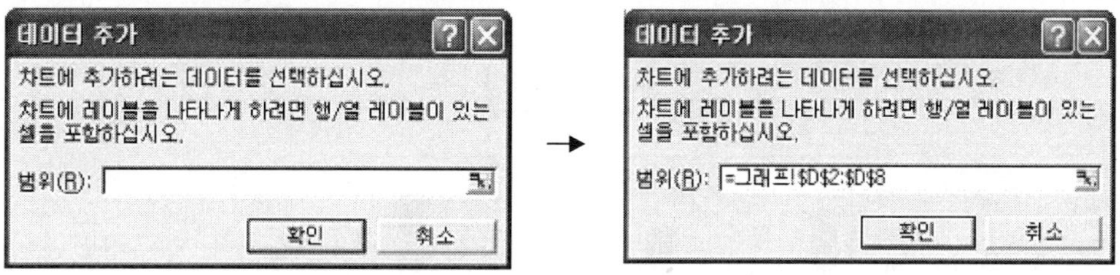

• '확인'단추를 누르면 데이터가 추가된 것을 확인할 수 있다.

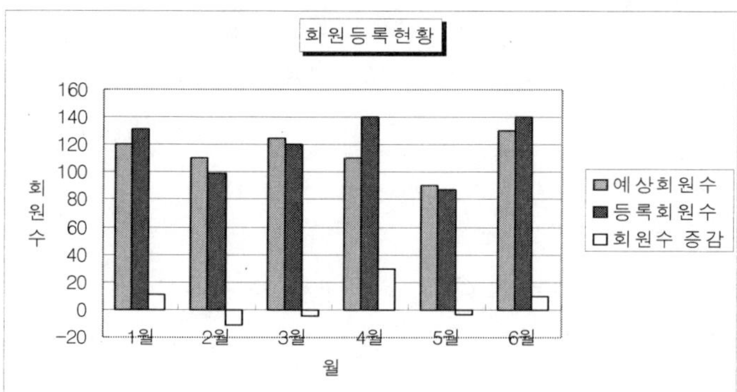

6) 데이터의 삭제

이미 작성된 차트에서 필요없는 데이터를 삭제하기 위해서는 삭제시키고자 하는 데이터의 막대를 클릭한 후 단축메뉴 [지우기]를 선택하면 데이터가 삭제된 차트가 나타난다.

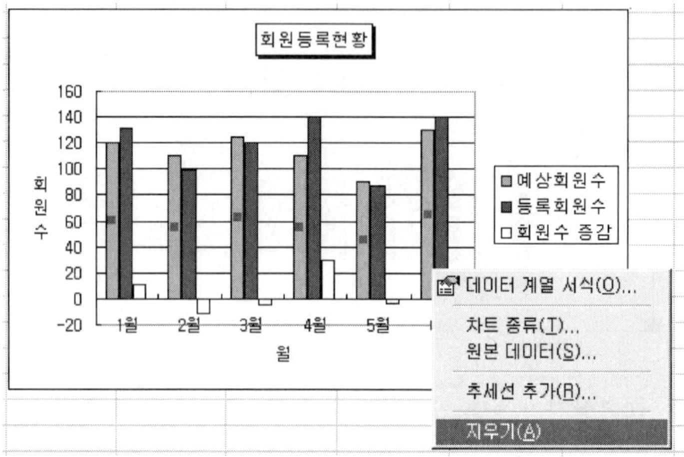

[결 과]

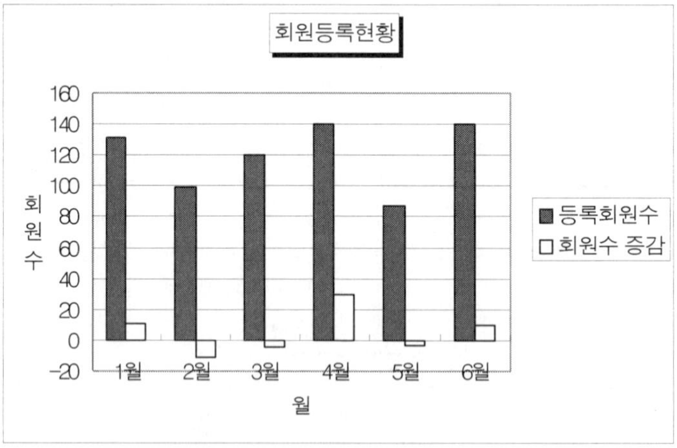

▶ 문 제

앞 절에서 이미 작성한 차트를 다음 조건대로 변경하시오.

[조 건]

① 차트를 데이터 표식이 있는 꺽은 선형태로 바꾸기
② 차트제목의 그림자 넣기
③ 범례를 없애기
④ X축의 글꼴 크기를 10으로 바꾸고 세로쓰기로 변경
⑤ Y축 제목의 글꼴을 세로쓰기로 변경
⑥ 판매수량 막대그래프의 데이터 레이블에 값을 표시하기
※ 나머지 사항은 [결과]에 맞게 작성하기

[결 과]

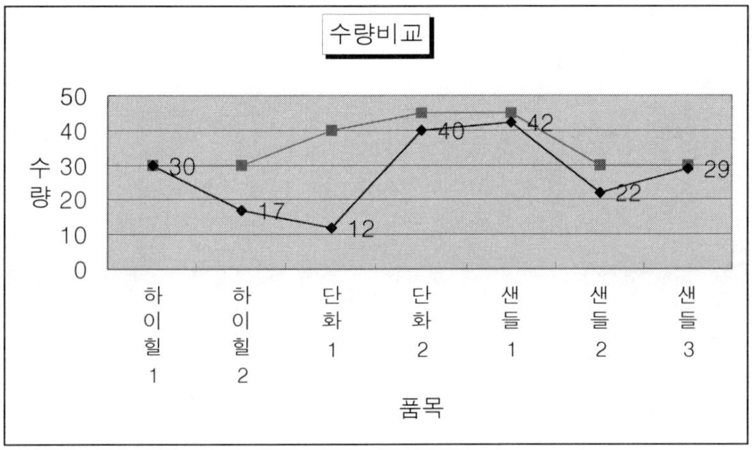

9장 … 데이터 관리

1. 데이터베이스의 이해

데이터베이스(database)란 방대한 양의 데이터를 특정 용도나 목적에 맞게끔 일목요연하게 정리해 놓은 것을 말하며 주소록, 전호번호부, 사원관리부 등이 여기에 해당된다.

필드(field)는 데이터 목록을 구성하는 항목으로서 데이터베이스에서 자료를 처리하는 최소 단위가 된다. 시트의 각 열이 여기에 해당되는데, 아래 그림에서 이름, 국어, 합계 등이 필드에 속한다. 필드명은 각 필드에 입력되는 데이터들을 구분짓는 필드의 이름(field name)으로서 보통 데이터 목록의 첫 행에 입력된 내용이 자동으로 필드명으로 인식된다.

레코드(record)는 데이터 목록에서 하나 이상의 필드가 모여서 만들어지는 것으로 시트의 각 행에 해당된다· 데이터 목록의 두번째 행부터 실질적인 레코드가 된다.

이상과 같이 데이터가 모여 필드가 되고 필드가 모여서 레코드가 된다. 또한 레코드가 모여 데이터베이스가 되고 데이터베이스가 하나의 파일로 생성된다.

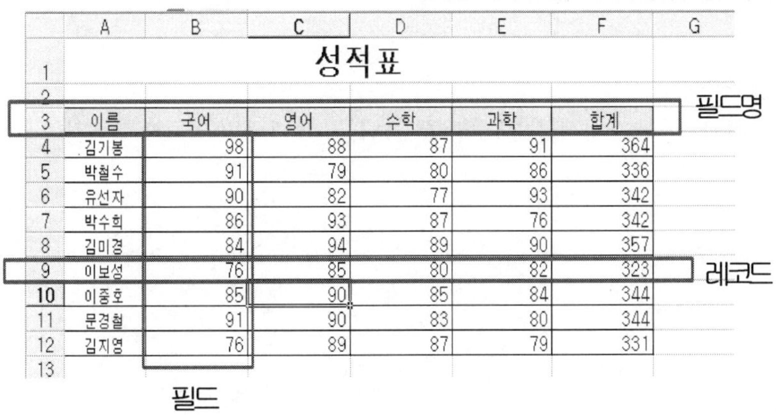
성적표

이름	국어	영어	수학	과학	합계
김기봉	98	88	87	91	364
박철수	91	79	80	86	336
유선자	90	82	77	93	342
박수희	86	93	87	76	342
김미경	84	94	89	90	357
이보성	76	85	80	82	323
이중호	85	90	85	84	344
문경철	91	90	83	80	344
김지영	76	89	87	79	331

2. 레코드관리

메뉴 [데이터]-[레코드 관리]를 선택한 후 나타나는 레코드관리 대화상자를 사용하여 데이터를 관리할 수 있다. 레코드관리 대화상자의 구성요소는 아래와 같다.

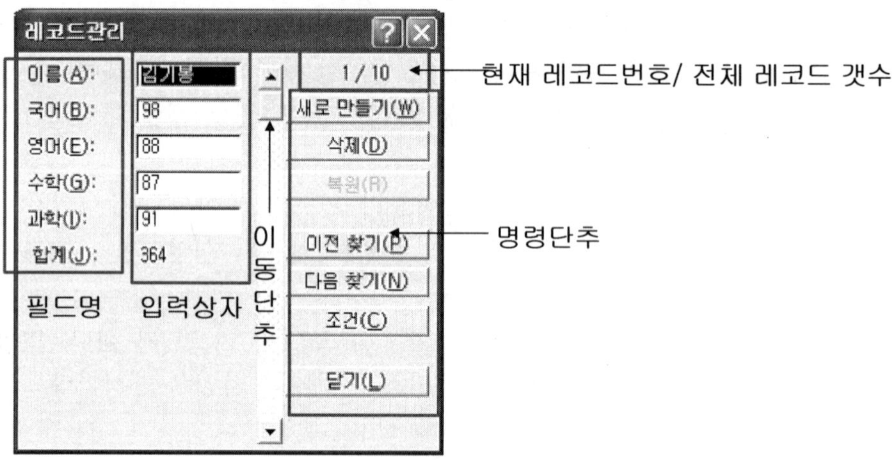

① 데이터 등록하기

- 레코드관리 대화상자에서 [새로 만들기]탭을 선택하면 빈 레코드가 나타난다.

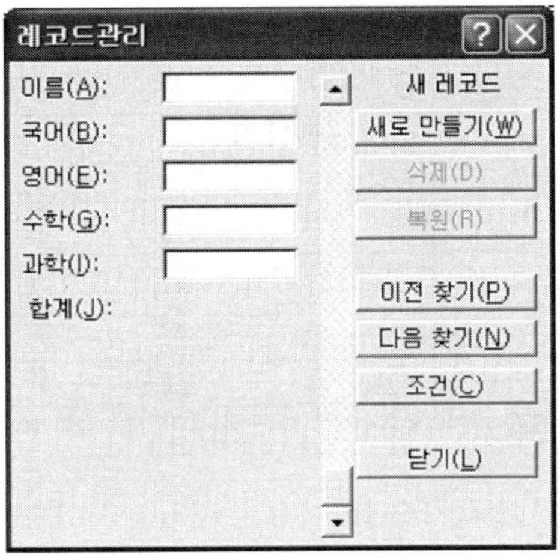

새로운 데이터(예 : 이름 '홍길동', 국어 '100', 영어 '100', 수학 '100', 과학 '100')를 입력한 후 '닫기'단추를 누르면 새로운 레코드가 추가 등록된 것을 시트에서 확인할 수 있다. 만약, 2개 이상의 레코드를 계속해서 입력해야 할 경우 입력해야 하는 레코드 수만큼 '새로 만들기'단추를 사용하여 데이터를 모두 입력한 후 입력이 완료되면 '닫기'단추를 누른다.

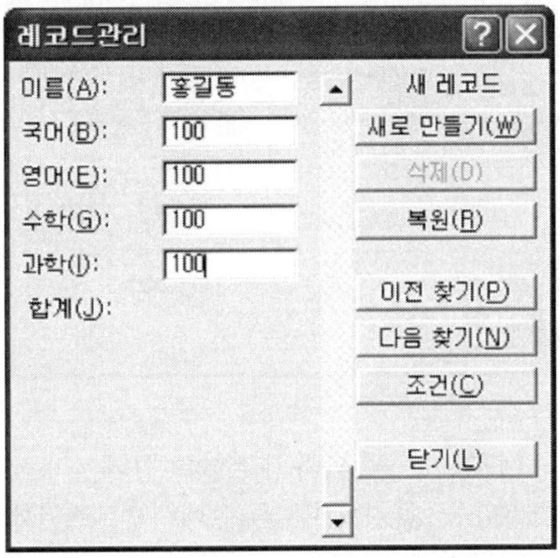

[결 과]

성적표

이름	국어	영어	수학	과학	합계
김기봉	98	88	87	91	364
박철수	91	79	80	86	336
유선자	90	82	77	93	342
박수희	86	93	87	76	342
김미경	84	94	89	90	357
이보성	76	85	80	82	323
이충호	85	90	85	84	344
문경철	91	90	83	80	344
김지영	76	89	87	79	331
홍길동	100	100	100	100	400

② 레코드 검색하기

- 메뉴 [데이터]－[레코드 관리]를 선택하면 레코드 관리 대화상자가 나타난다.
- 레코드관리 대화상자에서 '조건'단추를 클릭하면 빈 레코드가 나타나며 대화상자 오른쪽 위에 있는 레코드번호가 '조건(criteria)'으로 변경된다.

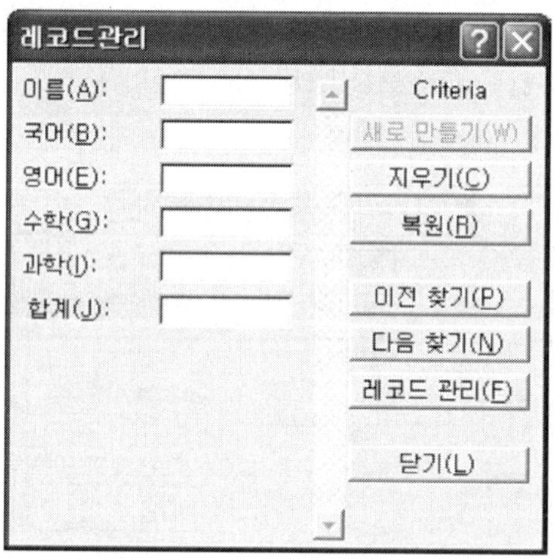

- 합계가 350 이상인 레코드를 검색하기 위해 합계필드에 '>=350'을 입력한 후 '이전 찾기'단추 또는 '다음 찾기'단추를 선택하면 조건에 일치하는 레코드가 검색된다. 본 예제에서는 첫번째 레코드(김기봉의 성적)와 다섯번째(김미경의 성적), 그리고 마지막 레코드(홍길동의 성적)가 검색된다.

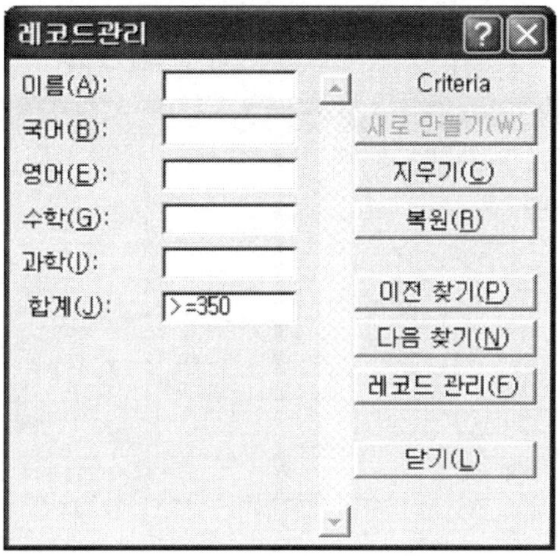

▶ 입력자료 '성적표'에서 이씨 성을 가진 학생의 성적을 검색하고자 한다.

- 레코드관리 대화상자에서 이름필드에 '이*'를 입력한 후 '이전 찾기'단추나 '다음 찾기'단추를 선택한다.

성적표

이름	국어	영어	수학	과학	합계
김기봉	98	88	87	91	364
박철수	91	79	80	86	336
유선자	90	82	77	93	342
박수희	86	93	87	76	342
김미경	84	94	89	90	357
이보성	76	85	80	82	323
이종호	85	90	85	84	344
문경철	91	90	83	80	344
김지영	76	89	87	79	331
홍길동	100				400

[결 과]

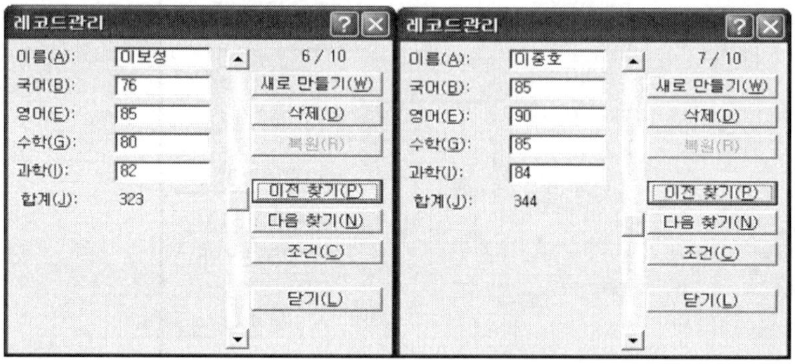

③ 레코드 삭제하기

- 메뉴[데이터]－[레코드 관리]를 선택하면 레코드관리 대화상자가 나타난다.
- 레코드관리 대화상자에서 삭제하고자 하는 레코드를 검색한다(예 : ‘박수희의 레코드삭제’).

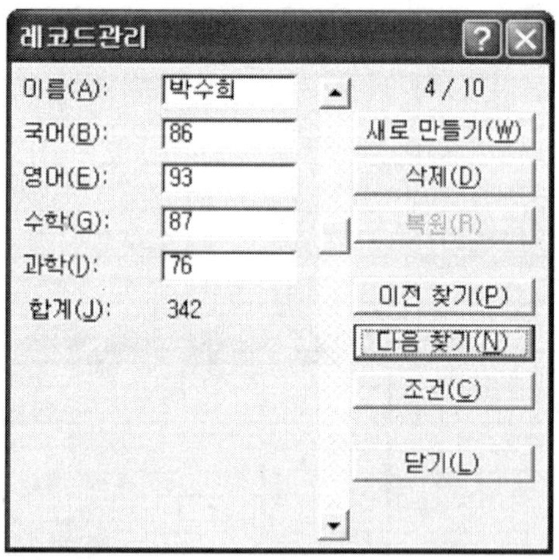

.‘삭제’단추를 누르면 ‘표시된 레코드는 영구히 삭제된다’ 메시지가 표시된다. 여기서 ‘확인’단추를 누르면 해당 레코드가 삭제된다.

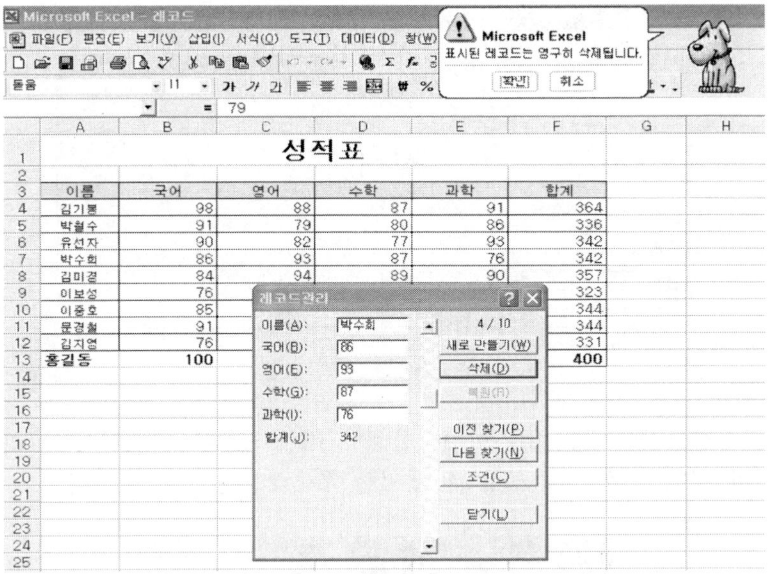

3. 데이터 정렬

데이터 정렬기능은 데이터를 일정한 순서에 따라 배치하고자 할 때 사용한다. 정렬기준은 다음과 같다.

① 일반적으로 필드명(머리글행)을 정렬기준으로 사용하는 데 필요에 따라 열 번호(머리글행 아님)를 사용하기도 한다.

② 오름차순은 한글인 경우 'ㄱ, ㄴ, ㄷ, ㄹ, ...'순, 알파벳인 경우 'a, b, c, d, ...', 순으로 정렬된다. 숫자인 경우 '1,2,3,4,5,...'처럼 작은 숫자에서 큰 숫자로 정렬한다.

③ 내림차순은 오름차순의 반대로 정렬된다.

④ 2개 이상의 정렬기준을 설정할 때 첫째 기준으로 데이터가 정렬되지 않을 때 둘째 기준으로 정렬하며, 둘째 기준으로 정렬되지 않으면 셋째 기준으로 정렬된다.

▶ 합계가 가장 큰 레코드가 1순위가 되도록 데이터를 정렬하자.

- 데이터가 입력된 임의 셀을 지정한 후 메뉴 [데이터]－[정렬]을 선택한다.

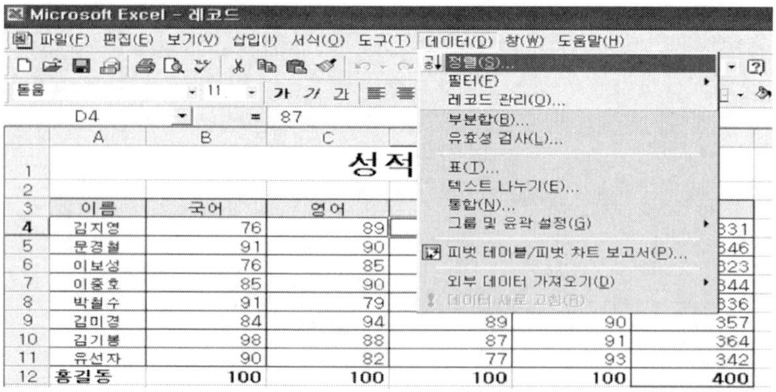

• 정렬 대화상자의 '첫째 기준'란에 '합계', '내림차순'을 체크한다. 그리고 '선택한 범위의 첫 행'항목은 '머리글행'을 체크한 후 '확인'단추를 누른다.

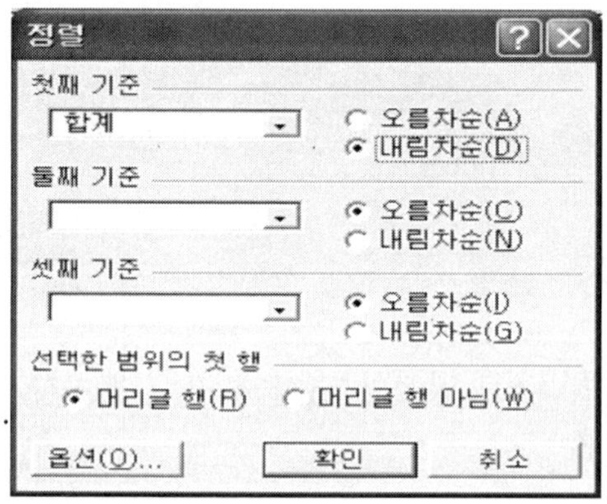

[결 과]

	A	B	C	D	E	F
1	성적표					
2						
3	이름	국어	영어	수학	과학	합계
4	**홍길동**	**100**	**100**	**100**	**100**	**400**
5	김기봉	98	88	87	91	364
6	김미경	84	94	89	90	357
7	문경철	91	90	85	80	346
8	이중호	85	90	85	84	344
9	유선자	90	82	77	93	342
10	박철수	91	79	80	86	336
11	김지영	76	89	87	79	331
12	이보성	76	85	80	82	323

▶ 문 제

입력자료 '직원인사기록카드'의 데이터를 입사일이 빠른 순서대로 정렬하시오.

만약, 입사일이 동일한 레코드가 있을 경우 이름을 가나다순으로 정렬하시오.

[입력자료]

	A	B	C	D	E	F	G
1	직원인사기록카드						
2							
3	이름	입사일	근무부서	직위	직급	호봉	결혼여부
4	채해영	1999-03-01	무역부	대리	6	3	기혼
5	박인희	2000-03-07	인사부	사원	5	2	기혼
6	강혜정	1997-03-10	기획실	부장	9	5	기혼
7	나두철	2000-03-07	영업부	사원	5	1	기혼
8	하상수	1998-03-12	영업부	차장	8	4	기혼
9	제종혁	1997-03-30	총무부	부장	9	4	기혼
10	장만호	1998-03-12	관리부	부장	9	5	미혼
11	지철희	2001-05-20	무역부	사원	5	1	기혼
12	김호철	1998-09-14	인사부	과장	7	3	기혼
13	박선용	2001-03-01	기획실	사원	5	1	미혼
14	이철민	1999-03-01	인사부	사원	5	2	미혼
15	차미애	1999-03-03	무역부	과장	7	3	기혼
16	임태식	1999-03-15	관리부	차장	8	4	기혼
17	강 철	2000-03-01	총무부	사원	5	1	미혼
18	심재철	1999-03-18	기획실	대리	6	2	미혼
19	박상철	2000-03-07	관리부	사원	5	1	기혼
20	박재민	2000-03-16	관리부	사원	5	2	미혼
21	이민후	1998-03-01	영업부	대리	6	4	기혼
22	강수민	2001-03-04	기획실	사원	5	1	미혼
23	장두식	1999-05-21	관리부	대리	6	3	미혼
24	현인수	2001-05-13	총무부	사원	5	1	미혼
25	최현선	2000-05-10	관리부	사원	5	2	미혼
26	심 훈	2001-05-17	영업부	사원	5	1	미혼
27							

4. 데이터 필터

검색조건을 만족하는 데이터를 추출하기 위하여 필터기능을 사용할 수 있다. 필드명을 기준으로 데이터를 추출하는 필터기능에는 자동필터와 고급필터 등 2가지가 있다.

자동필터는 검색기준을 시트에 입력하지 않고 원본 데이터의 필드명을 그대로 사용할 수 있다. 그리고 검색기준을 만족하는 레코드가 위치할 곳도 원본 데이터 영역에 나타낼 수 있다. 그러나 고급필터는 검색기준을 시트에 직접 입력해야 하고 검색기준을 만족하는 레코드를 원본 데이터영역이나 그 밖의 다른 빈 셀에 나타낼 수 있다.

자동필터기능을 해제하는 방법은 이 기능이 활성화된 상태에서 메뉴 [데이터]-[필터]-[자동필터]를 다시 선택한다. 그리고 필터기능을 실행시킨 후 감추어진 데이터를 다시 나타내기 위해서는 메뉴 [데이터]-[필터]-[모두 표시]를 선택한다. [모두 표시]를 선택할 경우 자동필터기능은 활성화되어 있는 상태이지만 고급필터기능은 해제된다.

(1) 1개의 조건을 기준으로 필터

1) 자동필터

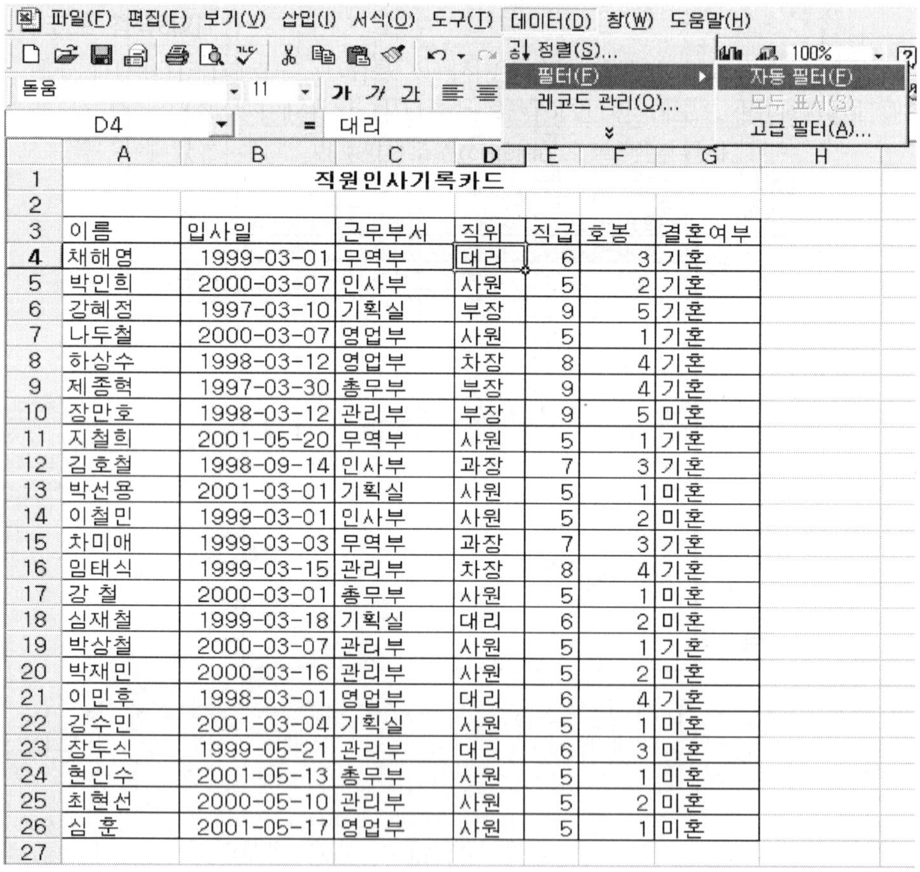

	A	B	C	D	E	F	G	H
1			직원인사기록카드					
2								
3	이름	입사일	근무부서	직위	직급	호봉	결혼여부	
4	채해영	1999-03-01	무역부	대리	6	3	기혼	
5	박인희	2000-03-07	인사부	사원	5	2	기혼	
6	강혜정	1997-03-10	기획실	부장	9	5	기혼	
7	나두철	2000-03-07	영업부	사원	5	1	기혼	
8	하상수	1998-03-12	영업부	차장	8	4	기혼	
9	제종혁	1997-03-30	총무부	부장	9	4	기혼	
10	장만호	1998-03-12	관리부	부장	9	5	미혼	
11	지철희	2001-05-20	무역부	사원	5	1	기혼	
12	김호철	1998-09-14	인사부	과장	7	3	기혼	
13	박선용	2001-03-01	기획실	사원	5	1	미혼	
14	이철민	1999-03-01	인사부	사원	5	2	미혼	
15	차미애	1999-03-03	무역부	과장	7	3	기혼	
16	임태식	1999-03-15	관리부	차장	8	4	기혼	
17	강 철	2000-03-01	총무부	사원	5	1	미혼	
18	심재철	1999-03-18	기획실	대리	6	2	미혼	
19	박상철	2000-03-07	관리부	사원	5	1	기혼	
20	박재민	2000-03-16	관리부	사원	5	2	미혼	
21	이민후	1998-03-01	영업부	대리	6	4	기혼	
22	강수민	2001-03-04	기획실	사원	5	1	미혼	
23	장두식	1999-05-21	관리부	대리	6	3	미혼	
24	현민수	2001-05-13	총무부	사원	5	1	미혼	
25	최현선	2000-05-10	관리부	사원	5	2	미혼	
26	심 훈	2001-05-17	영업부	사원	5	1	미혼	
27								

- 데이터가 입력된 임의 셀을 지정한 후 메뉴[데이터]-[필터]-[자동필터]를 선택한다.
- 필드명에 오른쪽 내림단추(▼)가 만들어진다.

	A	B	C	D	E	F	G
1			직원인사기록카드				
2							
3	이름	입사일	근무부서	직위	직	호봉	결혼여!
4	채해영	1999-03-01	무역부	대리	6	3	기혼
5	박인희	2000-03-07	인사부	사원	5	2	기혼
6	강혜정	1997-03-10	기획실	부장	9	5	기혼
7	나두철	2000-03-07	영업부	사원	5	1	기혼
8	하상수	1998-03-12	영업부	차장	8	4	기혼
9	제종혁	1997-03-30	총무부	부장	9	4	기혼
10	장만호	1998-03-12	관리부	부장	9	5	미혼
11	지철희	2001-05-20	무역부	사원	5	1	기혼
12	김호철	1998-09-14	인사부	과장	7	3	기혼
13	박선용	2001-03-01	기획실	사원	5	1	미혼
14	이철민	1999-03-01	인사부	사원	5	2	미혼
15	차미애	1999-03-03	무역부	과장	7	3	기혼
16	임태식	1999-03-15	관리부	차장	8	4	기혼
17	강 철	2000-03-01	총무부	사원	5	1	미혼
18	심재철	1999-03-18	기획실	대리	6	2	미혼
19	박상철	2000-03-07	관리부	사원	5	1	기혼
20	박재민	2000-03-16	관리부	사원	5	2	미혼
21	이민후	1998-03-01	영업부	대리	6	4	기혼
22	강수민	2001-03-04	기획실	사원	5	1	미혼
23	장두식	1999-05-21	관리부	대리	6	3	미혼
24	현인수	2001-05-13	총무부	사원	5	1	미혼
25	최현선	2000-05-10	관리부	사원	5	2	미혼
26	심 훈	2001-05-17	영업부	사원	5	1	미혼
27							

• 근무부서가 '기획실'인 레코드를 발췌한다고 가정하면, 근무부서필드의 오른쪽 내림단추(▼)를 클릭한 후 '기획실'을 선택한다.

(모두) (Top 10...) (사용자 정의...) 관리부 기획실 무역부 영업부 인사부 총무부

	A	B	C	D	E	F	G
1			직원인사기록카드				
2							
3	이름	입사일	근무부서	직위	직	호봉	결혼여!
4	채해영	1999-0		대리	6	3	기혼
5	박인희	2000-0		사원	5	2	기혼
6	강혜정	1997-0		부장	9	5	기혼
7	나두철	2000-0		사원	5	1	기혼
8	하상수	1998-0		차장	8	4	기혼
9	제종혁	1997-0		부장	9	4	기혼
10	장만호	1998-03-12	관리부	부장	9	5	미혼
11	지철희	2001-05-20	무역부	사원	5	1	기혼
12	김호철	1998-09-14	인사부	과장	7	3	기혼
13	박선용	2001-03-01	기획실	사원	5	1	미혼
14	이철민	1999-03-01	인사부	사원	5	2	미혼
15	차미애	1999-03-03	무역부	과장	7	3	기혼
16	임태식	1999-03-15	관리부	차장	8	4	기혼
17	강 철	2000-03-01	총무부	사원	5	1	미혼
18	심재철	1999-03-18	기획실	대리	6	2	미혼
19	박상철	2000-03-07	관리부	사원	5	1	기혼
20	박재민	2000-03-16	관리부	사원	5	2	미혼
21	이민후	1998-03-01	영업부	대리	6	4	기혼
22	강수민	2001-03-04	기획실	사원	5	1	미혼
23	장두식	1999-05-21	관리부	대리	6	3	미혼
24	현인수	2001-05-13	총무부	사원	5	1	미혼
25	최현선	2000-05-10	관리부	사원	5	2	미혼
26	심 훈	2001-05-17	영업부	사원	5	1	미혼
27							

• 다른 레코드는 감추어지고 근무부서가 '기획실'인 레코드만 표시된다.

	A	B	C	D	E	F	G
1	직원인사기록카드						
2							
3	이름	입사일	근무부서	직위	직	호봉	결혼여
6	강혜정	1997-03-10	기획실	부장	9	5	기혼
13	박선용	2001-03-01	기획실	사원	5	1	미혼
18	심재철	1999-03-18	기획실	대리	6	2	미혼
22	강수민	2001-03-04	기획실	사원	5	1	미혼

2) 고급필터

먼저 검색조건을 시트의 빈 셀에 입력해야 한다. 앞 절 자동필터기능에서 사용한 검색조건을 고급필터에서 사용한다고 가정하자.

검색조건을 입력할 때 주의할 점은 검색조건으로 입력할 필드명과 데이터는 원본 데이터베이스에 입력되어 있는 필드명과 데이터와 동일해야 한다. 즉, 아래 그림처럼 원본 데이터베이스의 필드명 '근무부서'를 먼저 입력한 후 그 다음 행에 찾고자 하는 데이터 '기획실'을 입력해야 한다.

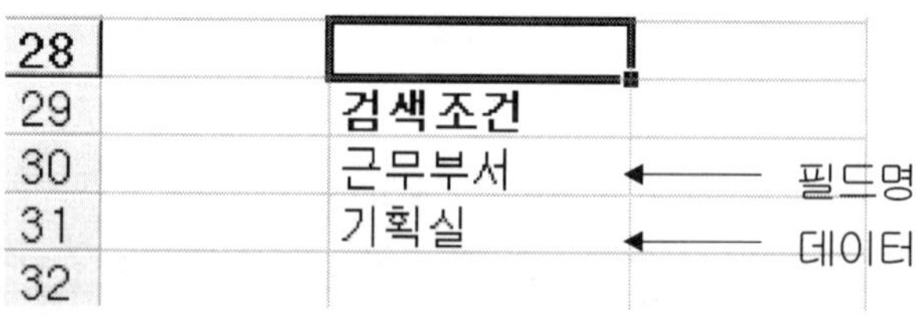

• 데이터가 입력된 임의 셀을 지정한 후 메뉴 [데이터]–[필터]–[고급필터]를 선택한다.

• 고급필터 대화상자가 나타난다.

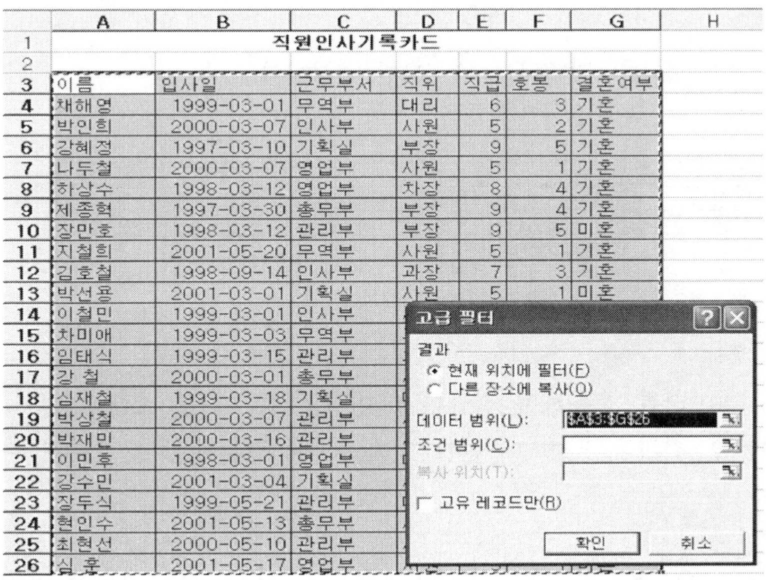

- 검색조건을 만족하는 결과를 시트의 빈 셀(35행 이후의 셀)에 나타낸다고 가정하자. 따라서 '결과항목'에서 '다른 장소에 복사'를 체크한 후 '복사위치'란에 커서를 둔 상태에서 마우스로 셀 A35부터 드래그하여 범위를 지정한다. 또는 '복사위치'란에 직접 셀 영역을 입력할 수 있다. 그리고 데이터범위와 조건범위를 지정한다. 검색조건으로 입력되어 있는 셀의 영역이 조건범위에 해당된다.

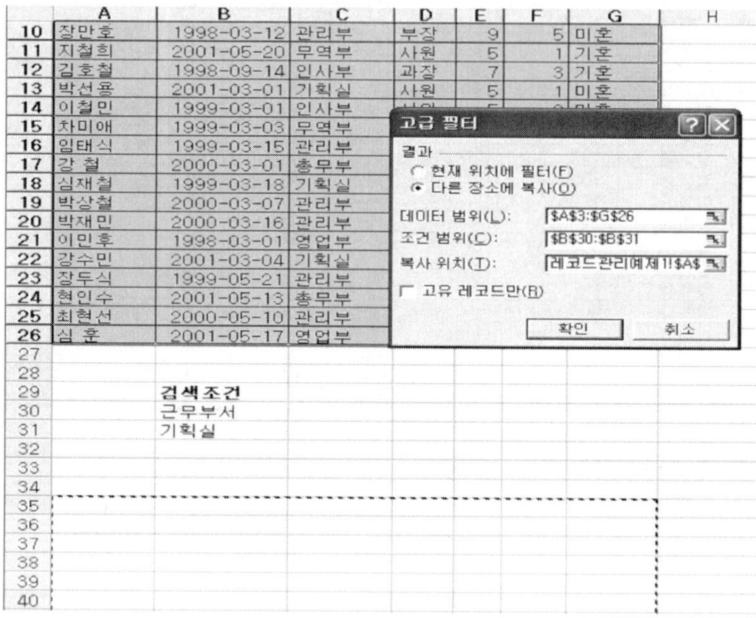

- 셀 A35부터 조건을 만족하는 레코드만 표시된다.

	이름	입사일	근무부서	직위	직급	호봉	결혼여부
36	강혜정	1997-03-10	기획실	부장	9	5	기혼
37	박선용	2001-03-01	기획실	사원	5	1	미혼
38	심재철	1999-03-18	기획실	대리	6	2	미혼
39	강수민	2001-03-04	기획실	사원	5	1	미혼

▶ 만약 위 데이터를 활용하여 직급이 8 이상인 레코드를 고급필터기능을 사용하여 추출한 후 결과를 원본 데이터베이스영역에 나타내고자 한다면 다음의 절차를 따른다.

- 시트의 빈 셀에 아래와 같이 검색조건을 입력한다.

28			검색조건			
29			직급			
30			>=8			

- 메뉴 [데이터]−[필터]−[고급필터]를 선택하면 고급필터 대화상자가 나타난다.
- 고급필터 대화상자에서 결과항목에서 '현재 위치에 필터'를 체크한다. 데이터 범위와 조건범위를 입력한 후 '확인'단추를 누른다.

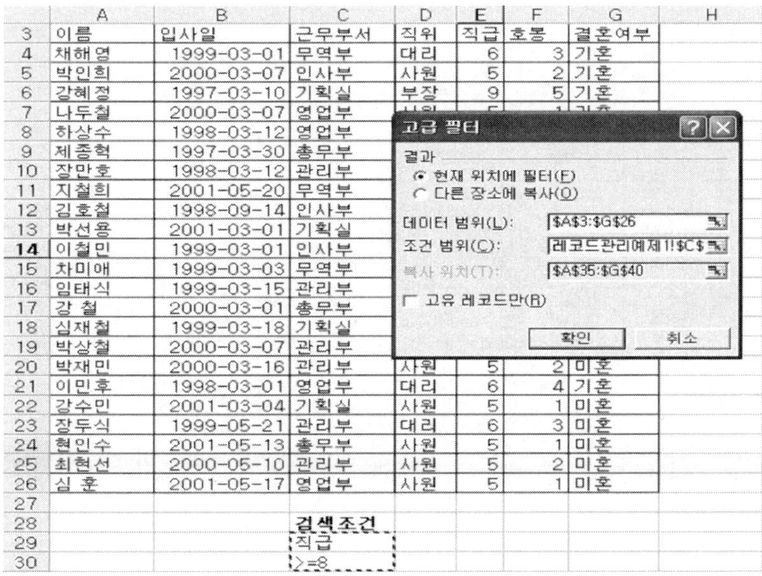

[결 과]

	A	B	C	D	E	F	G
1			직원인사기록카드				
2							
3	이름	입사일	근무부서	직위	직급	호봉	결혼여부
6	강혜정	1997-03-10	기획실	부장	9	5	기혼
8	하상수	1998-03-12	영업부	차장	8	4	기혼
9	제종혁	1997-03-30	총무부	부장	9	4	기혼
10	장만호	1998-03-12	관리부	부장	9	5	미혼
16	임태식	1999-03-15	관리부	차장	8	4	기혼
27							
28			검색조건				
29			직급				
30			>=8				

▶ 문 제

입력자료 '성적표'를 근거로 조건대로 고급필터기능을 수행하시오.

[조 건]
① 합계가 '350미만'인 레코드를 추출
② 조건위치 : 셀 B25부터 입력할 것
③ 복사위치 : 셀 A30부터 나타내기

[입력자료]

	A	B	C	D	E	F
1	성적표					
2						
3	이름	국어	영어	수학	과학	합계
4	김기봉	98	88	87	91	364
5	박철수	91	79	80	86	336
6	유선자	90	82	77	93	342
7	박수희	86	93	87	76	342
8	김미경	84	94	89	90	357
9	이보성	76	85	80	82	323
10	이중호	85	90	85	84	344
11	문경철	91	90	83	80	344
12	김지영	76	89	87	79	331
13	홍길동	100	100	100	100	400
14	이 재성	80	85	88	90	343
15	강수미	100	95	90	95	380
16	손정민	85	77	90	86	338
17	문성진	90	79	88	75	332
18	구본성	79	77	81	86	323
19	소손녀	87	90	69	76	322
20	장만호	90	100	96	98	384
21	차승해	100	98	99	98	395

(2) 2개 이상의 조건으로 레코드 필터

2가지 이상의 조건을 만족하는 데이터를 추출할 수 있다. 예를 들어, 앞 절에서 언급한 '직원인사기록카드' 데이터베이스에서 호봉은 '4호봉'이지만 직급이 '8이상'인 데이터를 추출하고자 한다.

1) 자동필터

- 데이터베이스의 임의 셀을 지정한 후 메뉴[데이터]－[필터]－[자동필터]를 선택한다.
- 자동필터 대화상자에서 먼저 호봉필드의 오른쪽 내림단추(▼)를 눌러 데이터 '4'를 선택한다.

F3 = 호봉

	A	B	C	D	E	F	G
1	직원인사기록카드						
2							
3	이름	입사일	근무부서	직위	직	호봉	결혼여!
4	채해영	1999-03-01	무역부	대			기혼
5	박인희	2000-03-07	인사부	사			기혼
6	강혜정	1997-03-10	기획실	부			기혼
7	나두철	2000-03-07	영업부	사			기혼
8	하상수	1998-03-12	영업부	차			기혼
9	제종혁	1997-03-30	총무부	부장	9	4	기혼
10	장만호	1998-03-12	관리부	부장	9	5	미혼
11	지철희	2001-05-20	무역부	사원	5	1	기혼
12	김호철	1998-09-14	인사부	과장	7	3	기혼
13	박선용	2001-03-01	기획실	사원	5	1	미혼
14	이철민	1999-03-01	인사부	사원	5	2	미혼
15	차미애	1999-03-03	무역부	과장	7	3	기혼
16	임태식	1999-03-15	관리부	차장	8	4	기혼
17	강 철	2000-03-01	총무부	사원	5	1	미혼
18	심재철	1999-03-18	기획실	대리	6	2	미혼
19	박상철	2000-03-07	관리부	사원	5	1	기혼
20	박재민	2000-03-16	관리부	사원	5	2	미혼
21	이민후	1998-03-01	영업부	대리	6	4	기혼
22	강수민	2001-03-04	기획실	사원	5	1	미혼
23	장두식	1999-05-21	관리부	대리	6	3	미혼
24	현인수	2001-05-13	총무부	사원	5	1	미혼
25	최현선	2000-05-10	관리부	사원	5	2	미혼
26	심 훈	2001-05-17	영업부	사원	5	1	미혼

(모두)
(Top 10...)
(사용자 정의...)
1
2
3
4
5

• 나머지 레코드는 감추어지고 호봉이 '4'인 레코드만 나타난다.

	A	B	C	D	E	F	G
1	직원인사기록카드						
2							
3	이름	입사일	근무부서	직위	직	호봉	결혼여!
8	하상수	1998-03-12	영업부	차장	8	4	기혼
9	제종혁	1997-03-30	총무부	부장	9	4	기혼
16	임태식	1999-03-15	관리부	차장	8	4	기혼
21	이민후	1998-03-01	영업부	대리	6	4	기혼

• 두번째 검색조건인 직급 '8이상'을 만족하는 레코드를 추출하기 위해 직급필드명의 오른쪽 내림단추(▼)를 눌러 조건을 입력한다. 이때 직급이 8이상은 8과 9를 포함하므로 '사용자 정의'를 선택하여 설정해야 한다.

	A	B	C	D	E	F	G
1	직원인사기록카드						
2							
3	이름	입사일	근무부서	직위	직	호봉	결혼여!
8	하상수	1998-03-12	영업부			4	기혼
9	제종혁	1997-03-30	총무부			4	기혼
16	임태식	1999-03-15	관리부			4	기혼
21	이민후	1998-03-01	영업부			4	기혼

(모두)
(Top 10...)
(사용자 정의...)
6
8
9

• 사용자 정의 자동필터 대화상자가 나타난다. 비교연산자 '(>=)'를 선택하고 데이터 '8'을 입력한 후 '확인'단추를 누른다.

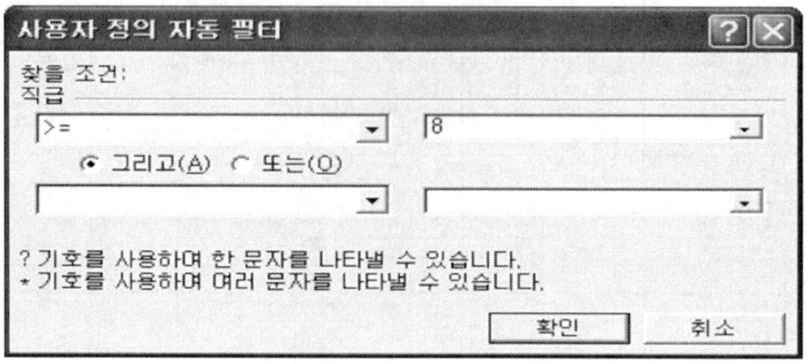

• 호봉이 4인 레코드 중에서 직급 6인 레코드는 사라지고 직급 8, 9인 레코드만 표시된다.

	A	B	C	D	E	F	G
1	직원인사기록카드						
2							
3	이름	입사일	근무부서	직위	직	호봉	결혼여!
8	하상수	1998-03-12	영업부	차장	8	4	기혼
9	제종혁	1997-03-30	총무부	부장	9	4	기혼
16	임태식	1999-03-15	관리부	차장	8	4	기혼

2) 고급필터

검색조건을 시트의 빈 셀에 입력하는데 조건은 '호봉=4 AND 직급>=8'이다. 따라서 AND 조건일 때 다음과 같은 형태로 조건수식을 작성해야 한다.

먼저, 동일한 행(29행)에 필드명 '직급'과 '호봉'을 입력한 후 바로 그 다음 행(30행)에 각 필드의 데이터를 연산자와 함께 입력한다. 직급이 8이상이므로 '>=8'을 입력한다. 그리고 호봉이 4이므로 '=4'를 입력하지만 '4'로 표시된다.

28	**검색조건**	
29	직급	호봉
30	>=8	4

만약, 두 조건이 OR 조건인 경우 아래 그림처럼 필드명은 동일한 행(29행)에 입력하지만 각 필드의 데이터는 두 행(30행, 31행)에 걸쳐 입력한다.

28	**검색조건**	
29	직급	호봉
30	>=8	
31		4

- 메뉴 [데이터]-[필터]-[고급필터]를 선택한다.
- 고급필터 대화사장에서 '결과'항목에서 '현재 위치에 필터'를 선택한다. 데이터범위와 조건범위를 마우스 포인터로 드래그하여 설정하고 '확인'단추를 누른다.

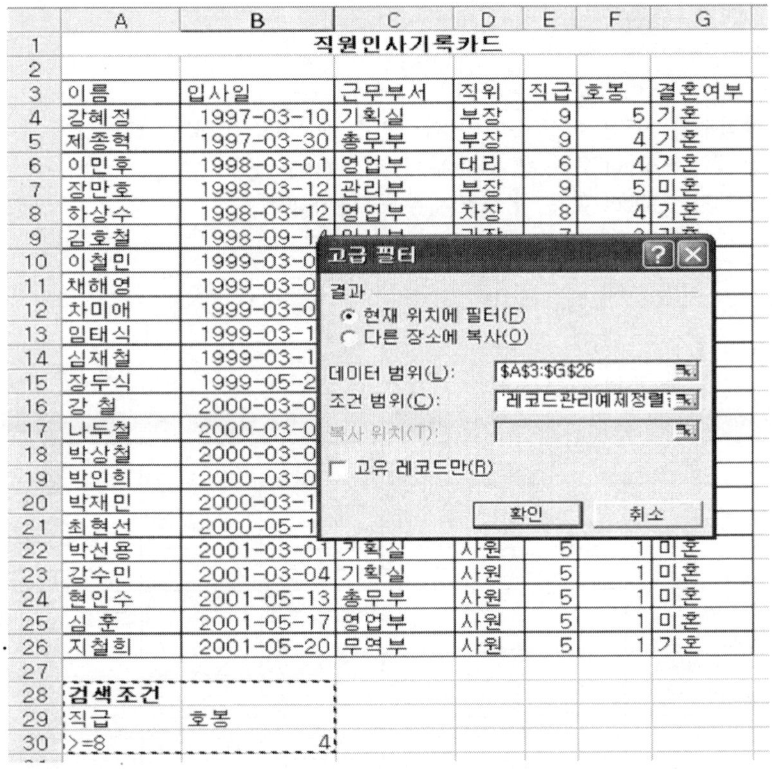

- 두 조건을 동시에 만족하는 레코드만 남겨지고 나머지 레코드는 감추어진다.

	A	B	C	D	E	F	G
1			**직원인사기록카드**				
2							
3	이름	입사일	근무부서	직위	직급	호봉	결혼여부
5	제종혁	1997-03-30	총무부	부장	9	4	기혼
8	하상수	1998-03-12	영업부	차장	8	4	기혼
13	임태식	1999-03-15	관리부	차장	8	4	기혼
27							
28	**검색조건**						
29	직급	호봉					
30	>=8	4					

▶ 문 제

입력자료 '성적표'를 이용하여 조건을 만족하는 데이터를 추출하시오.

[조 건]

① sheet 1에 입력자료 '성적표'를 입력하기
② sheet 1의 영역 [A1:F21]을 복사하여 sheet 2에 붙여넣기
③ 자동필터기능
sheet 1의 데이터를 이용하여 영어점수가 '95점 이상이거나 80점 미만'인 레코드를 추출하기
④ 고급필터기능
sheet 2의 데이터를 이용하기
수학점수가 '95점 이상'이거나 과학점수가 '95점 이상'인 레코드를 추출하기
조건위치 : sheet 2의 셀 B25부터 입력하기
복사위치 : sheet 2의 셀 A30셀부터 나타내기

[입력자료]

	A	B	C	D	E	F
1	성적표					
2						
3	이름	국어	영어	수학	과학	합계
4	김기봉	98	88	87	91	364
5	박철수	91	79	80	86	336
6	유선자	90	82	77	93	342
7	박수희	86	93	87	76	342
8	김미경	84	94	89	90	357
9	이보성	76	85	80	82	323
10	이중호	85	90	85	84	344
11	문경철	91	90	83	80	344
12	김지영	76	89	87	79	331
13	홍길동	100	100	100	100	400
14	이재성	80	85	88	90	343
15	강수미	100	95	90	95	380
16	손정민	85	77	90	86	338
17	문성진	90	79	88	75	332
18	구본성	79	77	81	86	323
19	소손녀	87	90	69	76	322
20	장만호	90	100	96	98	384
21	차승해	100	98	99	98	395

5. 부분합기능

데이터를 특정 그룹별로 정렬한 후 각 그룹에 해당하는 데이터만을 자동으로 계산해 주는 기능이다. 그룹별로 함수를 사용하여 합계, 평균, 표준편차, 최대값 등을

계산할 수 있다.

부분합을 구하기 위해서는 먼저 부분합을 구하려는 조건이 입력된 필드 즉, 그룹화할 항목을 기준으로 데이터를 정렬해야 한다.

(1) 기본 조작법

입력자료 '직원복리후생보조금내역서'를 근거로 근무부서별로 차량유지비가 평균 얼마가 지급되었는지를 알아보고자 한다.

[입력자료]

	A	B	C	D	E	F	G	H	I	J
1	직원복리후생보조금내역서									
2										
3	이름	입사일	근무부서	직위	직급	호봉	결혼여부	식대	차량유지비	교통비
4	채해영	1999-03-01	무역부	대리	6	3	기혼	100000	150000	0
5	박민희	2000-03-07	인사부	사원	5	2	기혼	100000	100000	0
6	강혜정	1997-03-10	기획실	부장	9	5	기혼	100000	70000	300000
7	나두철	2000-03-07	영업부	사원	5	1	기혼	100000	100000	0
8	하상수	1998-03-12	영업부	차장	8	4	기혼	100000	70000	300000
9	제종혁	1997-03-30	총무부	부장	9	4	기혼	100000	70000	300000
10	장만호	1998-03-12	관리부	부장	9	5	미혼	100000	70000	300000
11	지철희	2001-05-20	무역부	사원	5	1	기혼	100000	100000	0
12	김호철	1998-09-14	인사부	과장	7	3	기혼	100000	70000	300000
13	박선용	2001-03-01	기획실	사원	5	1	미혼	100000	100000	0
14	이철민	1999-03-01	인사부	사원	5	2	미혼	100000	100000	0
15	차미애	1999-03-03	무역부	과장	7	3	기혼	100000	70000	300000
16	임태식	1999-03-15	관리부	차장	8	4	기혼	100000	70000	300000
17	강 철	2000-03-01	총무부	사원	5	1	미혼	100000	100000	0
18	심재철	1999-03-18	기획실	대리	6	2	미혼	100000	150000	0
19	박상철	2000-03-07	관리부	사원	5	1	기혼	100000	100000	0
20	박재민	2000-03-16	관리부	사원	5	2	미혼	100000	100000	0
21	이민후	1998-03-01	영업부	대리	6	4	기혼	100000	150000	0
22	강수민	2001-03-04	기획실	사원	5	1	미혼	100000	100000	0
23	장두식	1999-05-21	관리부	대리	6	3	미혼	100000	150000	0
24	현민수	2001-05-13	총무부	사원	5	1	미혼	100000	100000	0
25	최현선	2000-05-10	관리부	사원	5	2	미혼	100000	100000	0
26	심 훈	2001-05-17	영업부	사원	5	1	미혼	100000	100000	0

- 데이터가 입력된 임의 셀을 선택한 후 메뉴 [데이터]-[정렬]을 선택한다.
- 정렬대화상자에서 '첫째 기준'란은 '근무부서', '오름차순'을 체크하고 '확인'단추를 누른다.

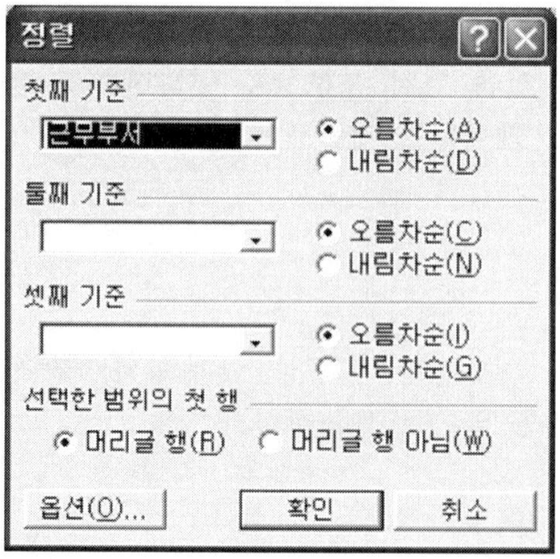

• 데이터들이 근무부서별로 정렬되어 나타난다.

	A	B	C	D	E	F	G	H	I	J
1	직원복리후생보조금내역서									
2										
3	이름	입사일	근무부서	직위	직급	호봉	결혼여부	식대	차량유지비	교통비
4	장만호	1998-03-12	관리부	부장	9	5	미혼	100000	70000	300000
5	임태식	1999-03-15	관리부	차장	8	4	기혼	100000	70000	300000
6	박상철	2000-03-07	관리부	사원	5	1	기혼	100000	100000	0
7	박재민	2000-03-16	관리부	사원	5	2	미혼	100000	100000	0
8	장두식	1999-05-21	관리부	대리	6	3	미혼	100000	150000	0
9	최현선	2000-05-10	관리부	사원	5	2	미혼	100000	100000	0
10	강혜정	1997-03-10	기획실	부장	9	5	기혼	100000	70000	300000
11	박선용	2001-03-01	기획실	사원	5	1	미혼	100000	100000	0
12	심재철	1999-03-18	기획실	대리	6	2	미혼	100000	150000	0
13	강수민	2001-03-04	기획실	사원	5	1	미혼	100000	100000	0
14	채해영	1999-03-01	무역부	대리	6	3	기혼	100000	150000	0
15	지철희	2001-05-20	무역부	사원	5	1	기혼	100000	100000	0
16	차미애	1999-03-03	무역부	과장	7	3	기혼	100000	70000	300000
17	나두철	2000-03-07	영업부	사원	5	1	기혼	100000	100000	0
18	하상수	1998-03-12	영업부	차장	8	4	기혼	100000	70000	300000
19	이민후	1998-03-01	영업부	대리	6	4	기혼	100000	150000	0
20	심 훈	2001-05-17	영업부	사원	5	1	미혼	100000	100000	0
21	박인희	2000-03-07	인사부	사원	5	2	기혼	100000	100000	0
22	김호철	1998-09-14	인사부	과장	7	3	기혼	100000	70000	300000
23	이철민	1999-03-01	인사부	사원	5	2	미혼	100000	100000	0
24	제종혁	1997-03-30	총무부	부장	9	4	기혼	100000	70000	300000
25	강 철	2000-03-01	총무부	사원	5	1	미혼	100000	100000	0
26	현인수	2001-05-13	총무부	사원	5	1	미혼	100000	100000	0

• 정렬된 데이터베이스의 임의 셀을 선택한 후 메뉴 [데이터]－[부분합]을 선택한다.

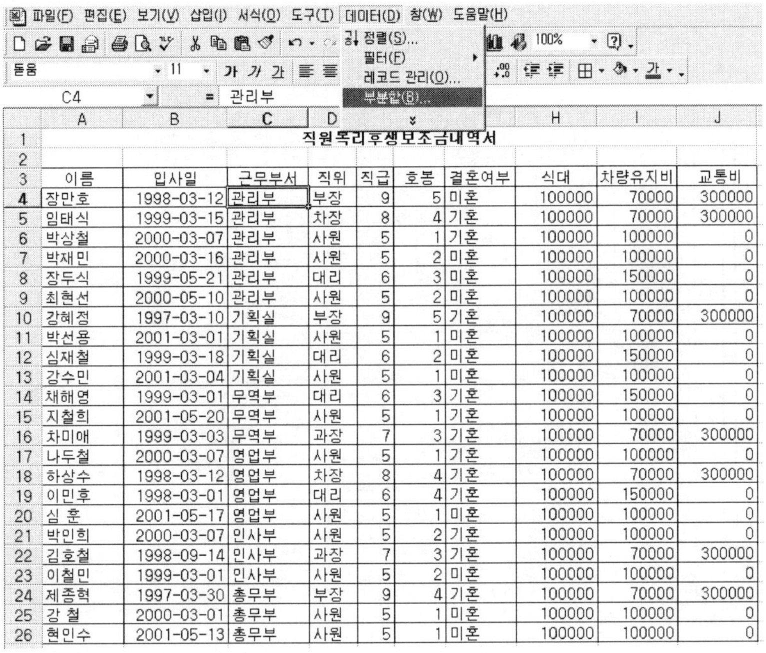

	A	B	C	D	E	F	G	H	I	J
1	직원복리후생보조금내역서									
2										
3	이름	입사일	근무부서	직위	직급	호봉	결혼여부	식대	차량유지비	교통비
4	장만호	1998-03-12	관리부	부장	9	5	미혼	100000	70000	300000
5	임태식	1999-03-15	관리부	차장	8	4	기혼	100000	70000	300000
6	박상철	2000-03-07	관리부	사원	5	1	기혼	100000	100000	0
7	박재민	2000-03-16	관리부	사원	5	2	미혼	100000	100000	0
8	장두식	1999-05-21	관리부	대리	6	3	미혼	100000	150000	0
9	최현선	2000-05-10	관리부	사원	5	2	미혼	100000	100000	0
10	강혜정	1997-03-10	기획실	부장	9	5	기혼	100000	70000	300000
11	박선용	2001-03-01	기획실	사원	5	1	미혼	100000	100000	0
12	심재철	1999-03-18	기획실	대리	6	2	미혼	100000	150000	0
13	강수민	2001-03-04	기획실	사원	5	1	미혼	100000	100000	0
14	채해영	1999-03-01	무역부	대리	6	3	기혼	100000	150000	0
15	지철희	2001-05-20	무역부	사원	5	1	기혼	100000	100000	0
16	차미애	1999-03-03	무역부	과장	7	3	기혼	100000	70000	300000
17	나두철	2000-03-07	영업부	사원	5	1	기혼	100000	100000	0
18	하상수	1998-03-12	영업부	차장	8	4	기혼	100000	70000	300000
19	이민후	1998-03-01	영업부	대리	6	4	기혼	100000	150000	0
20	심 훈	2001-05-17	영업부	사원	5	1	미혼	100000	100000	0
21	박민희	2000-03-07	인사부	사원	5	2	기혼	100000	100000	0
22	김호철	1998-09-14	인사부	과장	7	3	기혼	100000	70000	300000
23	이철민	1999-03-01	인사부	사원	5	2	미혼	100000	100000	0
24	제종혁	1997-03-30	총무부	부장	9	4	기혼	100000	70000	300000
25	강 철	2000-03-01	총무부	사원	5	1	미혼	100000	100000	0
26	현민수	2001-05-13	총무부	사원	5	1	미혼	100000	100000	0

- 부분합 대화상자가 나타난다. '그룹화할 항목'란은 '근무부서', 사용할 함수 '평균', 함수평균이 사용될 필드(부분합 계산항목)는 '차량 유지비'를 선택하고 '확인' 단추를 누른다.

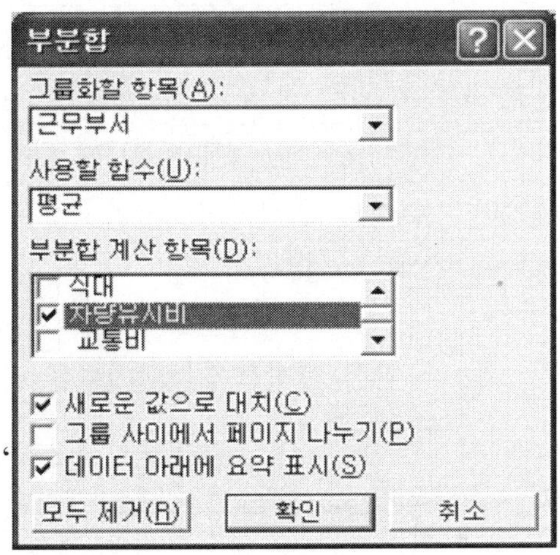

- 아래 그림처럼 근부부서별 평균 차량유지비가 나타난다.

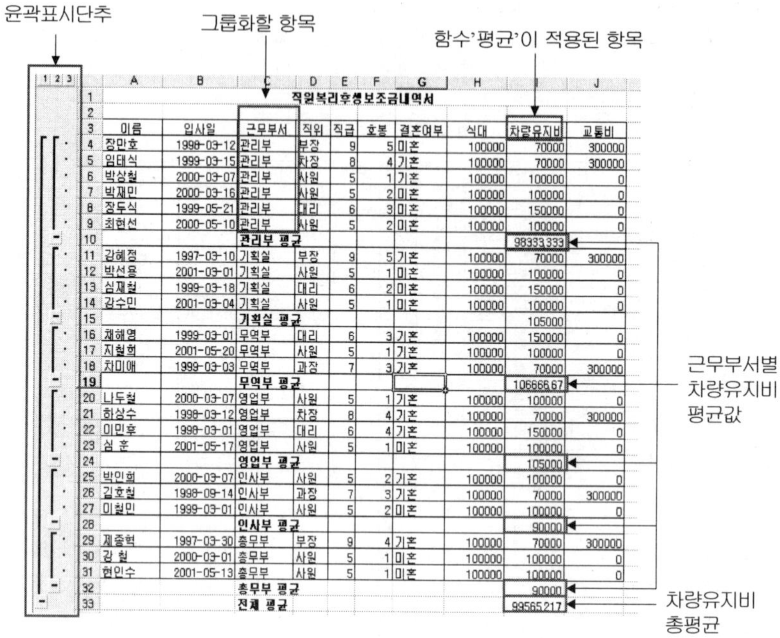

'윤곽표시'단추는 그룹별 세부항목을 시트에서 숨기거나 다시 나타나게 할 수 있다.

항 목	개 요
1	부분합이 적용된 데이터목록의 전체 평균만 표시
2	그룹별 평균만 표시
3	부분합이 적용된 데이터목록과 그룹별 평균, 전체 평균 등이 모두 표시
−	하위수준 데이터가 없다는 표시
+	하위수준 데이터가 있다는 표시

• 부분합 대화상자에는 다음과 같은 옵션들을 지정할 수 있다.

항 목	개 요
모두 제거	현재 설정된 모든 부분합기능 해제
데이터 아래 요약표시	부분합 결과값이 해당그룹의 아래에 표시 이 항목을 체크하지 않으면 위쪽에 표시
새로운 값으로 대치	이전에 실행한 부분합의 결과를 무시하고 현재 실행한 부분합 결과만 표시

(2) 부분합기능을 두 번 이어서 실행

앞 절의 입력자료 '직원복리후생보조금내역'을 사용하여 부분합을 두 번 연속적으로 실행할 수 있다. 예를 들어, 근무부서별로 차량유지비의 평균값을 부분합으로 구한 후 근무부서별로 직급 최대값과 호봉 최대값을 부분합으로 구한다고 가정하자.

- 먼저 앞에서 실행했던 근무부서별 차량유지비의 평균값을 부분합으로 구한 결과는 다음과 같다.

	A	B	C	D	E	F	G	H	I	J
1	직원복리후생보조금내역서									
2										
3	이름	입사일	근무부서	직위	직급	호봉	결혼여부	식대	차량유지비	교통비
4	장만호	1998-03-12	관리부	부장	9	5	미혼	100000	70000	300000
5	임태식	1999-03-15	관리부	차장	8	4	기혼	100000	70000	300000
6	박상철	2000-03-07	관리부	사원	5	1	기혼	100000	100000	0
7	박재민	2000-03-16	관리부	사원	5	2	미혼	100000	100000	0
8	장두식	1999-05-21	관리부	대리	6	3	미혼	100000	150000	0
9	최현선	2000-05-10	관리부	사원	5	2	미혼	100000	100000	0
10			관리부 평균						98333.333	
11	감혜정	1997-03-10	기획실	부장	9	5	기혼	100000	70000	300000
12	박선용	2001-03-01	기획실	사원	5	1	미혼	100000	100000	0
13	심재철	1999-03-18	기획실	대리	6	2	미혼	100000	150000	0
14	감수민	2001-03-04	기획실	사원	5	1	미혼	100000	100000	0
15			기획실 평균						105000	
16	채해영	1999-03-01	무역부	대리	6	3	기혼	100000	150000	0
17	지칠희	2001-05-20	무역부	사원	5	1	기혼	100000	100000	0
18	차미애	1999-03-03	무역부	과장	7	3	기혼	100000	70000	300000
19			무역부 평균						106666.67	
20	나두철	2000-03-07	영업부	사원	5	1	기혼	100000	100000	0
21	하상수	1998-03-12	영업부	차장	8	4	기혼	100000	70000	300000
22	이민후	1998-03-01	영업부	대리	6	4	기혼	100000	150000	0
23	심 훈	2001-05-17	영업부	사원	5	1	미혼	100000	100000	0
24			영업부 평균						105000	
25	박인희	2000-03-07	인사부	사원	5	2	기혼	100000	100000	0
26	김호철	1998-09-14	인사부	과장	7	3	기혼	100000	70000	300000
27	이철민	1999-03-01	인사부	사원	5	2	미혼	100000	100000	0
28			인사부 평균						90000	
29	제종혁	1997-03-30	총무부	부장	9	4	기혼	100000	70000	300000
30	강 철	2000-03-01	총무부	사원	5	1	미혼	100000	100000	0
31	현인수	2001-05-13	총무부	사원	5	1	미혼	100000	100000	0
32			총무부 평균						90000	
33			전체 평균						99565.217	

- 이 상태에서 다시 메뉴 [데이터]-[부분합]을 선택한다.
- 부분합 대화상자에서 '사용할 함수'는 '최대값'으로 선택한다. '부분합 계산항목'은 앞서 선택된 '차량유지비'를 선택하여 해제시키고 '직급', '호봉'을 새로이 체크한다. 그리고 '새로운 값으로 대치'체크를 반드시 해제해야 한다. 만약, 해제하지 않으면 앞에서 실행했던 부분합 '평균'이 사라진다.

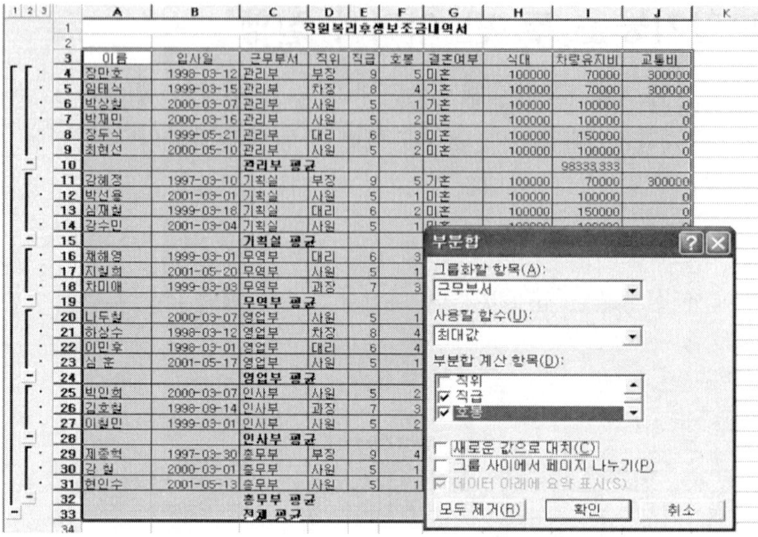

• '확인'단추를 누르면 다음과 같은 결과가 나타난다.

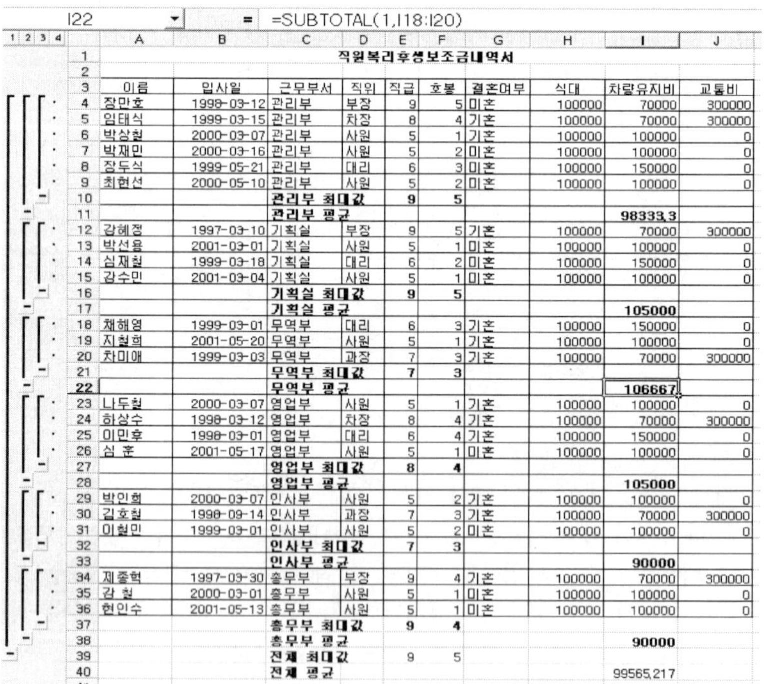

▶ 문 제

입력자료 '성적표'를 근거로 조건대로 부분합기능을 실행하시오.

[조 건]

① 성별에 따라 데이터를 오름차순으로 정렬하기
② 국어점수의 총점을 구하기
③ 과학점수의 최소값을 구하기

[입력자료]

	A	B	C	D	E	F
1	성적표					
2						
3	이름	성별	국어	영어	수학	과학
4	김기봉	남	98	88	87	91
5	박철수	남	91	79	80	86
6	유선자	여	90	82	77	93
7	박수희	여	86	93	87	76
8	김미경	여	84	94	89	90
9	이보성	남	76	85	80	82
10	이중호	남	85	90	85	84
11	문경철	남	91	90	83	80
12	김지영	여	76	89	87	79
13	홍길동	남	100	100	100	100
14	이 재성	남	80	85	88	90
15	강수미	여	100	95	90	95
16	손정민	여	85	77	90	86
17	문성진	남	90	79	88	75
18	구본성	남	79	77	81	86
19	소손녀	여	87	90	69	76
20	장만호	남	90	100	96	98
21	차승해	여	100	98	99	98

[결 과]

C25 = =SUBTOTAL(9,C16:C23)

	A	B	C	D	E	F
1	성적표					
2						
3	이름	성별	국어	영어	수학	과학
4	김기봉	남	98	88	87	91
5	박철수	남	91	79	80	86
6	이보성	남	76	85	80	82
7	이중호	남	85	90	85	84
8	문경철	남	91	90	83	80
9	홍길동	남	100	100	100	100
10	이 재성	남	80	85	88	90
11	문성진	남	90	79	88	75
12	구본성	남	79	77	81	86
13	장만호	남	90	100	96	98
14		남 최소값				75
15		남 합계	880			
16	유선자	여	90	82	77	93
17	박수희	여	86	93	87	76
18	김미경	여	84	94	89	90
19	김지영	여	76	89	87	79
20	강수미	여	100	95	90	95
21	손정민	여	85	77	90	86
22	소손녀	여	87	90	69	76
23	차승해	여	100	98	99	98
24		여 최소값				76
25		여 합계	708			
26		전체 최소값				75
27		총 합계	1588			

6. 피벗 테이블 작성

피벗 테이블은 쪽, 행, 열방향으로 필드를 재배치하여 데이터를 빠르고 쉽게 요약·분석할 수 있는 기능이다. 정렬, 부분합, 자동필터, 서식, 차트 등 엑셀에서 제공한 기능들의 총체적 집합체라고 할 수 있다.

(1) 피벗 테이블의 구성요소

피벗 테이블은 다음과 같은 다섯가지 요소로 구성되어 있다.

① 행필드

피벗 테이블 보고서에서 행 방향으로 지정된 원본 데이터의 필드

② 열필드

피벗 테이블 보고서에서 열 방향으로 지정된 원본 데이터의 필드

③ 페이지필드

페이지 방향 또는 필터 방향으로 지정된 원본 데이터의 필드

④ 데이터필드

요약할 데이터가 들어있는 원본 목록이나 데이터베이스의 필드

⑤ 데이터영역

함수가 적용된 필드의 데이터들이 요약되어 있는 영역

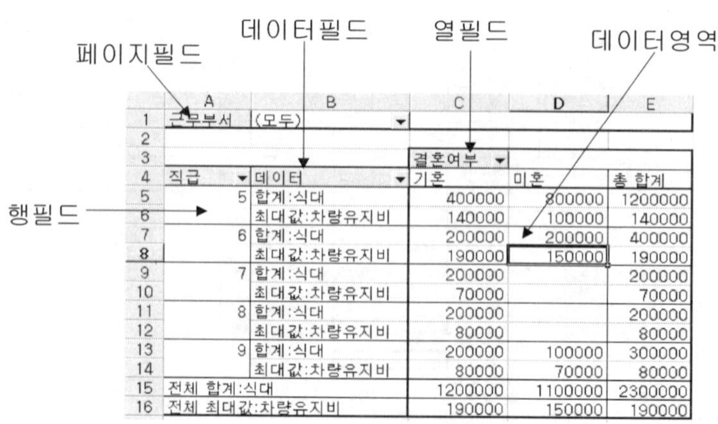

(2) 피벗 테이블의 기본 작성법

입력자료 '직원복리후생보조금내역서'를 근거로 피벗 테이블과 피벗 차트를 작성하고자 한다. 조건은 모든 부서의 직원들을 직급별로 분류한 후 미혼 및 기혼 등 결혼여부에 따라 지급받는 식대의 총금액과 차량유지비의 최대값을 구한다.

[입력자료]

직원복리후생보조금내역서

이름	입사일	근무부서	직위	직급	호봉	결혼여부	식대	차량유지비	교통비
채해영	1999-03-01	무역부	대리	6	3	기혼	100000	180000	0
박인희	2000-03-07	인사부	사원	5	2	기혼	100000	120000	0
강혜정	1997-03-10	기획실	부장	9	5	기혼	100000	90000	300000
나두철	2000-03-07	영업부	사원	5	1	기혼	100000	110000	0
하상수	1998-03-12	영업부	차장	8	4	기혼	100000	80000	300000
제종혁	1997-03-30	총무부	부장	9	4	기혼	100000	80000	300000
장만호	1998-03-12	관리부	부장	9	5	미혼	100000	70000	300000
지철희	2001-05-20	무역부	사원	5	1	기혼	100000	110000	0
김호철	1998-09-14	인사부	과장	7	3	기혼	100000	70000	300000
박선용	2001-03-01	기획실	사원	5	1	미혼	100000	100000	0
이철민	1999-03-01	인사부	사원	5	2	미혼	100000	100000	0
차미애	1999-03-03	무역부	과장	7	3	기혼	100000	70000	300000
임태식	1999-03-15	관리부	차장	8	4	기혼	100000	80000	
강 철	2000-03-01	총무부	사원	5	1	미혼	100000	100000	0
심재철	1999-03-18	기획실	대리	6	2	미혼	100000	150000	0
박상철	2000-03-07	관리부	사원	5	1	기혼	100000	110000	0
박재민	2000-03-16	관리부	사원	5	2	미혼	100000	100000	0
이민후	1998-03-01	영업부	대리	6	4	기혼	100000	190000	0
강수민	2001-03-04	기획실	사원	5	1	미혼	100000	100000	0
장두식	1999-05-21	관리부	대리	6	3	미혼	100000	150000	0
현인수	2001-05-13	총무부	사원	5	1	미혼	100000	100000	0
최현선	2000-05-10	관리부	사원	5	2	미혼	100000	100000	0
심 훈	2001-05-17	영업부	사원	5	1	미혼	100000	100000	0

• 데이터베이스의 임의 셀을 선택한 후 메뉴[데이터]-[피벗 테이블/피벗 차트 보고서]를 선택한다.

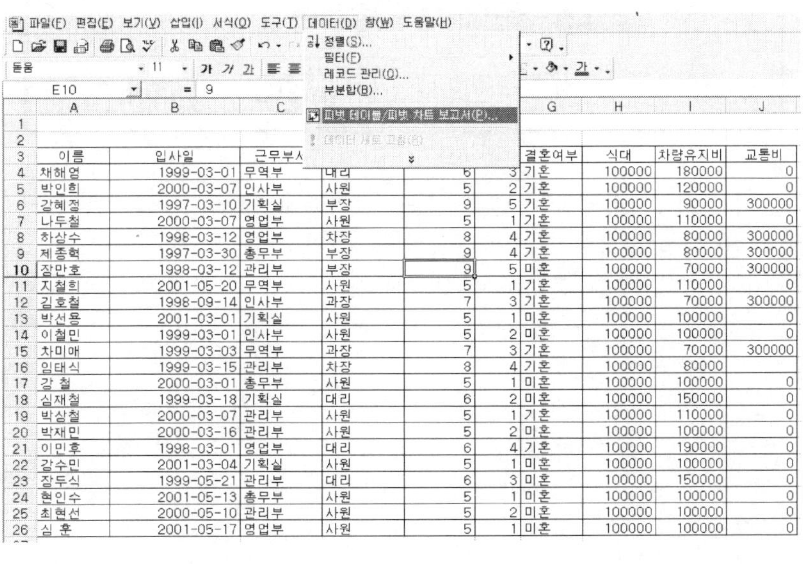

• 피벗 테이블/피벗 차트 마법사－3단계 중 1단계의 대화상자가 나타난다. 분석할 데이터 위치는 '엑셀 목록이나 데이터베이스'로 지정하고 원하는 보고서 종류는 '피벗 차트(피벗 테이블과 함께)'로 선택한 후 '다음' 단추를 누른다.

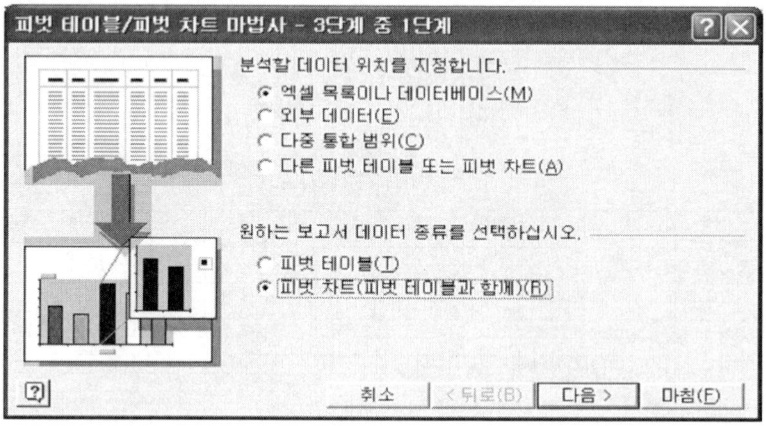

• 피벗 테이블/피벗 차트 마법사－3단계 중 2단계 대화상자가 나타난다. 피벗 테이블에 포함시킬 데이터 범위는 마우스 포인터로 드래그하여 지정하거나 직접 입력한 후 '다음' 단추를 누른다.

• 피벗 테이블/피벗 차트 마법사－3단계 중 3단계 대화상자가 나타난다. '피벗 테이블을 넣을 위치'항목은 '새 워크시트'로 지정한다. 그리고 피벗테이블의 배치모양은 '레이아웃' 단추를 선택하여 설정한다.

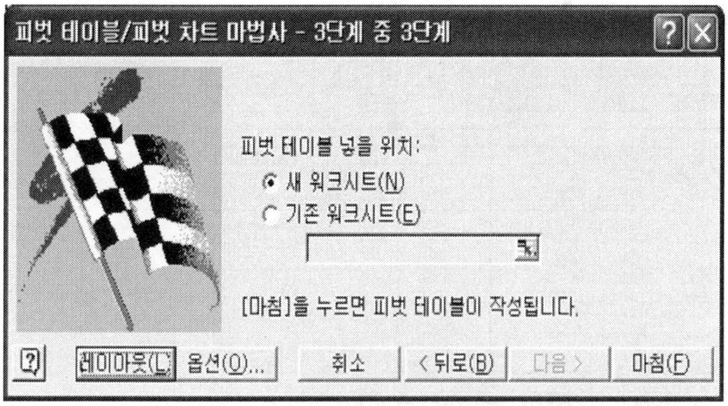

• 피벗 테이블/피벗 차트 마법사－레이아웃 대화상자가 나타난다. 오른쪽에 위치한 필드단추를 끌어 왼쪽에 있는 다이어그램으로 옮겨 피벗 테이블의 배치를 구성한다. '직급'필드를 드래그하여 행영역에 '식대'필드를 드래그하여 데이터영역에 갖다 놓는다. 이때 데이터 영역에는 기본적으로 함수 '합계'값을 보여준다.

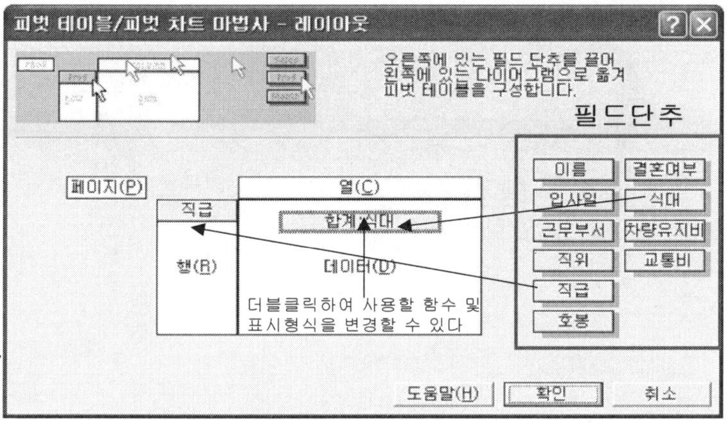

• 레이아웃 설정이 끝난 후 '확인'단추와 '마침'단추를 선택하면 피벗 테이블 보고서와 피벗 차트가 나타난다.

[피벗 테이블]

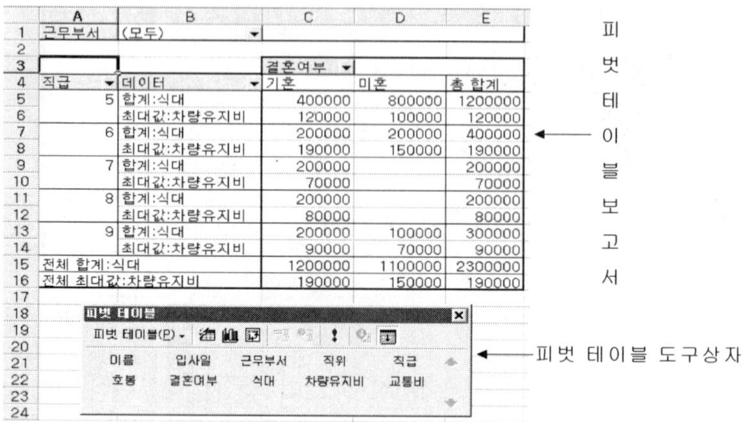

	A	B	C	D	E
1	근무부서	(모두)			
2					
3			결혼여부		
4	직급	데이터	기혼	미혼	총 합계
5	5	합계:식대	400000	800000	1200000
6		최대값:차량유지비	120000	100000	120000
7	6	합계:식대	200000	200000	400000
8		최대값:차량유지비	190000	150000	190000
9	7	합계:식대	200000		200000
10		최대값:차량유지비	70000		70000
11	8	합계:식대	200000		200000
12		최대값:차량유지비	80000		80000
13	9	합계:식대	200000	100000	300000
14		최대값:차량유지비	90000	70000	90000
15	전체 합계:식대		1200000	1100000	2300000
16	전체 최대값:차량유지비		190000	150000	190000

[피벗 차트]

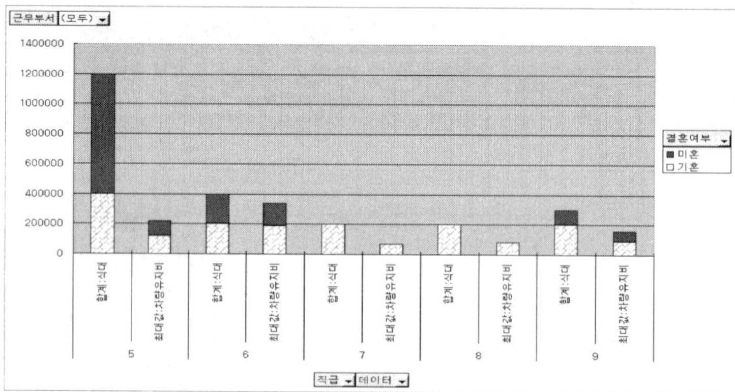

▶ 문 제

입력자료 '입고현황표'를 이용하여 주어진 조건대로 작업을 수행하시오.

[조 건]

① 입항년도에 따라 하역사가 하역한 화물의 총 톤수와 수입금액의 합계를 피벗 테이블로 작성하기

② 각 하역사가 관리하는 화주가 취급하는 화물의 종류를 구분한 후 화물의 종류에 따라 하역톤수의 총합을 피벗 테이블로 작성하기(피벗 테이블의 위치 : 현재 시트에 위치)

[입력자료]

	A	B	C	D	E	F	G	H
1	입고현황표							
2								
3	입항일자	입항년도	하역코드	하역사	화물명	화주명	총톤수	수입금액
4	2005-03-08	2005	1	군산항업	수지	축협	700	3,150,000
5	2004-01-28	2004	5	세방기업	자동차	현대	261	522,000,000
6	2005-07-02	2005	2	한진	수산물	제일수산	32	35,200
7	2005-07-10	2005	4	한라해운	수산물	제일수산	44	48,400
8	2004-07-11	2004	1	군산항업	당밀	남덕	500	345,000
9	2004-07-12	2004	4	한라해운	수산물	제일수산	1,000	1,350,000
10	2004-07-02	2004	2	한진	소금	효성물산	3,000	10,470,000
11	2004-06-01	2004	3	대한통운	자동차	대우	1,000	19,900,000,000
12	2005-07-13	2005	4	한라해운	수산물	제일수산	50	67,500
13	2005-07-01	2005	3	대한통운	조개류	성광실업	1,500	1,965,000
14	2005-12-05	2005	5	세방기업	자동차	현대	261	548,100,000
15	2005-11-26	2005	1	군산항업	섬유	성광실업	2,500	37,500,000
16	2004-07-01	2004	2	한진	당밀	한영	3,000	1,500,000
17	2005-07-01	2005	3	대한통운	옥수수	축협	12,000	5,400,000

① 입항년도에 따라 하역사가 하역한 화물의 총 톤수와 수입금액의 합계를 피벗테이블로 작성하기

[결 과]

	A	B	C	D	E	F	G	H
1								
2								
3			하역사 ▼					
4	입항년도 ▼	데이터 ▼	군산항업	대한통운	세방기업	한라해운	한진	총 합계
5	2004	합계:총톤수	500	1000	261	1000	6000	8761
6		합계:수입금액	₩345,000	₩19,900,000,000	₩522,000,000	₩1,350,000	₩11,970,000	₩20,435,665,000
7	2005	합계:총톤수	3200	13500	261	94	32	17087
8		합계:수입금액	₩ 40,650,000	₩ 7,365,000	₩ 548,100,000	₩ 115,900	₩ 35,200	₩ 596,266,100
9	전체 합계:총톤수		3700	14500	522	1094	6032	25848
10	전체 합계:수입금액		₩ 40,995,000	₩19,907,365,000	₩ 1,070,100,000	₩ 1,465,900	₩ 12,005,200	₩ 21,031,931,100

② 각 하역사가 관리하는 화주가 취급하는 화물의 종류를 구분한 후 화물의 종류에 따라 하역톤수의 총합을 피벗 테이블로 작성하기(단, 피벗 테이블의 위치는 현재 시트에 위치)

[결 과]

	A	B	C	D	E	F	G	H	I	J	K
1				입고현황표							
2											
3	입항일자	입항년도	하역코드	하역사	화물명	화주명	총톤수	수입금액			
4	2005-03-08	2005	1	군산항업	수지	축협	700	3,150,000			
5	2004-01-28	2004	5	세방기업	자동차	현대	261	522,000,000			
6	2005-07-02	2005	2	한진	수산물	제일수산	32	35,200			
7	2005-07-10	2005	4	한라해운	수산물	제일수산	44	48,400			
8	2004-07-11	2004	1	군산항업	당밀	남덕	500	345,000			
9	2004-07-12	2004	4	한라해운	수산물	제일수산	1,000	1,350,000			
10	2004-07-02	2004	2	한진	소금	효성물산	3,000	10,470,000			
11	2004-06-01	2004	3	대한통운	자동차	대우	1,000	19,900,000,000			
12	2005-07-13	2005	4	한라해운	수산물	제일수산	50	67,500			
13	2005-07-01	2005	3	대한통운	조개류	성광실업	1,500	1,965,000			
14	2005-12-05	2005	5	세방기업	자동차	현대	261	548,100,000			
15	2005-11-26	2005	1	군산항업	섬유	성광실업	2,500	37,500,000			
16	2004-07-01	2004	2	한진	당밀	한영	3,000	1,500,000			
17	2005-07-01	2005	3	대한통운	옥수수	축협	12,000	5,400,000			
18											
19											
20			화주명 ▼								
21	하역사 ▼	데이터 ▼	남덕	대우	성광실업	제일수산	축협	한영	현대	효성물산	총 합계
22	군산항업	개수:화물명	1		1		1				3
23		합계:총톤수	500		2500		700				3700
24	대한통운	개수:화물명		1	1		1				3
25		합계:총톤수		1000	1500		12000				14500
26	세방기업	개수:화물명							2		2
27		합계:총톤수							522		522
28	한라해운	개수:화물명				3					3
29		합계:총톤수				1094					1094
30	한진	개수:화물명				1		1		1	3
31		합계:총톤수				32		3000		3000	6032
32	전체 개수:화물명		1	1	2	4	2	1	2	1	14
33	전체 합계:총톤수		500	1000	4000	1126	12700	3000	522	3000	25848

(3) 피벗 테이블 및 피벗 차트 수정하기

1) 피벗 테이블 수정

① 레이아웃 변경

만약, 행영역에 배치되어 있는 '직급'필드 대신 '근무부서'별로 지급된 식대의 총금액을 피벗 테이블로 작성한다고 가정하자.

- 피벗 테이블 보고서의 임의 셀을 지정한 후 단축메뉴 [마법사]를 선택한다.

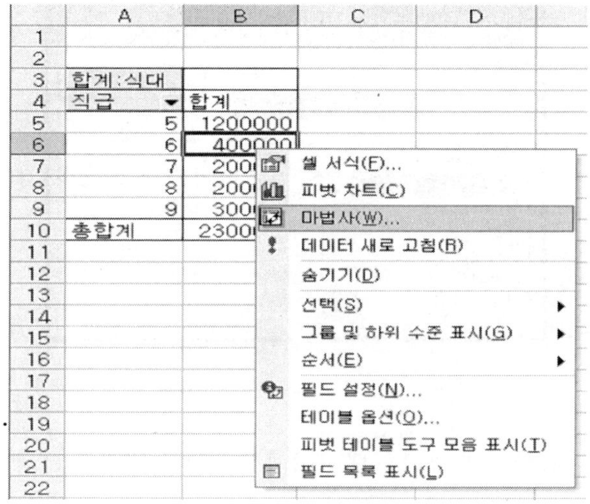

• 피벗 테이블/피벗 차트 마법사-3단계 중 3단계로 다시 돌아가는데 이때 '레이아웃'단추를 클릭하여 배치를 새롭게 구성한다. 행영역에 배치되어 있는 '직급' 필드를 마우스로 드래그하여 오른쪽 필드단추목록에 갖다 놓는다. 그리고 오른쪽 필드단추목록에서 '근무부서'필드를 드래그하여 행영역에 갖다 놓는다.

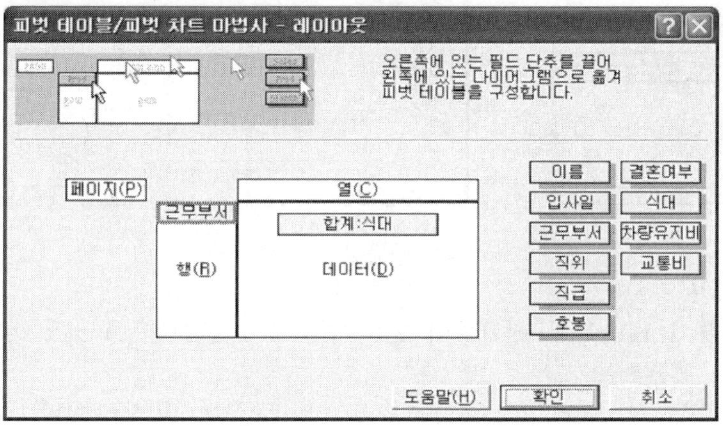

② 함수 변경

만약, 다른 함수를 사용해야 할 경우 피벗 테이블의 데이터 영역에 있는 '합계 : 식대'를 더블클릭하면 아래와 같은 피벗 테이블 필드 대화상자가 나타난다. '사용할 함수'항목에서 '합계' 대신 다른 함수를 선택하여 변경할 수 있다.

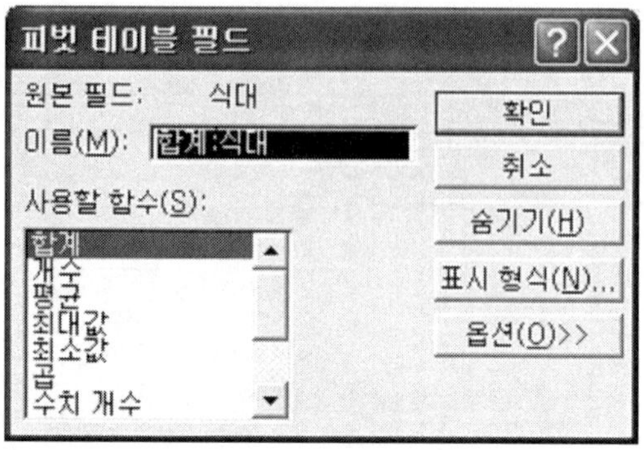

③ 항목 숨기기

피벗 테이블에서 감추고자 하는 데이터가 있다면 해당 필드를 마우스 포인터로 지정한 후 마우스 오른쪽버튼을 누른다. 그리고 표시되는 데이터들 중에서 감추고자 하는 데이터의 왼쪽 체크박스를 선택하면 데이터가 사라진다.

예를 들어, 직급 5인 데이터를 감추고자 한다면 아래 그림에서 '5'의 선택을 해제하고 '확인'단추를 누르면 직급 5의 식대 합계금액이 감추어진 피벗 테이블이 나타나게 된다.

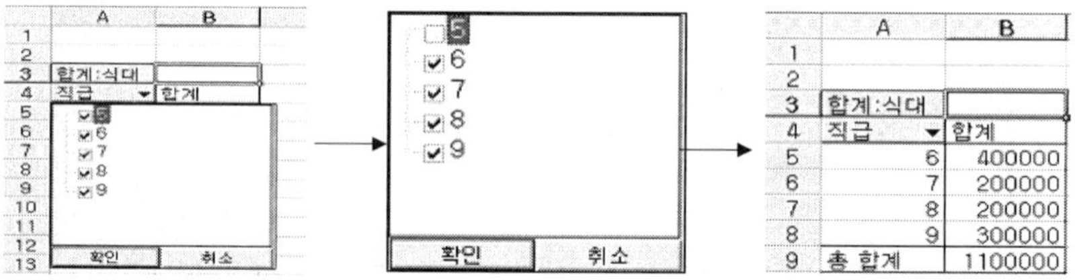

④ 그룹화하기

피벗 테이블의 행영역에 배치되어 있는 필드의 데이터를 몇 개의 범주로 그룹화할 수 있다.

• 행영역에 나타나 있는 임의 데이터를 선택한 후 단축메뉴 [그룹 및 하위수준 표시]-[그룹]을 선택한다.

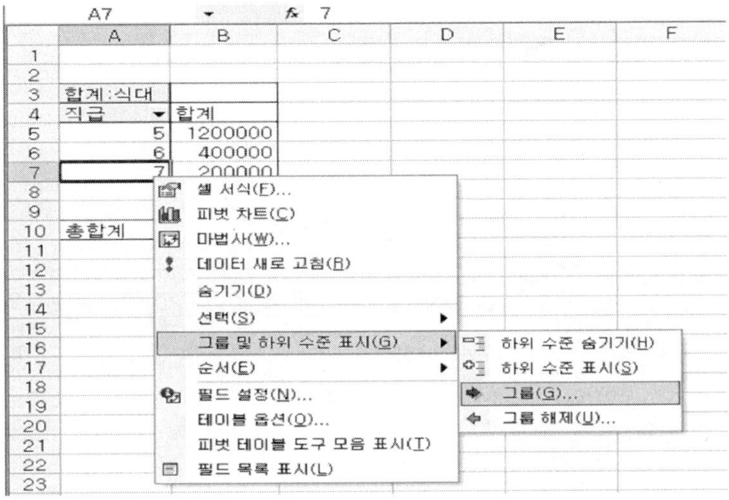

• 그룹만들기 대화상자가 나타난다. 만약, 직급을 '두 단위씩 묶기'를 실행하고자 한다면 시작 '5', 끝 '9', 단위 '2'를 지정한 후 '확인'단추를 누른다.

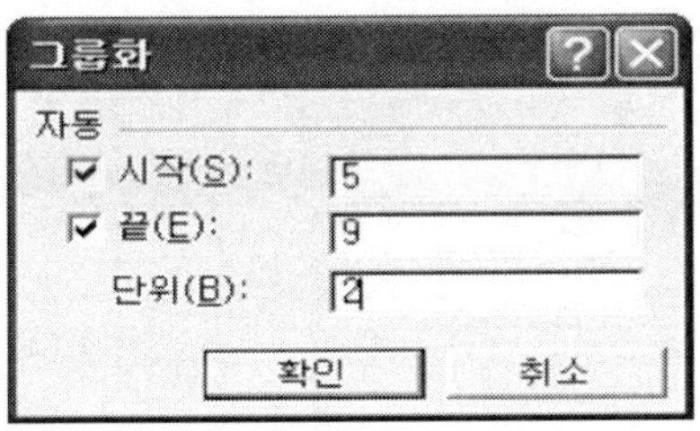

• 아래 그림과 같이 행영역에 배치되어 있는 직급이 두 그룹으로 나누어진다.

	A	B
1		
2		
3	합계:식대	
4	직급	합계
5	5-6	1600000
6	7-9	700000
7	총합계	2300000

만약, 그룹화기능을 해제하고자 한다면 단축메뉴 [그룹 및 하위수준 표시]-[그룹 해제]를 선택한다.

▶ 문 제

아래 피벗 테이블을 '년'단위로 그룹화하시오.

[입력자료]

	A	B	C	D	E	F	G
1							
2							
3	합계:총톤수	하역사					
4	입항일자	군산항업	대한통운	세방기업	한라해운	한진	총 합계
5	2004-01-28			261			261
6	2004-06-01		1000				1000
7	2004-07-01					3000	3000
8	2004-07-02					3000	3000
9	2004-07-11	500					500
10	2004-07-12				1000		1000
11	2005-03-08	700					700
12	2005-07-01		13500				13500
13	2005-07-02					32	32
14	2005-07-10				44		44
15	2005-07-13				50		50
16	2005-11-26	2500					2500
17	2005-12-05			261			261
18	총 합계	3700	14500	522	1094	6032	25848

[결 과]

	A	B	C	D	E	F	G	H
1								
2								
3	합계:총톤수		하역사					
4	년	입항일자	군산항업	대한통운	세방기업	한라해운	한진	총 합계
5	2004년	1월			261			261
6		6월		1000				1000
7		7월	500			1000	6000	7500
8	2005년	3월	700					700
9		7월		13500		94	32	13626
10		11월	2500					2500
11		12월			261			261
12	총 합계		3700	14500	522	1094	6032	25848

2) 피벗 차트 수정

① 차트기능변경

피벗차트를 편집상태에서 마우스 오른쪽 버튼을 누르면 차트기능과 연관된 단축메뉴가 나타난다. 여기서 차트종류 및 차트옵션 등을 변경할 수 있다.

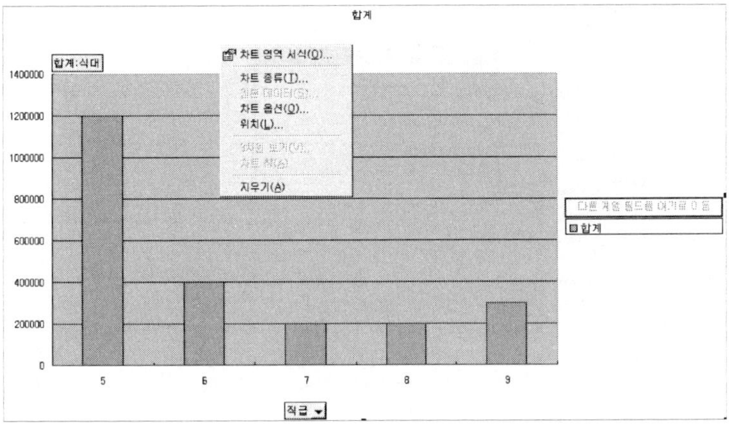

② **피벗 차트 필드 변경**

피벗 차트의 필드단추를 선택한 후 마우스 오른쪽 버튼을 누르면 피벗 차트 필드단축메뉴가 나타난다. 단축메뉴를 선택하여 이미 설정되어 있는 피벗기능을 변경하여 새로운 피벗 차트를 작성할 수 있다.

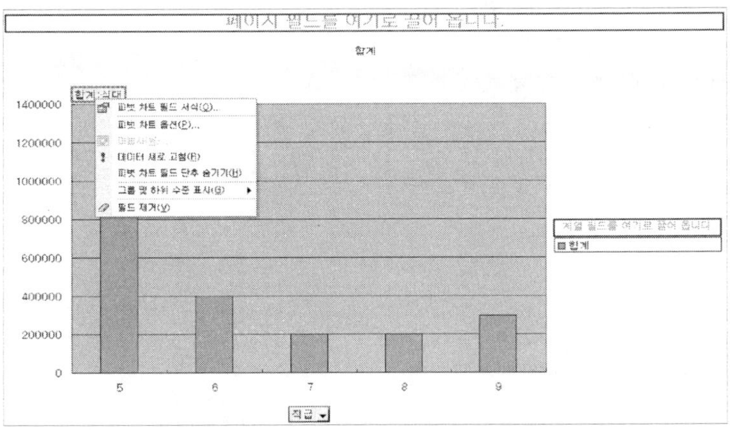

예를 들어, 단축메뉴 [피벗 차트 필드서식]을 선택하면 피벗 테이블 필드 대화상자가 나타난다. '사용할 함수'항목을 '합계' 대신 '평균'으로 변경하거나 '표시형식' 단추를 선택하여 셀 서식을 다시 지정할 수 있다.

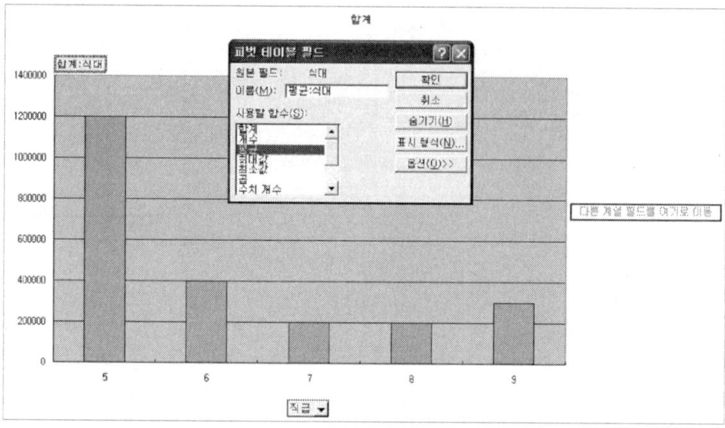

▶ 문 제

입력자료 '직원인사기록카드'에 근거하여 조건대로 피벗 테이블을 작성하시오.

[조 건]

① 행영역 : 근무부서 필드
② 열영역 : 결혼여부 필드
③ 데이터영역 : 근무부서
④ 사용할 함수 : 합계
⑤ 피벗 테이블 넣을 위치 : 기존 워크시트

[입력자료]

	A	B	C	D	E	F	G
1	직원인사기록카드						
2							
3	이름	입사일	근무부서	직위	직급	호봉	결혼여부
4	강혜정	1997-03-10	기획실	부장	9	5	기혼
5	제종혁	1997-03-30	총무부	부장	9	4	기혼
6	이민후	1998-03-01	영업부	대리	6	4	기혼
7	장만호	1998-03-12	관리부	부장	9	5	미혼
8	하상수	1998-03-12	영업부	차장	8	4	기혼
9	김호철	1998-09-14	인사부	과장	7	3	기혼
10	이철민	1999-03-01	인사부	사원	5	2	미혼
11	채해영	1999-03-01	무역부	대리	6	3	기혼
12	차미애	1999-03-03	무역부	과장	7	3	기혼
13	임태식	1999-03-15	관리부	차장	8	4	기혼
14	심재철	1999-03-18	기획실	대리	6	2	미혼
15	장두식	1999-05-21	관리부	대리	6	3	미혼
16	강 철	2000-03-01	총무부	사원	5	1	미혼
17	나두철	2000-03-07	영업부	사원	5	1	기혼
18	박상철	2000-03-07	관리부	사원	5	1	기혼
19	박인희	2000-03-07	인사부	사원	5	2	기혼
20	박재민	2000-03-16	관리부	사원	5	2	미혼
21	최현선	2000-05-10	관리부	사원	5	2	미혼
22	박선용	2001-03-01	기획실	사원	5	1	미혼
23	강수민	2001-03-04	기획실	사원	5	1	미혼
24	현인수	2001-05-13	총무부	사원	5	1	미혼
25	심 훈	2001-05-17	영업부	사원	5	1	미혼
26	지철희	2001-05-20	무역부	사원	5	1	기혼

[결 과]

	A	B	C	D	E	F	G
1	직원인사기록카드						
2	이름	입사일	근무부서	직위	직급	호봉	결혼여부
3	강혜정	1997-03-10	기획실	부장	9	5	기혼
4	제종혁	1997-03-30	총무부	부장	9	4	기혼
5	이민후	1998-03-01	영업부	대리	6	4	기혼
6	장만호	1998-03-12	관리부	부장	9	5	미혼
7	하상수	1998-03-12	영업부	차장	8	4	기혼
8	김호철	1998-09-14	인사부	과장	7	3	기혼
9	이철민	1999-03-01	인사부	사원	5	2	미혼
10	채해영	1999-03-01	무역부	대리	6	3	기혼
11	차미애	1999-03-03	무역부	과장	7	3	기혼
12	임태식	1999-03-15	관리부	차장	8	4	기혼
13	심재철	1999-03-18	기획실	대리	6	2	미혼
14	장두식	1999-05-21	관리부	대리	6	3	미혼
15	강 철	2000-03-01	총무부	사원	5	1	미혼
16	나두철	2000-03-07	영업부	사원	5	1	기혼
17	박상철	2000-03-07	관리부	사원	5	1	기혼
18	박인희	2000-03-07	인사부	사원	5	2	기혼
19	박재민	2000-03-16	관리부	사원	5	2	미혼
20	최현선	2000-05-10	관리부	사원	5	2	미혼
21	박선용	2001-03-01	기획실	사원	5	1	미혼
22	강수민	2001-03-04	기획실	사원	5	1	미혼
23	현인수	2001-05-13	총무부	사원	5	1	미혼
24	심 훈	2001-05-17	영업부	사원	5	1	미혼
25	지철희	2001-05-20	무역부	사원	5	1	기혼
26							
27	개수:근무부서	결혼여부 ▼					
28	근무부서 ▼	기혼	미혼	총 합계			
29	관리부	2	4	6			
30	기획실	1	3	4			
31	무역부	3		3			
32	영업부	3	1	4			
33	인사부	2	1	3			
34	총무부	1	2	3			
35	총 합계	12	11	23			

10장 … 기타 기능

1. 목표값 찾기

목표값 찾기는 다른 셀의 값을 조절하여 셀에 대한 특정 결과값을 찾게 해주는 기능이다. 수식결과는 알고 있지만 그 결과를 계산하기 위하여 입력한 값을 모를 때 목표값 찾기 기능을 사용할 수 있다. 목표값 찾기에서는 특정 셀을 참조하는 수식이 원하는 결과값을 계산할 때까지 이 셀의 값을 변경한다.

▶ 아래 시트에서 셀 B4에 입력된 데이터를 살펴보면, 기본급 1,205,000원이 6.5% 인상되어 1,283,325원이 되었다.

B4 = =B2+B2*B3

	A	B	C
1			
2	기본급	1,205,000	
3	인상율	6.50%	
4	인상된 기본급	1,283,325	

만약, 인상된 기본급이 1,301,500이라면 기본급이 몇 % 인상되었는지를 목표값 찾기 기능을 사용하여 알아볼 수 있다.

- 마우스 포인터로 데이터가 입력된 임의 셀을 지정한 후 메뉴 [도구]-[목표값 찾기]를 선택한다.

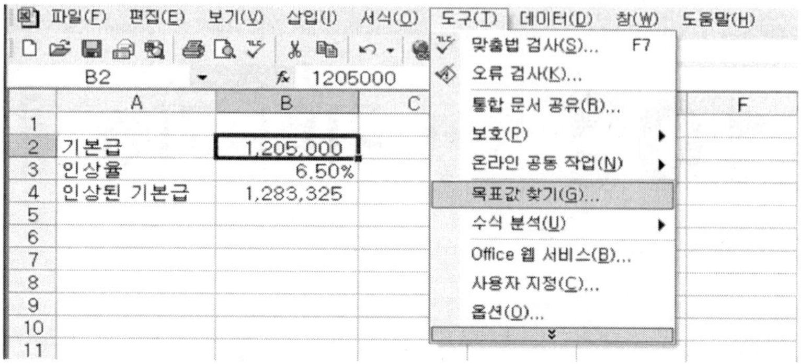

• 목표값 찾기 대화상자가 나타난다. '수식 셀'란에는 계산식이 입력된 셀 'B4'을 입력하고 '찾는 값'란에는 인상된 기본급 '1,301,500'을 입력한다. 그리고 인상률을 밝혀내는 것이므로 '값을 바꿀 셀'란에는 셀 '$B$3'을 입력한 후 '확인'단추를 누른다.

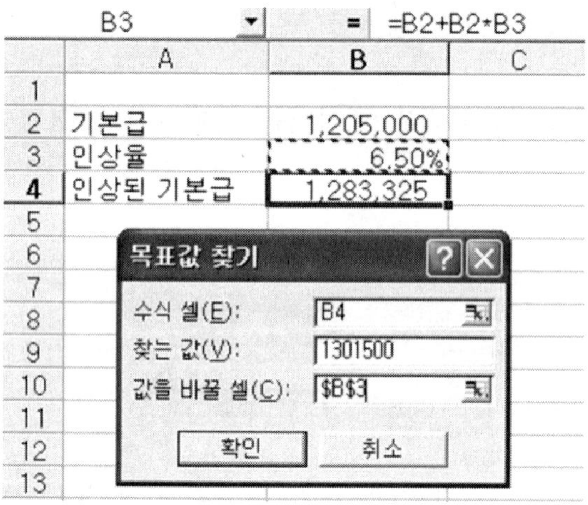

• 아래 그림처럼 목표값 찾기 상태 대화상자가 나타난다· 그리고 데이터가 변경된 시트가 나타난다. 인상률이 입력되어 있는 셀 B2는 기존의 인상률 6.5% 대신 '8.01%', 인상된 기본급이 입력되어 있는 셀 B4는 1,283,325 대신 '1,301,500'이 표시된다.

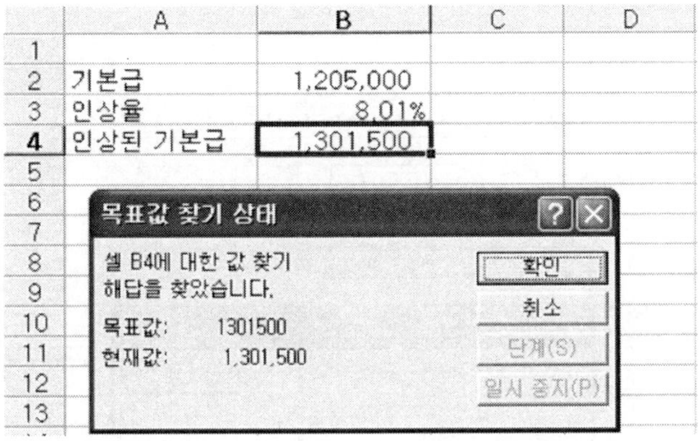

▶ 문 제

50,000,000원을 대출할 경우 월 상환액은 380,182원이다. 만약, 매월 500,000원을 상환할 능력이 있다면 얼마까지 대출을 받을 수 있는가?

B4 = =PMT(B3/12,B2,B1)

	A	B	C	D
1	대출금	-50000000		
2	지급기간	240		
3	이자	6.75%		
4	월상환액	380,182		
5				

- 수식 셀, 찾는 값, 값을 바꿀 셀 지정

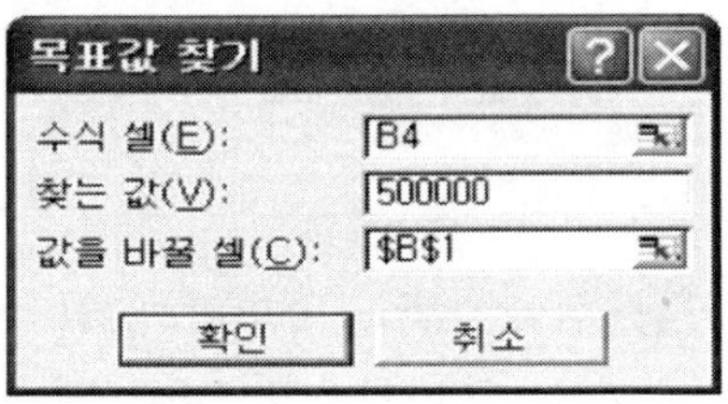

[결 과]

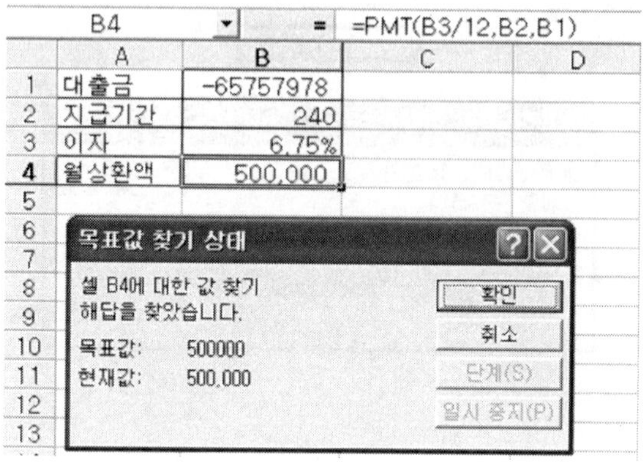

2. 시나리오 분석

시나리오 분석 기능은 여러 개의 변수를 적용해서 결과값의 변화를 분석할 수 있다. 시나리오는 시트에서 저장하고 자동으로 바꿀 수 있는 값의 집합이다. 시나리오를 사용하여 시트 모델의 결과를 예측할 수 있다. 값이 서로 다른 그룹을 만들어 시트에 저장한 후 다른 결과를 얻기 위해 새로운 시나리오로 전환할 수 있다.

(1) 기본 작성법

▶ 시트에 입력된 데이터처럼 현재 1달러 970원의 환율이 적용되고 있지만 앞으로 최저 환율 935원, 최고 환율 1350원으로 바뀔 경우 원화 100,000원은 몇 달러가 될 것인지를 예측하고자 한다.

- 마우스 포인터로 데이터가 입력된 임의 셀을 선택한 후 메뉴[도구]-[시나리오]를 선택한다.

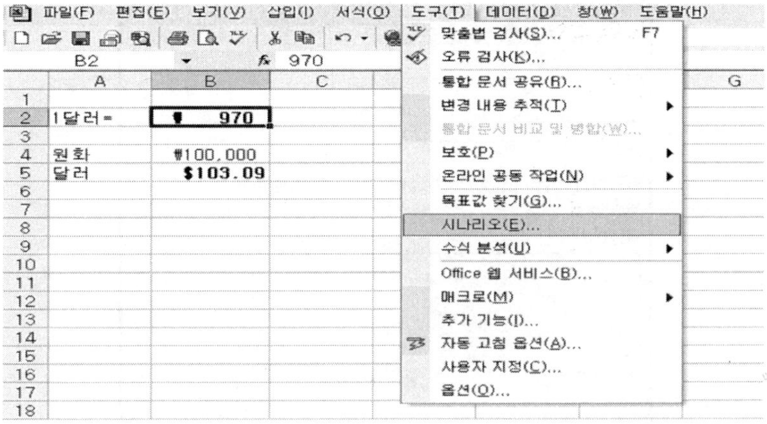

• 시나리오 관리자 대화상자가 나타난다· 여기서 '추가'단추를 누른다.

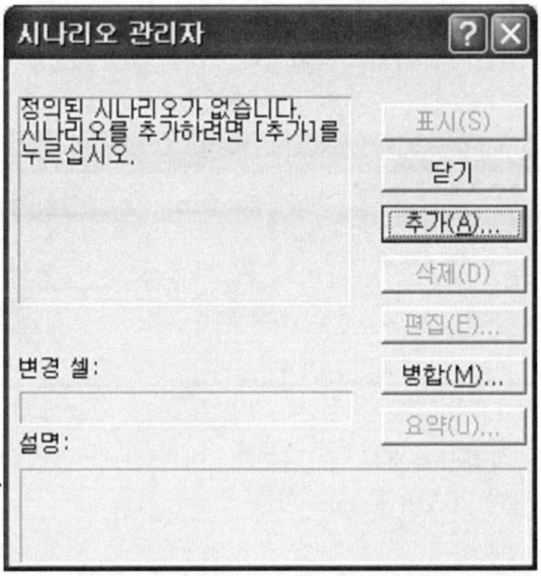

• 시나리오 추가 대화상자에서 '시나리오 이름'란에 '최저환율'을 입력한다. '변경 셀'란에는 바꿀 셀에 대한 참조 영역을 입력해야 하는데 1달러에 대한 환율이 계산되어야 하는 셀 'B2'를 입력한 후 '확인'단추를 누른다.

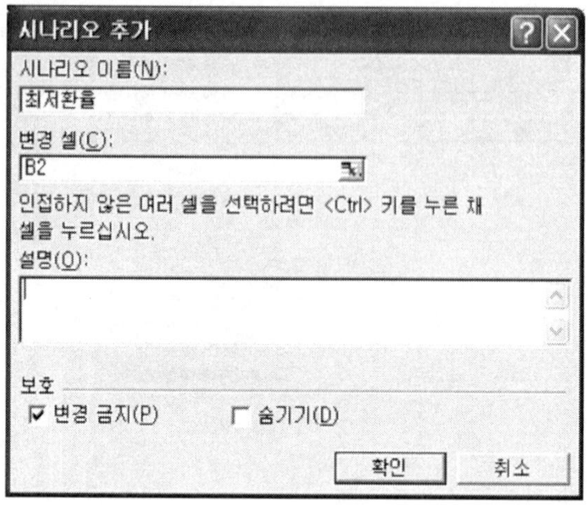

• 시나리오 값 대화상자의 변경 셀 B2에 최저 환율 '935'를 입력한다. 그리고 최고 환율 1,350원에 대한 원화 100,000원의 달러화를 알기 위해서 '추가'단추를 누른다. 즉, 시나리오를 추가시키기 위해서는 '추가' 단추를 눌러야 한다.

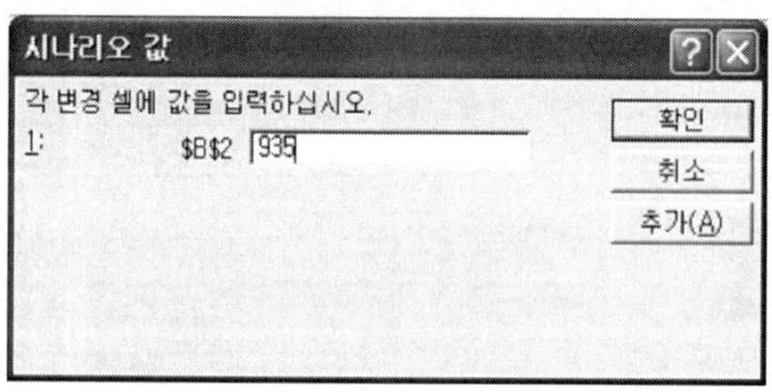

• 시나리오 추가 대화상자에서 '시나리오 이름'란에 '최고환율', '변경 셀'란에 'B2'를 입력한 후 '확인'단추를 누른다.

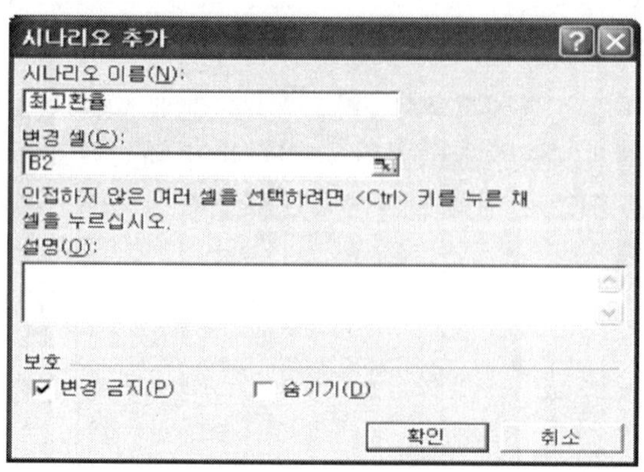

• 시나리오 값 대화상자에서 변경 셀에 입력해야 하는 값은 최고 환율이다. 그러므로 '1,350'원을 입력한다. 그리고 더 이상의 시나리오가 필요없기 때문에 '확인' 단추를 누른다.

• 시나리오 관리자 대화상자가 나타난다. 현재 2개의 시나리오가 작성된 것을 알 수 있다.

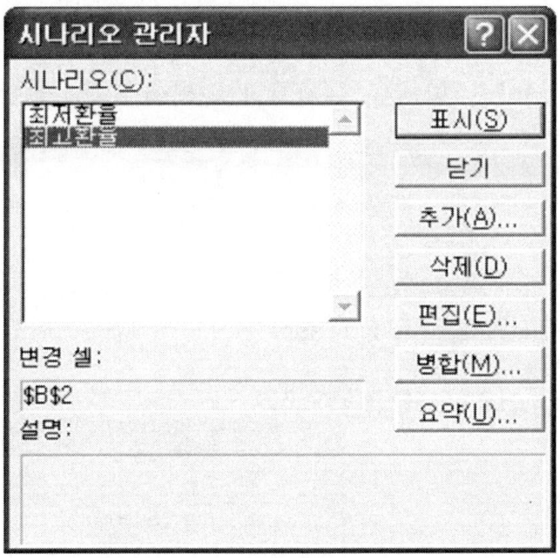

• 시나리오 관리자 대화상자에서 '닫기'단추를 누르면 대화상자는 사라진다. 그런데 시나리오가 적용된 결과값은 시트에서 확인할 수 없다. 이와 같은 경우 다시 시나리오 관리자 대화상자를 활성화시켜 '시나리오'항목은 '최고환율'을 선택하고 '표시'단추를 누르면 입력한 내용이 나타난다.

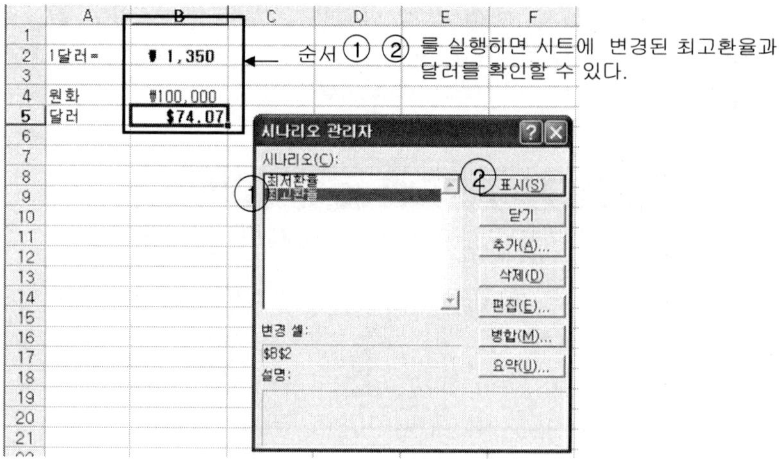

(2) 시나리오 요약

시나리오 관리자 대화상자에서 '요약'단추를 누르면 시나리오 요약 대화상자가 나타난다. 환율변동에 따른 달러를 표시하기 위하여 '결과셀'란에는 셀 'B5'를 입력한다. 그리고 '보고서 종류'항목은 '시나리오 요약'으로 선택한 후 '확인'단추를 누른다.

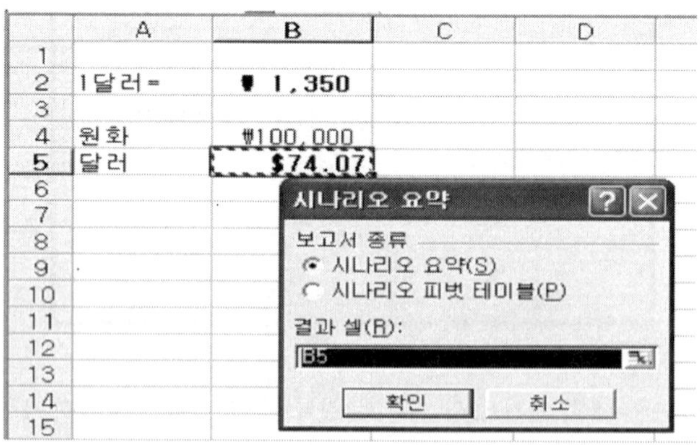

• 다음과 같은 새로운 시나리오 요약시트가 만들어진다.

시나리오 요약		현재 값:	최저환율	최고환율
변경 셀:				
	$B$2	₩ 970	₩ 935	₩ 1,350
결과 셀:				
	$B$5	$103.09	$106.95	$74.07

주의: 현재 값 열은 시나리오 요약 보고서가 작성될 때의
변경 셀 값을 나타냅니다. 회색의 셀들은 각 시나리오에 맞게
변경 셀에 입력된 값을 나타냅니다.

▶ 문 제

입력자료 '정과장의 연봉산정표'를 살펴보면 정과장의 현재 기본급이 1,750,000원이다. 만약, 기본급이 10%, 13%, 15%로 인상되었을 경우 월평균 수령액과 연봉을 시나리오 기능으로 알아보고자 한다.

여기서 연봉의 계산식은 '=월평균수령액*12'이다. 그리고 시나리오 기능을 적용한 결과를 시나리오 요약서 형태로 나타내시오.

[입력자료]

C11 = =C3+SUM(C4:C7)+ (C3*C9)/12

	B	C	D	E	F
1	**정과장의 연봉산정표**				
2			기본급의 10%인상	기본급의 13%인상	기본급의 15%인상
3	기본급	₩ 1,750,000	₩ 1,925,000	₩ 1,977,500	₩ 2,012,500
4	가족수당	₩ 50,000			
5	직위수당	₩ 150,000			
6	차량유지비	₩ 200,000			
7	식대	₩ 100,000			
8					
9	**보너스(연)**	**750%**			
10					
11	**월평균수령액**	**₩ 3,343,750**			
12					
13	**연봉**	**₩40,125,000**			

[결 과]

시나리오 요약		현재 값:	기본급10%인상	기본급13%인상	기본급15%인상
변경 셀:					
기본급	$C$3	₩ 1,750,000	₩ 1,925,000	₩ 1,977,500	₩ 2,012,500
결과 셀:					
월평균수령액	$C$11	₩ 3,343,750	₩ 3,628,125	₩ 3,713,438	₩ 3,770,313
연봉	$C$13	₩ 40,125,000	₩ 43,537,500	₩ 44,561,250	₩ 45,243,750

주의: 현재 값 열은 시나리오 요약 보고서가 작성될 때의
변경 셀 값을 나타냅니다. 회색의 셀들은 각 시나리오에 맞게
변경 셀에 입력된 값을 나타냅니다.

3. 데이터 테이블

데이터 테이블은 수식의 특정값을 변경하면 수식의 결과가 어떻게 달라지는지를 나타내는 셀 범위이다. 즉, 테이블의 데이터값에 따른 수식 결과값의 변화를 표 형태로 나타낸 것이다. 데이터 테이블은 변수가 하나인 것과 2개인 것 등 두 종류가 있다. 변수가 하나인 데이터 테이블은 하나의 변수에 대해 다른 값을 입력하여 하나 이상의 수식에서 변경된 결과를 볼 수 있다. 그러나 변수가 2개인 데이터 테이블은 두 변수에 다른 값을 입력하여 하나의 수식에만 그 결과가 나타난다.

(1) 변수가 1개인 데이터 테이블

변수가 하나인 표는 입력값이 열 방향이나 행 방향으로 목록을 이루도록 만들어야 한다. 변수가 하나인 표에 사용되는 수식은 입력 셀을 참조해야 하는데, 입력 셀에 행 방향이나 열 방향으로 대신할 값의 목록을 입력한다.

만약, 입력값이 열 방향으로 나열되면 첫 번째 입력 값 바로 위 행에서 한 셀 오른쪽의 셀에 수식을 입력한다.

▶ 대출금 2,000,000원에 대한 매월 지불금액이 연이율에 따라서 어떻게 바뀌는가를 알아보고자 한다.

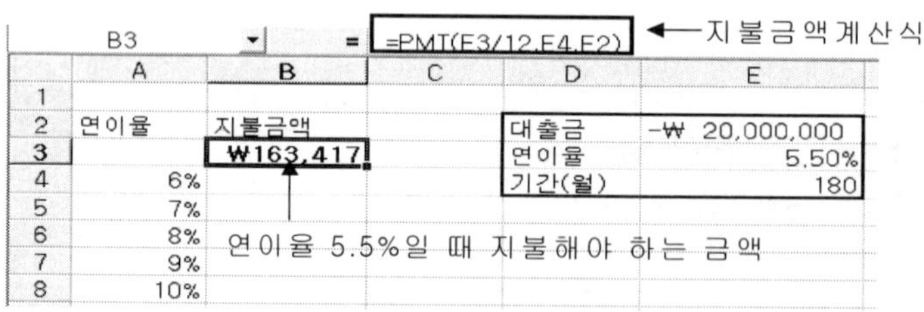

• 마우스 포인터로 테이블기능이 적용된 영역 [A3:B8]을 지정한 후 메뉴 [데이터]−[표]를 선택한다.

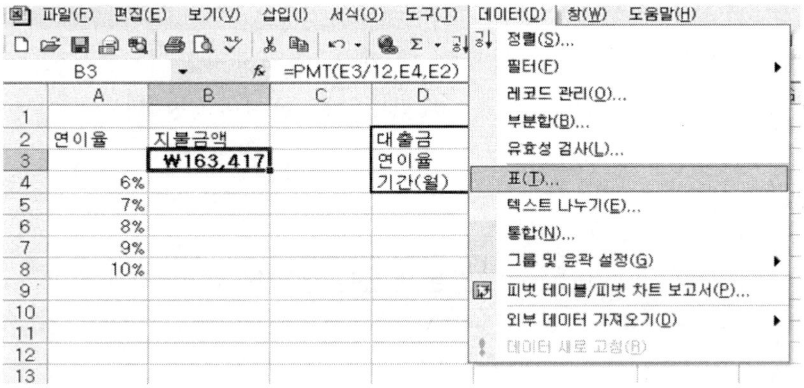

• 표 대화상자가 나타난다. 데이터가 열 방향으로 입력되었기 때문에 '열 입력 셀' 란에 입력 셀의 참조 영역을 입력한다. 연이율에 따른 지불금액의 변화추이가 달라지므로 연이율의 참조기준이 되는 5.5%가 입력된 셀 '$E$3'을 입력하고 '확인' 단추를 누른다. 만약, 데이터가 행 방향이면 '행 입력 셀'란에 입력 셀의 참조영역을 입력한다.

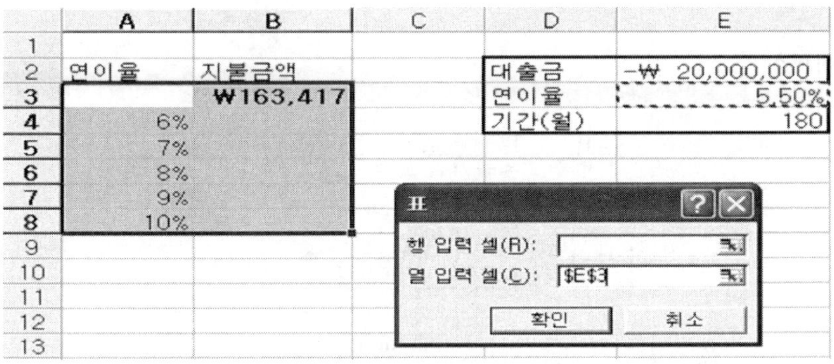

• 영역 [B4:B8]에 다음과 같은 결과가 나타난다.

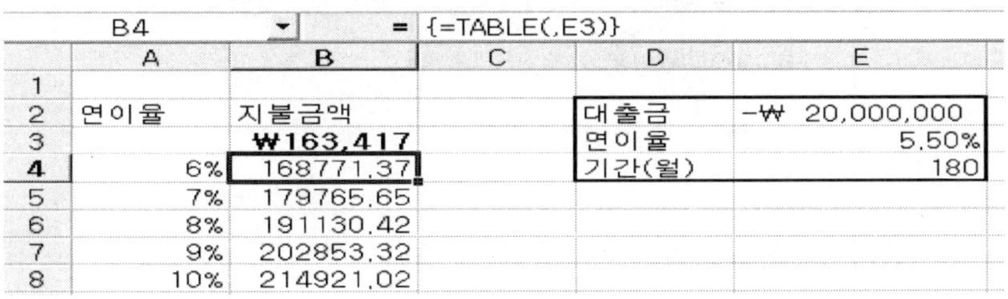

▶ 문 제

신제품을 개발한 A회사는 입력자료 '신제품 손익분기점 분석'시트를 사용하여 제품을 몇 개 팔아야 이익이 발생할 수 있는가를 분석하고자 한다.

[입력자료]

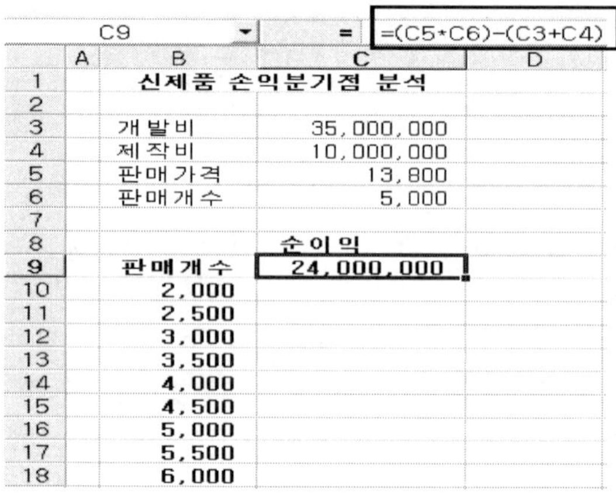

← 순이익계산식.

• 표 대화상자에서 열 입력 셀 지정

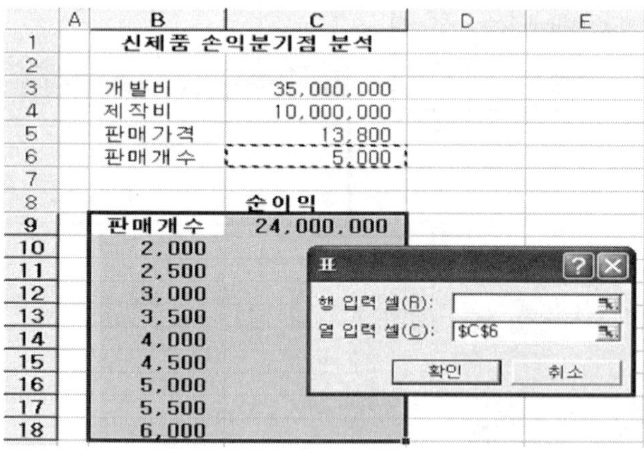

[결 과]

신제품을 3,500개 이상을 팔면 이익이 창출된다.

	A	B	C
1		신제품 손익분기점 분석	
2			
3		개발비	35,000,000
4		제작비	10,000,000
5		판매가격	13,800
6		판매개수	5,000
7			
8			순이익
9		판매개수	24,000,000
10		2,000	- 17,400,000
11		2,500	- 10,500,000
12		3,000	- 3,600,000
13		3,500	3,300,000
14		4,000	10,200,000
15		4,500	17,100,000
16		5,000	24,000,000
17		5,500	30,900,000
18		6,000	37,800,000

(2) 변수가 2개인 데이터 테이블

변수가 2개인 데이터 테이블은 2개의 입력 값 목록에 하나의 수식만 사용한다. 수식은 2개의 다른 입력 셀을 참조해야 한다.

▶ 지급기간 변동과 연이율 변동에 따라 매월 지불금액이 어떻게 변화하는지 알아보고자 한다.

- 열 입력 데이터와 행 입력 데이터가 교차하는 셀 C7에는 2개의 입력 셀 C3, C4를 참조하는 수식 '=PMT(C3/12,C4,C2)'를 입력한다.

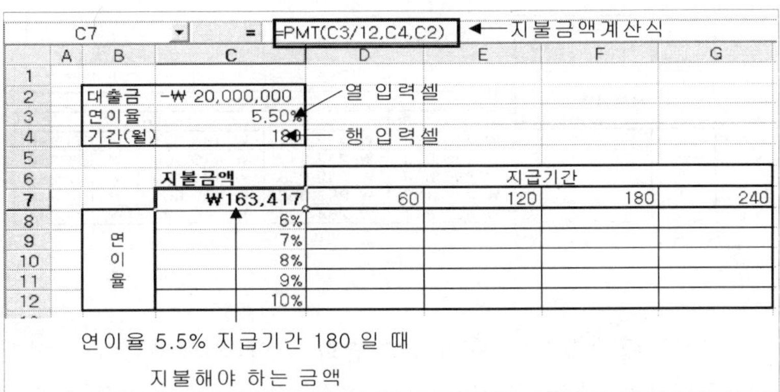

• 마우스 포인터로 테이블 기능이 적용된 영역 [C7:G12]를 지정한 후 메뉴[데이터]–[표]를 선택한다.

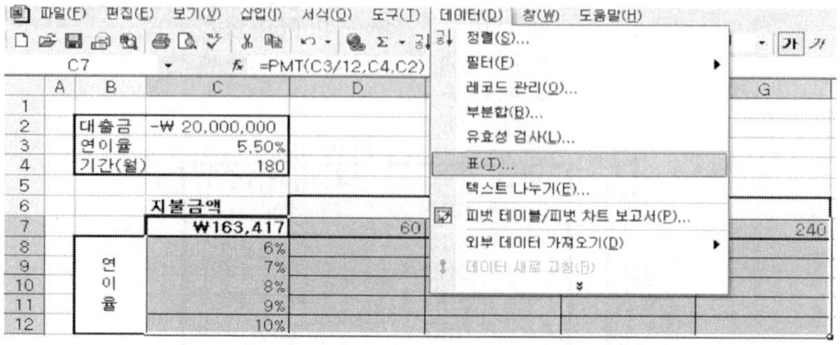

• 표 대화상자가 나타난다. 표 대화상자의 '행 입력 셀'란은 셀 '$C$4'를 입력한다. 그리고 '행 입력 셀'란은 셀 '$C$3'을 입력하고 '확인'단추를 누른다.

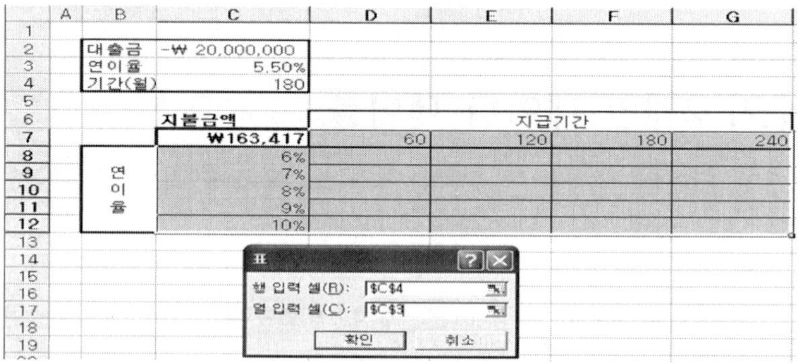

[결 과]

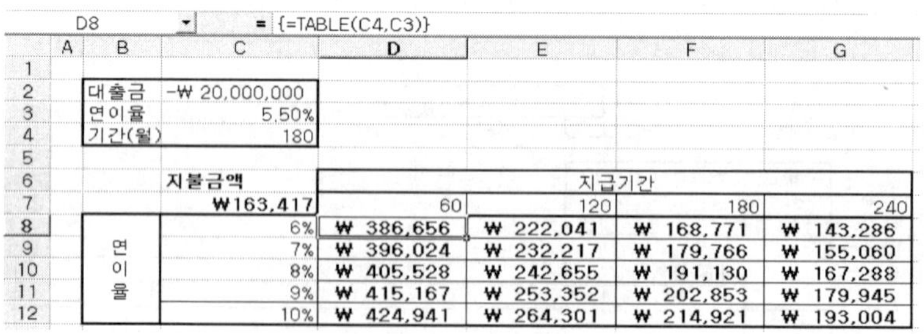

▶ 문 제

입력자료를 근거로 판매가격과 판매개수 변화에 따라 순이익이 어떻게 변화하는지 알아보고자 한다. 열 입력 데이터와 행 입력 데이터가 교차하는 셀 B8에는 순이익 계산식 '=(C4*C5)−(C2+C3)'를 입력한다.

[입력자료]

B8 = =(C4*C5)-(C2+C3)

	A	B	C	D	E	F	G	H
1								
2		개발비	35,000,000					
3		제작비	10,000,000					
4		판매가격	13,800					
5		판매개수	5,000					
6								
7		**순이익**	**판매가격**					
8		**24,000,000**	12,000	12,500	13,000	13,500	14,000	14,500
9	**판매개수**	2,000						
10		2,500						
11		3,000						
12		3,500						
13		4,000						
14		4,500						
15		5,000						
16		5,500						
17		6,000						

• 표 대화상자에서 행 입력 셀, 열 입력 셀 지정

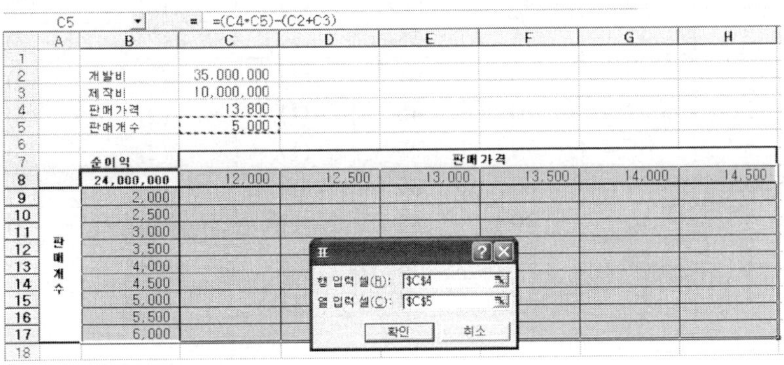

[결 과]

E9 = {=TABLE(C4,C5)}

	A	B	C	D	E	F	G	H
1								
2		개발비	35,000,000					
3		제작비	10,000,000					
4		판매가격	13,800					
5		판매개수	5,000					
6								
7		**순이익**	**판매가격**					
8		**24,000,000**	12,000	12,500	13,000	13,500	14,000	14,500
9	**판매개수**	2,000	**- 21,000,000**	**- 20,000,000**	19000000	18000000	17000000	16000000
10		2,500	**- 15,000,000**	**- 13,750,000**	-12500000	-11250000	-10000000	-8750000
11		3,000	**- 9,000,000**	**- 7,500,000**	-6000000	-4500000	-3000000	-1500000
12		3,500	**- 3,000,000**	**- 1,250,000**	500000	2250000	4000000	5750000
13		4,000	**3,000,000**	**5,000,000**	7000000	9000000	11000000	13000000
14		4,500	**9,000,000**	**11,250,000**	13500000	15750000	18000000	20250000
15		5,000	**15,000,000**	**17,500,000**	20000000	22500000	25000000	27500000
16		5,500	**21,000,000**	**23,750,000**	26500000	29250000	32000000	34750000
17		6,000	**27,000,000**	**30,000,000**	33000000	36000000	39000000	42000000

연습문제 1

문제 1. 기초자료 입력 및 서식 지정

다음의 입력자료를 조건에 맞도록 처리하여 '결과 1'과 같은 형태를 완성하시오.

[입력자료]

여성용구두매출관리								
				단위 : 천원				
품 목	분류코드	판매계획	판매실적	구매단가	판매단가	매출수량증감	증가율	순위
하이힐1	1	30	30	150	(1)	(2)	(3)	(4)
하이힐2	1	30	21	190	(1)	(2)	(3)	(4)
단화1	1	30	42	150	(1)	(2)	(3)	(4)
단화2	1	40	45	110	(1)	(2)	(3)	(4)
샌들1	2	42	45	58	(1)	(2)	(3)	(4)
샌들2	2	30	26	61	(1)	(2)	(3)	(4)
샌들3	2	29	30	45	(1)	(2)	(3)	(4)
슬리퍼1	3	65	70	25	(1)	(2)	(3)	(4)
슬리퍼2	3	50	60	30	(1)	(2)	(3)	(4)
슬리퍼3	3	40	39	35	(1)	(2)	(3)	(4)
구두1	1	50	46	105	(1)	(2)	(3)	(4)
구두2	1	30	47	130	(1)	(2)	(3)	(4)

[조 건]

※ sheet 1의 이름을 '작업1'로 변경하여 작업하기
※ 작성조건을 제시하지 않은 것은 엑셀의 기본 설정형식을 따를 것

① 제목
- 입력 위치 : 셀 A1
- '여성용구두매출관리' 입력, 궁서체, 굵게, 가운데, 16포인트
- 영역 [A1:I1] : 셀 병합 후 가운데 맞춤, 셀 음영주기

② 제목을 제외한 나머지 데이터
- 문자형 데이터 : '가로－가운데, 세로－가운데' 맞춤(단, 숫자는 오른쪽 맞춤)
- 돋음체, 11포인트

③ 영역 [A3:I15] : 테두리 설정(윤곽선, 내부 모두)

[결과 1]

	A	B	C	D	E	F	G	H	I
1	여성용구두매출관리								
2								단위:천원	
3	품목	분류코드	판매계획	판매실적	구매단가	판매단가	매출수량 증감	증가율	순위
4	하이힐1	1	30	30	150	(1)	(2)	(3)	(4)
5	하이힐2	1	30	21	190	(1)	(2)	(3)	(4)
6	단화1	1	30	42	150	(1)	(2)	(3)	(4)
7	단화2	1	40	45	110	(1)	(2)	(3)	(4)
8	샌들1	2	42	45	58	(1)	(2)	(3)	(4)
9	샌들2	2	30	26	61	(1)	(2)	(3)	(4)
10	샌들3	2	29	30	45	(1)	(2)	(3)	(4)
11	슬리퍼1	3	65	70	25	(1)	(2)	(3)	(4)
12	슬리퍼2	3	50	60	30	(1)	(2)	(3)	(4)
13	슬리퍼3	3	40	39	35	(1)	(2)	(3)	(4)
14	구두1	1	50	46	105	(1)	(2)	(3)	(4)
15	구두2	1	30	47	130	(1)	(2)	(3)	(4)

문제 2. 값 계산

아래 조건에 맞도록 처리하여 '결과 2'와 같은 형태를 완성하시오.

[조 건]

※ '작업1'시트를 sheet 2에 복사한 후 시트이름을 '작업2'로 변경
※ 작성조건을 제시하지 않은 것은 엑셀의 기본 설정형식을 따를 것

(1)~(4) 셀은 반드시 주어진 함수를 이용하여 값을 구하기

(1) 판매단가
조건 : 분류코드가 1인 품목 : 구매단가 + 구매단가의 30%
분류코드가 2인 품목 : 구매단가 + 구매단가의 27%
분류코드가 3인 품목 : 구매단가 + 구매단가의 20%
(2) 매출수량 증감= 판매실적－판매계획
(3) 증가율=(판매실적/판매계획)－1 (단, 백분율 적용, 소수 첫째자리까지 표시)
(4) 증가율을 기준으로 내림차순으로 순위 부여(RANK함수)

[결과 2]

	A	B	C	D	E	F	G	H	I
1	여성용구두매출관리								
2								단위:천원	
3	품목	분류코드	판매계획	판매실적	구매단가	판매단가	매출수량 증감	증가율	순위
4	구두2	1	30	47	130	169	17	56.7%	1
5	단화1	1	30	42	150	195	12	40.0%	2
6	슬리퍼2	3	50	60	30	36	10	20.0%	3
7	단화2	1	40	45	110	143	5	12.5%	4
8	슬리퍼1	3	65	70	25	30	5	7.7%	5
9	샌들1	2	42	45	58	74	3	7.1%	6
10	샌들3	2	29	30	45	57	1	3.4%	7
11	하이힐1	1	30	30	150	195	0	0.0%	8
12	슬리퍼3	3	40	39	35	42	-1	-2.5%	9
13	구두1	1	50	46	105	137	-4	-8.0%	10
14	샌들2	2	30	26	61	77	-4	-13.3%	11
15	하이힐2	1	30	21	190	247	-9	-30.0%	12

문제 3. 필 터

아래 조건에 맞도록 처리하여 '결과 3'과 같은 시트를 완성하시오.

[조 건]

※ '작업2'시트를 sheet 3에 복사한 후 시트이름을 '작업3'으로 변경
※ 작성조건을 제시하지 않은 것은 엑셀의 기본 설정형식을 따를 것

① 조건부 서식을 사용하여 순위가 3위까지인 데이터의 순위 글꼴 '굵게', 색상 '빨강'을 적용하기
② 자동필터기능을 사용하여 증가율이 30%이상이거나 −30% 이하인 데이터를 추출하기

[결과 3]

	A	B	C	D	E	F	G	H	I
1	여성용구두매출관리								
2								단위:천원	
3	품목 ▾	분류코드 ▾	판매계획 ▾	판매실적 ▾	구매단가 ▾	판매단가 ▾	매출수량 증감 ▾	증가율 ▾	순위 ▾
4	구두2	1	30	47	130	169	17	56.7%	1
5	단화1	1	30	42	150	195	12	40.0%	2
15	하이힐2	1	30	21	190	247	-9	-30.0%	12

문제 4. 그래프 작성

아래 조건에 맞도록 처리하여 '결과 4'와 같은 차트를 완성하시오.

[조 건]

※ '작업2'시트를 sheet 4에 복사한 후 시트이름을 '작업4'로 변경
※ 작성조건을 제시하지 않은 것은 엑셀의 기본 설정형식을 따를 것

① 차트 범위 : '작업4'시트 범위 참조
② 차트의 종류 : 2중 축 혼합형
③ 차트 제목 : '매출관리'(굴림체, 16포인트, 그림자 적용)
④ Y축 및 보조 Y축 제목 서식 : 수직방향
⑤ 차트 위치 : 워크시크에 삽입
⑥ 나머지 사항은 '결과 4'형태에 맞게 작성

[결과 4]

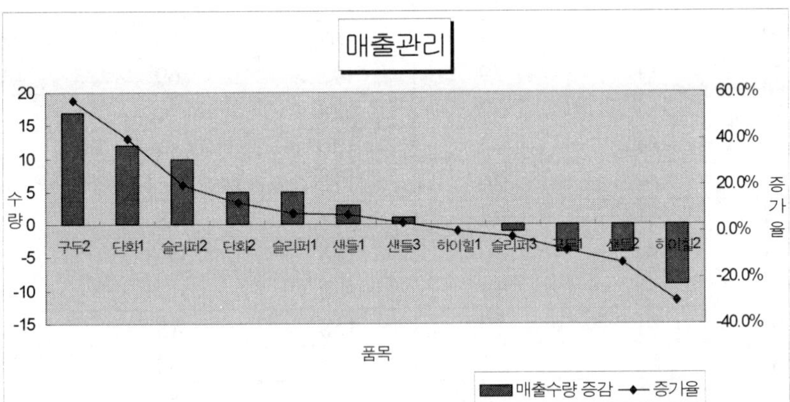

연습문제 2

문제 1. 기초자료 입력 및 서식 지정

다음의 입력자료를 조건에 맞도록 처리하여 '결과 1'과 같은 형태를 완성하시오.

[입력자료]

신체검사표

이 름	성 별	나 이	키(CM)	몸무게(KG)	비만도
최종호	남	28	176	74	비만
권미애	여	27	161	65.6	비만
감정균	남	46	173	79.5	비만
황지선	여	33	156	41	정상
이원우	남	29	183	66.7	정상
유병철	남	44	178	89	비만
임성운	남	49	168	61	정상
김미진	여	37	167	50	정상
변남희	남	39	172	69	비만
장혁준	남	32	178	70	정상
이순희	여	32	170	84	비만
김미선	여	26	172	51.4	정상
하수천	남	44	168	78	비만
전석순	여	46	165	57.3	비만
배명수	남	34	172	57.8	정상
박정미	여	30	158	48	정상
마동후	남	41	176	62	정상
나훈수	남	38	181	75.3	정상
남상희	여	29	175	49.2	정상
박정태	남	45	171	78	비만
차명수	여	44	161	54	정상
최민호	남	35	169	68	비만
정강호	남	28	185	70.6	정상
김순남	여	46	159	60.7	비만

[조 건]

※ sheet 1의 이름을 '작업1'로 변경하여 작업하기
※ 작성조건을 제시하지 않은 것은 엑셀의 기본 설정형식을 따를 것

① 제목
- 입력 위치 : 셀 A1
- '신체검사표' 입력, 궁서체, 굵게, 가운데, 20포인트
- 영역 [A1:F1] : 셀 병합
- 그림자도구모음의 '그림자 유형 6'을 적용

② 제목을 제외한 나머지 데이터
- 문자형 데이터 : '가로－가운데, 세로－가운데' 맞춤(단, 숫자는 오른쪽 맞춤)
- 돋음체, 11포인트

③ 영역 [A3:F3] : 음영 적용(색 : 임의 선정)
④ 영역 [A3:F27] : 테두리 설정(윤곽선, 내부 모두, 선의 종류는 임의 선정)

[결과 1]

	A	B	C	D	E	F
1	신체검사표					
2						
3	이름	성별	나이	키(CM)	몸무게(KG)	비만도
4	최종호	남	28	176	74	비만
5	권미애	여	27	161	65.6	비만
6	강정균	남	46	173	79.5	비만
7	황지선	여	33	156	41	정상
8	이원우	남	29	183	66.7	정상
9	유병철	남	44	178	89	비만
10	임성운	남	49	168	61	정상
11	김미진	여	37	167	50	정상
12	변남희	남	39	172	69	비만
13	장혁준	남	32	178	70	정상
14	이순희	여	32	170	84	비만
15	김미선	여	26	172	51.4	정상
16	하수천	남	44	168	78	비만
17	전석순	여	46	165	57.3	비만
18	배명수	남	34	172	57.8	정상
19	박정미	여	30	158	48	정상
20	마동후	남	41	176	62	정상
21	나훈수	남	38	181	75.3	정상
22	남상희	여	29	175	49.2	정상
23	박정태	남	45	171	78	비만
24	차명수	여	44	161	54	정상
25	최민호	남	35	169	68	비만
26	정강호	남	28	185	70.6	정상
27	김순남	여	46	159	60.7	비만

문제 2. 값 계산

아래 조건에 맞도록 처리하여 '결과 2'와 같은 형태를 완성하시오.

[조 건]

※ '작업1'시트를 sheet 2에 복사한 후 시트이름을 '작업2'로 변경
※ 작성조건을 제시하지 않은 것은 엑셀의 기본 설정형식을 따를 것

① 열 삽입기능을 사용한 후 셀 D3에 '세대코드'입력
② 성별에 따라 데이터를 정렬하기(정렬기준 : 오름차순)
③ 세대코드 ⇒ 나이가 20이상이고 30미만이면 '2', 나이가 30이상이고 40미만이면 '3', 나이가 40 이상이면 '4' 표시(IF함수)
④ 비만인 인원수와 정상인 인원수 구하기(COUNTIF 함수, 결과값은 영역 [B29:C30]에 위치)

[결과 2]

	A	B	C	D	E	F	G
1	신체검사표						
2							
3	이름	성별	나이	세대코드	키(CM)	몸무게(KG)	비만도
4	최종호	남	28	2	176	74	비만
5	감정균	남	46	4	173	79.5	비만
6	이원우	남	29	2	183	66.7	정상
7	유병철	남	44	4	178	89	비만
8	임성운	남	49	4	168	61	정상
9	변남희	남	39	3	172	69	비만
10	장혁준	남	32	3	178	70	정상
11	하수천	남	44	4	168	78	비만
12	배명수	남	34	3	172	57.8	정상
13	마동후	남	41	4	176	62	정상
14	나훈수	남	38	3	181	75.3	정상
15	박정태	남	45	4	171	78	비만
16	최민호	남	35	3	169	68	비만
17	정강호	남	28	2	185	70.6	정상
18	권미애	여	27	2	161	65.6	비만
19	황지선	여	33	3	156	41	정상
20	김미진	여	37	3	167	50	정상
21	이순희	여	32	3	170	84	비만
22	김미선	여	26	2	172	51.4	정상
23	전석순	여	46	4	165	57.3	비만
24	박정미	여	30	3	158	48	정상
25	남상희	여	29	2	175	49.2	정상
26	차명수	여	44	4	161	54	정상
27	김순남	여	46	4	159	60.7	비만
28							
29		비만	11				
30		정상	13				

문제 3. 그래프 작성

아래 조건에 맞도록 처리하여 '결과 3'과 같은 형태를 완성하시오.

[조 건]

※ 작성조건을 제시하지 않은 것은 엑셀의 기본 설정형식을 따를 것

① 데이터 범위 : '작업2'시트의 영역 [B29:C30]
② 차트 위치 : '새로운 위치'로 지정
③ 차트 이름 : 'Chart 1'을 '원형 차트'로 변경
④ 차트 종류 : 3차원 효과의 원형 적용 후 수동으로 쪼개진 원형 작성
⑤ 데이터 요소 중 '정상' 요소 : 데이터 요소서식－무늬－영역－채우기효과－질감－양피지를 적용
⑥ 나머지 차트기능은 '결과 3' 형태에 맞게 작성

[결과 3]

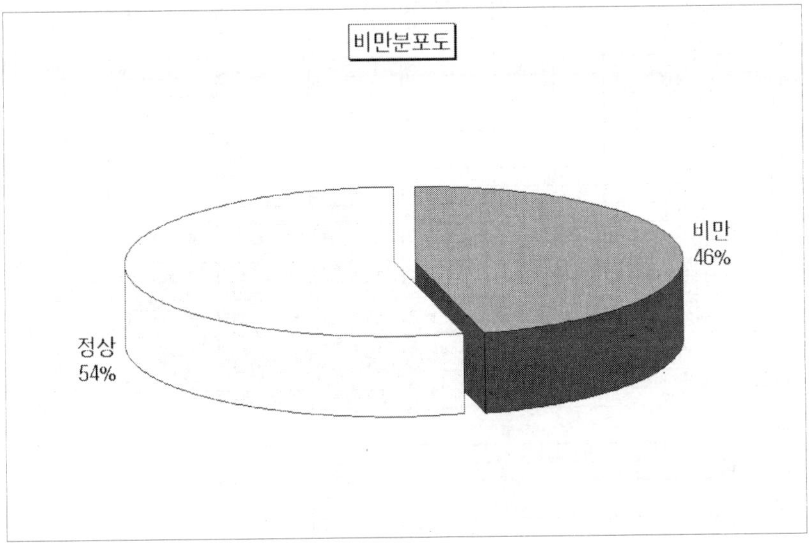

문제 4. 피벗 테이블 작성

아래 조건에 맞도록 처리하여 '결과 4'와 같은 형태를 완성하시오.

[조 건]

※ '작업2'시트의 영역 [A1:F25]를 sheet 4에 복사한 후 시트이름을 '작업4'로 변경
※ 작성조건을 제시하지 않은 것은 엑셀의 기본 설정형식을 따를 것
※ '결과 4'와 같은 형태의 피벗 테이블을 작성하기(피벗 테이블의 위치는 현재 시트의 영역 [A30:E34])

[결과 4]

	A	B	C	D	E	F	G
1	신체검사표						
2							
3	이름	성별	나이	세대코드	키(CM)	몸무게(KG)	비만도
4	최종호	남	28	2	176	74	비만
5	감정균	남	46	4	173	79.5	비만
6	이원우	남	29	2	183	66.7	정상
7	유병철	남	44	4	178	89	비만
8	임성운	남	49	4	168	61	정상
9	변남희	남	39	3	172	69	비만
10	장혁준	남	32	3	178	70	정상
11	하수천	남	44	4	168	78	비만
12	배명수	남	34	3	172	57.8	정상
13	마동후	남	41	4	176	62	정상
14	나훈수	남	38	3	181	75.3	정상
15	박정태	남	45	4	171	78	비만
16	최민호	남	35	3	169	68	비만
17	정강호	남	28	2	185	70.6	정상
18	권미애	여	27	2	161	65.6	비만
19	황지선	여	33	3	156	41	정상
20	김미진	여	37	3	167	50	정상
21	이순희	여	32	3	170	84	비만
22	김미선	여	26	2	172	51.4	정상
23	전석순	여	46	4	165	57.3	비만
24	박정미	여	30	3	158	48	정상
25	남상희	여	29	2	175	49.2	정상
26	차명수	여	44	4	161	54	정상
27	김순남	여	46	4	159	60.7	비만
28							
29							
30	최대값:몸무게(KG)	세대코드					
31	비만도	2	3	4	총 합계		
32	비만	74	84	89	89		
33	정상	70.6	75.3	62	75.3		
34	총 합계	74	84	89	89		
35							

연습문제 3

문제 1. 기초자료 입력 및 서식 지정

다음의 입력자료를 조건에 맞도록 처리하여 '결과 1'과 같은 형태를 완성하시오.

[입력자료]

고객관리명단

고객명	지점	거래유형	고객코드	고객등급	사은품증정	실적수당	금액
지충호	강서	대출	C	(1)	(2)	(3)	150,000,000
이점순	강동	예금	B	(1)	(2)	(3)	220,000,000
최점호	강동	보험	C	(1)	(2)	(3)	50,000,000
강수지	강남	펀드	C	(1)	(2)	(3)	1,400,000,000
박철수	강서	예금	B	(1)	(2)	(3)	330,000,000
백정미	강남	보험	C	(1)	(2)	(3)	90,000,000
나건상	강동	대출	B	(1)	(2)	(3)	550,000,000
김기수	강동	예금	C	(1)	(2)	(3)	400,000,000
강만수	강남	대출	C	(1)	(2)	(3)	170,000,000
최미남	강북	펀드	C	(1)	(2)	(3)	70,000,000
허상	강북	펀드	C	(1)	(2)	(3)	550,000,000
황기백	강서	신탁	A	(1)	(2)	(3)	700,000,000
오남용	강남	예금	A	(1)	(2)	(3)	670,000,000
이기자	강서	신탁	C	(1)	(2)	(3)	500,000,000
박보경	강남	대출	A	(1)	(2)	(3)	1,100,000,000
손필건	강서	대출	A	(1)	(2)	(3)	535,000,000
장만옥	강남	신탁	C	(1)	(2)	(3)	140,000,000
김표출	강북	신탁	B	(1)	(2)	(3)	35,000,000
이민후	강북	예금	C	(1)	(2)	(3)	17,000,000
오정자	강남	펀드	B	(1)	(2)	(3)	800,000,000
김두상	강서	펀드	B	(1)	(2)	(3)	170,000,000

[조 건]

※ sheet 1의 이름을 '작업1'로 변경하여 작업하기
※ 작성조건을 제시하지 않은 것은 엑셀의 기본 설정형식을 따를 것

① 제목
- 텍스트 도구상자를 이용하여 작성한 후 '고객관리명단' 입력(돋움체, 굵게, 20 포인트, 가로/세로 가운데 맞춤, 색채우기－회색)

② 제목을 제외한 나머지 데이터
문자형 데이터 : '가로－가운데, 세로－가운데' 맞춤(단, 숫자는 오른쪽 맞춤, 천단위 구분기호 사용)
- 돋음체, 11포인트

③ 영역 [A4:H4] : 행높이 20, 노란색으로 채우기
④ 영역 [A4:H25] : 테두리 설정(윤곽선, 내부 모두, 선의 종류는 임의 선정)
⑤ 영역 [D27:H27] : 셀 병합 후 가운데 맞춤
⑥ 영역 [D29:H29] : 셀 병합 후 가운데 맞춤

[결과 1]

	A	B	C	D	E	F	G	H	I
1			고객관리명단						
2									
3									
4	고객명	지점	거래유형	고객코드	고객등급	사은품증정	실적수당	금액	
5	지출호	강서	대출	C	(1)	(2)	(3)	150,000,000	
6	이점순	강동	예금	B	(1)	(2)	(3)	220,000,000	
7	최점호	강동	보험	C	(1)	(2)	(3)	50,000,000	
8	강수지	강남	펀드	C	(1)	(2)	(3)	1,400,000,000	
9	박철수	강서	예금	B	(1)	(2)	(3)	330,000,000	
10	백정미	강남	보험	C	(1)	(2)	(3)	90,000,000	
11	나건상	강동	대출	B	(1)	(2)	(3)	550,000,000	
12	김기수	강동	예금	C	(1)	(2)	(3)	400,000,000	
13	강만수	강남	대출	C	(1)	(2)	(3)	170,000,000	
14	최미남	강북	펀드	C	(1)	(2)	(3)	70,000,000	
15	허상	강북	펀드	C	(1)	(2)	(3)	550,000,000	
16	황기백	강서	신탁	A	(1)	(2)	(3)	700,000,000	
17	오남용	강남	예금	A	(1)	(2)	(3)	670,000,000	
18	이기자	강서	신탁	C	(1)	(2)	(3)	500,000,000	
19	박보경	강남	대출	A	(1)	(2)	(3)	1,100,000,000	
20	손필건	강서	대출	A	(1)	(2)	(3)	535,000,000	
21	장만옥	강남	신탁	C	(1)	(2)	(3)	140,000,000	
22	김표출	강북	신탁	B	(1)	(2)	(3)	35,000,000	
23	이민호	강북	예금	C	(1)	(2)	(3)	17,000,000	
24	오정자	강남	펀드	B	(1)	(2)	(3)	800,000,000	
25	김두상	강서	펀드	B	(1)	(2)	(3)	170,000,000	
26									
27	**고객테이블**			고객코드가 A가 아닌 데이터수(COUNTIF)			(4)		
28	고객코드	고객등급							
29	A	VIP		사은품증정에서 '교통카드'를 모아서 금액이 가장 많은 고객의 금액을 산출(DMAX)					(5)
30	B	우수	사은품증정						
31	C	일반	교통카드						

문제 2. 값 계산

아래 조건에 맞도록 처리하여 '결과 2'와 같은 형태를 완성하시오.

[조 건]

※ '작업1'시트를 sheet 2에 복사한 후 시트이름을 '작업2'로 변경
※ 작성조건을 제시하지 않은 것은 엑셀의 기본 설정형식을 따를 것

(1)~(5) 셀은 반드시 주어진 함수를 이용하여 값을 구하기

(1) 고객등급 ⇒ 영역 [A28:B31]의 고객테이블을 이용하여 고객등급을 나타내기(VLOOKUP 함수)

(2) 사은품증정 ⇒ 고객등급이 VIP이면 '상품권', 고객등급이 우수이면 '기념품', 고객등급이 일반이면 '교통카드'를 증정(IF 함수)

(3) 실적수당 ⇒ 고객등급이 VIP가 아니면서 금액이 10억 이상이면 '2,000,000' 지급, 고객등급이 VIP가 아니면서 금액이 5억 이상이면 '1,000,000' 지급, 그 외는 지급하지 않기(IF 함수)

(4) 고객코드가 A 가 아닌 데이터수 ⇒ (COUNTIF 함수)

(5) 사은품증정에서 '교통카드'를 모아서 금액이 가장 많은 고객의 금액을 산출(DMAX 함수)

[결과 2]

	A	B	C	D	E	F	G	H	I
1									
2			고객관리명단						
3									
4	고객명	지점	거래유형	고객코드	고객등급	사은품증정	실적수당	금액	
5	지출호	강서	대출	C	일반	교통카드		150,000,000	
6	이점순	강동	예금	B	우수	기념품		220,000,000	
7	최점호	강동	보험	C	일반	교통카드		50,000,000	
8	강수지	강남	펀드	C	일반	교통카드	2000000	1,400,000,000	
9	박철수	강서	예금	B	우수	기념품		330,000,000	
10	백정미	강남	보험	C	일반	교통카드		90,000,000	
11	나건상	강동	대출	B	우수	기념품	1000000	550,000,000	
12	김기수	강동	예금	C	일반	교통카드		400,000,000	
13	강만수	강남	대출	C	일반	교통카드		170,000,000	
14	최미남	강북	펀드	C	일반	교통카드		70,000,000	
15	허상	강북	펀드	C	일반	교통카드	1000000	550,000,000	
16	황기백	강서	신탁	A	VIP	상품권		700,000,000	
17	오남용	강남	예금	A	VIP	상품권		670,000,000	
18	이기자	강서	신탁	C	일반	교통카드	1000000	500,000,000	
19	박보경	강남	대출	A	VIP	상품권		1,100,000,000	
20	손필건	강서	대출	A	VIP	상품권		535,000,000	
21	장만옥	강남	신탁	C	일반	교통카드		140,000,000	
22	김표출	강북	신탁	B	우수	기념품		35,000,000	
23	이민후	강북	예금	C	일반	교통카드		17,000,000	
24	오정자	강남	펀드	B	우수	기념품	1000000	800,000,000	
25	김두상	강서	펀드	B	우수	기념품		170,000,000	
26									
27	고객테이블			고객코드가 A가 아닌 데이터수(COUNTIF)			17		
28	고객코드	고객등급							
29	A	VIP			사은품증정에서 '교통카드'를 모아서 금액이 가장 많은 고객의 금액을 산출(DMAX)				1,400,000,000
30	B	우수	사은품증정						
31	C	일반	교통카드						

문제 3. 목표값 찾기와 필터

아래 조건과 같이 작업하시오.

[조 건]

※ sheet 3의 이름을 '작업3'으로 변경
※ '작업 2'시트의 영역 [A4:H25]을 복사하여 '작업 3'시트의 셀 A4에 값과 서식만 붙여넣기하기 영역
※ 작성조건을 제시하지 않은 것은 엑셀의 기본 설정형식을 따를 것

[목표값 구하기]
① 셀 D28에 거래유형 '신탁'의 금액 합계를 구하기(DSUM 함수)
② 거래유형 '신탁'의 금액 합계가 15억이 되기 위해서는 '장만옥' 직원의 금액이 얼마가 되어야 하는지 목표값을 구하기(글색상 : 파랑)

[고급필터]
① 지점이 '강북'이거나 금액이 '1억 이하'인 데이터를 추출
② 조건위치 : 셀 B31부터 입력
③ 복사위치 : 셀 A37부터 입력

문제 4. 부분합 계산

아래 조건에 맞도록 처리하여 '결과 3'과 같은 형태를 완성하시오.

[조 건]

※ sheet 4의 이름을 '작업4'로 변경
※ '작업2'시트의 영역 [A4:H25]을 복사하여 '작업4'시트의 셀 A1에 값과 서식만 붙여넣기하기
※ 작성조건을 제시하지 않은 것은 엑셀의 기본 설정형식을 따를 것

① 정렬 ⇒ 거래유형필드를 기준으로 오름차순으로 데이터를 정렬
② 부분합 1 ⇒ 거래유형필드를 그룹화하여 금액의 합계를 구하기
③ 부분합 2 ⇒ 거래유형필드를 그룹화하여 고객명 인원수를 구하기
④ 나머지 사항은 '결과 3'에 맞게 작성하기

[결과 3]

	A	B	C	D	E	F	G	H
1	고객명	지점	거래유형	고객코드	고객등급	사은품증정	실적수당	금액
7	5		대출 개수					
8			대출 합계					2,505,000,000
11	2		보험 개수					
12			보험 합계					140,000,000
17	4		신탁 개수					
18			신탁 합계					1,375,000,000
24	5		예금 개수					
25			예금 합계					1,637,000,000
31	5		펀드 개수					
32			펀드 합계					2,990,000,000
33	21		전체 개수					
34			총합계					8,647,000,000

문제 5. 그래프 작성

아래 조건에 맞도록 처리하여 '결과 4'와 같은 차트를 완성하시오.

[조 건]

※ '작업 4'시트를 sheet 5에 복사한 후 시트이름을 '작업5'로 변경
※ 작성조건을 제시하지 않은 것은 엑셀의 기본 설정형식을 따를 것

① 차트 범위 : '작업5'시트 범위 참조
② 차트의 종류 : 가로막대형의 3차원 효과의 묶은 가로막대형
③ 차트 제목 : '거래유형별 금액비교'(돋음체, 16포인트, 그림자 적용)
④ X축 제목 : '종류' (서식 : 수평방향)
⑤ Z축 제목 : '금액' (서식 : 수평방향)
⑥ 옆면서식 영역 색없음 지정
⑦ 차트 위치 : 워크시트에 삽입
⑧ 나머지 사항은 '결과 4' 형태에 맞게 작성

[결과 4]

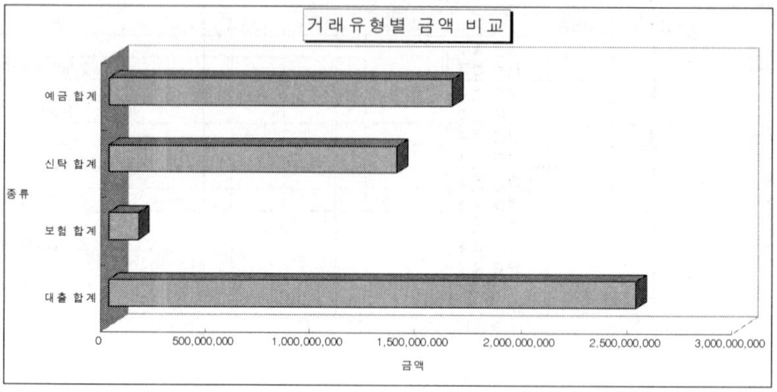
거래유형별 금액 비교
예금 합계
신탁 합계
보험 합계
대출 합계
종류
0
500,000,000
1,000,000,000
1,500,000,000
2,000,000,000
2,500,000,000
3,000,000,000
금액

정보기술자격(ITQ) 시험

과 목	코 드	문제유형	시험시간	수험번호	성 명
한글 엑셀	1122	B	60분		

수험자 유의사항

- ◉ 파일명은 본인의 "수험번호-성명"으로 입력하여 A 드라이브의 답안 디스켓 루트 디렉토리(A:\)에 하나의 파일로 저장해야 하며, 답안문서 파일명이 "수험번호-성명"과 일치하지 않을 경우에는 실격 처리됩니다(예: A\12345678-홍길동.xls).
- ◉ 답안작성을 마치면 파일을 저장하고 저장된 파일을 다시 열어 반드시 내용을 확인하십시오. 만약 미저장되었거나 제공된 파일의 손상 또는 시험과 무관한 폴더나 파일을 생성하였을 경우에는 실격 처리됩니다.
- ◉ 답안문서를 답안 디스켓 외의 다른 보조기억장치(하드디스크, 이동식디스크)에 저장하거나 기타 통신수단(이메일, 메신저, 네트워크)을 이용하여 외부에 반출할 때는 부정 처리됩니다.
- ◉ 시스템 조작의 미숙으로 시험이 불가능하다고 판단되는 수험자는 실격 처리합니다.
- ◉ 시험 중 부주의 또는 고의로 시스템을 파손할 경우는 수험자 부담으로 합니다.
- ◉ 시험을 완료한 수험자는 답안 작성용 디스켓에 저장되었는지 확인한 후 문제지와 디스켓을 감독위원에게 제출한 후 퇴실합니다.

답안 작성 요령

- ◉ 문제는 총 4단계, 즉 제1작업부터 제4작업까지 구성되어 있으며, 반드시 제1작업부터 순서대로 작업하고 조건대로 하시오.
- ◉ 모든 작업시트의 A열은 열 너비 '1'로, 나머지 열은 적당하게 조절하시오.
- ◉ 해당 작업란에서는 각각 제시된 조건에 따라 출력 형태([결과1]~[결과4])와 같이 작업하시오.
- ◉ 답안 시트 이름은 "제1작업", "제2작업", "제3작업", "제4작업"이어야 하며 답안 시트 이외의 것은 감점처리합니다.
- ◉ 각 시트를 파일로 나누어 작업해서 저장할 경우 실격 처리됩니다.
- ◉ 임의의 그림 삽입문제의 경우 A:\picture 폴더에서 임의로 선택하여 삽입하시오.

kpc 韓國生産性本部

기출문제 1

[제 1 작업] 표 서식 작성 및 값 계산

☞ 다음은 '2005년 4인가족 기준 근로소득 세부담 비교'에 대한 자료이다. 자료를 입력하고 조건에 맞도록 작업하시오.

[결과 1]

■ 2005년 4인가족 기준 근로소득 세부담 비교

월급	현행	개정	경감액	경감률(%)	2006년도 경감률(%)	연 수령액	소득세 과표구간	경감률(%) 순위
147만원	80	70	-10	12.5	11.5	(1)	(2)	(3)
200만원	17,670	15,710	-1,960	11.1	10.1	(1)	(2)	(3)
300만원	111,250	98,590	-12,660	11.4	10.4	(1)	(2)	(3)
400만원	271,380	249,820	-21,560	7.9	6.9	(1)	(2)	(3)
500만원	442,380	411,320	-31,060	7.0	6.0	(1)	(2)	(3)
600만원	678,400	637,850	-40,550	6.0	5.0	(1)	(2)	(3)
700만원	934,900	884,850	-50,050	5.4	4.4	(1)	(2)	(3)
800만원	1,191,400	1,131,850	-59,550	5.0	4.0	(1)	(2)	(3)
900만원	1,469,430	1,400,370	-69,060	4.7	3.7	(1)	(2)	(3)
1000만원	1,808,010	1,729,550	-78,460	4.3	3.3	(1)	(2)	(3)
2005년 400만원 월급 소득자의 경감액			(4)		2005년 월급으로 경감률(%) 찾기			
2005년 경감률(%)이 10 이상인 개수			(5)		월급	300만원	경감률	(6)

[조 건]

○ 모든 데이터의 서식은 글꼴(돋움, 10pt), 맞춤(가로, 세로 가운데 맞춤)을 적용하시오.

○「B15:D15, B16:D16, F15:F16, G15:J15」 영역을 병합하시오.

○ 제 목 ⇒ 기본 도형의 '모서리가 둥근 직사각형'과 '그림자 스타일 6'을 이용하여 작성하고 "■ 2005년 4인 가족 기준 근로소득 세부담 비교"를 입력한 후 다음 서식을 적용하시오(글꼴 – 돋움, 16pt, 굵게, 기울림꼴, 채우기 – 노랑).

○「B4:J4」 영역을 회색으로 채우기하시오.

○ 유효성검사 ⇒「H16」 셀에 월급(「B4:B14」 영역) 이 선택 표시되도록 하시오.

○ 「C5:E14」 영역에 셀 서식을 이용하여 단위의 자리를 맞추어 숫자 뒤에 "원"을 표시하시오 (예 : 70원, 15,710원).

◉ (1)~(6) 셀은 반드시 주어진 함수를 이용하여 값을 구하시오(결과값을 직접 입력하면 해당 셀은 0점 처리됨).

(1) 연 수령액 ⇒ [월급의 왼쪽 숫자×10,000×12]로 구하시오(LEFT, LEN함수).

(예 : 147만원 ⇒147×10,1000×12, 10000만원⇒1000×10,1000×12)

(2) 소득세 과표구간 ⇒ '경감률(%)'이 '12.5이상'이면 "1000만원", '6 이상'이면 "4000만원", '5이상'이면 "8000만원", 나머지는 "8000만원 초과"로 구하시오(IF 함수).

(3) 경감률(%) 순위 ⇒ '경감률(%)'의 내림차순으로 구하시오(RANK함수).
(4) 2005년 400만원 월급 소득자의 경감액 ⇒ (INDEX, MATCH함수).
(5) 2005년 경감률(%)이 10이 상인 개수 ⇒ (COUNTIF 함수).
(6) 경감률⇒「H16」 셀이 변할 때마다 자동으로 2005년 경감률(%)이 변경되도록 구하되, 결과값에 "%"를 표시하시오((VLOOKUP함수, &).
(7) 조건부 서식을 이용하여 '경감률(%)'이 '6 미만'인 행 전체에 다음 서식을 적용하시오(글꼴 : 파랑).

[제 2 작업] 필터 및 서식

☞ "제1작업"시트의 「B4:J14」 영역을 복사하여 "제2작업"시트의 셀 B2에 값과 서식만 붙여넣기를 한 후 다음의 조건과 같이 작업하시오.

[조 건]

(1) 자동필터
※ 경감액이 위쪽으로 '5'인 항목 중 '경감률(%)'이 '10 이상'인 데이터만을 추출하시오.
(2) 자동서식
※ 자동필터의 결과에 '목록형 1'의 서식을 적용하시오(단, 옵션 항목의 글꼴 제외).

[제 3 작업] 피벗 테이블

☞ "제1작업"시트의 「B4:J14」 영역을 이용하여 "제3작업"시트의 「B2」 셀부터 표시되도록 다음 조건에 따라 [결과2]와 같이 작업하시오.

[조 건]

(1) '월급'과 '경감률(%)'에 따른 '현행', '개정', '경감액'의 합계와 '현행', '개정'의 평균을 구하시오.
(2) 그룹－'경감률(%)'을 [결과2]처럼 그룹화하시오.
(3) 행의 총합계는 표시하지 마시오.
(4) 숫자 데이터는 통화 스타일을 적용하고 모든 데이터는 가운데 맞춤으로 하시오.
(5) 나머지 사항은 [결과2]에 맞게 작성하시오.

[결과 2]

	A	B	C	D	E	F	G	H
1								
2		월급	(모두) ▼					
3								
4			경감률(%) ▼					
5		데이터 ▼	4-5	5-6	6-7	7-8	11-12	12-13
6		합계:현행	₩3,277,440	₩2,126,300	₩678,400	₩713,760	₩128,920	₩ 80
7		합계:개정	₩3,129,920	₩2,016,700	₩637,850	₩661,140	₩114,300	₩ 70
8		합계:경감액	-₩ 147,520	-₩ 109,600	-₩ 40,550	-₩ 52,620	-₩ 14,620	-₩ 10
9		평균:개정2	₩1,564,960	₩1,008,350	₩637,850	₩330,570	₩ 57,150	₩ 70
10		평균:현행2	₩1,638,720	₩1,063,150	₩678,400	₩356,880	₩ 64,460	₩ 80

[제 4 작업] 그래프

☞ "제1작업"시트를 이용하여 "제4작업"시트에서 작업하시오. 그리고 조건에 따라 [결과3]과 같이 작업하시오.

[조 건]

(1) 차트 종류 ⇒ <이중 축 혼합형>으로 작업하시오.

(2) 데이터 범위 ⇒ "제1작업"시트에서 '월급, 현행, 개정, 경감률(%)'을 이용하여 작업하시오.

(3) 위치 ⇒ 「B2:H20」 영역에 위치하도록 하시오.

(4) 영역 서식 ⇒ 차트 영역 : 글꼴(돋움, 10pt), 채우기 효과(질감 – 양피지), 모서리를 둥글게

(5) 제목 서식 ⇒ 차트 제목 : "2005년 4인가족 기준 근로소득 세부담", 글꼴(돋움, 굵게, 14pt), 테두리, 그림자

보조 Y(축)값 제목 : (%), 가로방향 맞춤

(6) 범례 ⇒ [결과 3]을 참조하시오.

(7) 축 서식 ⇒ 보조 Y(값)축 눈금 : 최소값(0), 최대값(15), 주단위(3)을 입력하시오.

(8) 데이터 계열 서식 ⇒ '600만원'요소의 '경감률(%)' 계열 값만 표시하시오.

(9) 도형 ⇒ '700만원' 요소에 '모서리가 둥근 사각형 설명선'을 삽입한 후 "과세표준 세율 26%"를 입력하시오.

(10) 나머지 사항은 [결과 3]에 맞게 작성하시오.

[결과 3]

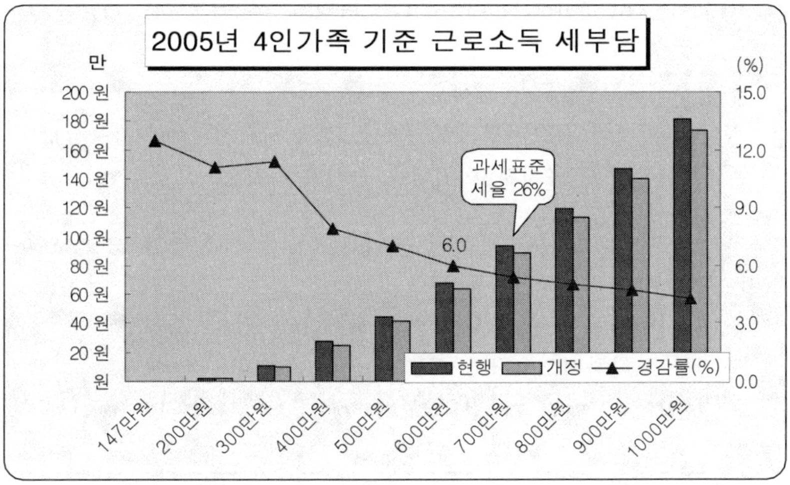

기출문제 2

[제 1 작업] 표 서식 작성 및 값 계산

☞ 다음은 '2004년 교원 현장 문학 응모 수상'에 대한 자료이다. 자료를 입력하고 조건에 맞도록 작업하시오.

[결과 1]

	A	B	C	D	E	F	G	H	I	J
1–3		▣▣ 2004년 교원 현장 문학 응모 수상								
4		성명	소속	지원부문	주민등록번호	성별	근무경력(단위:년)	등급	연구점수	주민등록번호
5		정준석	경기	시	(1)	남자	6	1	(2)	760919-1411321
6		양학기	서울	소설	(1)	남자	13	2	(2)	651014-1211312
7		신동숙	인천	수필	(1)	여자	24	3	(2)	540119-2422132
8		이창명	경남	시	(1)	남자	12	2	(2)	660220-1711324
9		성낙주	전북	소설	(1)	남자	11	1	(2)	681008-1511327
10		이명환	서울	수필	(1)	남자	4	2	(2)	730919-1411326
11		강정미	강원	시	(1)	여자	14	1	(2)	670919-2411327
12		김석준	충남	소설	(1)	남자	11	3	(2)	670815-1312328
13		최현우	경기	수필	(1)	남자	12	3	(2)	660715-1414329
14		수상자의 평균 근무경력			(3)		1등급 인원수		(6)	
15		최연소 근무경력자의 성명			(4)		2등급 인원수		(6)	
16		최장 근무경력			(5)		3등급 인원수		(6)	

[조 건]

○ 모든 데이터의 서식은 글꼴(돋움, 10pt), 맞춤(가로, 세로 가운데 맞춤)을 적용하시오.

○ 제목 ⇒ 그리기 도구모음 기본도형의 '모서리가 둥근 직사각형'과 '그림자 스타일6'을 이용하여 작성하고 "▣▣ 2004년 교원 현장 문학 응모 수상"을 입력한 후 다음 서식을 적용한다(글꼴－돋움, 16pt, 굵게, 기울임꼴, 채우기－노랑).

○ 「B14:D14, B15:D15, B16:D16, F14:F16, G14:H14, G15:H15, G16:H16」 영역을 병합하시오.

○ 「B4:J4」 영역을 회색으로 채우기 하시오.

○ 「H5:H13」 영역에 셀서식 사용자정의로 "등급"을 표시하시오(예 : 1등급).

○ 아래의 (1) 주민등록번호를 표시하고 [J]열을 숨기기 하시오.

◉ (1)~(6) 표시가 되어 있는 셀은 반드시 주어진 함수를 이용하여 값을 구하시오(결과값을 직접 입력하면 0점 처리됨).

(1) 주민등록번호 ⇒ [J]열의 '주민등록번호'를 하이픈(－)앞의 생년월일만 표시하고 뒤는 "*"로 숫자개수만큼 표시하시오(REPLACE함수)(예 : 760919－*******).

(2) 연구점수 ⇒ '등급'이 '1'이면 "1 점", '2'이면 "0.5 점", '3'이면 "0.25 점"으로 구하시오(IF함수).

(3) 수상자의 평균 근무경력 ⇒ 소수점 없이 정수로 구하시오(ROUND, AVERAGE함수).

(4) 최연소 근무경력자의 성명 ⇒ (INDEX, MATCH, MIN함수)

(5) 최장 근무경력 ⇒ '근무경력(단위:년)'이 가장 높은 값을 구하시오(MAX함수).

(6) 1,2,3등급 인원수 ⇒ 결과값에 "명"을 붙이시오(COUNTIF함수, &)(예 : 2명).

[제 2 작업] 필터 및 서식

☞ "제1작업"시트의「B4:I13」영역을 복사하여 "제2작업"시트의「B2」셀부터 모두 값과 서식만 붙여넣기를 한 후 다음의 조건과 같이 작업하시오.

[조 건]

(1) 자동필터

※ '지원부문'이 '시'가 아니고 '등급'이 '1등급'인 데이터 중 '성명, 소속, 지원부문, 성별, 근무경력(단위:년)'만을 추출하시오.

(2) 자동서식

※ 자동필터의 결과에 '기본형3'의 서식을 적용하시오(단, 옵션 항목은 제외).

[제 3작업] 정렬 및 부분합

☞ "제1작업"시트의「B4:I13」영역을 복사하여 "제3작업"시트「B2」셀부터 값과 서식만 붙여넣기 한 후 다음 조건과 같이 작업하시오.

[조 건]

(1) 정렬

※ '지원부문'의 오름차순, '등급'의 오름차순으로 정렬하시오.

(2) 부분합1

※ '지원부문'을 그룹화하여 '성별'인원수를 구하시오.

(3) 부분합2

※ '지원부문'을 그룹화하여 '근무경력(단위:년)'의 최소값을 구하시오.

(4) 나머지 사항은 [결과2]에 맞게 작성하시오.

[결과 2]

	A	B	C	D	E	F	G	H	I
1									
2		성명	소속	지원부문	주민등록번호	성별	근무경력(단위:년)	등급	연구점수
3		성낙주	전북	소설	681008 - *******	남자	11	1등급	1점
4		양학기	서울	소설	651014 - *******	남자	13	2등급	0.5점
5		김석준	충남	소설	670815 - *******	남자	11	3등급	0.25점
6				**소설 최소값**			11		
7				**소설 개수**		3			
8		이명환	서울	수필	730919 - *******	남자	4	2등급	0.5점
9		신동숙	인천	수필	540119 - *******	여자	24	3등급	0.25점
10		최현우	경기	수필	660715 - *******	남자	12	3등급	0.25점
11				**수필 최소값**			4		
12				**수필 개수**		3			
13		정준석	경기	시	760919 - *******	남자	6	1등급	1점
14		강정미	강원	시	670919 - *******	여자	14	1등급	1점
15		이창명	경남	시	660220 - *******	남자	12	2등급	0.5점
16				**시 최소값**			6		
17				**시 개수**		3			
18				**전체 최소값**			4		
19				**전체 개수**		9			

[제 4작업] 그래프

☞ "제1작업"시트를 이용하여 조건에 따라 [결과3]과 같이 작업하시오.

[조 건]

(1) 종류 ⇒ <3차원 효과의 묶은 세로 막대형>으로 작업하시오.

(2) 데이터 범위 ⇒ "제1작업"시트의 '성명'과 '근무경력(단위:년)'을 이용하시오.

(3) 위치 ⇒ "새로운 시트"로 만들고, "제4작업"으로 시트 이름을 바꾸시오. 「B2:H20」 영역에 위치하도록 하시오.

(4) 차트 영역 서식 ⇒ 글꼴 : 돋움, 10pt, 채우기(파피루스)

(5) 제목 ⇒ 차트제목 : "교원 현장 문학 수상자 근무경력"(14pt, 돋움, 굵게, 테두리, 그림자)
X(항목), 축 제목 : "성명"
Z(값)축 제목 : "년"

(6) 범례 ⇒ 옆면 오른쪽 위로 이동, '근무경력(단위:년)'을 '근무경력'으로 바꾸시오.

(7) 데이터 레이블 ⇒ 값을 표시하시오.

(8) 축 서식 ⇒ Z(값)축 : 최소값(0), 최대값(25), 주단위(5), 교점(10), 주 눈금선(삭제)

(9) 도형 ⇒ '모서리가 둥근 사각형 설명선'을 차트에 삽입한 후 "장학사"를 입력하시오.

(10) 나머지 사항은 [결과3]에 맞게 작성하시오.

[결과 3]

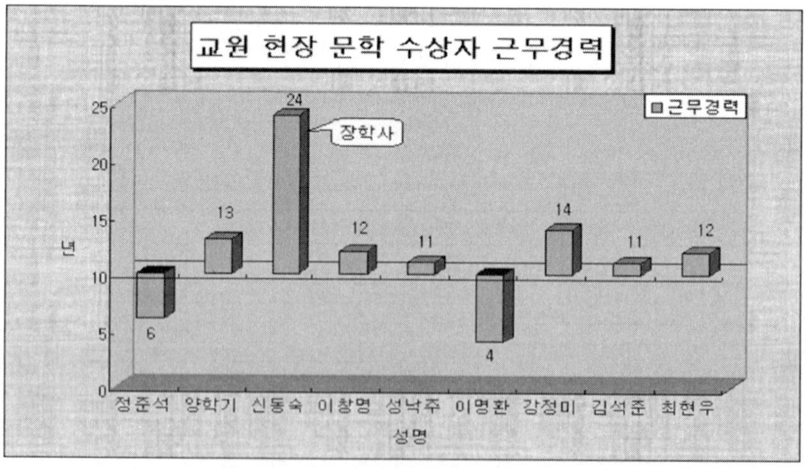

기출문제 3

[제 1 작업] 표 서식 작성 및 값 계산

☞ 다음은 '월 우수사원 특별상여금'에 대한 자료이다. 자료를 입력하고 조건에 맞도록 작업하시오.

[결과 1]

♣ 월 우수사원 특별상여금

결재	담당	팀장	대표이사

직원명	호봉	부서	월급일	본봉	기본수당	특별 상여금	총지급액	통장 입금일
김진수	10	QA	2005-08-25	₩ 2,001,300	₩ 230,169	₩ 2,231,469	(1)	(2)
탁현호	16	조립	2005-09-25	₩ 2,602,080	₩ 150,065	₩ 2,752,145	(1)	(2)
김성수	6	관리	2005-10-25	₩ 1,600,780	₩ 120,026	₩ 1,720,806	(1)	(2)
남보균	9	QA	2005-11-25	₩ 1,901,170	₩ 310,273	₩ 2,211,443	(1)	(2)
이혜진	12	조립	2005-12-25	₩ 2,201,560	₩ 180,104	₩ 2,381,664	(1)	(2)
조희정	13	관리	2006-01-25	₩ 2,301,690	₩ 200,130	₩ 2,501,820	(1)	(2)
김미옥	5	QA	2006-02-25	₩ 1,500,650	₩ 260,208	₩ 1,760,858	(1)	(2)
이소영	2	조립	2006-03-25	₩ 1,200,260	₩ 160,078	₩ 1,360,338	(1)	(2)
전영철	21	관리	2006-04-25	₩ 3,102,730	₩ 190,117	₩ 3,292,847	(1)	(2)
조성호	8	QA	2006-05-25	₩ 1,801,040	₩ 220,156	₩ 2,021,196	(1)	(2)
호봉이 가장 높은 직원명			(3)		QA 부서 직원의 특별 상여금 합계			(5)
QA 부서 직원수			(4)		월급일	2005년 9월	특별 상여금	(6)

[조 건]

○ 모든 데이터의 서식은 글꼴(돋움, 10pt), 맞춤(가로, 세로 가운데 맞춤)을 적용하시오.

○ 제 목 ⇒ WordArt로 "♣ 월 우수사원 특별상여금"을 입력한 후 다음 서식을 적용하시오(글꼴－굴림, 28pt, 굵게).

○ 임의의 셀에 결재란을 작성하여 카메라 또는 그림복사 기능을 이용하여 붙이기 하시오(단, 원본삭제).

○ 「B5:J5, G17, I17」 영역은 '흐린 파랑'으로 채우기 하시오.

○ 유효성 검사 ⇒ 「H17」 셀에 월급일(「E6:E15」 영역)이 [결과 1]과 같이 '0000년 0월'의 표시 형식으로 선택 표시되도록 하시오.

○ 셀 서식 ⇒ 「D6:D15」 영역에 셀 서식을 이용하여 문자 뒤에 "과"를 표시하시오(예 : QA과).

◉ (1)~(6) 셀은 반드시 주어진 함수를 이용하여 값을 구하시오(결과값을 직접 입력하면 해당 셀은 0점 처리됨).

(1) 총지급액 ⇒'본봉', '기본수당', '특별 상여금'을 합하여 '총지급액'을 구하시오(SUM함수).

(2) 통장 입금일 ⇒ 월급일이 토요일이나 일요일이면 금요일이 되도록 입금일을 표시하시오(IF, WEEKDAY함수)(예 : 2005－02－22).

(3) 호봉이 가장 높은 직원명 ⇒ (INDEX, MATCH, MAX 함수)

(4) QA부서 직원수 ⇒ 결과값에 "명"을 붙이시오(COUNTIF함수, & 연산자).

(5) QA부서 직원의 '특별 상여금' 합계 ⇒ (SUMIF함수)

(6) 특별 상여금 ⇒ 「H17」 셀에서 선택한 월급일에 대한 '특별 상여금'을 표시하시오 (VLOOKUP함수).

(7) 조건부 서식을 이용하여 "월급일이 짝수 달(예: 2월, 4월…)"인 행 전체에 다음 서식을 적용하시오(글꼴 : 파랑).

[제 2 작업] 목표값 찾기 및 필터

☞ "제1작업"시트의 「B5:H15」 영역을 복사하여 "제2작업"시트의 「B2」 셀에 모두 붙여넣기를 한 후 다음의 조건과 같이 작업하시오.

[조 건]

(1) 목표값 찾기

※ 「B13:G13」 셀을 병합하여 "QA과 부서 우수사원의 특별상여금 평균"을 입력한 후, 「H13」 셀에 QA과 부서 우수사원의 특별상여금 평균을 구하시오(DAVERAGE함수, 테두리, 가운데 정렬).

※ 'QA과 부서 우수사원의 '특별상여금' 평균이 '2,100,000'이 되려면 '김진수' 직원의 '특별상여금'이 얼마가 되어야 하는지 목표값을 구하시오.

(2) 고급필터

※ 'QA과' 부서 중에서 '특별 상여금'이 '2,000,000'이상이고 '본봉'이 '2,000,000'이하인 데이터만 추출하시오.

※ 조건 위치 : 「B15」 셀부터 입력하시오.

※ 복사 위치 : 「B20」 셀부터 나타나도록 하시오.

[제 3 작업] 피벗 테이블

☞ "제1작업"시트를 이용하여 "제3작업"시트에 조건에 따라 [결과2]와 같이 작업하시오.

[조 건]

(1) '부서', '호봉'별 '특별 상여금' 개수와 합계를 구하시오.

(2) '호봉'을 그룹화하시오.

(3) '부서'를 [결과 2]와 같이 정렬하고 레이블을 병합하시오.

(4) 빈 셀은 '**'을 표시하고, 나머지 사항은 [결과 2]에 맞게 작성하시오.

[결과 2]

	A	B	C	D	E	F	G	H
1								
2				호봉 ▾				
3		부서 ▾	데이터 ▾	1-5	6-10	11-15	16-21	총 합계
4		QA	개수:특별 상여금	1	3	**	**	4
5			합계:특별 상여금	1,760,858	6,464,108	**	**	8,224,966
6		조립	개수:특별 상여금	1	**	1	1	3
7			합계:특별 상여금	1,360,338	**	2,381,664	2,752,145	6,494,147
8		관리	개수:특별 상여금	**	1	1	1	3
9			합계:특별 상여금	**	1,720,806	2,501,820	3,292,847	7,515,473
10		전체 개수:특별 상여금		2	4	2	2	10
11		전체 합계:특별 상여금		3,121,196	8,184,914	4,883,484	6,044,992	22,234,586

[제 4 작업] 그래프

☞ "제1작업"시트를 이용하여 조건에 따라 [결과3]과 같이 작업하시오.

[조 건]

(1) 차트 종류 ⇒ <묶은 세로막대형>으로 작업하시오.

(2) 데이터 범위 ⇒ "제1작업"시트의 내용을 이용하여 작업하시오.

(3) 위치 ⇒ "새로운 시트"로 만들고, "제4작업"으로 시트 이름을 바꾸시오.

(4) 영역 서식 ⇒ 차트 영역 : 글꼴(돋움, 보통, 11pt), 채우기 효과(질감 – 분홍 박엽지)
그림 영역 : 영역색(흰색)

(5) 제목 서식 ⇒ 차트 제목 : 글꼴(돋움, 굵게, 18pt), 테두리, 그림자

(6) 범례 ⇒ [결과 3]을 참조하시오.

(7) 축 서식 ⇒ [결과3]을 참조하시오.

(8) 데이터 계열 서식 ⇒ 요소마다 다른 색을 적용하고 4월 계열 값만 표시하시오.

(9) 도형 ⇒ '오른쪽 화살표'를 삽입한 후 내용을 입력하시오.

(10) 나머지 사항은 [결과 3]에 맞게 작성하시오.

[결과 3]

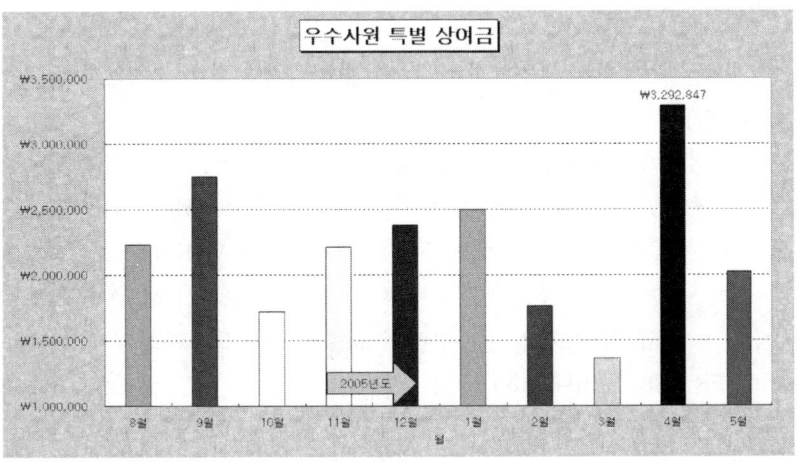

기출문제 4

[제 1 작업] 표 서식 작성 및 값 계산

☞ 다음은 '2005년 한국의 사회 지표'에 대한 자료이다. 자료를 입력하고 조건에 맞도록 작업하시오.

[결과 1]

	A	B	C	D	E	F	G	H	I	J
1		컴퓨터 활용능력 ◈ 2005년 한국의 사회 지표								
2										
3				가중치	1	2	3	4		
4		그룹	구 분	조사기간	컴 맹	초 급	중 급	고 급	가중치 적용점수	중급 순 위
5		연령	10 대	3개월	0.089	0.452	0.393	0.066	(1)	(2)
6		연령	20 대	4개월	0.028	0.321	0.535	0.116	(1)	(2)
7		연령	30 대	4개월	0.066	0.489	0.359	0.086	(1)	(2)
8		연령	40 대	6개월	0.122	0.553	0.268	0.057	(1)	(2)
9		연령	50 대	5개월	0.144	0.568	0.244	0.044	(1)	(2)
10		연령	60 대이상	5개월	0.24	0.56	0.189	0.011	(1)	(2)
11		지역	경상권	6개월	0.1	0.45	0.362	0.088	(1)	(2)
12		지역	전라권	6개월	0.091	0.37	0.459	0.08	(1)	(2)
13		지역	부산시	4개월	0.062	0.363	0.419	0.156	(1)	(2)
14		지역	서울시	4개월	0.029	0.368	0.465	0.138	(1)	(2)
15		초급의 두 번째 점수			(3)		컴맹 10% 이상			(5)
16		중급의 평균			(4)		고급 점수가 가장 높은 구분			(6)

[조 건]

○ 모든 데이터의 서식은 글꼴(돋움, 10pt), 맞춤(가로, 세로 가운데 맞춤)을 적용하시오.

○ 제목 ⇒ 「B1:J1」 영역을 병합하고 "◈ 2005년 한국의 사회 지표"를 입력한 후 다음 서식을 적용하시오(글꼴－돋움, 16pt, 굵게, 채우기－연녹색).

○ 윗주 ⇒ 제목 셀에 "컴퓨터 활용능력"을 표시하시오.

○ 「B4:J4, B15:D16, G15:I16」 영역을 회색으로 채우기 하시오.

○ 메모 ⇒ 「C10」 셀에 "복지회관 수강자 대상"의 내용으로 메모를 삽입하시오.

○ 「E5:E16, F5:H14」 영역에 셀 서식을 이용하여 백분율로 소수점 이하 둘째 자리수까지 표시하시오(예 : 0.089 → 8.90%)

◉ (1)~(6) 셀은 반드시 주어진 함수를 이용하여 값을 구하시오(결과값을 직접 입력하면 해당 셀은 0점 처리됨).

(1) 가중치 적용 점수 ⇒ [가중치×각 항목별 비율]의 합계로, '가중치'(「E3:H3」 영역)와 '컴맹', '초급', '중급', '고급'을 곱한 값의 합계를 구하시오(SUMPRODUCT함수).

(2) 중급 순위 ⇒ '중급'에 대한 내림차순 순위를 구하시오(RANK함수).

(3) 초급의 두 번째 점수 ⇒ '초급'에서 두 번째로 큰 값을 구하시오(LARGE함수).

(4) 중급의 평균 ⇒ '중급'의 평균을 반올림하여 소수점이하 둘째자리까지 표시하시오(ROUND, AVERAGE함수)(예 : 36.93%).

(5) 컴맹 10% 이상 ⇒ '컴맹'이 '10%이상'인 개수를 구하고 결과값 뒤에 "그룹"을 붙

이시오(CONCATENATE, COUNTIF함수)(예 : 4 그룹).

(6) 고급 점수가 가장 높은 구분 ⇒ (INDEX, MATCH, MAX함수)

(7) 조건부 서식을 이용하여 '고급'이 '10% 이상'인 행 전체에 다음 서식을 적용하시오(글꼴 : 파랑).

[제 2 작업] 필터 및 서식

☞ "제1작업"시트의 「B4:H14」 영역을 복사하여 "제2작업"시트의 「B2」 셀부터 모두 붙여넣기한 후 다음의 조건과 같이 작업하시오.

[조 건]

(1) 고급필터

※ '컴맹'과 '초급'의 합계가 '60% 이상'인 자료의 '구분, 컴맹, 초급, 중급, 고급' 데이터만을 추출하시오.

※ 조건 위치 : 「B14」 셀부터 입력하시오.

※ 추출 위치 : 「B18」 셀부터 나타나도록 하시오.

(2) 자동서식

※ 고급필터의 결과에 '목록형1'의 서식을 적용하시오(단, 옵션항목의 글꼴 제외).

[제 3 작업] 피벗 테이블

☞"제1작업"시트를 이용하여"제3작업"시트에 조건에 따라 [결과2]와 같이 작업하시오.

[조 건]

(1) '그룹'과 '구분'별로 '조사기간'에 따른 '중급'의 평균을 구하시오.

(2) 보고서 서식 – '표10'을 적용하시오.

(3) 테이블 옵션 – 행의 총합계를 숨기기 하시오.

(4) 데이터 서식 – '평균 : 중급'을 백분율로 소수점이하 한자리까지 표시되도록 하시오.

(5) 나머지 사항은 [결과2]에 맞게 작성하시오.

[결과 2]

	A	B	C	D	E	F
1						
2		그룹	(모두)			
3						
4		평균:중 급	조사기간			
5		구 분	3개월	4개월	5개월	6개월
6		10 대	39.3%			
7		20 대		53.5%		
8		30 대		35.9%		
9		40 대				26.8%
10		50 대			24.4%	
11		60 대이상			18.9%	
12		경상권				36.2%
13		부산시		41.9%		
14		서울시		46.5%		
15		전라권				45.9%
16		총 합계	39.3%	44.5%	21.7%	36.3%

[제 4작업] 그래프

☞ "제1작업"시트를 이용하여 조건에 따라 [결과3]과 같이 작업하시오.

[조 건]

(1) 차트의 종류 ⇒ <3차원 효과의 원형>으로 작업하시오.
(2) 데이터 범위 ⇒ "제1작업"시트의 내용을 이용하여 작업하시오.
(3) 위치 ⇒ "새로운 시트"로 만들고, "제4작업"으로 시트 이름을 바꾸시오.
(4) 영역 서식 ⇒ 차트 영역 : 글꼴(돋움, 12pt), 채우기(질감 – 재생지)
그림 영역 : 채우기(영역 – 없음)
(5) 제목 서식 ⇒ 차트 제목 : 글꼴(돋움, 18pt, 굵게), 테두리, 그림자
(6) 범례 ⇒ [결과3]을 참조하시오.
(7) 데이터 계열 서식 ⇒ [결과3]을 참조하시오.
(8) 차트 모양 변경 ⇒ 상하회전 : 45도
(9) 도형 ⇒ '모서리가 둥근 직사각형'을 삽입한 후 내용을 입력하시오.
(10) 나머지 사항은 [결과3]에 맞게 작성하시오.

[결과 3]

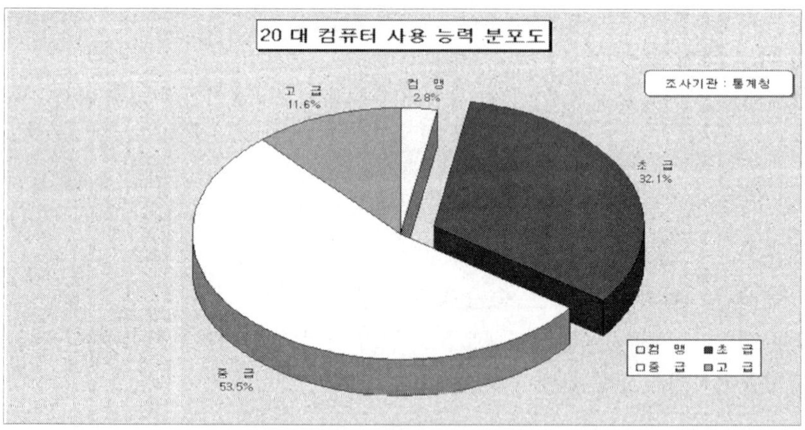

기출문제 5

[제 1 작업] 표 서식 작성 및 값 계산

☞ 다음은 '제품별 수입내역현황'에 대한 자료이다. 자료를 입력하고 조건에 맞도록 작업하시오.

[결과 1]

★ 제품별 수입내역현황 ★

모델번호	수입국가	수입가격	수입비용	판매수량	판매가격	담당자	제품종류	매출이익률
BT2-10	중국	₩ 45,300	₩ 4,120	200	₩ 54,800	강석중	(1)	(2)
MP1-55	일본	₩ 215,700	₩ 24,730	300	₩ 325,000	구경아	(1)	(2)
MP3-25	대만	₩ 164,300	₩ 19,560	180	₩ 320,000	성준일	(1)	(2)
LM1-11	홍콩	₩ 326,400	₩ 23,840	140	₩ 500,000	강석중	(1)	(2)
BT3-30	일본	₩ 497,300	₩ 47,190	210	₩ 750,000	구경아	(1)	(2)
MP1-05	홍콩	₩ 135,100	₩ 11,530	280	₩ 200,000	성준일	(1)	(2)
LM4-50	중국	₩ 278,200	₩ 30,480	190	₩ 340,000	강석중	(1)	(2)
BT1-15	중국	₩ 89,300	₩ 10,150	290	₩ 170,000	구경아	(1)	(2)
LM3-20	대만	₩ 315,400	₩ 35,640	240	₩ 515,000	구경아	(1)	(2)
MP3-20	대만	₩ 235,900	₩ 23,570	370	₩ 415,000	성준일	(1)	(2)
중국에서 수입한 제품 중 최대 수입비용				(3)			모델번호별 매출총액	
강석중의 수입비용 평균				(4)			모델번호	매출총액
두번째로 많이 판매된 모델의 담당자				(5)			MP3-20	(6)

[조 건]

○ 모든 데이터의 서식은 글꼴(돋움, 10pt), 맞춤(가로, 세로 가운데 맞춤)을 적용하시오.

○ 제목 ⇒ WordArt(도형 – 일반 텍스트)로 "★ 제품별 수입내역현황 ★"을 입력한 후 다음 서식을 적용하시오(글꼴 – 굴림, 36pt, 굵게).

○ 「B4:J4, B15:J17」 영역을 회색으로 채우기 하시오.

○ 이름 정의 ⇒ 「B5:H14」 영역을 '수입내역'의 이름으로 정의하시오.

○ 「F5:F14」 영역에 셀 서식을 이용하여 숫자 뒤에 "EA"를 표시하시오(예 : 200EA).

○ 유효성 검사를 이용하여 「I17」 셀에 모델번호(「B5:B14」 영역)이 선택 표시되도록 하시오.

◉ (1)~(6) 셀은 반드시 주어진 함수를 이용하여 값을 구하시오(결과값을 직접 입력하면 해당 셀은 0점 처리됨).

(1) 제품종류 ⇒ '모델번호'의 왼쪽 두 글자가 "BT"이면 "블루투스", "MP"이면 "MP", 그렇지 않으면 "모니터"로 구하시오(IF, LEFT함수).

(2) 매출 이익률 ⇒ [판매가격/(수입가격+수입비용)]으로 구하되, 올림하여 소수점 이하 한자리의 백분율로 구하시오(ROUNDUP함수)(예:112.9%).

(3) 중국에서 수입한 제품 중 최대 수입비용 ⇒ 조건은 입력된 데이터를 이용하시오(DMAX함수).

(4) 강석중의 수입비용 평균 ⇒ '담당자' 강석중의 [수입비용 합계/수입비용 개수]로 구하시오(SUMIF, COUNTIF함수).
(5) 두 번째로 많이 판매된 모델의 담당자 ⇒ (INDEX, MATCH, LARGE함수)
(6) 모델 번호별 매출 총액 ⇒ 「I17」 셀이 변할 때마다 자동으로 매출 총액[판매수량 × 판매가격]이 변경되도록 구하시오(VLOOKUP함수, 통화형식).
(7) 조건부 서식을 이용하여 '판매 수량'이 '200미만'이거나 '300이상'인 행 전체에 다음 글꼴 서식을 적용하시오(글꼴 : 파랑).

[제 2 작업] 목표값 찾기 및 필터

☞ "제1작업"시트의 「B4:H14」 영역을 복사하여 "제2작업"시트의 「B2」 셀부터 모두 붙여넣기한 후 다음의 조건과 같이 작업하시오.

[조 건]

(1) 목표값 찾기
 ※ 「B13:C13」 셀을 병합하여 "전자제품의 매출총액"을 입력한 후 「D13」 셀에 제품별[판매수량×판매가격]의 합을 구하시오(SUMPRODUCT함수, 테두리, 가운데 맞춤).
 ※ 전 제품의 '매출 총액'이 '850,000,000'이 되기 위해서 'MP3－20'의 '판매가격'을 얼마로 변경해야 하는지 구하시오.
(2) 고급필터
 ※ '매출 총액'(판매수량×판매가격])이 '100,000,000이상'인 데이터를 추출하시오.
 ※ 조건 위치 : 「B15」 셀부터 입력하시오.
 ※ 복사 위치 : 「B18」 셀부터 나타나도록 하시오.

[제 3 작업] 피벗 테이블

☞ "제1작업"시트를 이용하여 "제3작업"시트의 「B2」 셀부터 다음의 조건과 같이 작업하시오

[조 건]

(1) '담당자'와 '수입국가'별 '수입가격', '수입비용', '판매가격'의 합계를 구하시오.
(2) 국가별 평균 매출 이익률 : 수식[판매가격/(수입가격＋수입비용)]으로 작성하여 추가한 후 필드명을 변경하시오.
(3) 합계 : '수입가격', '수입비용', '판매가격'은 통화형식, '국가'별 평균 '매출이익률'은 소수점 이하 한자리의 백분율로 표시하시오.
(4) 모든 데이터는 가운데 맞춤하시오.
(5) 나머지 사항은 [결과 2]에 맞게 작성하시오.

[결과 2]

	A	B	C	D	E	F	G
1							
2		담당자	(모두)				
3							
4			수입국가				
5		데이터	대만	일본	중국	홍콩	총 합계
6		합계:수입가격	₩715,600	₩713,000	₩412,800	₩461,500	₩2,302,900
7		합계:수입비용	₩78,770	₩71,920	₩44,750	₩35,370	₩230,810
8		합계:판매가격	₩1,250,000	₩1,075,000	₩564,800	₩700,000	₩3,589,800
9		국가별평균 매출이익률	157.4%	137.0%	123.4%	140.9%	141.7%

[제 4 작업] 그래프

☞ "제1작업"시트를 이용하여 조건에 따라 [결과 3]과 같이 작업하시오.

[조 건]

(1) 차트의 종류 ⇒ <이중 축 혼합형>으로 작업하시오.

(2) 데이터 범위 ⇒ "제1작업" 시트의 내용을 이용하여 작업하시오.

(3) 위치 ⇒ "새로운 시트"로 만들고, "제4작업"으로 시트 이름을 바꾸시오.

(4) 영역 서식 ⇒ 차트 영역 : 글꼴(돋움, 14pt), 채우기 효과(질감－파랑 박엽지)
그림 영역 : 영역색(없음)

(5) 제목 서식 ⇒ 차트 제목 : 글꼴(돋움, 굵게, 18pt), 테두리, 그림자

(6) 범례 ⇒ [결과 3]을 참조하시오.

(7) 차트 종류변경 ⇒ '수입가격', '수입비용'계열의 차트를 '누적세로 막대형'으로 변경하시오.

(8) 축 서식 ⇒ [결과 3]을 참조하시오.

(9) 도형 ⇒ '설명선 3'도형을 삽입한 후 내용을 입력하시오.

(10) 나머지 사항은 [결과3]에 맞게 작성하시오 : 글꼴 크기변경(∵다른 글꼴보다 큼)

[결과 3]

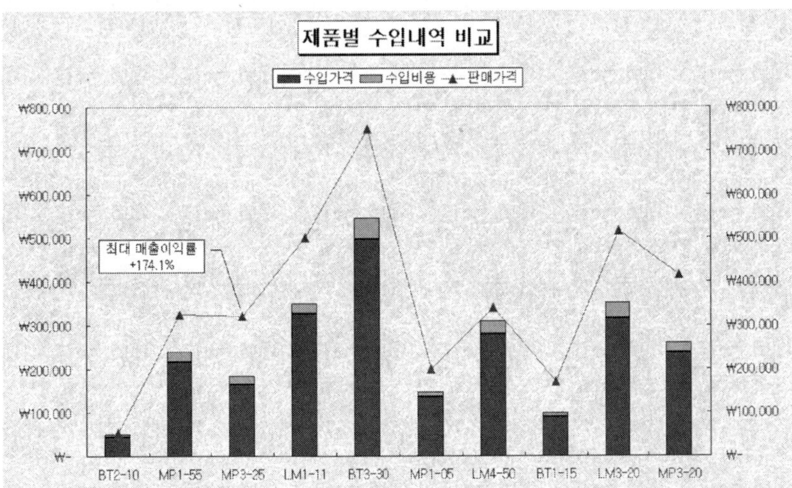

기출문제 6

[제 1 작업] 표 서식 작성 및 값 계산

☞ 다음은 '2004년 OECD국가 중 주요 국가의 지표'에 대한 자료이다. 자료를 입력하고 조건에 맞도록 작업하시오.

[결과 1]

■ 2004년 OECD 주요 국가의 指標

국가	그룹	1인당 GDP (달러)	경제성장률 (%)	수 출 (억달러)	수 입 (억달러)	1인당GDP 순 위	수출입 평 가	2005년 예상 GDP
이탈리아	유럽	28,925	1.2%	3,490	3,513	(1)	(2)	(3)
뉴질랜드	오세아니아	24,326	1.3%	204	232	(1)	(2)	(3)
독일	유럽	32,573	0.1%	9,116	7,180	(1)	(2)	(3)
미국	북아메리카	39,724	4.4%	8,185	15,257	(1)	(2)	(3)
영국	유럽	35,855	2.5%	3,416	4,517	(1)	(2)	(3)
오스트레일리아	오세아니아	30,941	3.2%	864	1,094	(1)	(2)	(3)
일본	아시아	36,533	3.5%	5,657	4,545	(1)	(2)	(3)
캐나다	북아메리카	31,106	3.1%	3,045	2,731	(1)	(2)	(3)
프랑스	유럽	33,490	0.7%	4,245	4,426	(1)	(2)	(3)
한국	아시아	14,144	4.6%	2,538	2,245	(1)	(2)	(3)
요약분석	유럽를 제외한 그룹의 경제성장률 평균			(4)		국가별 수출 금액 조회	국가	수입
	유럽의 수출 합계			(5)			미국	(6)

[조 건]

○ 모든 데이터의 서식은 글꼴(돋움, 10pt), 맞춤(가로, 세로 가운데 맞춤)을 적용하시오.

○ 제 목 ⇒ WordArt로 "▣2004년 OECD 주요 국가의 指標(지표)"를 입력한 후 다음 서식을 적용하시오(글꼴 – 돋움, 굵게, 32pt).

○ 채우기 ⇒ 「B4:J4, B5:B16, H15:H16」 영역은 '연노랑'을 「C5:C14, C15:E16, I15:J15」 영역은 '연녹색'으로 채우시오.

○ 「B5:B14」 셀을 '국가'로 이름을 정의한 후 균등분할 맞춤으로 표시하시오.

○ 유효성검사 ⇒ 「I16」 셀에 국가(「B5:B14」 영역)가 선택 표시되도록 하시오.

○ 셀서식 ⇒ 「F5:G14」 영역에 셀 서식을 이용하여 천단위 콤마를 표시하고, 숫자 뒤에 "억달러"를 표시하시오(예: 3490 →3,490 억달러).

◉ (1)~(6) 셀은 반드시 주어진 함수를 이용하여 값을 구하시오(결과값을 직접 입력하면 해당 셀은 0점 처리됨).

(1) 1인당 GDP 순위 ⇒ '1인당 GDP'를 이용하여 높은 값이 1위가 되도록 순위를 구하고 결과의 뒤에 "위"를 붙이시오(RANK함수, &연산자).

(2) 수출입 평가 ⇒ '수입'이 「수출×1.1」 보다 크면 "수입"을, '수출'이 「수입×1.1」 보다 크면 "수출"을 나머지는 "균형"을 표시하시오(IF함수).

(3) 2005년 예상 GDP ⇒ [1인당 GDP×(1+경제성장률)]를 이용해 구하시오. 단, 소숫점 이하 반올림하시오(ROUND함수).

(4) 유럽을 제외한 그룹의 경제성장률 평균 ⇒ '그룹'이 '유럽'이 아닌 자료의 '경제 성장률' 평균을 구하시오(SUMIF, COUNTIF함수).

(5) 유럽의 수출 합계 ⇒ '유럽'그룹의 '수출(억달러)' 합계를 구한 후 결과값 뒤에 "억달러"를 표시하시오(DSUM함수, &연산자).

(6) 수입 ⇒ 「I16」 셀에 따라 수입을 구하시오. 단, '국가'가 빈 셀로 입력되어 오류가 발생하면 빈 셀로 표시하시오(IF, ISERROR, VLOOKUP함수).

(7) 조건부 서식을 이용하여 '1인당 GDP'가 '30,000'이상이고 '경제성장률'이 '3%' 이상인 행 전

체에 다음 글꼴 서식을 적용하시오(글꼴 : 파랑).

[제 2 작업] 목표값 찾기 및 필터

☞ "제1작업"시트의「B4:G14」영역을 복사하여 "제2작업"시트의「B2」셀에 모두 붙여넣기한 후 다음의 조건과 같이 작업하시오.

[조 건]

(1) 목표값 찾기

※「B13:E13」셀을 병합하여 "항목별 유럽 평균"을 입력한 후「F13:G13」셀에 유럽의 수출과 수입의 평균을 각각 구하시오(DAVERAGE함수, 테두리, 가운데정렬).

※ '유럽 수입(억 달러) 평균'이 '5000 억 달러'가 되려면 '독일의 수입(억 달러)'은 얼마가 되어야 하는지 목표값을 구하시오.

(2) 고급필터

※ '북아메리카'그룹의 데이터 중 '1인당 GDP(달러)'가 '1인당 GDP(달러)의 평균' 이상이면서 '경제성장률(%)'이 '2.0%' 이상인 데이터를 구하시오.

※ 조건 위치 :「B15」셀부터 입력하시오.

※ 복사 위치 :「B20」셀부터 "국가, 1인당GDP, 수출, 수입"만 나타나도록 하시오.

[제 3 작업] 정렬과 부분합

☞ "제1작업"시트의「B4:G14」영역을 복사하여 "제3작업"시트의「B2」셀에 모두 붙여넣기한 후 다음의 조건과 같이 작업하시오.

[조 건]

(1) 정렬

※ [결과2]처럼 정렬하시오.

(2) 부분합

※ '1인당 GDP'의 개수를 구한 후 '수출'과 '수입'의 평균을 구하시오.

(3) 윤 곽 – 지우시오.

(4) 나머지 사항은 [결과2]에 맞게 작성하시오.

[결과 2]

	A	B	C	D	E	F	G
1							
2		국가	그룹	1인당 GDP (달러)	경제성장률 (%)	수 출 (억달러)	수 입 (억달러)
3			아시아 평균			4,098 억달러	3,395 억달러
4			전체 개수	10			
5			아시아 개수	2			
6		일 본	아시아	36,533	3.5%	5,657 억달러	4,545 억달러
7		한 국	아시아	14,144	4.6%	2,538 억달러	2,245 억달러
8			오세아니아 개수	2			
9			오세아니아 평균			534 억달러	663 억달러
10		뉴 질 랜 드	오세아니아	24,326	1.3%	204 억달러	232 억달러
11		오스트레일리아	오세아니아	30,941	3.2%	864 억달러	1,094 억달러
12			유럽 개수	4			
13			유럽 평균			5,067 억달러	4,909 억달러
14		독 일	유럽	32,573	0.1%	9,116 억달러	7,180 억달러
15		영 국	유럽	35,855	2.5%	3,416 억달러	4,517 억달러
16		이 탈 리 아	유럽	28,925	1.2%	3,490 억달러	3,513 억달러
17		프 랑 스	유럽	33,490	0.7%	4,245 억달러	4,426 억달러
18			북아메리카 개수	2			
19			북아메리카 평균			5,615 억달러	8,994 억달러
20		미 국	북아메리카	39,724	4.4%	8,185 억달러	15,257 억달러
21		캐 나 다	북아메리카	31,106	3.1%	3,045 억달러	2,731 억달러

[제 4 작업] 그래프

☞ "제1작업"시트를 이용하여 조건에 따라 [결과3]과 같이 작업하시오.

[조 건]

(1) 차트의 종류 ⇒ <3차원 효과의 묶은 가로 막대형>으로 작업하시오.
(2) 데이터 범위 ⇒ "제1작업" 시트의 내용을 이용하여 작업하시오.
(3) 위치 ⇒ "새로운 시트"로 만들고, "제4작업"으로 시트 이름을 바꾸시오.
(4) 영역 서식 ⇒ 차트 영역 : 글꼴(돋움, 보통, 14pt)
밑면 영역 : 채우기 효과(기본 설정색 – 밀, 음영스타일 – 가운데에서)
(5) 제목 서식 ⇒ 차트 제목 : 글꼴(돋움, 굵게, 18pt), 테두리, 채우기(연녹색), 그림자
(6) 범례 ⇒ [결과 3]을 참조하시오.
(7) 축 서식 ⇒ [결과3]을 참조하시오.
(8) 데이터 계열 서식 ⇒ '수입'계열에 '넓은 상향 대각선 무늬'를 적용하고 [결과3]을 참조하시오.
(9) 도형 ⇒ '독일'의 수출 그래프에 [결과3]과 같이 '설명선3' 도형을 삽입한 후 내용을 입력하시오.
(10) 나머지 사항은 [결과3]에 맞게 작성하시오.

[결과 3]

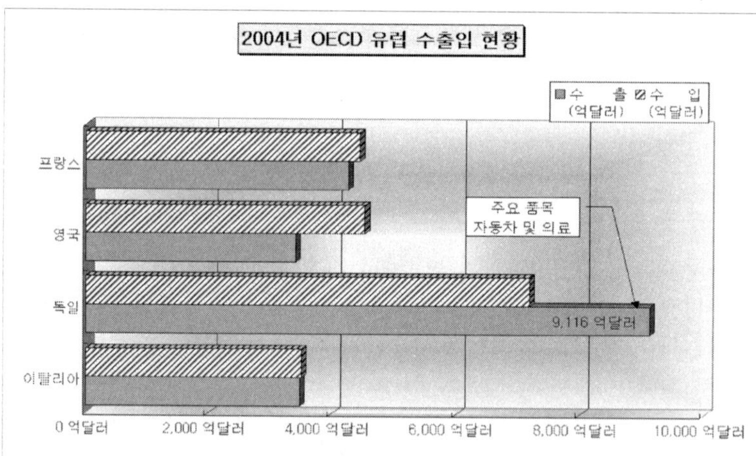

기출문제 7

[제 1 작업] 표 서식 작성 및 값 계산

☞ 다음은 2006년 ‘평생교육원 수강생 현황’에 대한 자료이다. 자료를 입력하여 조건에 맞도록 작업하시오.

[결과 1]

□□ 평생교육원 수강생 현황

강좌코드	수강생	수강과목	수강료	수강기간	개강일	연락처	강의실	종강일
RE-1412	나현정	부동산 경매	₩120,000	3	2월 11일	548-0825	(1)	(2)
EC-3289	여승진	경제학 개론	₩ 150,000	2	5월 01일	883-8284	(1)	(2)
BU-2398	이상신	무역실무	₩ 150,000	2	5월 17일	326-2391	(1)	(2)
AR-3297	고호진	미술감상법	₩ 80,000	1	3월 12일	395-4807	(1)	(2)
SE-1293	장은경	비석학개론	₩ 60,000	1	4월 20일	261-7923	(1)	(2)
DI-3379	도원석	창업 및 경영	₩ 120,000	2	4월 23일	742-2739	(1)	(2)
AC-1232	박희진	회계와 사회	₩ 150,000	3	3월 25일	720-1128	(1)	(2)
JA-3826	채고은	생활일본어	₩ 180,000	3	5월 18일	223-6721	(1)	(2)
HB-6284	김수경	인체의 신비	₩ 50,000	1	6월 21일	231-9309	(1)	(2)
EN-3017	황인희	환경과 사회	₩ 50,000	1	6월 04일	734-0167	(1)	(2)
인체의 신비 개강 요일			(3)		전체 수강과목 수			(4)
수강과목 전체 수강비용			(5)		수강과목	창업 및 경영	수강비용	(6)

[조 건]

○ 모든 데이터의 서식은 글꼴(돋움, 10pt), 맞춤(가로, 세로 가운데 맞춤)을 적용하시오.

○ 제목 ⇒ 그리기 도구모음의 ‘직사각형과 그림자 스타일6’을 이용하여 작성하고 “ □□평생교육원 수강생 현황”을 입력한 후 다음 서식을 적용하시오(글꼴－돋움, 16pt, 굵게, 채우기－연녹색).

○ 메모 ⇒ 「C5」 셀에 “공인중개사”의 메모를 삽입하시오(옵션 : 메모 표시).

○ 「B4:J4, G16」 영역에 다음 서식을 적용하시오(글꼴－굵게, 채우기－회색).

○ 유효성 검사를 이용하여 「H16」 셀에 수강과목(「D5:D14」 영역)을 선택 표시되도록 하시오.

○ 셀 서식을 이용하여 「F5:F14」 영역의 수 뒤에 “개월”을 표시하시오(예: 3개월).

◉ (1)~(6) 셀은 반드시 주어진 함수를 이용하여 값을 구하시오(결과값을 직접 입력하면 해당 셀은 0점 처리됨).

(1) 강의실 ⇒ ‘강좌코드’의 하이픈(－) 뒤의 첫 수는 ‘호관’이고, 오른쪽부터 3자리는 ‘호’로 연결하여 구하시오(MID, RIGHT 함수, & 연산자)(예 : RE－1412 ⇒ 1호관 412호).

(2) 종강일 ⇒ 「개강일＋수강기간」 으로 구하시오(DATE, YEAR, MONTH, DAY함수)(예 : 5월 7일).

(3) 인체의 신비 개강 요일 ⇒ ‘인체의 신비’ 과목의 개강 요일을 “월요일, 화요일...”의 형태로 구하시오(CHOOSE, WEEKDAY함수).

(4) 전체 수강과목 수 ⇒ (COUNTA함수)

(5) 수강과목 전체 수강비용 ⇒ ‘수강료’에 ‘수강기간’을 곱하여 전체 수강비용을 구하시오(SUMPRODUCT함수).

(6) 수강비용 ⇒ 「수강료×수강기간」 으로 「H16」 셀이 변할 때마다 자동으로 수강비용이 변경

되도록 구하시오(VLOOKUP함수).
(7) 조건부 서식을 이용하여 '수강기간'이 '1개월'인 행 전체에 다음 서식을 하시오(글꼴 : 파랑).

[제 2 작업] 목표값 찾기 및 필터

☞ "제1작업"시트의 「B4:H14」 영역을 복사하여 "제2작업"시트의 「B2」 셀부터 모두 붙여넣기를 한 후 다음의 조건과 같이 작업하시오.

[조 건]

(1) 목표값 찾기

※ 「B13:G13」 셀을 병합하여 "수강기간이 3개월인 수강료의 평균"을 입력한 후, 「H13」 셀에 수강기간이 3개월인 수강료의 평균 수강료를 구하시오(DAVERAGE함수, 테두리, 가운데 맞춤).

※ '수강기간이 3개월인 수강료의 평균'이 '160,000'가 되려면 '부동산 경매' 수강과목의 '수강료'가 얼마가 되어야 하는지 목표값을 구하시오.

(2) 고급필터

※ '2006년 5월 이후'에 개강하는 과목 중에 '수강료'가 '100,000'원 이상이면서 수강기간이 '2' 개월인 데이터의 '강좌코드, 수강과목, 개강일, 연락처' 자료만 추출하시오.

※ 조건위치 : 「B15」 셀부터 입력하시오.

※ 복사위치 : 「B20」 셀부터 나타나도록 하시오.

[제 3 작업] 피벗 테이블

☞ "제1작업"시트를 이용하여 "제3작업"시트에 조건에 따라 [결과 2]와 같이 작업하시오.

[조 건]

(1) '수강과목', '개강일', '수강기간' 별 '수강료' 평균과 '수강과목' 개수를 구하시오.
(2) '개강일'을 그룹화하고 레이블을 병합하시오.
(3) 열의 총합계를 지우고, 빈 셀은 "**"로 표시하시오.
(4) 나머지 사항은 [결과 2]에 맞게 작성하시오.

[결과 2]

	A	B	C	D	E	F	G
1							
2		수강과목	(모두)				
3							
4				수강기간			
5		개강일	데이터	1개월	2개월	3개월	총 합계
6		2월	평균:수강료	**	**	₩ 120,000	₩ 120,000
7			개수:수강과목	**	**	1	1
8		3월	평균:수강료	₩ 80,000	**	₩ 150,000	₩ 115,000
9			개수:수강과목	1	**	1	2
10		4월	평균:수강료	₩ 60,000	₩ 120,000	**	₩ 90,000
11			개수:수강과목	1	1	**	2
12		5월	평균:수강료	**	₩ 150,000	₩ 180,000	₩ 160,000
13			개수:수강과목	**	2	1	3
14		6월	평균:수강료	₩ 50,000	**	**	₩ 50,000
15			개수:수강과목	2	**	**	2

[제 4 작업] 그래프

☞ "제1작업"시트를 이용하여 조건에 따라 [결과3]과 같이 작업하시오.

[조 건]

(1) 차트 종류 ⇒ <이중 축 혼합형>으로 작업하시오.
(2) 데이터 범위 ⇒ "제1작업"시트의 내용을 이용하여 작업하시오.
(3) 위치 ⇒ "새로운 시트"로 만들고, "제4작업"으로 시트 이름을 바꾸시오.
(4) 영역 서식 ⇒ 차트 영역 : 글꼴(돋움, 보통, 10pt), 채우기 효과(질감 – 파랑 박엽지)
그림 영역 : 영역색(흰색)
(5) 제목 서식 ⇒ 차트 제목 : 글꼴(돋움, 굵게, 16pt), 테두리, 그림자
(6) 범례 ⇒ [결과 3]을 참조하시오.
(7) 데이터 계열 서식 ⇒ '수강기간'에 '선을 완만하게' 표시하고 '미술 감상법'의 값을 나타내시오.
(8) 축 서식 ⇒ [결과 3]을 참조하시오.
(9) 도형 ⇒ '부동산 경매' 그래프 위에 '위쪽 화살표'를 삽입한 후 내용을 입력하시오.
(10) 나머지 사항은 [결과 3]에 맞게 작성하시오.

[결과 3]

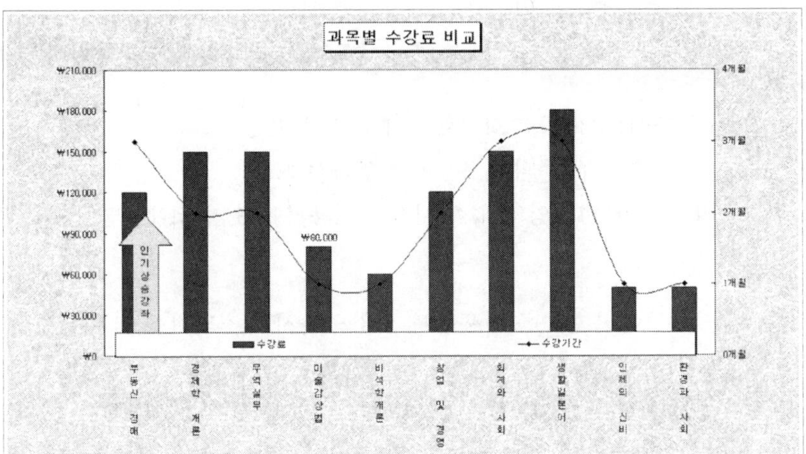

기출문제 8

[제 1 작업] 표 서식 작성 및 값 계산

☞ 다음은 '여름방학 과정별 학습반 편성'에 대한 자료이다. 자료를 입력하고 조건에 맞도록 작업하시오.

[결과 1]

◎ 여름방학 과정별 학습반 편성

결재	교무부장	교감	교장

지도팀장	과정	과목	학년	신청인원	반편성	수강인원	과원수	비고
김미라	특별보충	국어	1학년	230	6	210	(1)	(2)
우수한	수준별 보충	영어	1학년	125	3	105	(1)	(2)
임진택	기초학력보충	수학	1학년	86	2	70	(1)	(2)
박경태	특별보충	국어	2학년	118	3	105	(1)	(2)
정용실	수준별 보충	영어	2학년	122	3	105	(1)	(2)
노정태	기초학력보충	수학	2학년	125	3	105	(1)	(2)
진소철	특별보충	국어	3학년	117	3	105	(1)	(2)
최종찬	수준별 보충	영어	3학년	115	3	105	(1)	(2)
한선국	수준별 보충	수학	3학년	60	1	35	(1)	(2)
김영재	특별보충	논술	공통	126	3	105	(1)	(2)
특별보충 신청인원수 총 합계			(3)		3개반 이상 편성한 과정수			(5)
신청인원이 가장 많은 학년			(4)		과정별 학습반 개강일		2006-07-20	(6)

[조 건]

○ 모든 데이터의 서식에는 글꼴(돋움, 10pt), 맞춤(가로, 세로 가운데 맞춤)을 적용하시오.

○ 제 목 ⇒ WordArt를 이용하여 "◎ 여름방학 과정별 학습반 편성"을 입력한 후 다음 서식을 적용하시오(글꼴 – 굴림, 28pt, 굵게).

○ 임의의 셀에 결재란을 작성하여 카메라 또는 그림복사 기능을 이용하여 붙이기 하시오(단, 원본삭제).

○ 「B4:J4, B15:E16, G15:J16」 영역은 회색으로 채우기 하시오.

○ 메모 ⇒ 「B12」 셀에 "연구부장"의 내용으로 삽입하시오.

○ 셀서식 ⇒ 「F5:F14, H5:H14」 영역에 셀 서식을 이용하여 숫자 뒤에 "명"을 표시하시오(예: 230 명).

◉ (1)~(6) 셀은 반드시 주어진 함수를 이용하여 값을 구하시오(결과값을 직접 입력하면 해당 셀은 0점 처리됨).

(1) 과원수 ⇒ '신청인원'을 35로 나눈 나머지 과원수를 구하시오(MOD함수).

(2) 비고 ⇒ '과정'이 '특별보충'이거나 '수준별 보충'이면 [수강인원×25,000], 나머지는 [수강인원×20,000]으로 구하시오(IF 함수)(통화 스타일).

(3) 특별보충 신청인원수 총 합계 ⇒ (SUMIF함수)

(4) 신청인원이 가장 많은 학년 ⇒ (INDEX, MATCH, MAX함수)

(5) 3개반 이상 편성한 과정수 ⇒ '반편성'이 3이상인 과정 개수를 구하시오(COUNTIF함수).

(6) 과정별 학습반 개강일 ⇒ 과정별 학습반 개강일 「I16」 셀을 "월요일, 화요일..."의 형태로 구하시오(CHOOSE, WEEKDAY함수)(예 : 수요일).

(7) 조건부 서식을 이용하여 '과정'이 '특별보충'이고 '신청인원'이 '200 이하'인 행 전체에 다음 서식을 적용하시오(글꼴 : 파랑).

[제 2 작업] 필터 및 서식

☞ "제1작업"시트의 「B4:H14」 영역을 복사하여 "제2작업"시트의 「B2」 셀부터 모두 붙여넣기를 한 후 다음의 조건과 같이 작업하시오.

[조 건]

(1) 고급필터

※ '과정'이 '특별보충'이고 '학년'이 '1학년'이 아닌 자료 중에서 '지도팀장, 과목, 신청인원, 수강인원'데이터만 추출하시오.

※ 조건 위치 : 「B14」 셀부터 입력하시오.

※ 복사 위치 : 「B18」 셀부터 나타나도록 하시오.

(2) 자동서식

※ 고급필터의 결과에 '목록형1'의 서식을 적용하시오(단, 옵션 항목의 글꼴 제외).

[제 3 작업] 정렬과 부분합

☞ "제1작업"시트의 「B4:H14」 영역을 복사하여 "제3작업" 시트 「B2」 셀에 값과 서식만 붙여넣기한 후 다음 조건과 같이 작업하시오.

[조 건]

(1) 정 렬

※ '과정'을 기준으로 [결과2]와 같이 정렬하시오.

(2) 부분합

※ '과정'을 그룹화하여 '수강인원'의 합계, '신청인원'의 평균을 구하시오.

(3) 나머지 사항은 [결과2]에 맞게 작성하시오.

[결과 2]

	A	B	C	D	E	F	G	H
1								
2		지도팀장	과정	과목	학년	신청인원	반편성	수강인원
3		김미라	특별보충	국어	1학년	230 명	6	210 명
4		박경태	특별보충	국어	2학년	118 명	3	105 명
5		진소철	특별보충	국어	3학년	117 명	3	105 명
6		김영재	특별보충	논술	공통	126 명	3	105 명
7			**특별보충 평균**			148 명		
8			**특별보충 합계**					525 명
9		우수한	수준별 보충	영어	1학년	125 명	3	105 명
10		정용실	수준별 보충	영어	2학년	122 명	3	105 명
11		최종찬	수준별 보충	영어	3학년	115 명	3	105 명
12		한선국	수준별 보충	수학	3학년	60 명	1	35 명
13			**수준별 보충 평균**			106 명		
14			**수준별 보충 합계**					350 명
15		임진택	기초학력보충	수학	1학년	86 명	2	70 명
16		노정태	기초학력보충	수학	2학년	125 명	3	105 명
17			**기초학력보충 평균**			106 명		
18			**기초학력보충 합계**					175 명
19			**전체 평균**			122 명		
20			**총 합계**					1050 명
21								

[제 4 작업] 그래프

☞ "제1작업"시트를 이용하여 조건에 따라 [결과3]과 같이 작업하시오.

[조 건]

(1) 차트 종류 ⇒ <묶은 가로 막대형>으로 작업하시오.

(2) 데이터 범위 ⇒ "제1작업"시트의 내용을 이용하여 작업하시오.

(3) 위치 ⇒ "새로운 시트"로 만들고, "제4작업"으로 시트 이름을 바꾸시오.

(4) 영역 서식 ⇒ 차트 영역 : 글꼴(돋움, 보통, 11pt), 채우기 효과(질감 – 캔버스)
그림 영역 : 영역색(흰색)

(5) 제목 서식 ⇒ 차트 제목 : 글꼴(돋움, 굵게, 16pt), 테두리, 그림자

(6) 범례 ⇒ [결과3]을 참조하시오.

(7) 축 서식 ⇒ [결과3]을 참조하시오.

(8) 데이터 계열 서식 ⇒ 겹치기(100) 적용하고, '한선국'의 '신청인원' 값만 표시하시오.

(9) 도형 ⇒ '모서리가 둥근 사각형 설명선'을 삽입한 후 내용을 입력하시오.

(10) 나머지 사항은 [결과3]에 맞게 작성하시오.

[결과 3]

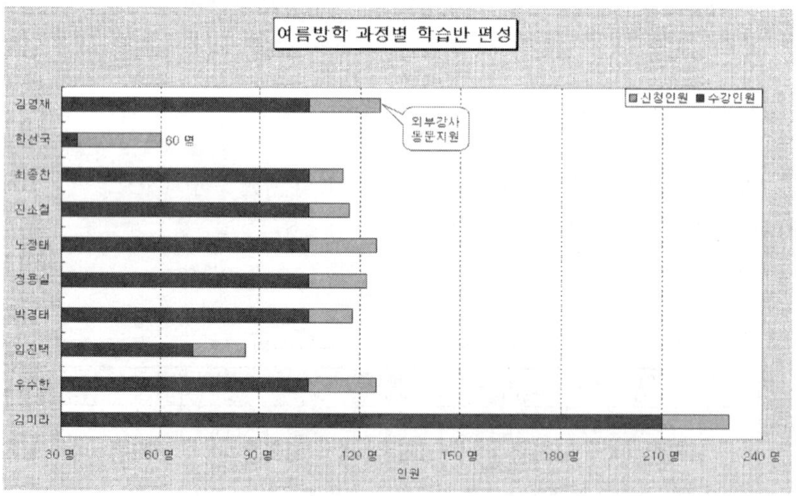

기출문제 9

[제 1 작업] 표 서식 작성 및 값 계산

☞ 다음은 '새롬닷컴 고객관리 대장'에 관한 자료이다. 자료를 입력하고 조건에 맞도록 작업하시오.

[결과 1]

새롬닷컴 고객관리 대장

고객번호	서적코드	서적종류	구매횟수	교환횟수	포인트액	추가적립액	최종적립액	순위
1100	B	(1)	40	8	(2)	(3)	(4)	(5)
1101	D	(1)	30	6	(2)	(3)	(4)	(5)
1102	B	(1)	50	12	(2)	(3)	(4)	(5)
1103	C	(1)	65	5	(2)	(3)	(4)	(5)
1104	A	(1)	35	10	(2)	(3)	(4)	(5)
1105	B	(1)	45	7	(2)	(3)	(4)	(5)
평균			(6)	(6)	(6)	(6)	(6)	
소설의 최종 포인트액 합계는 얼마인가?							(7)	

(참고)포인트감액 100

서적코드표

서적코드	서적종류	포인트금액
A	수험서	300
B	소설	400
C	잡지	500
D	시집	200

[조 건]

○ 모든 데이터의 서식은 글꼴(돋움, 10pt), 맞춤(가로, 세로 가운데 맞춤)을 적용하시오.

○ 제 목 ⇒ 그리기 도구 모음의 '그림자 유형2'를 이용하여 작성하고 색 채우기(흰색 대리석)한 후 "새롬닷컴 고객 관리대장"으로 입력하시오(글꼴－굴림, 20포인트, 가운데).

○ 「B11:D11, B12:D12, B13:C13, B15:D15」 영역을 병합한 후 가운데 맞추기하시오.

○ 「B4:J4, B11:D12, B16:D16」 영역을 노랑색으로 채우시오.

◉ (1)~(7) 셀은 반드시 주어진 함수를 이용하여 값을 구하시오(결과값을 직접 입력하면 해당 셀은 0점 처리됨).

(1) 서적종류 ⇒ 「B16:D20」 영역의 서적코드표를 이용하여 '서적종류'를 나타내시오(VLOOKUP함수).

(2) 포인트액 ⇒(구매횟수 포인트 금액)－(교환횟수 포인트 감액)(단, 포인트 금액은 VLOOKUP 함수를 이용하여 서적코드표에서 구하고 포인트 감액은 「D13」 셀을 이용하시오.)

(3) 추가 적립액⇒ '포인트액'에 대하여 500점마다 10점씩을 곱한 값을 적립한다(INT함수를 이용하여 소수점 이하는 버리고 계산하시오).

(4) 최종 적립액 ⇒ '포인트액'과 '추가 적립액'을 더하여 구하시오.

(5) '최종 적립액'을 이용하여 순위를 구하시오(RANK함수)

(6) 평균 ⇒'구매횟수', '교환횟수', '포인트액', '추가 적립액', '최종 적립액'의 평균을 구하시오

(AVERAGE함수) (단, ROUND함수를 이용하여 소수점 이하는 나타내지 마시오).
(7) '소설'의 '최종 적립액' 합계를 구하시오(SUMIF함수)(단, 연산자를 이용하여 결과값 뒤에 "원"을 표시하시오).

[제 2 작업] 시나리오

☞ "제1작업"시트를 복사하여 "제2작업"시트에 붙여넣기를 한 후 다음의 조건에 따라 작업하시오.

[조 건]

(1) 정렬
※ '교환횟수'를 오름차순으로 정렬하시오.
(2) 시나리오
※ '교환횟수'의 증감에 따른 '최종 적립액'의 변동사항을 [시나리오 요약]시트로 나타내시오.

▶ 시나리오 조건

교환횟수 / 시나리오 이름	5	6	7	8	10	12
교환횟수 감소	3	4	5	6	8	10
교환횟수 증가	7	8	9	10	12	14

[제 3 작업] 필터 및 서식

☞ "제1작업"시트의 「B4:I10」를 서식과 값만 복사하여 "제3작업"시트에 붙여넣기를 한 후 조건에 따라 [결과2]와 같이 작업하시오.

[조 건]

(1) 고급필터
※ '서적종류'가 '잡지'이거나 '소설'이면서 '추가 적립액'이 500미만인 데이터를 추출하시오
※ 조건위치 : 「B12」 셀부터 입력하시오.
※ 복사위치 : 「A16」 셀부터 나타내도록 하시오.
(2) 자동서식
※ 고급필터의 결과에 '색상형 2'의 서식을 적용하시오.

[결과 2]

	A	B	C	D	E	F	G	H
16	고객번호	서적코드	서적종류	구매횟수	교환횟수	포인트액	추가적립액	최종적립액
17	1100	B	소설	40	8	15200	300	15500
18	1102	B	소설	50	12	18800	370	19170
19	1105	B	소설	45	7	17300	340	17640
20								

[제 4 작업] 그래프

☞ "제3작업"시트에서 작업한 고급필터 추출영역을 복사하여 '제4작업'시트에 붙여넣기 한 후 [결과3]과 같이 작업하시오.

[조 건]

(1) 차트 종류 ⇒ <이중 축 혼합형>으로 작업하시오.

(2) 데이터 범위 ⇒ "제3작업"시트에서 작업한 고급필터 추출영역을 복사하여 작업하시오.

(3) 위치 ⇒ "워크시트에 삽입"을 선택하고 위치는「B9 : I24」영역에 위치하도록 하시오.

(4) 영역 서식 ⇒ 차트 영역 : 글꼴(돋움, 10pt)

(5) 제목 서식 ⇒ 차트 제목 : 글꼴(돋움, 굵게, 12pt), 그림자

(6) 범례 ⇒ [결과 3]을 참조하시오.

(7) 축 서식 ⇒ [결과3]을 참조하시오.

(8) '최종 적립액'의 데이터값을 표시하시오.

(9) 나머지 사항은 [결과 3]에 맞게 작성하시오.

[결과 3]

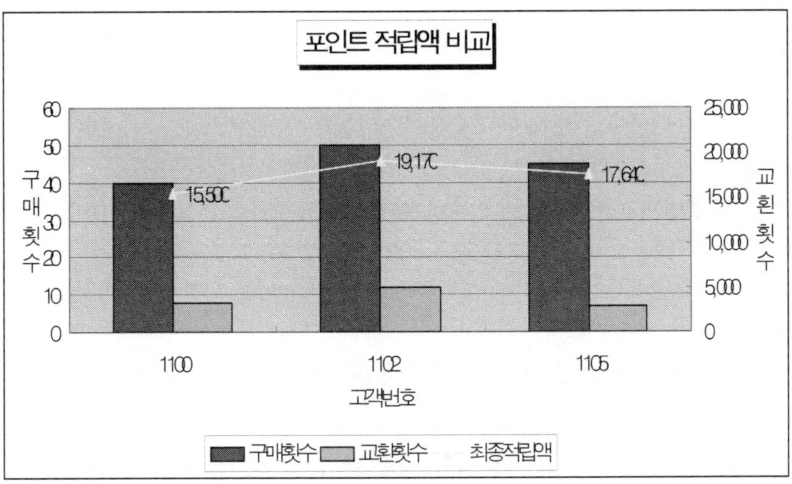

기출문제 10

[제 1 작업] 표 서식 작성 및 값 계산

☞ 다음은 '국민주택 분양 신청현황'에 대한 자료이다. 자료를 입력하여 조건에 맞도록 작업하시오.

[결과 1]

국민주택 분양신청현황

기본금액 ₩1,550,000

성명	주민등록번호	희망모델	분양신청횟수	성별	건축비	나이	할인금액	납입금액	결과
이대령	551103-1258455	SE280	4	(1)	(2)	(3)	(4)	(5)	(6)
박라진	700301-2177006	SW450	2	(1)	(2)	(3)	(4)	(5)	(6)
오태환	610523-1323118	SE280	3	(1)	(2)	(3)	(4)	(5)	(6)
나채열	721017-21-7654	SS450	5	(1)	(2)	(3)	(4)	(5)	(6)
남상곤	670802-1141169	SS450	5	(1)	(2)	(3)	(4)	(5)	(6)
허재성	710908-1765423	SS300	1	(1)	(2)	(3)	(4)	(5)	(6)
강주실	581215-2018501	SS300	1	(1)	(2)	(3)	(4)	(5)	(6)
한예도	680723-1065321	SW450	2	(1)	(2)	(3)	(4)	(5)	(6)

[조 건]

○ 모든 데이터의 서식은 글꼴(돋움, 10pt), 맞춤(가로, 세로 가운데 맞춤)을 적용하시오.

○ 제목 ⇒ WordArt를 이용하여 작성하고 "국민주택 분양 신청현황"을 입력한 후 다음 서식을 적용하시오(글꼴 – 돋움, 32pt).

○ 「B7:K7」 영역에 다음 서식을 적용하시오(글꼴 – 굵게, 채우기 – '회색 – 25%').

○ 셀 서식을 이용하여 「E8:E15」 영역의 수 뒤에 "번"을 표시하시오(예: 4번).

◉ (1)~(6) 셀은 반드시 주어진 함수를 이용하여 값을 구하시오(결과값을 직접 입력하면 해당 셀은 0점 처리됨).

(1) 성별⇒ '주민등록번호'에서 하이픈(–) 뒤의 첫 수가 '1'이면 "남", '2'이면 "여"를 구하시오(CHOOSE, MID함수).

(2) 건축비 ⇒ [희망모델의 3번째 자리부터 4번째 자리까지의 숫자(MID함수)]×[기본금액(절대주소)]로 구하시오(예 : 희망모델 SE280일 경우 : 28*기본금액).

(3) 나이 ⇒ '주민등록번호'의 앞 두자리는 출생년이다. 「2006 – 출생년 – 1900」으로 구하시오(LEFT함수).

(4) 할인금액 ⇒ '나이'가 '50이상'일 경우는 '건축비의 13%' 할인, '나이'가 '40이상'일 경우는 '건축비의 9%'할인, 그 외에는 할인이 되지 않는다(IF함수).

(5) 납입금액 ⇒ [건축비 – 할인금액]으로 구하시오(단, ROUND함수를 이용하여 1,000자리에서 반올림하여 10,000의 단위로 표시하시오)(예 : 126,000→130,000).

(6) 결과 ⇒ '분양신청횟수'가 '3번 이상'이고 '나이'가 '40 이상'일 경우 "분양", 그 외는 "대기"

라고 표시하시오(IF, AND함수).

(7) '건축비', '할인금액', '납입금액'의 회계 유형(\)을 적용하고 모든 숫자는 정수로만 표시하시오.

[제 2 작업] 필터 및 서식

☞ "제1작업"시트의 「B5:K15」 영역을 복사하여 "제2작업"시트의 「B2」 셀부터 값과 서식만 붙여넣기를 한 후 다음의 조건과 같이 작업하시오.

[조 건]

(1) 자동필터

※ '희망모델'이 'SS'로 시작하고 '나이'가 '40 이하'인 데이터를 추출하시오.

(2) 조건부서식

※ 자동필터의 결과에서 '성별'이 "남"인 데이터에 서식을 적용하시오(글꼴 : 빨강, 굵게).

[결과 2]

	A	B	C	D	E	F	G	H	I	J	K
1											
2										기본금액	₩1,550,000
3											
4		성명	주민등록번호	희망모델	분양신청횟	성별	건축비	나이	할인금액	납입금액	결과
8		나채열	721017-21-7654	SS450	5번	여	₩69,750,000	34	₩ -	₩69,750,000	대기
9		남상곤	670802-1141169	SS450	5번	남	₩69,750,000	39	₩ -	₩69,750,000	대기
10		허재성	710908-1765423	SS300	1번	남	₩46,500,000	35	₩ -	₩46,500,000	대기
13											

[제 3 작업] 정렬과 부분합

☞ "제1작업"시트를 이용하여 "제3작업"시트에 조건에 따라 [결과 3]과 같이 작업하시오.

[조 건]

(1) 정렬

※ '분양신청횟수'의 오름차순으로 정렬하시오.

(2) 부분합 1

※ '희망모델'을 그룹화하여 '성별'인원수를 구하시오.

(3) 부분합 2

※ '희망모델'을 그룹화하여 '할인금액'의 최소값을 구하시오.

(4) 나머지 사항은 [결과 3]에 맞게 작성하시오.

[결과 3]

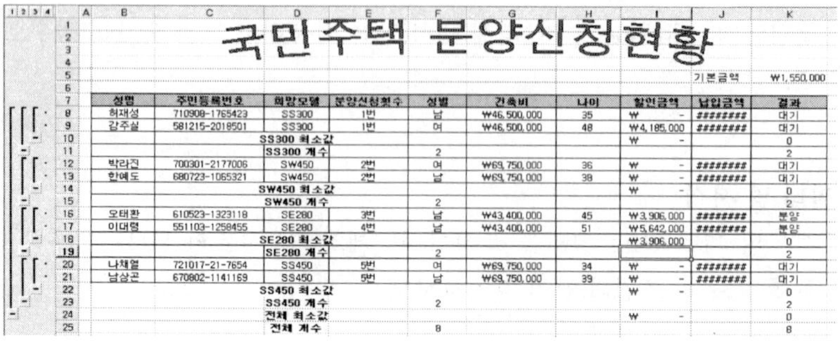

국민주택 분양신청현황

								기본금액	₩1,550,000
성명	주민등록번호	희망모델	분양신청횟수	성별	건축비	나이	할인금액	납입금액	결과
허재성	710908-1765423	SS300	1번	남	₩46,500,000	35	₩ -	########	대기
감주실	581215-2018501	SS300	1번	여	₩46,500,000	48	₩4,185,000	########	대기
		SS300 최소값					₩ -		0
		SS300 개수		2					2
박라진	700301-2177006	SW450	2번	여	₩69,750,000	36	₩ -	########	대기
한예도	680723-1065321	SW450	2번	남	₩69,750,000	38	₩ -	########	대기
		SW450 최소값					₩ -		0
		SW450 개수		2					2
오태환	610523-1323118	SE280	3번	남	₩43,400,000	45	₩3,906,000	########	분양
이대령	551103-1258455	SE280	4번	남	₩43,400,000	51	₩5,642,000	########	분양
		SE280 최소값					₩3,906,000		0
		SE280 개수		2					2
나채열	721017-21-7654	SS450	5번	여	₩69,750,000	34	₩ -	########	대기
남상곤	670802-1141169	SS450	5번	남	₩69,750,000	39	₩ -	########	대기
		SS450 최소값					₩ -		0
		SS450 개수		2					2
		전체 최소값					₩ -		0
		전체 개수		8					8

[제 4 작업] 그래프

☞ "제1작업"시트를 이용하여 조건에 따라 [결과4]와 같이 작업하시오.

[조 건]

(1) 차트 종류 ⇒ <이중 축 혼합형>으로 작업하시오.

(2) 데이터 범위 ⇒ "제1작업"시트의 내용을 이용하여 작업하시오.

(3) 위치 ⇒ "새로운 시트"로 만들고, "제4작업"으로 시트 이름을 바꾸시오.

(4) 영역 서식 ⇒ 차트 영역 : 글꼴(돋움, 보통, 10pt), 채우기 효과(질감－파랑 박엽지)
　　　　　　　 그림 영역 : 영역색(없음)

(5) 제목 서식 ⇒ 차트 제목 : 글꼴(굴림, 굵게, 16pt), 테두리, 그림자

(6) 범례 ⇒ [결과 4]를 참조하시오.

(7) 데이터 계열 서식 ⇒ 분양신청횟수: 표식 "■"

(8) 데이터 레이블 ⇒ 값을 표시하시오(글꼴 : 굴림, 14pt).

(9) 축 서식 ⇒ [결과 4]를 참조하시오.

(10) 나머지 사항은 [결과4]에 맞게 작성하시오.

[결과 4]

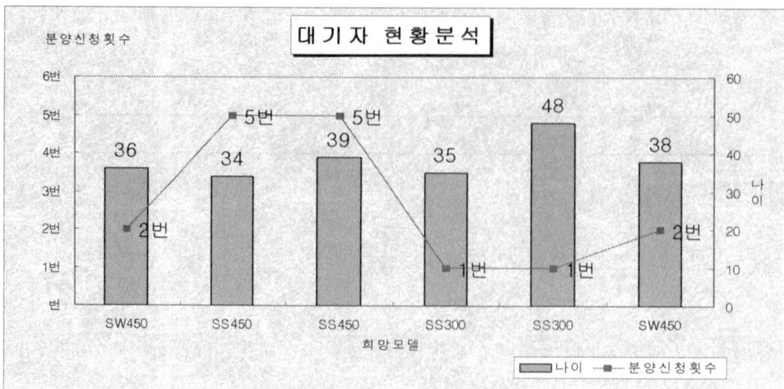

제 Ⅱ 편

파워포인트

1장 … 파워포인트의 기초

1. 파워포인트란

파워포인트(powerpoint)에서 지원하는 표, 차트, 클립아트, 동영상 파일 등을 사용하여 보다 효과적인 프리젠테이션(presentation)을 만들 수 있다. 여기서 프리젠테이션이란 자신의 의견이나 정보를 상대방에게 전달하는 모든 것을 뜻한다·

2. 파워포인트 시작하기와 끝내기

(1) 시작하기

1) '시작' 메뉴로 시작하기

화면 아래 왼쪽의 [시작]-[프로그램]-[Microsoft PowerPoint]를 실행시킨다.

2) 단축 아이콘으로 시작하기

바탕화면에 있는  을 더블클릭한다.

3) 윈도우 탐색기로 시작하기

윈도우 탐색기를 실행시킨 후 C:\Program File/Microsoft Office/Office 폴더의 PowerPoint.exe 파일을 더블클릭한다.

(2) 종료하기

1) 메뉴를 이용하여 종료하기

파워포인트의 메뉴 중 [파일]-[끝내기]를 선택하여 종료한다.

2) 단축기를 이용하여 종료하기

키보드에서 단축키 Alt + F4를 동시에 누른다.

3) '닫기' 단추를 이용하여 종료하기

[방법 1] 제목 표시줄의 을 클릭한 후 '닫기'를 선택한다.
[방법 2] 메뉴 표시줄의 을 클릭한 후 '닫기'를 선택한다.

3. 화면구성요소

파워포인트는 다음과 같은 요소들로 구성되어 있다.

① 제목표시줄 : 프로그램의 이름과 파일명을 표시한다.
② 메뉴표시줄 : 사용할 수 있는 기능들을 메뉴형태로 표시한다.
③ 표준도구 : 자주 사용하는 기능들을 편리하게 작업할 수 있도록 아이콘으로 표시한다.
④ 서식도구 : 글꼴, 정렬, 표시형식 등 서식지정에 관련된 아이콘들의 모임이다.
⑤ 개요영역 : 현재 작업 중인 프리젠테이션의 각 슬라이드 내용이 정리되어 있는 편집창의 기능을 갖는다. 그리고 각 슬라이드의 세부내용을 확인할 수 있어 내용의 전반적인 흐름을 파악할 수 있다.
⑥ 슬라이드 영역 : 현재 선택한 슬라이드의 전체 모습을 나타내며 슬라이드를 작성하는 실제 작업이 이루어지는 공간이다.
⑦ 슬라이드노트 영역 : 청중에게 발표할 내용을 미리 메모해 두는 곳으로 프리젠테이션을 수행할 때 이곳에 입력된 정보는 표시되지 않는다. 또한 발표자나 청중의 이해를 돕기 위해 슬라이드에 대한 부연설명을 입력하는 곳으로 이곳에 입력한 내용은 유인물의 형태로 인쇄할 수 있다.
⑧ 화면전환단추

■ 기본보기() : 한 화면에 개요창, 슬라이드창, 슬라이드 노트창 등 3부분을 동시에 보여준다.

■ 여러 슬라이드 보기(器) : 하나의 프리젠테이션(파일)에 포함되어 있는 모든 슬라이드를 동시에 보여준다. 따라서 슬라이드의 이동, 복사, 삭제 등 슬라이드를 대상으로 한 편집작업에 편리하다.

■ 슬라이드 쇼(₽) : 하나의 프리젠테이션(파일)에 포함되어 있는 모든 슬라이드를 슬라이드 전체 화면으로 보여준다.

⑨ 그리기 도구모음 : 슬라이드에 각종 선과 도형을 사용할 수 있다.

⑩ 상태표시줄 : 현재 작업 중인 슬라이드의 번호, 서식파일에 대한 정보가 표시된다.

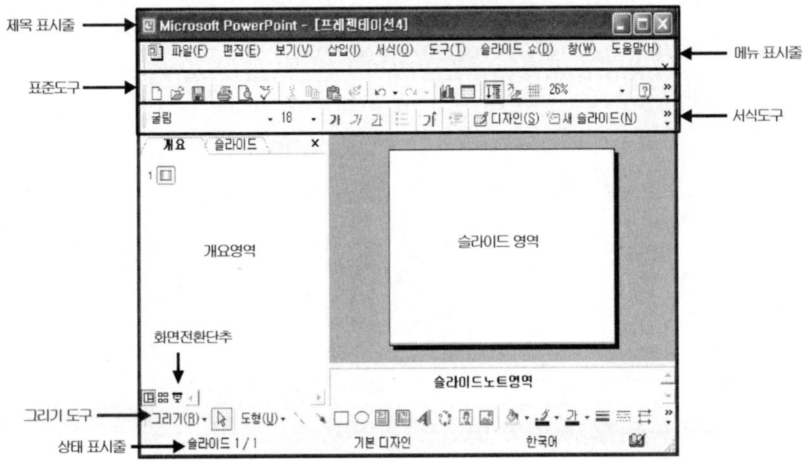

2장 … 프리젠테이션 만들기

3가지 방법을 사용하여 프리젠테이션을 작성할 수 있다.

1. 새 슬라이드로 만들기

색상, 디자인 등이 없이 일반 유형의 슬라이드를 선택하여 자유자재로 슬라이드의 내용을 입력한다. 슬라이드에 입력될 표, 그림, 차트, 클립아트, 조직도, 다이어그램 등의 내용과 텍스트의 레이아웃은 파워포인트에서 제공하는 형식을 선택할 수 있다.

[방 법]

- 메뉴[파일]−[새로 만들기]를 선택한다.
- 메뉴[서식]−[슬라이드 레이아웃]을 선택한다.

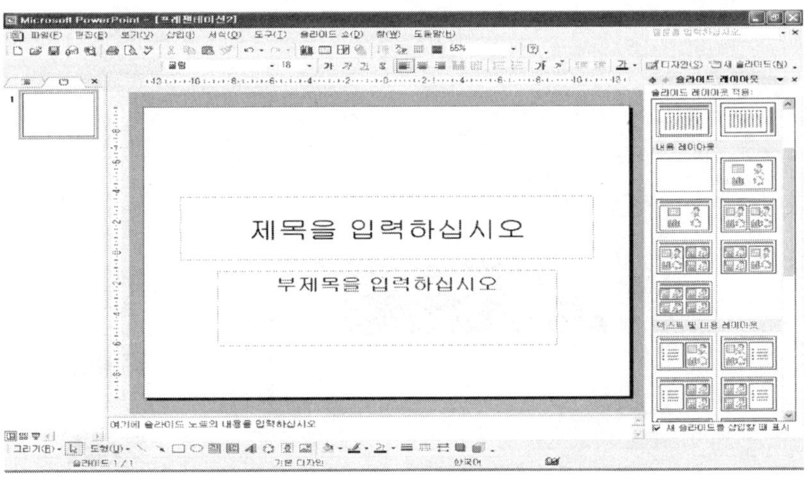

2. 디자인 서식파일로 만들기

이것을 이용하면 별도의 작업없이 디자인이 예쁜 프리젠테이션을 만들 수 있다. 디자인 서식파일은 슬라이드의 배경, 색상, 글꼴 등을 하나의 주제에 맞춰 미리 지정해 놓은 것으로 '템플릿'이라고도 한다. 디자인 서식을 적용하면 모든 슬라이드에 적용되기 때문에 '슬라이드 마스터'라고 한다.

[방 법]

- 메뉴[파일]-[새로 만들기]를 선택한다.
- 메뉴[서식]-[슬라이드디자인]을 선택한다.

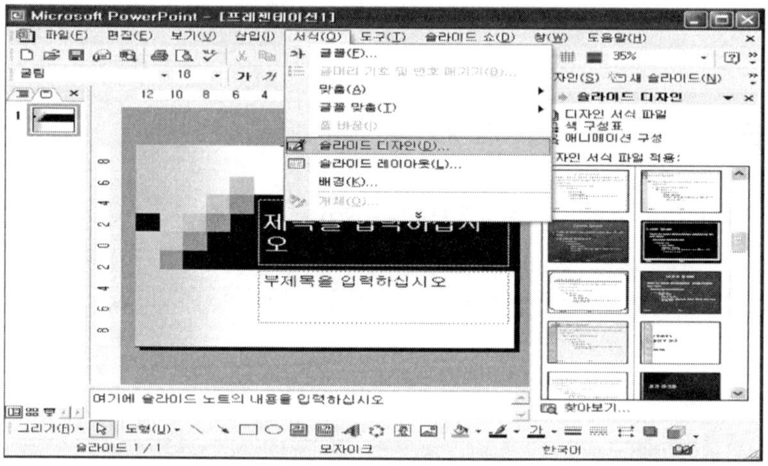

또는 작업창 '슬라이드 디자인'의 오른쪽 내림단추(▼)를 클릭하여 [슬라이드 디자인-디자인 서식파일]을 선택한다.

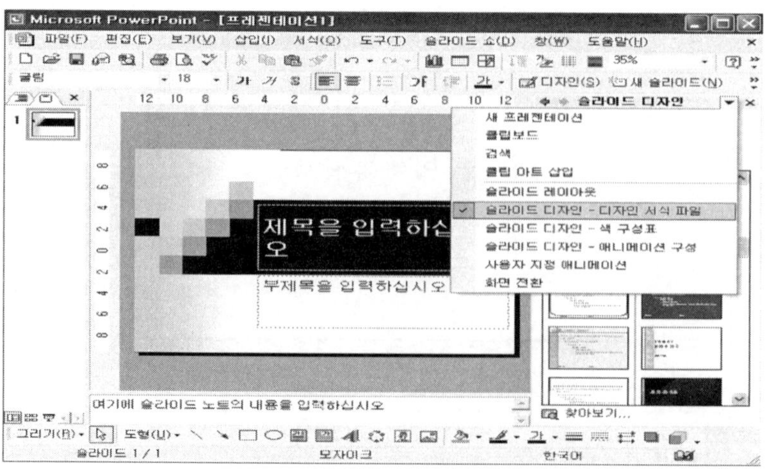

이외에도 마우스 포인터를 슬라이드영역에 놓은 상태에서 단축메뉴[슬라이드 디자인]을 선택한다.

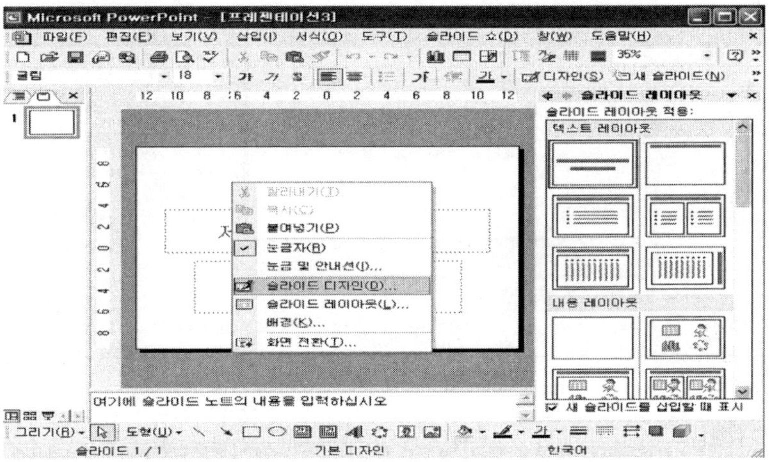

3. 내용구성 마법사로 만들기

내용구성 마법사는 슬라이드의 디자인과 각 슬라이드에 입력해야 할 내용에 대한 개략적인 개요까지 미리 제공하기 때문에 초보자가 사용하기 편리하다.

[방 법]

- 메뉴[파일]-[새로 만들기]를 선택한다.
- 작업창의 [내용구성 마법사]를 선택한다.

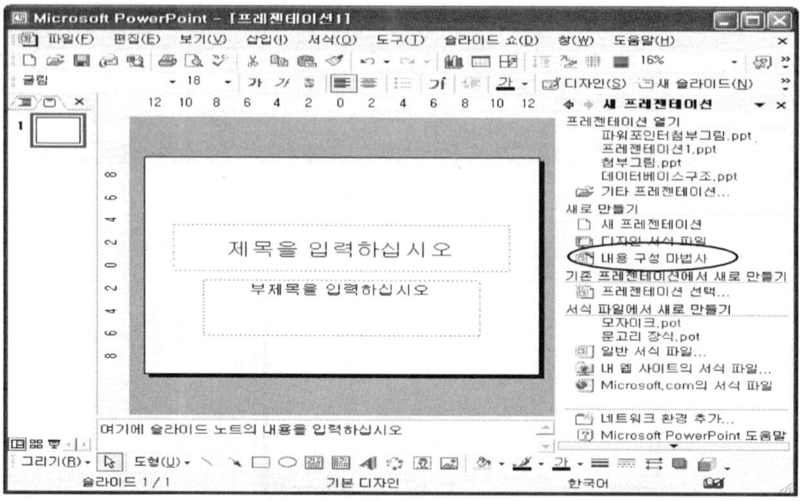

• 아래와 같이 내용구성 마법사 대화상자가 나타나며, '다음'단추를 누른다.

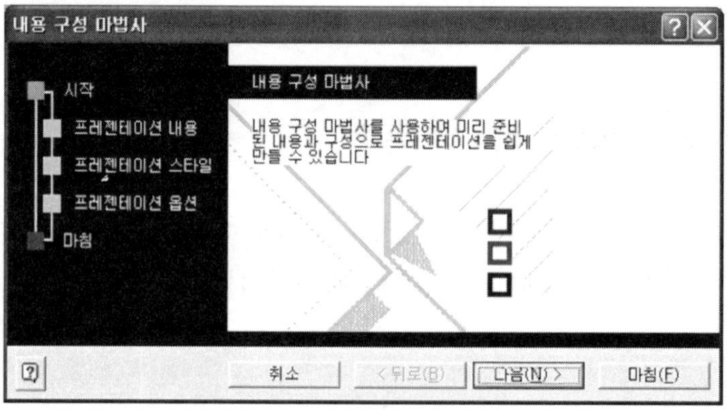

• 두번째 단계인 프리젠테이션 내용을 선택한다. 여기서는 5개 범주로 분류된 내용 중에서 만들고자 하는 프리젠테이션의 유형을 정하게 된다. '일반' 범주에서 '브레인스토밍'을 선택한 후 '다음'단추를 누른다.

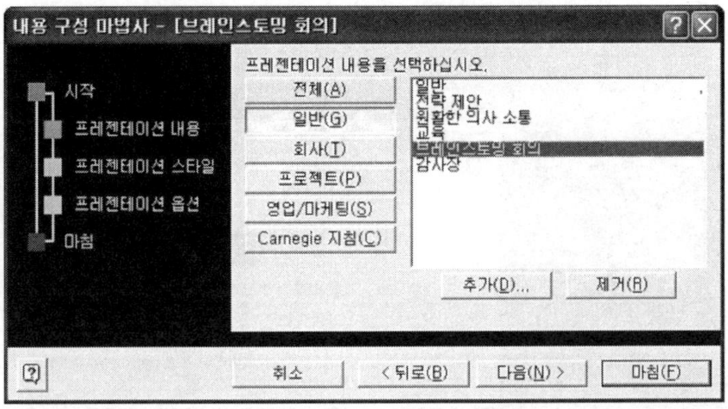

• 프리젠테이션 스타일을 지정하는 대화상자가 나타난다. '화면 프리젠테이션'을 선택한 후 '다음'단추를 누른다.

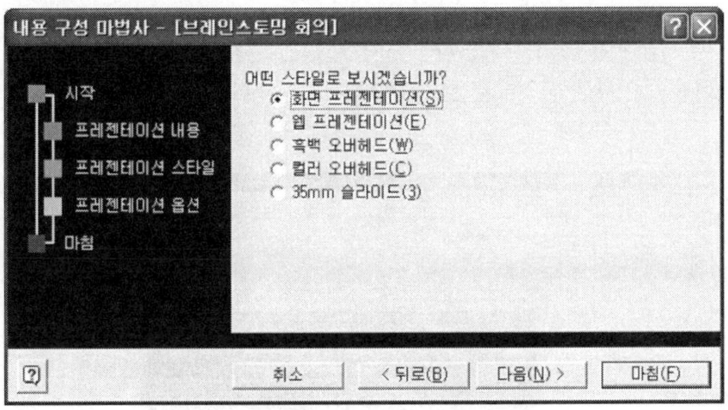

• 프리젠테이션 옵션 대화상자가 나타난다. '프리젠테이션 제목'란에 제목 "브레인 스토밍"을 입력하고 '각 슬라이드의 바닥글에 넣을 항목'은 '마지막으로 업데이트한 날짜'와 '슬라이드 번호'를 체크한 후 '다음'단추를 누른다.

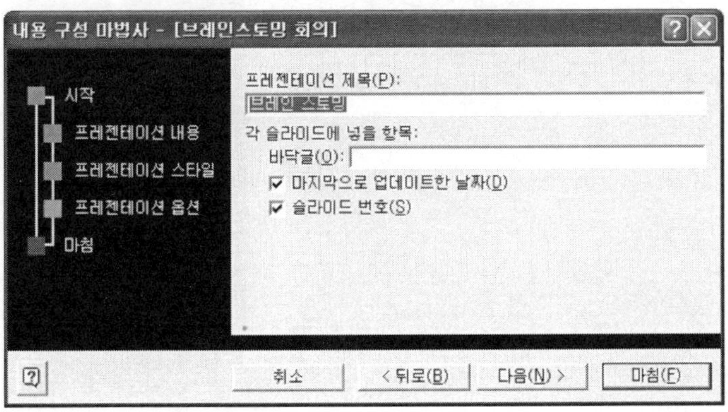

- '마침'단추를 누르면 결과를 확인할 수 있다.

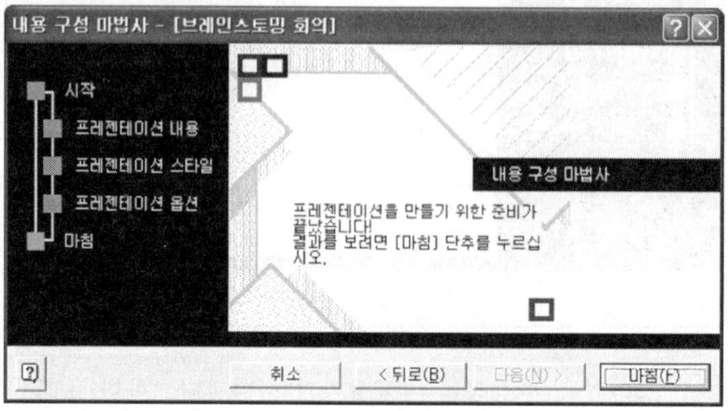

[결 과]

개요창에는 각 슬라이드의 제목과 목차 그리고 상세내용이 표시되기 때문에 브레인스토밍에 관한 전반적인 흐름을 파악할 수 있다.

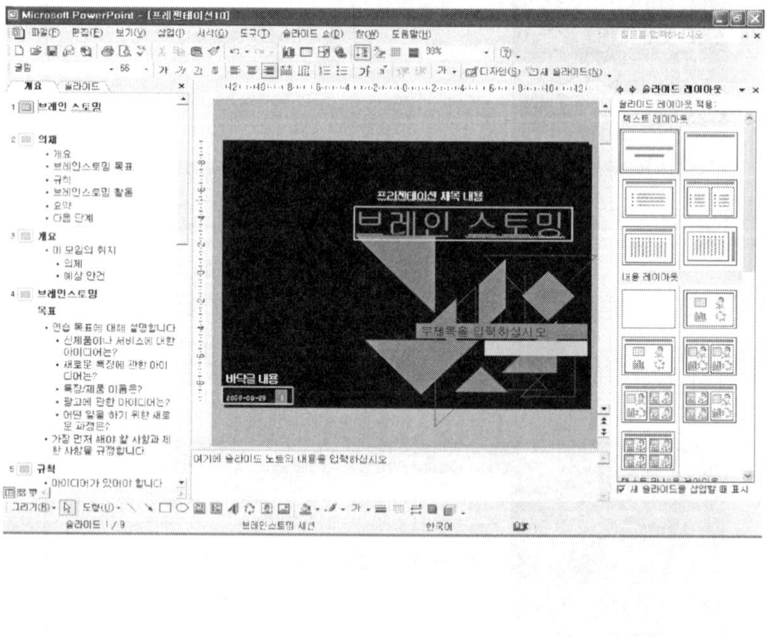

4. 슬라이드 레이아웃을 이용하여 만들기

(1) 기본 슬라이드 만들기

1) 제목 슬라이드

- 메뉴[삽입]－[새 슬라이드]를 선택한다.

자동적으로 제목과 부제목을 입력할 수 있는 슬라이드가 나타난다.

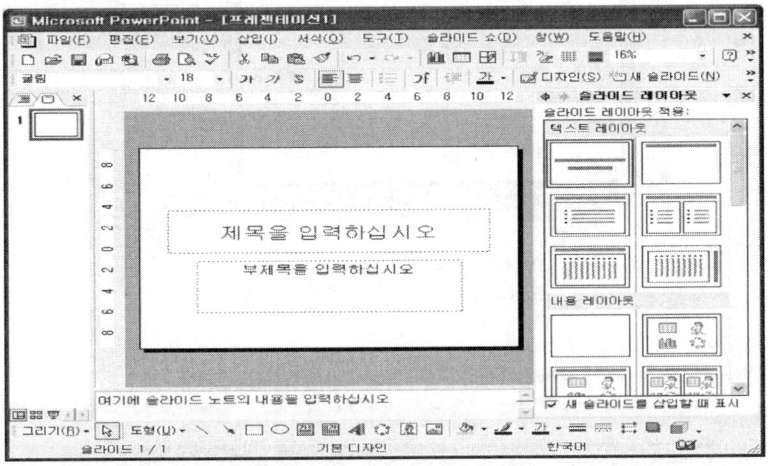

- 슬라이드 영역의 제목 입력 부분에 "블루오션 전략" 입력하고 부제목 입력 부분에 "학교, 학번, 이름"을 입력한다.

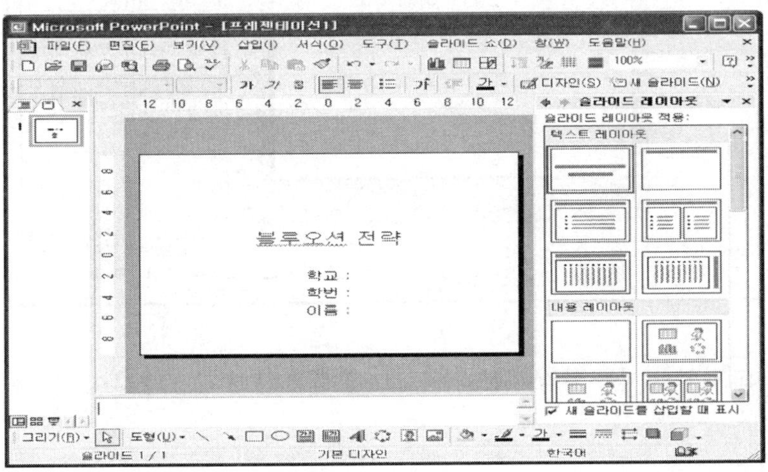

2) 제목 및 텍스트 슬라이드

• 작업창'슬라이드 레이아웃 적용'의 '텍스트 레이아웃'에서 '제목 및 텍스트'를 선택한 후 단축메뉴[새 슬라이드 삽입]을 선택한다.

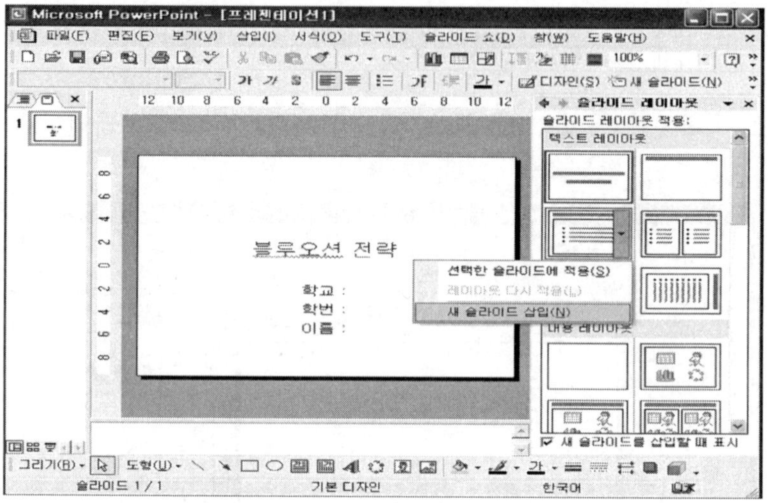

• 개요창을 보면 두번째 슬라이드가 추가된 것을 알 수 있다.

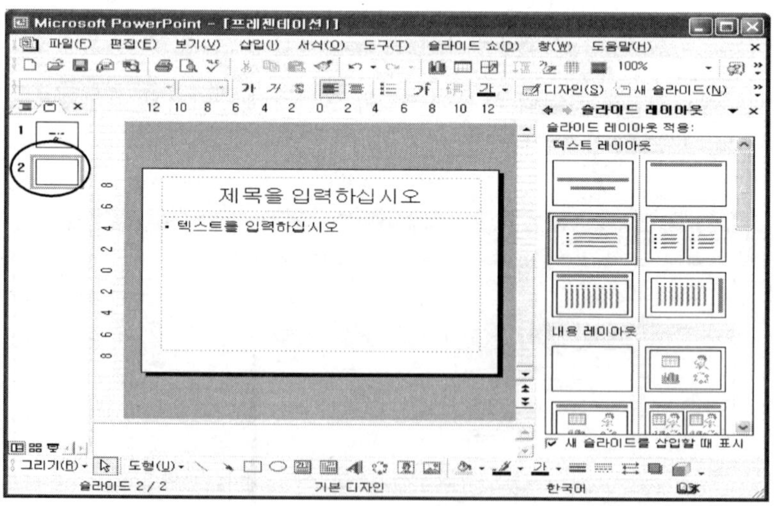

• 슬라이드 영역의 제목 입력 부분과 텍스트 입력 부분에 다음과 같이 입력한다.

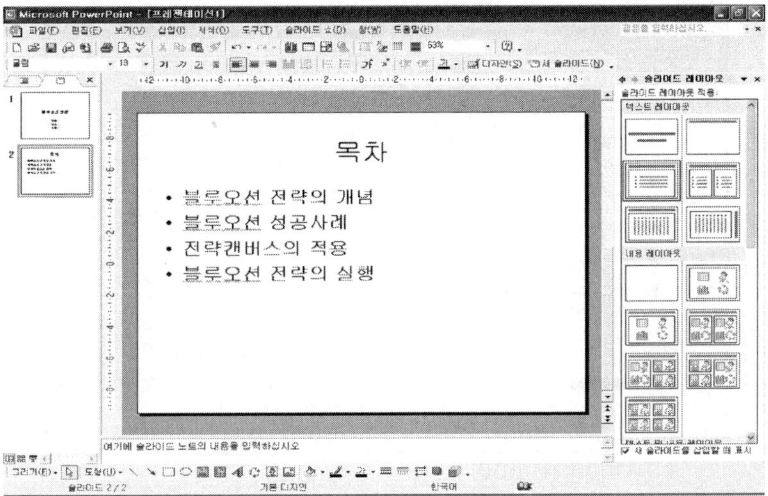

텍스트 입력 부분에서는 슬라이드 글머리 기호를 다양하게 표현할 수 있다. 이를 위해 메뉴 [서식]-[글머리 기호 및 번호매기기]를 선택한다.

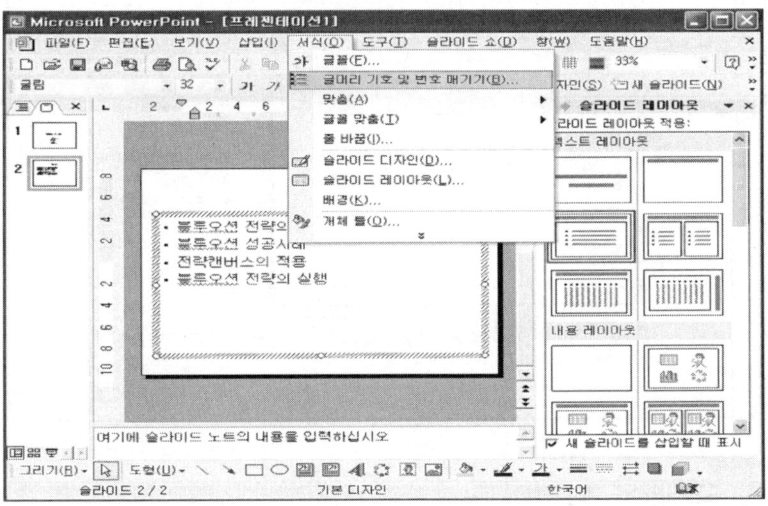

• 글머리 기호 및 번호 매기기 대화상자가 나타난다. 글머리기호를 개별적으로 변경하기 위해서는 변경하고자 하는 위치에 커서를 옮긴 후 글머리 기호 및 번호 매기기 대화상자에서 원하는 글머리 기호를 선택한다. 만약, 글머리 기호를 동시에 모두 변경할 경우 슬라이드 영역의 텍스트 입력 부분을 편집상태로 만든 후 [글머리 기호 및 번호매기기]를 선택한다.

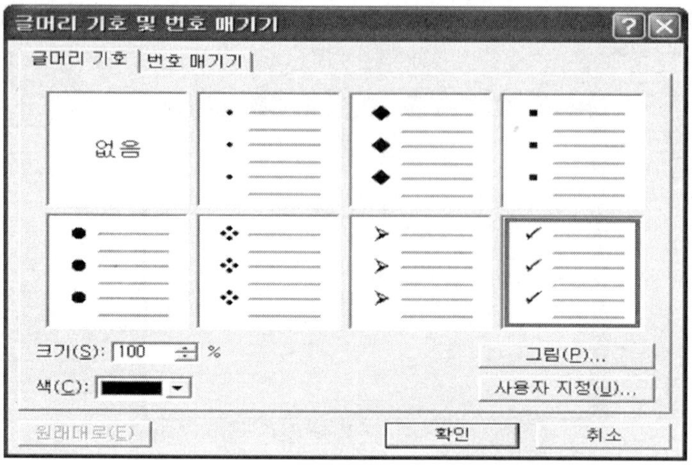

[글머리 기호]탭에서 새로이 기호를 선택한 후 '확인'단추를 누르면 다음과 같이 변경된다.

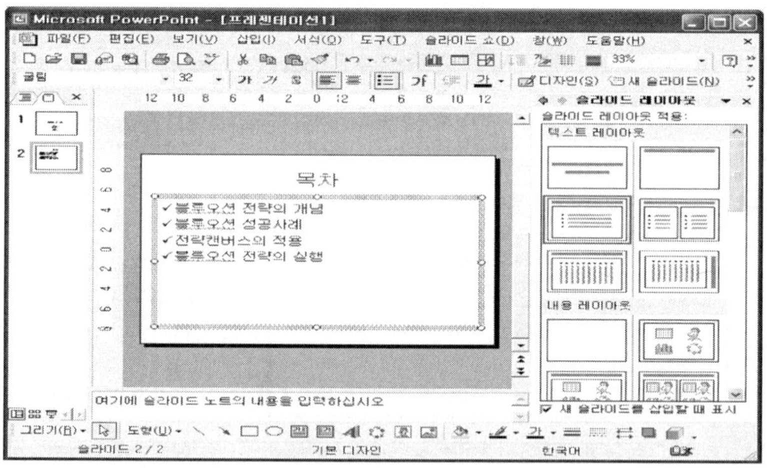

3) 텍스트 및 내용 슬라이드

① 텍스트 슬라이드

- 메뉴[삽입]-[새 슬라이드]를 선택한다.
- 작업창 '슬라이드 레이아웃 적용'에서 '제목 및 텍스트'를 선택한 후 단축메뉴 [새 슬라이드 삽입]을 선택한다.

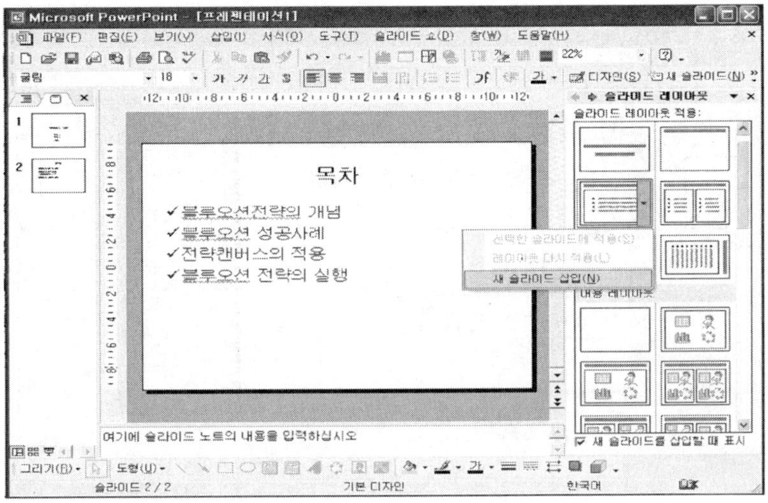

• 개요창을 보면 세번째 슬라이드가 추가된 것을 알 수 있다.
• 슬라이드 영역의 제목 입력부분과 텍스트 입력 부분에 아래와 같이 입력한다.

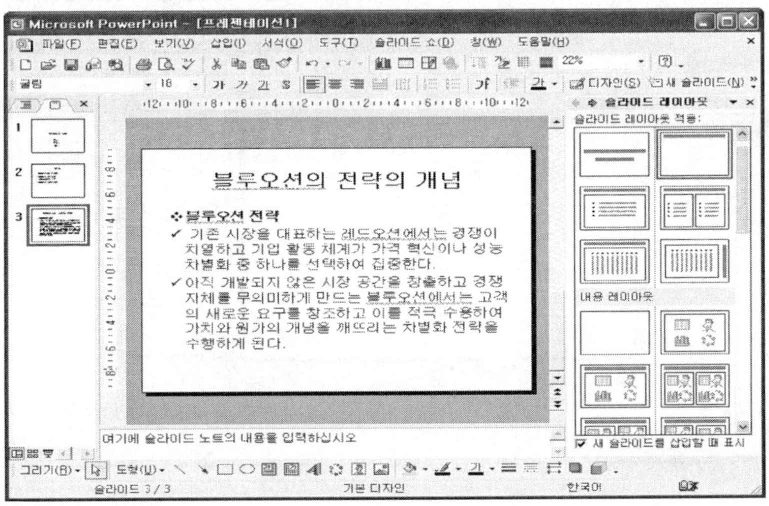

② 표 슬라이드

• 메뉴[삽입]－[새 슬라이드]를 선택한다.
• 작업창 ‘슬라이드 레이아웃 적용’에서 ‘제목 및 표’를 선택한 후 단축메뉴 [새 슬라이드 삽입]을 선택한다.

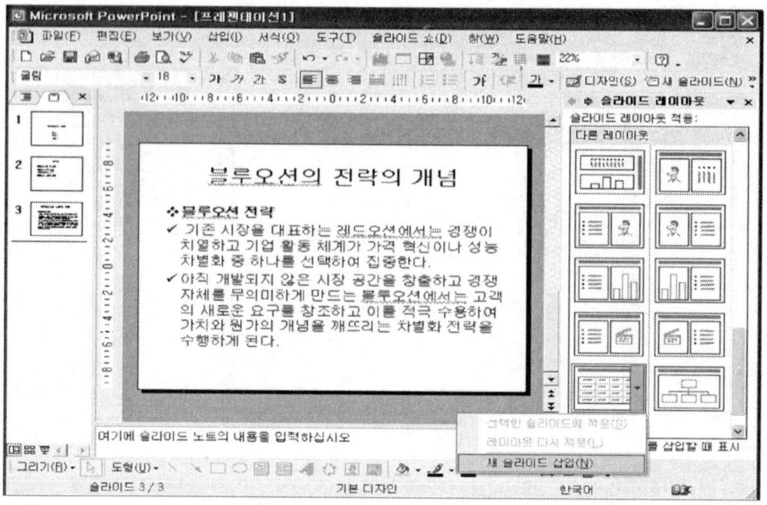

• 개요창에 네번째 슬라이드가 추가된 것을 알 수 있다.

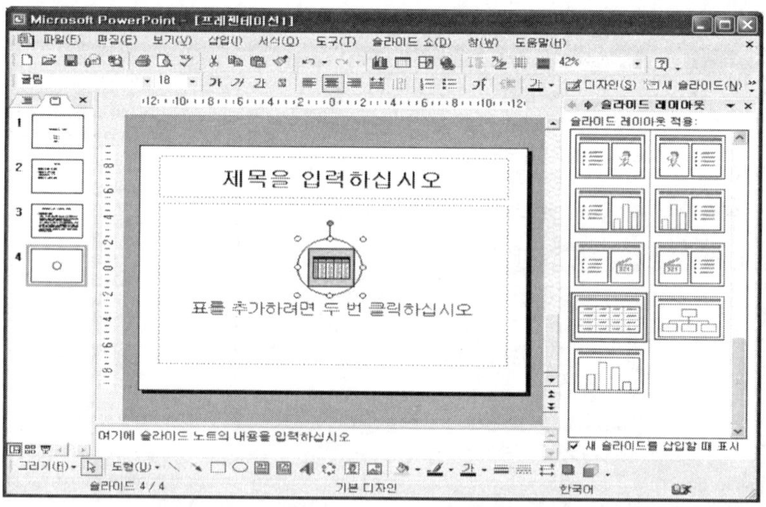

• 슬라이드 영역의 표입력 아이콘을 더블클릭하면 행과 열을 입력하는 표 삽입 대화상자가 나타난다. 원하는 행과 열을 개수를 입력한 후 '확인'단추를 누른다.

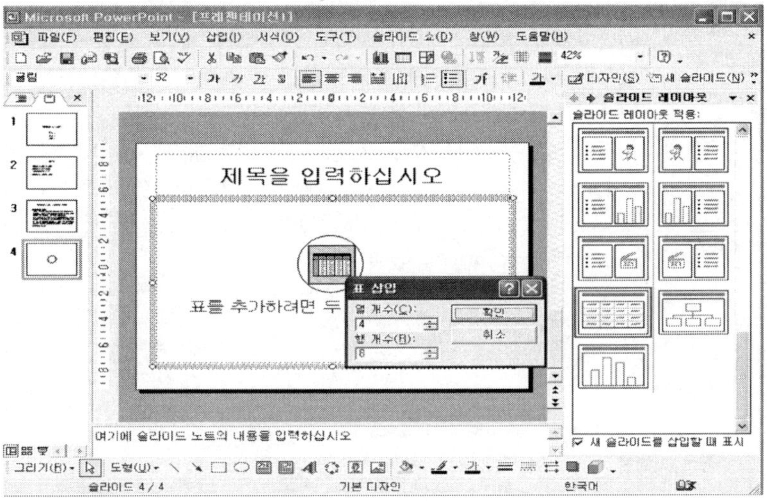

• 슬라이드 제목입력부분과 표입력부분에 아래와 같은 내용을 입력한다. 표 입력부분에서 [도형]-[블록 화살표]-[원형 화살표]를 선택하여 원형 화살표를 작성한다. 그리고 원형 화살표에 텍스트를 추가한다.

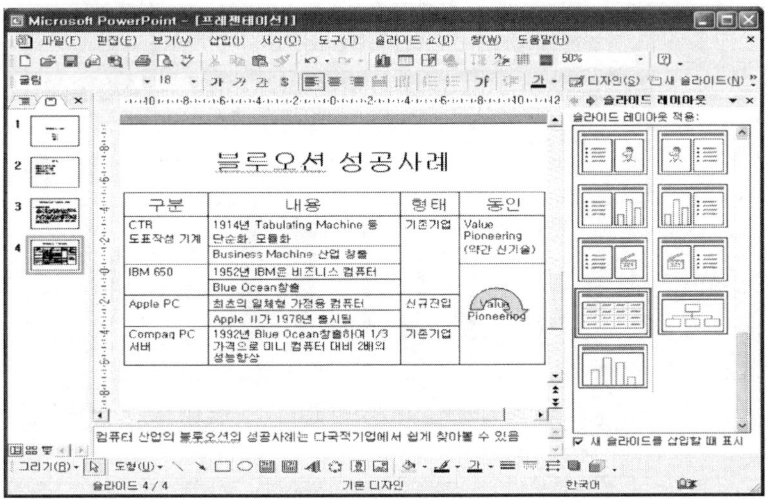

③ 차트슬라이드

• 메뉴[삽입]-[새 슬라이드]를 선택한다.

• 작업창'슬라이드 레이아웃 적용'에서 '제목 및 차트'를 선택한 후 단축메뉴[새 슬라이드 삽입]을 선택한다.

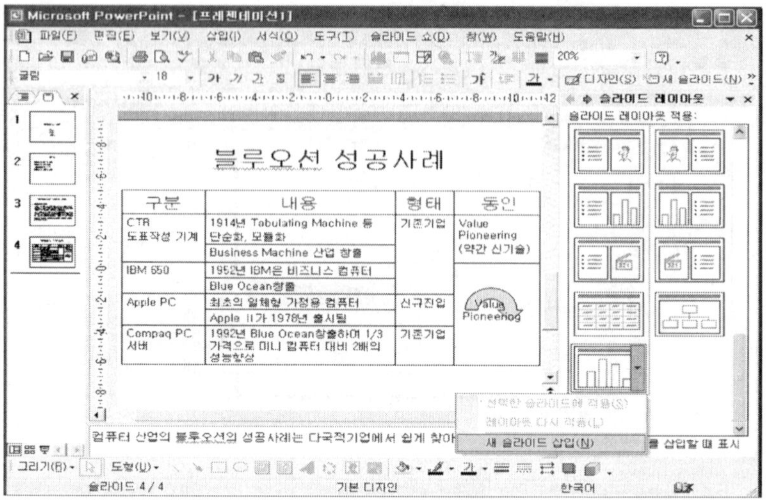

- 개요창에 다섯번째 슬라이드가 추가된 것을 확인할 수 있다.
- 슬라이드 영역의 차트 입력 아이콘을 더블클릭하면 데이터 시트 대화상자가 나타난다. 데이터 시트의 각 셀에 아래와 같이 데이터를 입력한 후 닫는다.

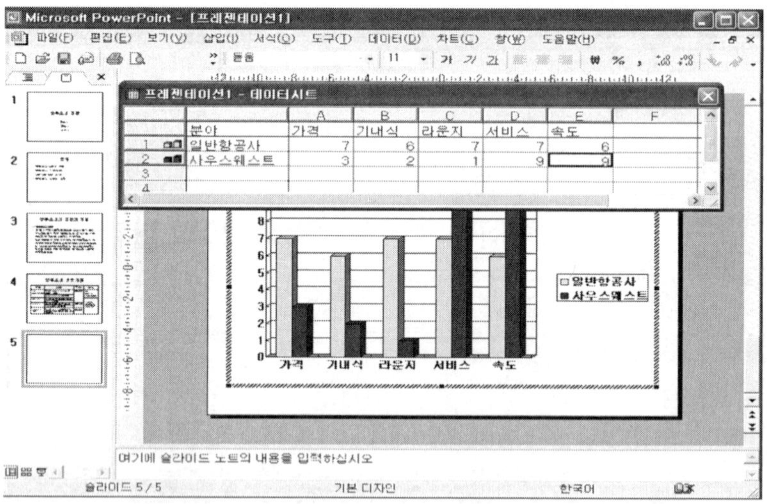

- 슬라이드 영역의 제목입력부분에 “전략캔버스의 적용”을 입력하여 다음과 같은 슬라이드를 작성한다.

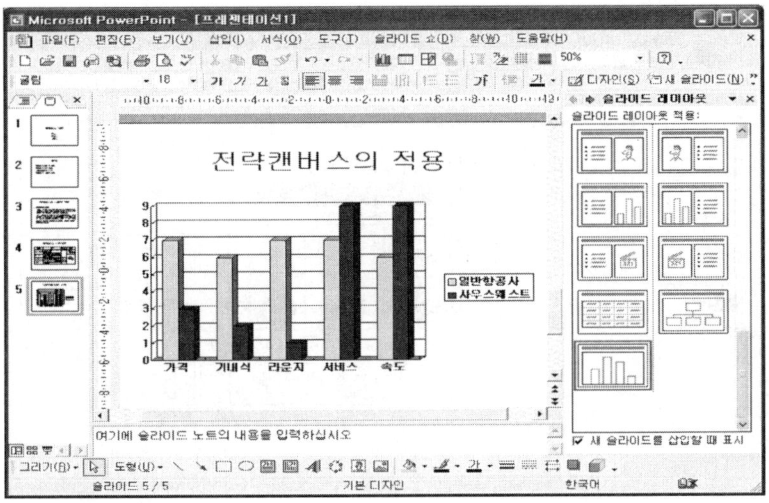

④ 조직도 슬라이드

- 메뉴[삽입]-[새 슬라이드]를 선택한다.
- 작업창'슬라이드 레이아웃 적용'에서 '제목 및 다이아그램 또는 조직도'를 선택한 후 단축메뉴[새 슬라이드 삽입]을 선택한다.

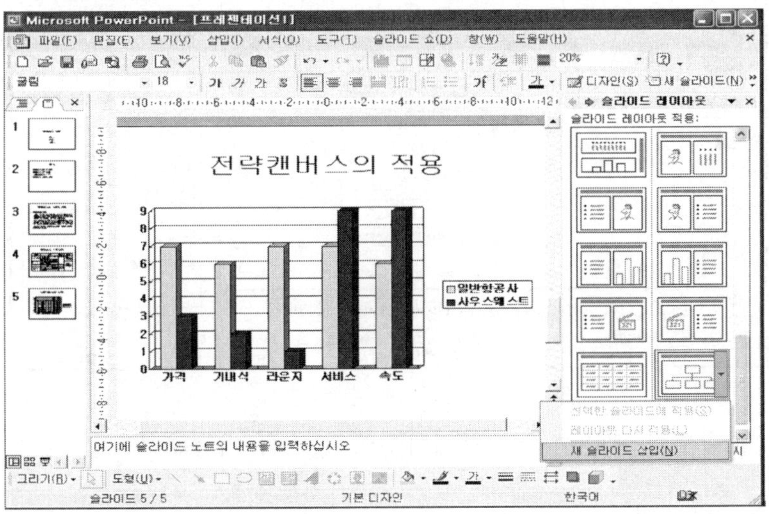

- 개요창에 여섯번째 슬라이드가 추가된 것을 확인할 수 있다.
- 슬라이드 영역의 다이아그램 또는 조직도 입력 아이콘을 더블클릭하면 다이어그램 갤러리 대화상자가 나타난다. 여기서 조직도를 선택한 후 '확인'단추를 누른다.

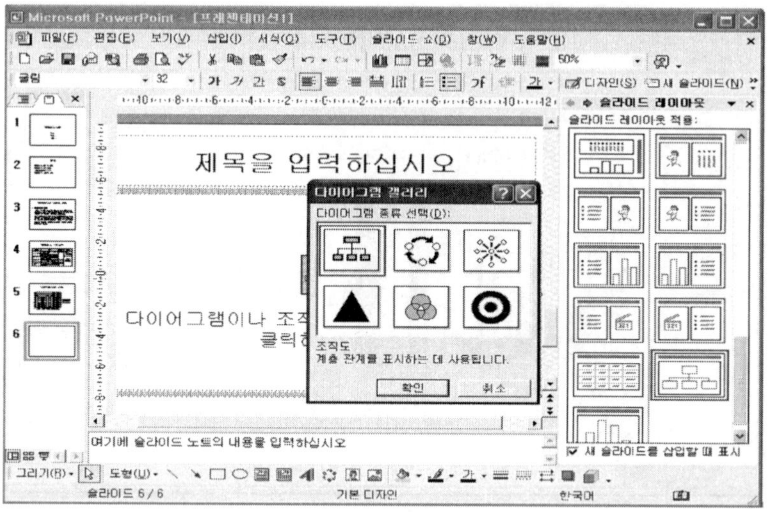

• 다음과 같은 형태의 조직도를 작성한다.

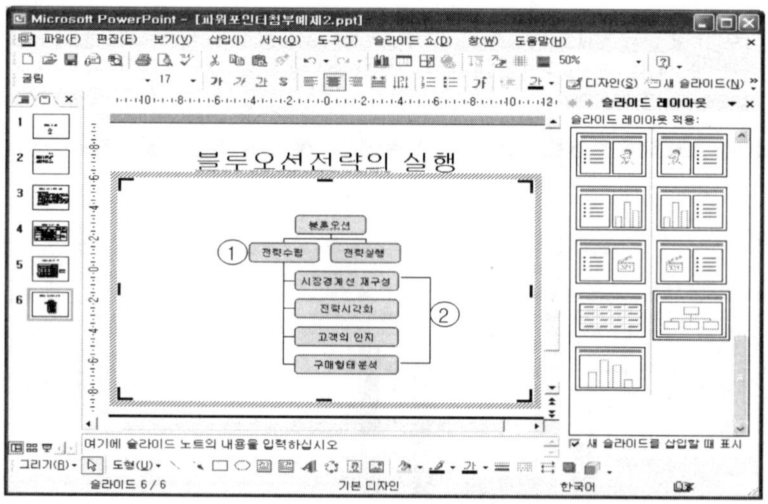

여기에서 조직도의 수준증가와 레이아웃의 변경이 가능하다.

⑤ 조직도의 수준증가

• 조직도 편집상태에서 단축메뉴[하위수준]을 선택하여 필요한 개수만큼 반복실행한다.

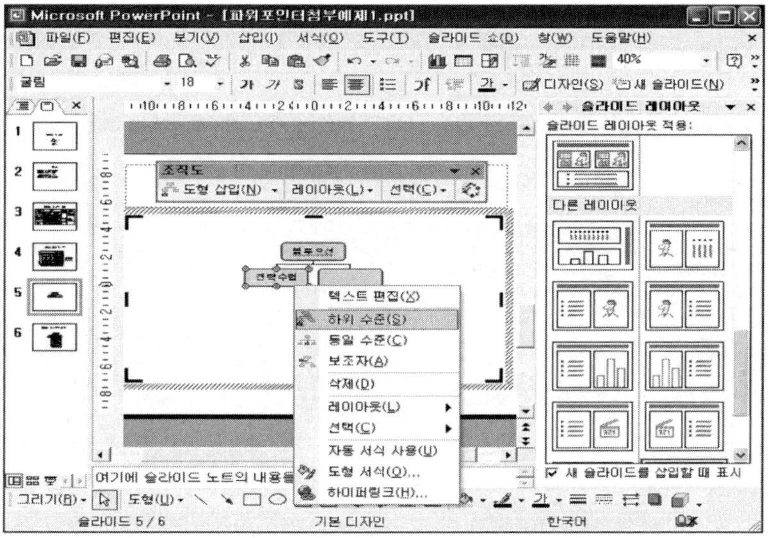
Microsoft PowerPoint - [파워포인터첨부예제1.ppt]
파일(F) 편집(E) 보기(V) 삽입(I) 서식(O) 도구(T) 슬라이드 쇼(D) 창(W) 도움말(H)
굴림 18
디자인(S) 새 슬라이드(N)
슬라이드 레이아웃
슬라이드 레이아웃 적용:
다른 레이아웃
조직도
도형 삽입(N) 레이아웃(L) 선택(C)
텍스트 편집(X)
하위 수준(S)
동일 수준(C)
보조자(A)
삭제(D)
레이아웃(L)
선택(C)
자동 서식 사용(U)
도형 서식(O)...
하이퍼링크(H)...
여기에 슬라이드 노트의 내용을
새 슬라이드를 삽입할 때 표시
그리기(R) 도형(U)
슬라이드 5 / 6
기본 디자인
한국어

[결 과]

Microsoft PowerPoint - [파워포인터첨부예제1.ppt]
파일(F) 편집(E) 보기(V) 삽입(I) 서식(O) 도구(T) 슬라이드 쇼(D) 창(W) 도움말(H)
굴림 18
디자인(S) 새 슬라이드(N)
슬라이드 레이아웃
슬라이드 레이아웃 적용:
다른 레이아웃
조직도
도형 삽입(N) 레이아웃(L) 선택(C)
여기에 슬라이드 노트의 내용을 입력하십시오
새 슬라이드를 삽입할 때 표시
그리기(R) 도형(U)
슬라이드 5 / 6
기본 디자인
한국어

⑥ 조직도 레이아웃 변경

• 조직도 편집상태에서 단축메뉴[레이아웃]–[오른쪽배열]을 선택한다.

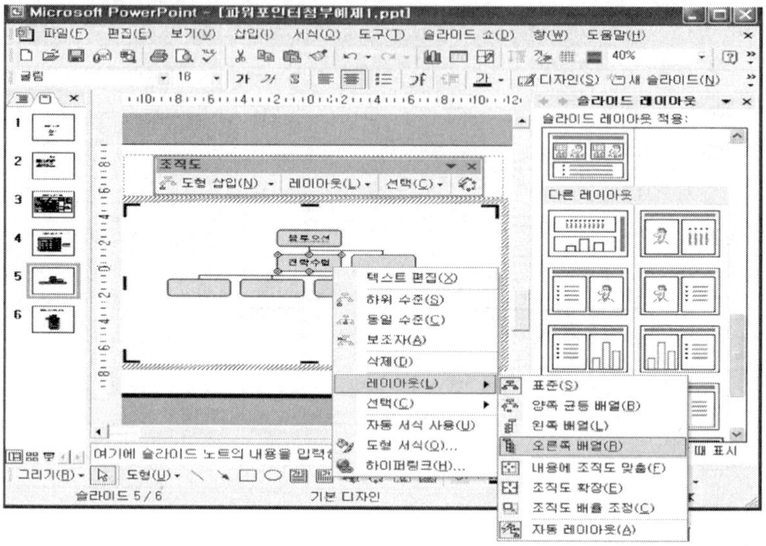

[결 과]

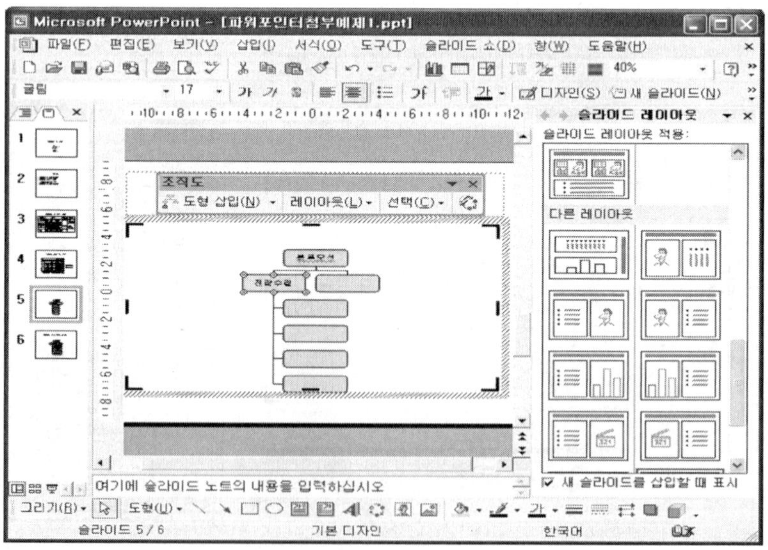

(2) 슬라이드 노트 작성

앞에서 작성한 슬라이드 중 네번째 슬라이드에 슬라이드 노트기능을 사용하여 메모를 한다고 가정하자.

- 네번째 슬라이드를 편집상태로 만든 후 메뉴[보기]-[슬라이드 노트]를 선택한다.

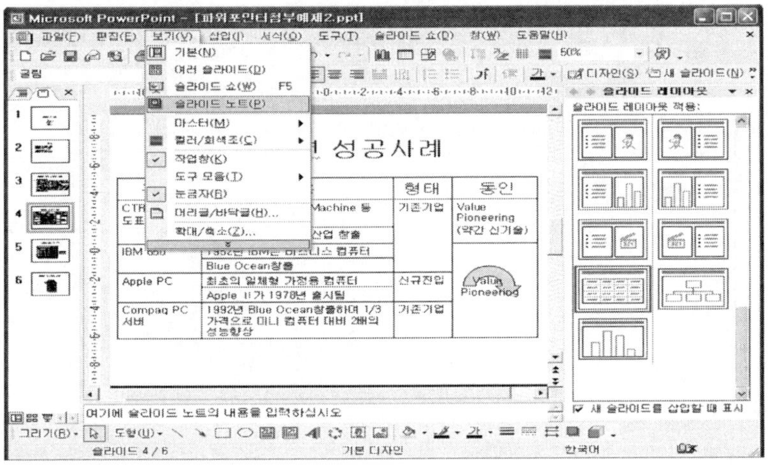

- [슬라이드 노트]화면에서 슬라이드 하단에 있는 '텍스트를 입력하십시오'부분에 메모할 내용 '컴퓨터 산업의 블루오션의 성공사례는 다국적기업에서 쉽게 찾아볼 수 있음'을 입력한다.

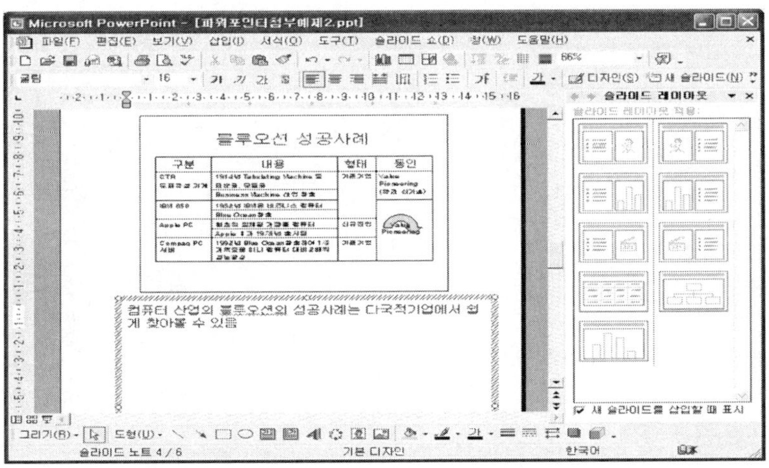

3장 … 마스터 만들기

마스터란 한번 적용하면 모든 요소에 공통적으로 적용되는 것을 말한다. 파워포인트에서 제공하는 마스터 종류에는 본문 작성을 위한 '슬라이드 마스터', 제목 작성을 위한 '제목 마스터', 청중을 위한 '유인물 마스터', 윤곽 편집을 위한 '슬라이드 노트 마스터'가 있다.

1. 슬라이드 마스터

마스터 종류 중에서 가장 많이 사용하는 슬라이드 마스터는 슬라이드에 공통적으로 들어가는 글꼴의 크기, 종류, 그림자, 글머리 스타일 등을 설정할 수 있다. 디자인 서식파일을 적용하여 슬라이드의 디자인이나 배경색을 변경할 수 있다. 그리고 제목 스타일, 본문의 텍스트 스타일, 그리고 날짜·시간, 슬라이드 번호 등의 바닥글 영역에 대한 편집이 가능하다.

슬라이드의 모습을 전체적으로 바꾸고 싶을 때는 개별적으로 각각의 슬라이드를 변경할 필요없이 슬라이드 마스터를 사용하면 기존 슬라이드뿐만 아니라 새로이 추가되는 슬라이드에 그 기능이 적용된다.

(1) 구성요소

메뉴[보기]－[마스터]－[슬라이드 마스터]를 선택하면 다음과 같은 요소들로 구성된 슬라이드 마스터가 나타난다.

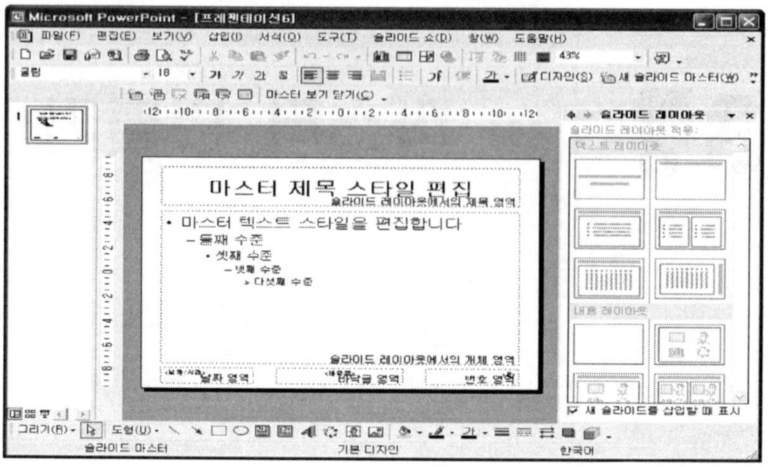

① 마스터 제목 스타일 편집영역

슬라이드 레이아웃에서 제목 영역에 해당하며 슬라이드의 제목을 입력하고 서식을 편집한다.

② 마스터 텍스트 스타일 편집영역

슬라이드 본문에 해당하며 수준별로 텍스트를 입력하고 서식을 편집할 수 있다. 문자열외에 그림, 표, 조직도 등의 개체내용들을 작성할 수 있다.

그러나 슬라이드 마스터 보기에서 '마스터 제목 스타일 편집영역'과 '마스터 텍스트 스타일 편집영역'에 직접 문자열을 편집할 수 없고 슬라이드 기본 보기나 개요영역에서 편집할 수 있다.

③ 날짜/시간 영역, 바닥글 영역, 번호 영역

각 영역에 직접 내용을 입력하거나 메뉴 [보기]-[머리글/바닥글]을 선택한 다음 '머리글/바닥글' 대화상자에서 삽입할 내용을 지정한다.

(2) 날짜/시간 영역, 바닥글 영역, 번호 영역 편집

- 슬라이드 마스터 편집상태에서 바닥글 영역에 '슬라이드 마스터 실습'을 직접 입력한다.

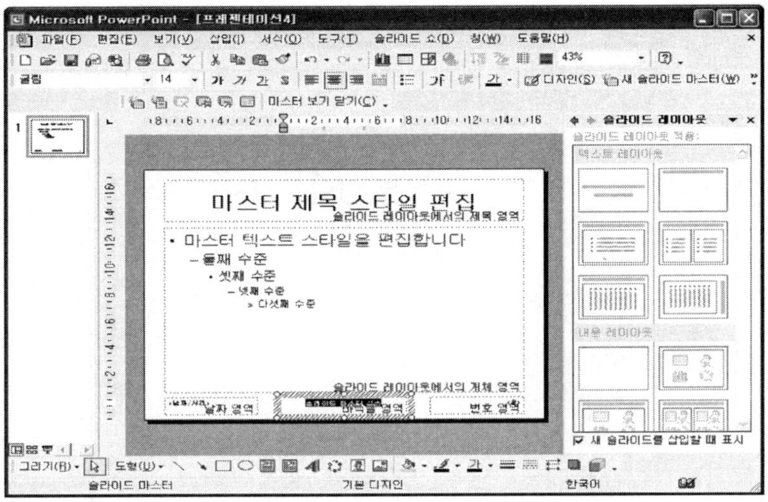

• 메뉴[보기]-[기본]을 선택한다.

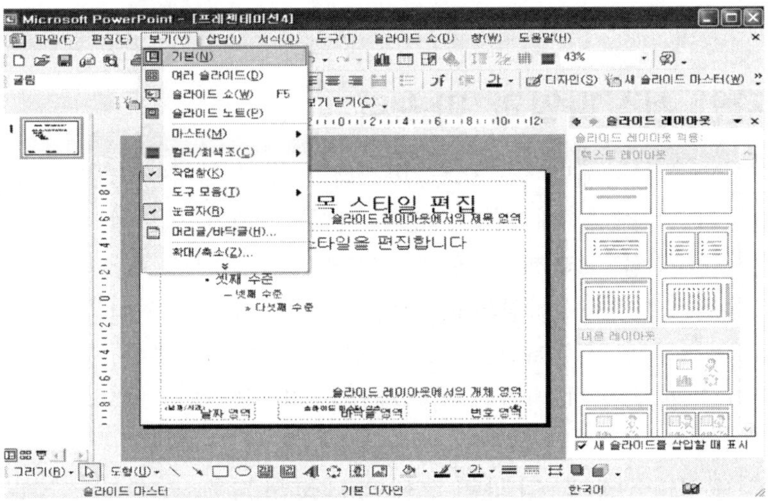

[결 과]

슬라이드 영역의 바닥글 영역에 '슬라이드 마스터 실습'이 입력된 것을 확인할 수 있다.

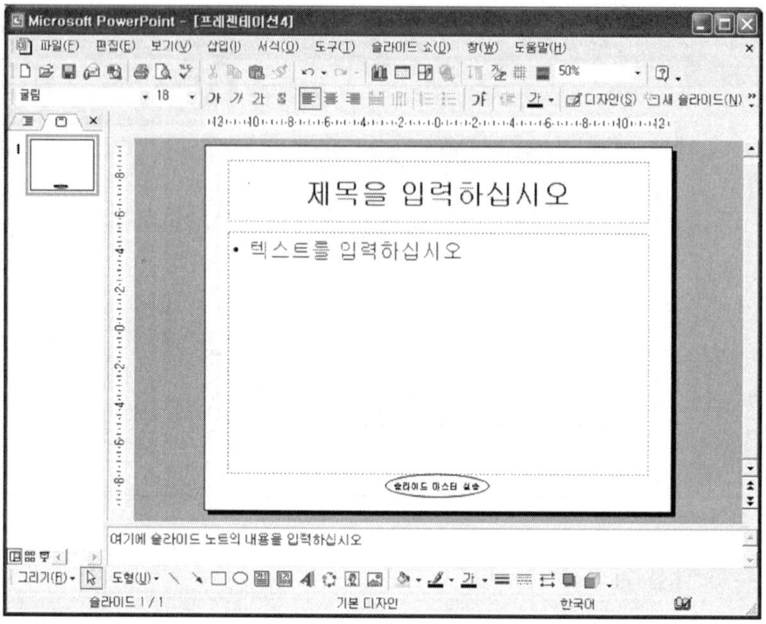

(3) 디자인 서식파일과 마스터

디자인 서식파일에는 해당 슬라이드 마스터가 들어 있다. 슬라이드 마스터의 요소가 서식파일의 디자인을 제어한다. 많은 서식파일에도 별도의 제목 마스터가 있다. 디자인 서식파일을 프리젠테이션에 적용하면 슬라이드 마스터에 있는 텍스트 스타일과 그래픽으로 자동 변경되고 색의 구성도 디자인 서식파일에서 지정하는 색 구성표로 바뀌게 된다. 그러나 텍스트 상자나 그림과 같이 사용자가 슬라이드 마스터에 추가한 개체는 새 디자인 서식파일을 적용할 때 삭제되지 않는다.

1) 슬라이드 마스터에 디자인 서식 지정하기

• 메뉴[삽입]-[새 슬라이드]를 선택한 후 작업창'슬라이드 레이아웃 적용'에서 '제목 및 텍스트'를 선택한다.

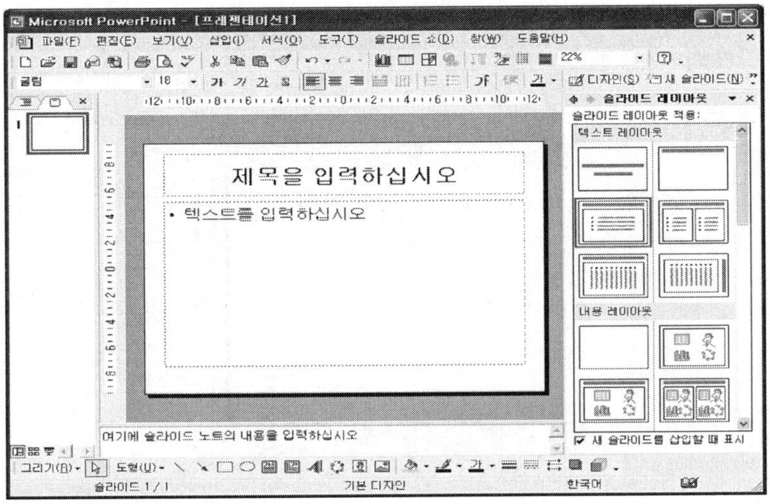

- 메뉴[보기] - [마스터] - [슬라이드 마스터]를 선택한다.
- 슬라이드 작업영역에서 단축메뉴[슬라이드 디자인]을 선택하거나 개요창에서 단축메뉴[슬라이드 디자인]을 선택한다.

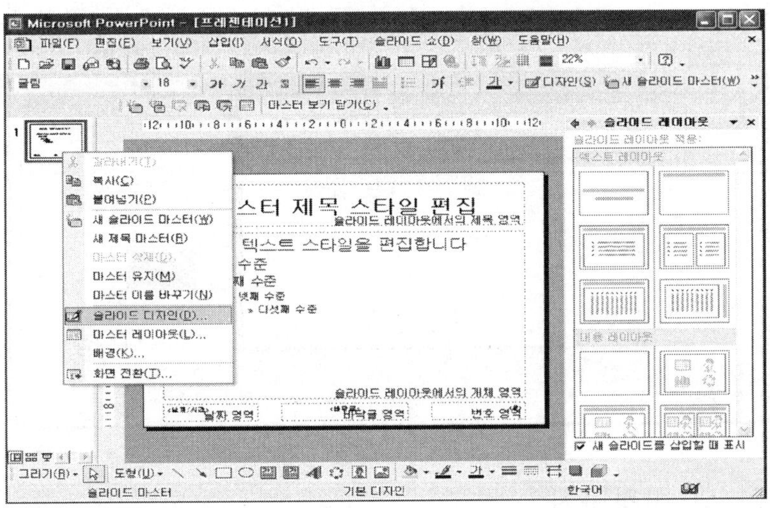

- 작업창'디자인 서식파일 적용'에서 서식파일 '비지니스.pot'를 선택한 후 단축메뉴[디자인 추가]를 선택한다.

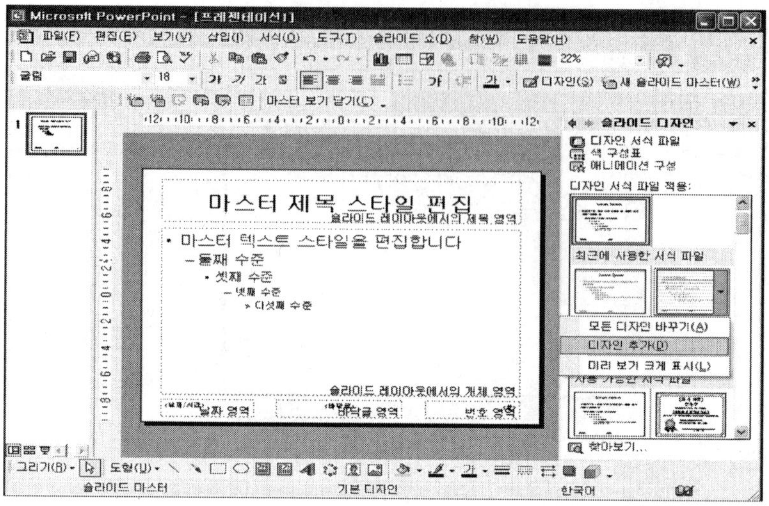

[결 과]

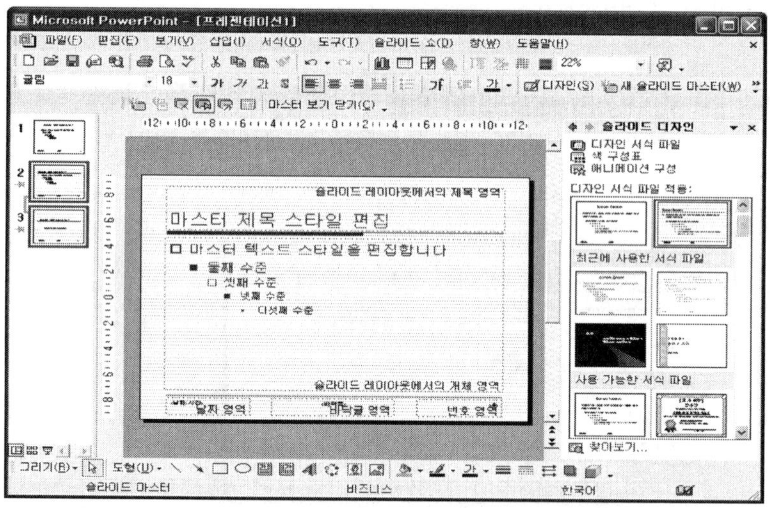

2) 디자인 색 변경하기

슬라이드를 구성하는 모든 요소들의 색을 변경하기 위해서는 다음의 절차를 따른다.

• 슬라이드 마스터가 편집상태에서 작업창'슬라이드 레이아웃'의 오른쪽 내림단추(▼)를 클릭하여 [슬라이드 디자인－색구성표]를 선택한다.

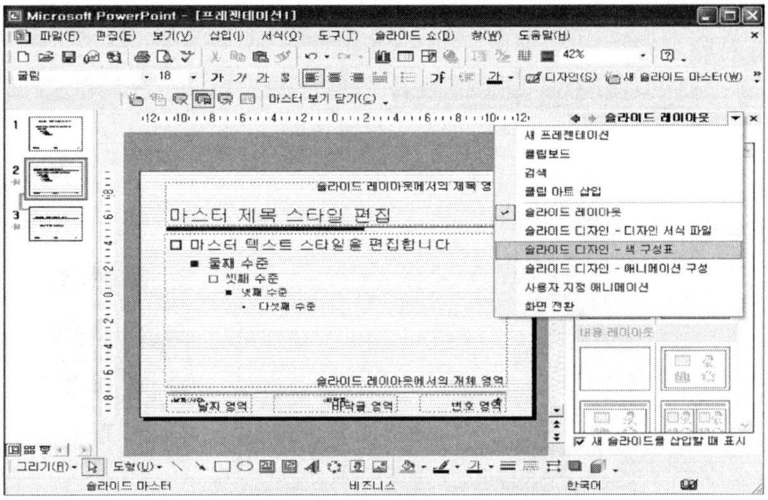

• 작업창'색 구성표 적용'에서 새롭게 적용할 색 구성표를 선택한 후 단축메뉴[선택한 마스터에 적용]을 선택한다.

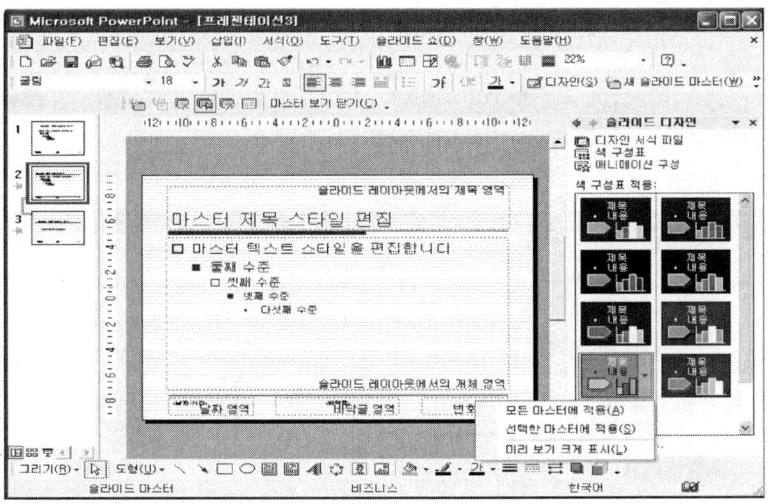

[결 과]

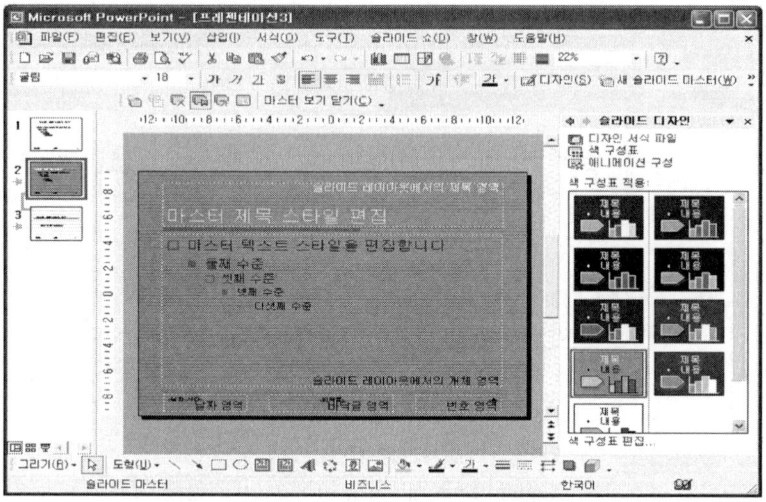

3) 디자인 배경색 변경하기

배경색만 변경하고자 할 때 다음의 절차를 따른다.

- 메뉴[서식]-[배경]을 선택한다. 또는 슬라이드 작업영역에서 단축메뉴[배경]을 선택하거나 개요창에서 단축메뉴[배경]을 선택한다.

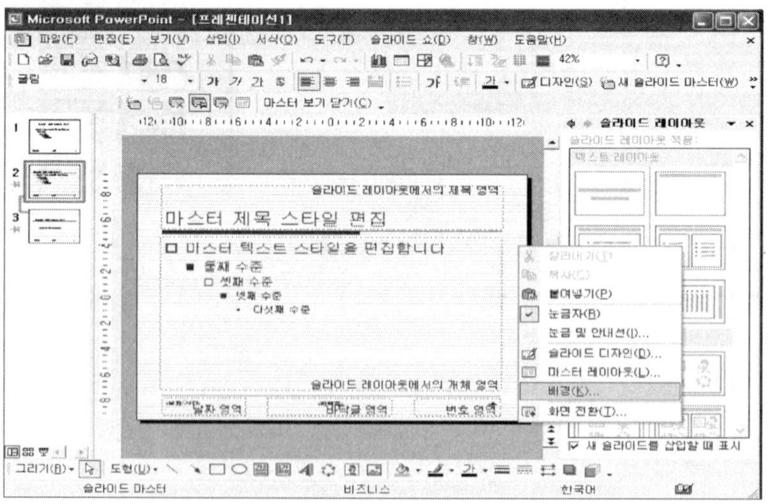

- 배경 대화상자가 나타난다.

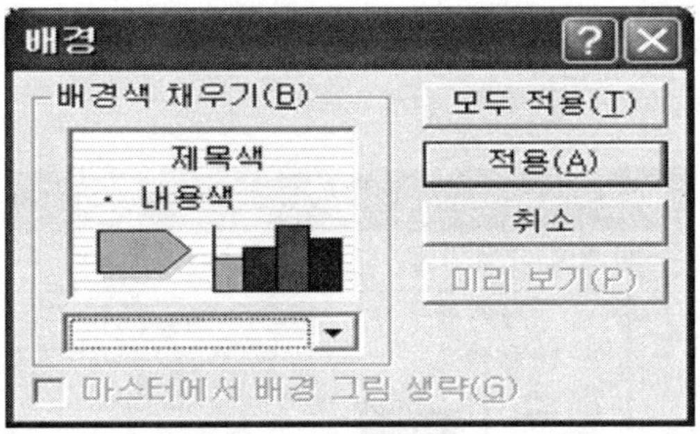

• 배경 대화상자에서 '미리보기'아래에 위치한 오른쪽 내림단추(▼)를 클릭하여 '다른 색'을 선택한다.

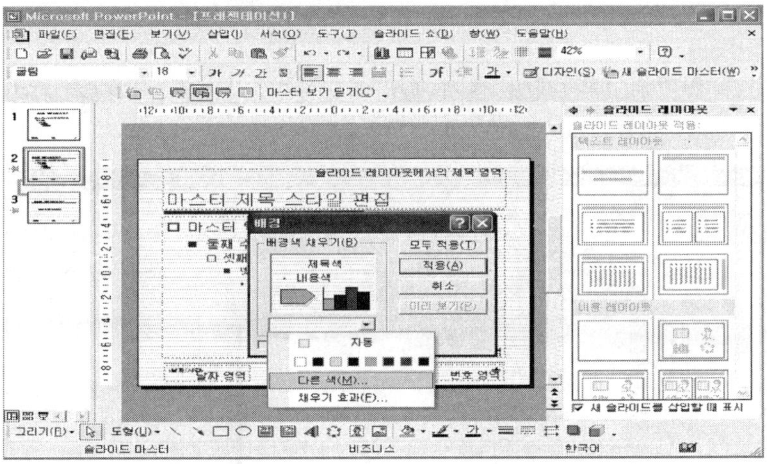

• 색대화상자가 나타난다. [표준]탭을 클릭하여 원하는 색을 지정한 후 '확인'단추를 누른다.

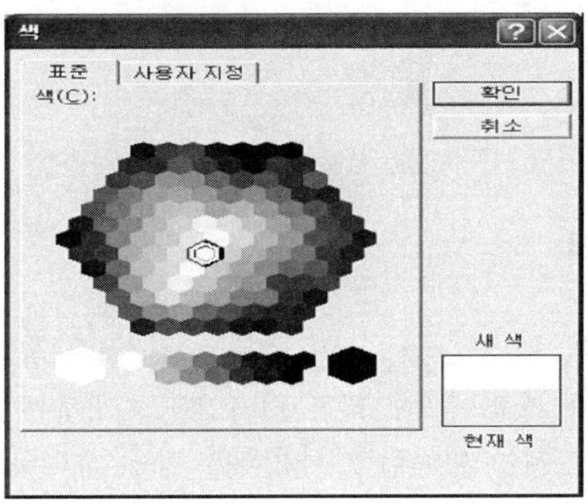

• 그리고 변경된 색을 모든 슬라이드에 적용할 것인지 현재 편집 중인 슬라이드에 적용할 것인지를 결정한다.

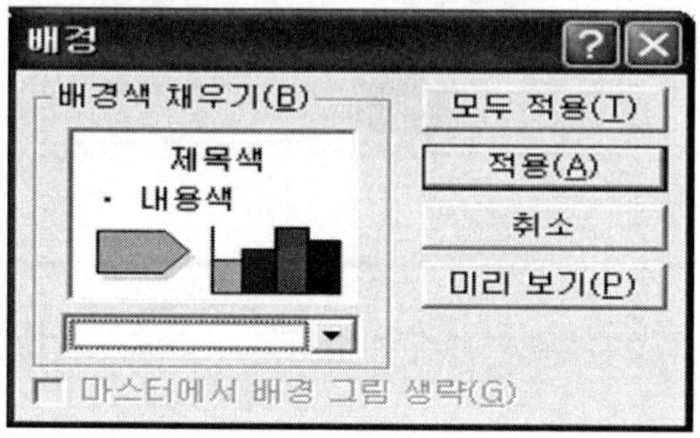

[결 과]

아래 그림은 변경된 배경색이 현재 슬라이드에만 적용된 결과를 보여주고 있다.

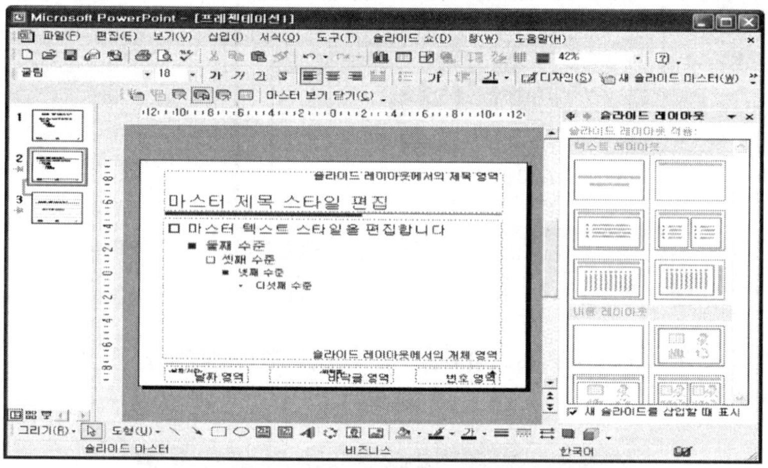

2. 제목 마스터

프리젠테이션은 제목, 텍스트, 표, 그림, 조직도 등 여러 종류의 슬라이드들로 구성된다. 그 중에서 제목 슬라이드에 다른 디자인을 지정하는 기능을 갖는 것이 제목 마스터이다. 따라서 제목 마스터를 사용하면 다른 슬라이드를 제외한 제목 슬라이드만 영향을 받는다.

슬라이드 마스터에서 변경한 텍스트 서식이 제목 마스터에도 적용되기 때문에 제목 마스터를 변경하기 전에 먼저 슬라이드 마스터에서 작업을 완료해야 한다. 만일, 순서가 바뀌게 되면 제목 마스터를 변경해도 소용이 없다.

- 메뉴[보기]-[마스터]-[슬라이드 마스터]를 선택한다.

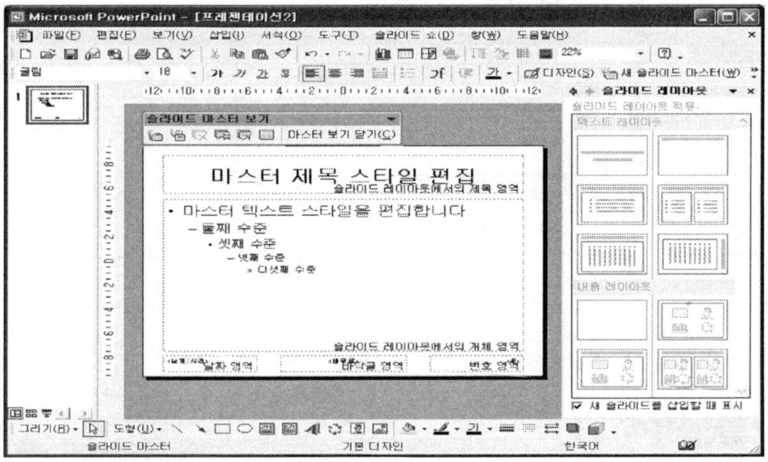

- '슬라이드 마스터 보기' 도구모음에서 '새 제목 마스터 삽입'단추를 선택한다.

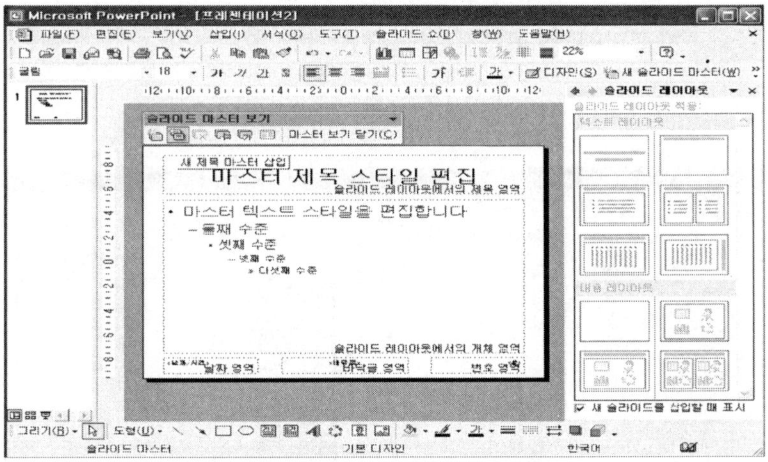

[결 과]

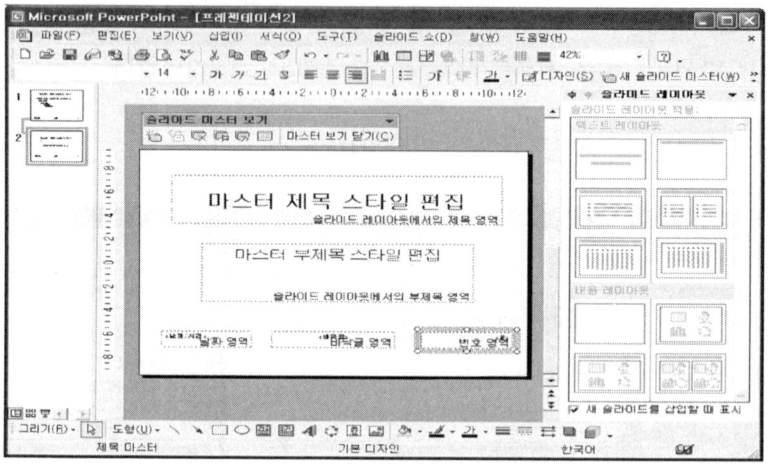

3. 유인물 마스터

유인물 마스터는 청중들의 이해를 돕기 위해 작성하는 유인물에 대한 기본 서식을 설정한다. 이것은 슬라이드 마스터작업과 유사하며 유인물에 그림이나 문자열이 담긴 여러 슬라이드를 최대 9장을 동시에 보여준다. 유인물 슬라이드에 작성한 내용은 슬라이드 마스터에 적용되지 않는다.

- 메뉴[보기]-[마스터]-[유인물 마스터]를 선택한다.

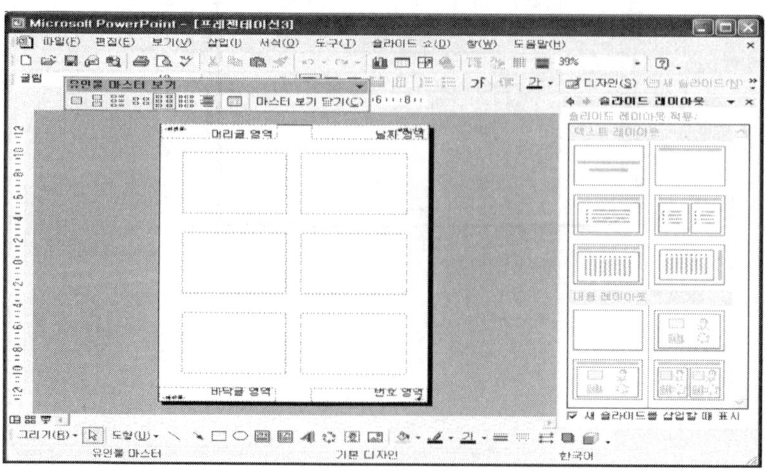

• 머리글, 바닥글, 날짜, 슬라이드 번호 등을 작성한다. 머리글 영역에 "유인물 마스터란?"을 입력한다.

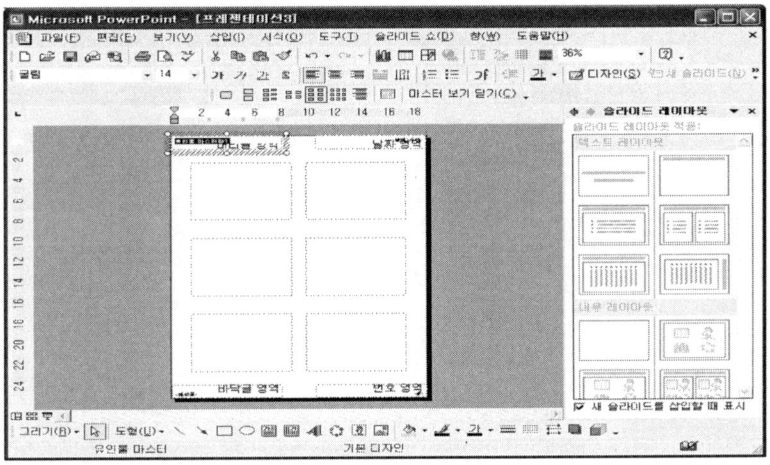

4. 슬라이드 노트 마스터

이것은 슬라이드 마스터와 유사하게 슬라이드 노트 영역에 입력한 문자열의 크기, 위치선택 등 텍스트를 편집할 수 있다. 그리고 머리글과 바닥글, 날짜, 번호 등을 추가할 수 있다.

• 메뉴[보기]-[마스터]-[슬라이드 노트 마스터]를 선택한다.

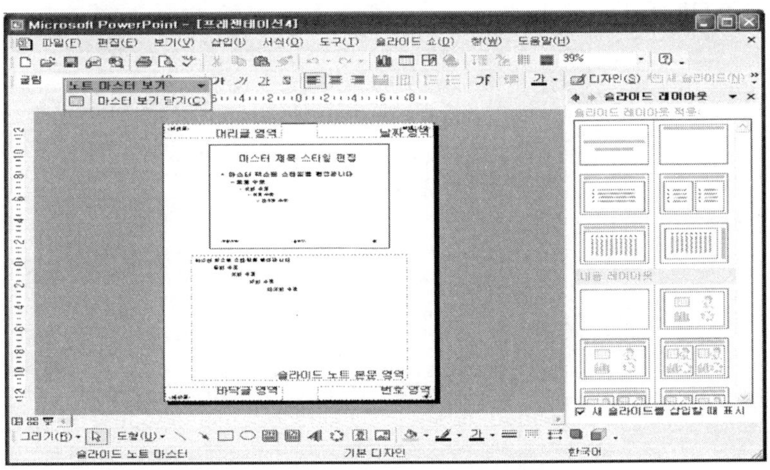

4장 ··· 슬라이드 쇼

1. 쇼 보기와 쇼 설정

완성된 슬라이드를 쇼 보기를 실행하여 청중들에게 내용을 전달·보고할 수 있다.

(1) 쇼 보기

- 메뉴[슬라이드 쇼]-[쇼 보기]를 선택하거나 화면 아래 왼쪽의 화면전환단추 중에서 슬라이드 쇼(▣)를 선택한다.
- 슬라이드 쇼의 진행화면에서 단축메뉴 [다음]을 선택하여 다음 슬라이드로 진행한다.

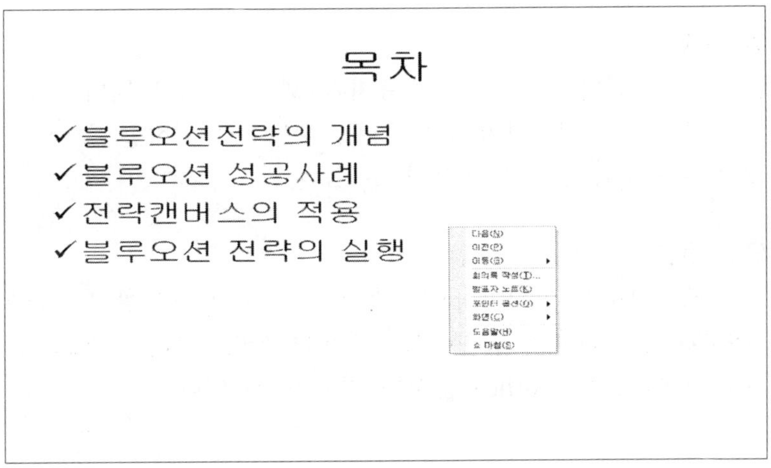

(2) 쇼 설정

쇼 설정기능을 사용하여 발표자가 원하는 상태로 프리젠테이션을 설정할 수 있다.

- 메뉴 [슬라이드 쇼]－[쇼 설정]을 선택한다.
- 쇼 설정 대화상자가 나타난다.

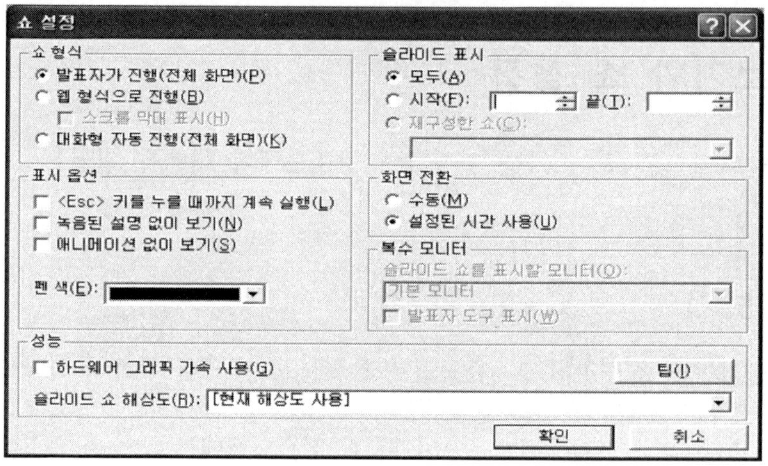

1) 쇼 형식

① 발표자가 진행

가장 보편적인 쇼 진행방식으로서 발표자가 화면을 보면서 마우스를 클릭하여 슬라이드 쇼를 진행한다. 진행자가 쇼를 자동, 수동으로 실행할 수 있고 쇼를 진행하는 동안 회의록 작성과 설명을 녹음할 수 있다.

② 웹형식으로 진행

화면 구성이 웹브라우저 형태이며 스크롤바 표시확인란이 활성화된다. 스크롤바나 [PgUp], [PgDn]키를 사용해 슬라이드간에 이동한다. 그리고 웹도구모음을 표시하여 다른 프리젠테이션이나 office 문서를 찾아볼 수 있다.

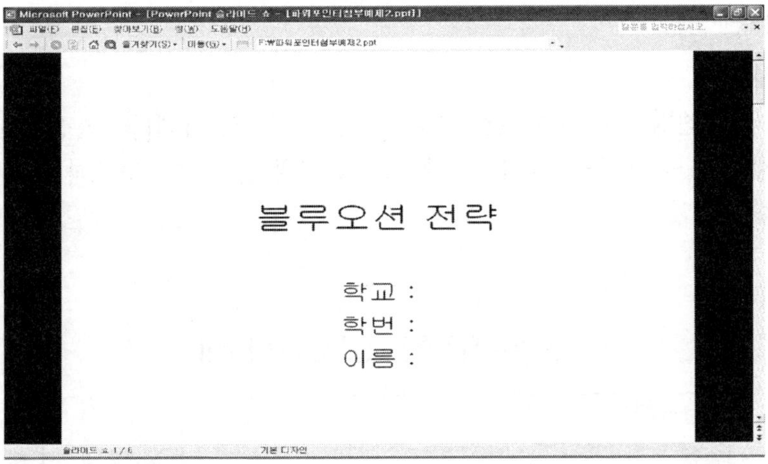

③ 대화형 자동진행(전체 화면)

이 옵션을 선택하면 박람회나 전시회 등에서 진행자 없이도 프리젠테이션을 실행할 수 있다. 쇼가 한차례 끝나면 자동으로 쇼가 다시 시작된다. [Esc] 키를 누를 때까지 계속 실행된다.

2) 표시옵션

① [Esc] 키를 누를 때까지 계속 실행

쇼 형식을 대화형 자동진행으로 설정하면 이 항목은 자동으로 설정된다. [Esc] 키를 누르면 쇼가 중단된다.

② 녹음된 설명 없이 보기

목소리 설명없이 슬라이드 쇼를 진행한다.

③ 애니메이션 없이 보기

모든 애니메이션이 끝난 상태에서 슬라이드가 나타난다.

3) 화면전환

① 수동으로 전환

발표자가 마우스를 작동하면 화면이 바뀐다.

② 설정된 시간 사용

설정된 시간이 경과하면 자동으로 화면이 바뀐다.

4) 펜과 펜 색

① 펜의 사용

슬라이드 쇼 진행 화면에서 단축메뉴 [포인트 옵션]－[펜]을 설정하면 프리젠테이션을 진행하는 동안 특정 내용을 펜으로 표시할 수 있어 강조하거나 청중의 시선을 집중할 수 있다.

블루오션 성공사례

구분	내용	형태	동인
CTR 도표작성 기계	1914년 Tabulating Machine 등 단순화, 모듈화	기존기업	Value Pioneering (약간 신기술)
	Business Machine 산업 창출		
IBM 650	1952년 IBM은 비즈니스 컴퓨터		
	Blue Ocean창출		
Apple PC	최초의 일체형 가정용 컴퓨터	신규진입	Value Pioneering
	Apple II가 1978년 출시됨		
Compaq PC 서버	1992년 Blue Ocean창출하여 1/3 가격으로 미니 컴퓨터 대비 2배의 성능향상	기존기업	

② 펜의 색

슬라이드 쇼를 진행하는 동안 펜 사용이 설정되어 있는 상태에서 펜의 색상을 지정·변경할 수 있다.

③ 펜 지우기

화면을 다시 깨끗하게 지우기고자 할 때 슬라이드 쇼 진행화면에서 단축메뉴 [화면]－[펜 지우기]를 선택한다.

2. 예행연습

정해진 시간동안에 준비한 내용을 모두 발표하기 위하여 슬라이드 쇼 예행연습을 통해 쇼 진행시간을 사전에 점검할 수 있다.

- 메뉴 [슬라이드 쇼]－[예행연습]을 선택한다.
- 예행연습 대화상자가 나타난다.

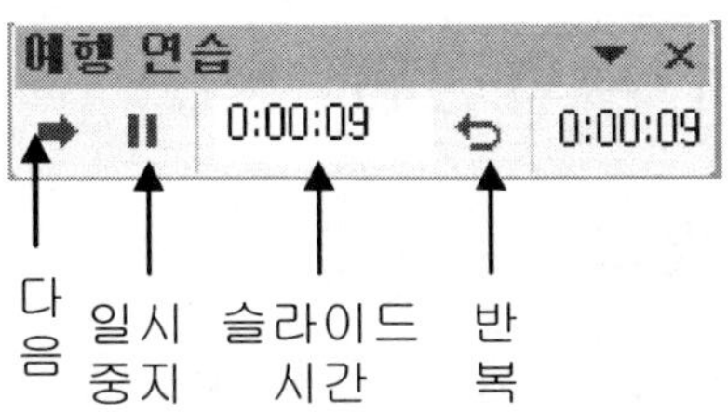

슬라이드를 보여주는 시간을 슬라이드마다 다르게 설정할 수 있다. 예를 들어, 제목 슬라이드는 10초, 텍스트와 표내용을 담고 있는 슬라이드는 1분 동안 보여지도록 설정이 가능하다.

- 슬라이드를 보여줄 시간을 설정한 후 예행연습 대화상자를 닫으면 다음과 같은 메시지가 나타난다. 설정된 시간대로 슬라이드 쇼를 진행하려면 '예'를 선택한다.

• 아래 그림과 같이 슬라이드 쇼 소요시간이 슬라이드마다 표시된다.

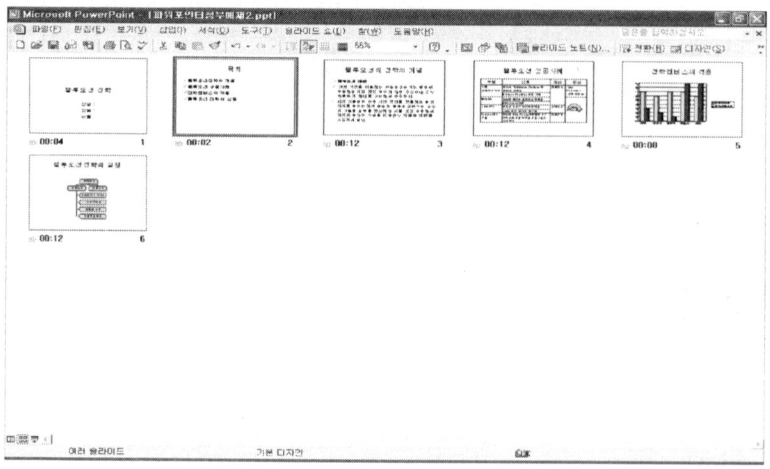

3. 애니메이션과 화면전환

(1) 애니메이션 효과

한 장의 슬라이드를 구성하는 요소들 즉, 텍스트, 그림, 도형, 차트 등을 화면에 나타내는 방식과 사라지는 방식을 설정할 수 있다. 애니메이션 효과는 각 요소마다 다르게 설정이 가능하다.

• 메뉴 [슬라이드 쇼]−[애니메이션구성]을 선택한다.
• 작업창'애니메이션 구성'에서 애니메이션 종류(흩어 뿌리기)를 선택한 후 '모든 슬라이드에 적용'과 '슬라이드 쇼'를 선택한다.

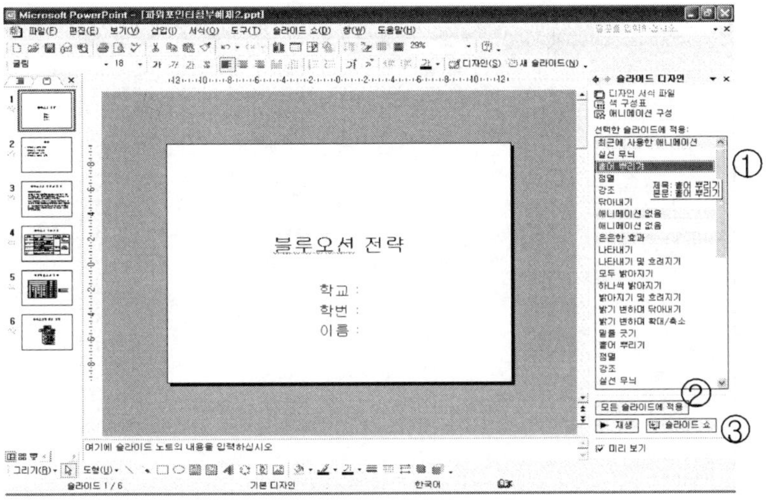

(2) 화면전환

이것은 슬라이드 쇼를 진행할 때 각 슬라이드를 화면에 나타낼 때 사용하는 방법이다. 또한 슬라이드 보기나 여러 슬라이드보기에서 사용할 수 있다.

- 메뉴 [슬라이드 쇼]－[화면전환]을 선택한다.
- 작업창'화면전환'에서 화면전환종류(예 : 다이아몬드형 펼치기)를 선택한다. 그리고 전환속도와 화면전환시 나오는 소리, 화면 전환방법 등을 지정할 수 있다.

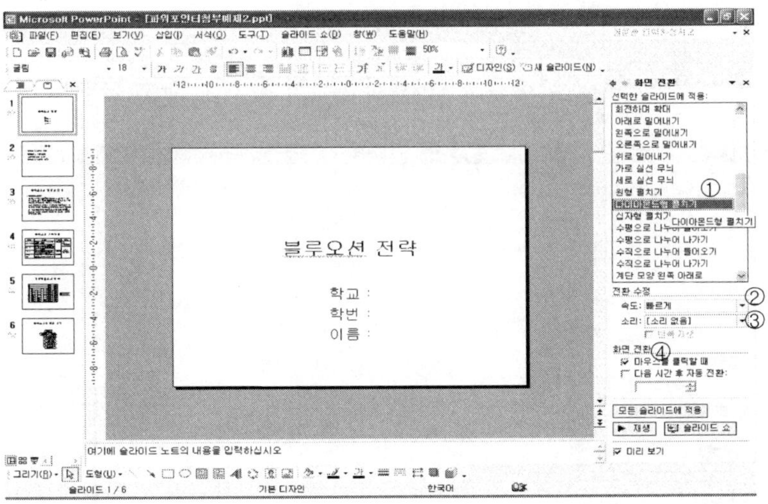

- 화면전환효과가 적용된 슬라이드에는 '별' 기호가 표시된다.

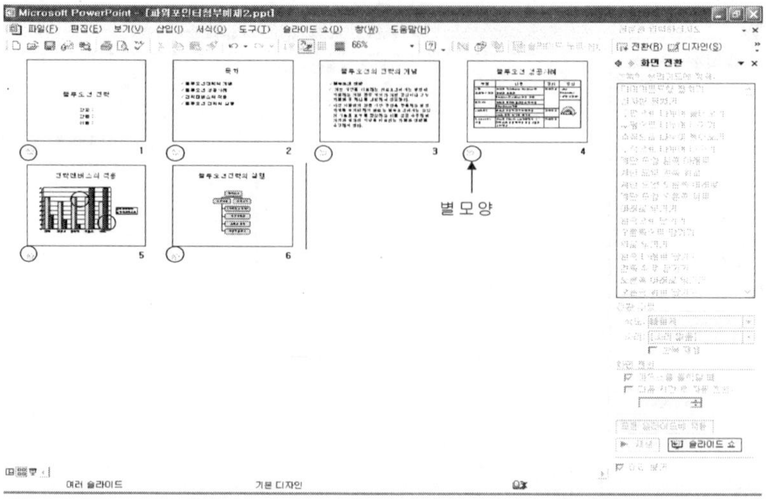

4. 실행단추

슬라이드 쇼를 진행할 때 이전 슬라이드나 다음 슬라이드, 처음 슬라이드, 마지막 슬라이드, 특정 위치의 슬라이드로 자유롭게 이동할 수 있는 실행단추가 있다.

그리고 회사소개 등의 관련 파일을 인터넷에 게시할 프리젠테이션이나 학생들의 보고서 발표, 동영상, 소리재생 실행단추도 사용할 수 있다.

- 메뉴 [슬라이드쇼]-[실행단추]를 선택한 후 실행단추 '▶|'을 선택한다.

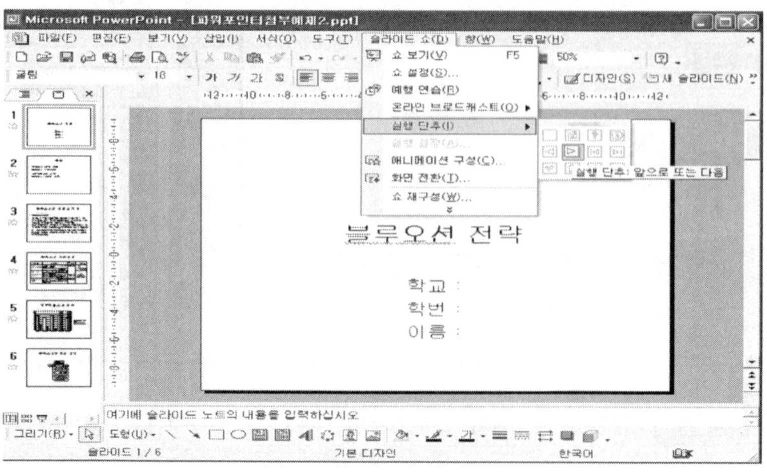

• 실행단추를 마우스로 드래그하여 슬라이드 영역의 해당 삽입위치에 배치한다.

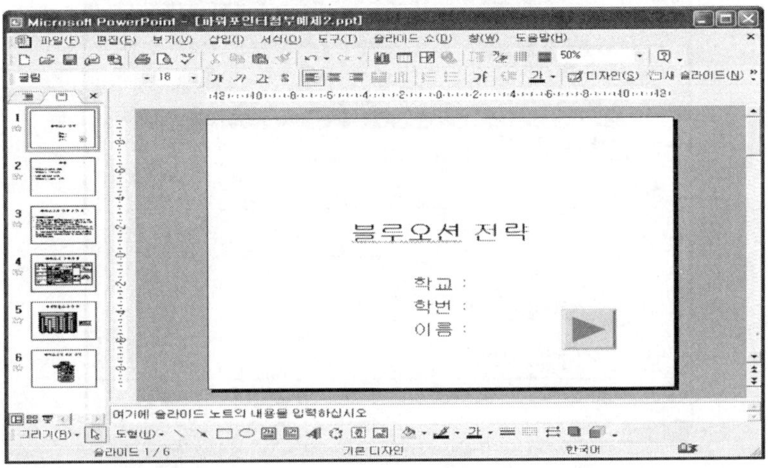

• 실행단추를 선택한 후 메뉴 [슬라이드쇼]-[실행설정]을 선택하거나 단축메뉴 [실행설정]을 선택하면 실행설정 대화상자가 나타난다.

실행단추는 마우스를 클릭할 때 실행하는 방법과 마우스를 올려 놓았을 때 실행하는 방법이 있다. 두 방법을 모두 사용할 수 있다. 예를 들어, 마우스를 클릭할 때 다음 슬라이드로 이동하고 마우스를 올려 놓을 때 음악이 흐르게 한다.

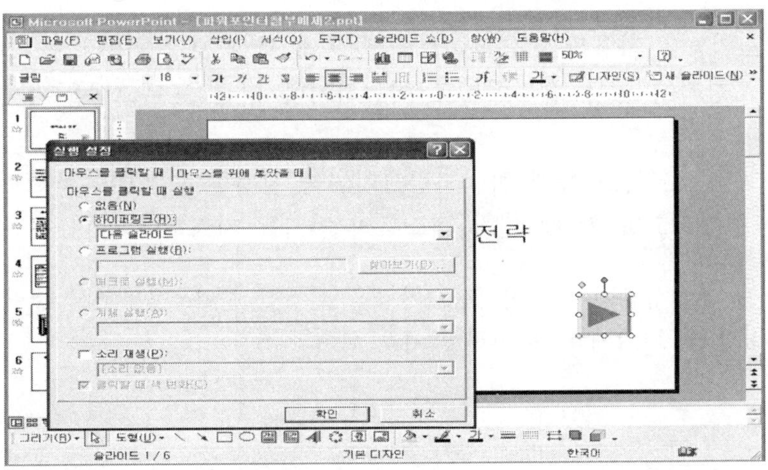

• '하이퍼링크'항목의 오른쪽 내림단추(▼)를 눌러 '마지막 슬라이드'를 선택한다. 그리고 '소리재생'항목의 오른쪽 내림단추(▼)를 눌러 '박수'를 선택한 후 '확인' 단추를 누른다.

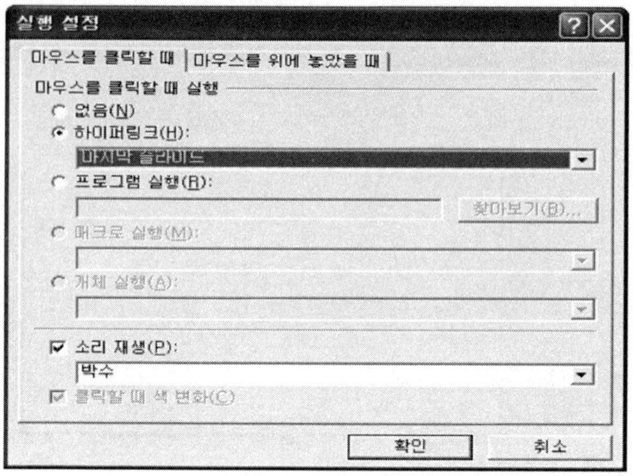

- 메뉴 [슬라이드 쇼]-[쇼 보기]를 선택한다.
- [슬라이드 쇼]에서 실행단추를 클릭하면 마지막 슬라이드로 이동하면서 소리가 재생된다.

5. 하이퍼링크

하이퍼링크기능을 사용하여 슬라이드의 내용에 관한 보충설명이 필요할 때 관련된 내용이 포함되어 있는 슬라이드로 이동하거나 다른 프로그램을 실행할 수 있다.

텍스트, 그림, 표, 차트 등에 하이퍼링크기능을 설정할 수 있다. 텍스트에 하이퍼링크기능을 설정하고자 할 때 먼저 텍스트의 범위를 지정해야 한다.

- 슬라이드 보기상태에서 하이퍼링크기능을 설정할 문자 '블루오션 전략의 개념'을 범위지정한 후 단축메뉴 [하이퍼링크]를 선택한다.

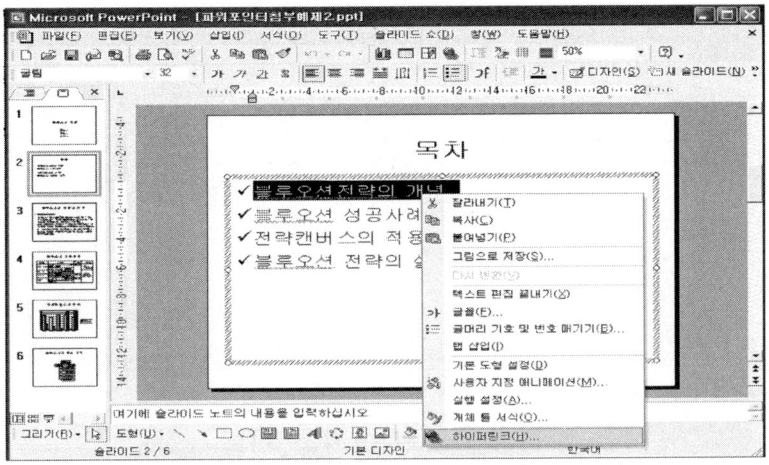

• 하이퍼링크 삽입 대화상자가 나타난다.

연결대상이 현재 문서의 슬라이드 3번(제목 : 블루오션전략 개념)일 경우 아래 그림과 같이 지정한 후 '확인'단추를 누른다. 만약, 하이퍼링크기능이 설정된 텍스트의 색상을 변경하려면 메뉴 [서식]-[슬라이드 디자인]을 선택한다. 작업창'색 구성표'를 선택하여 색상을 변경할 수 있다.

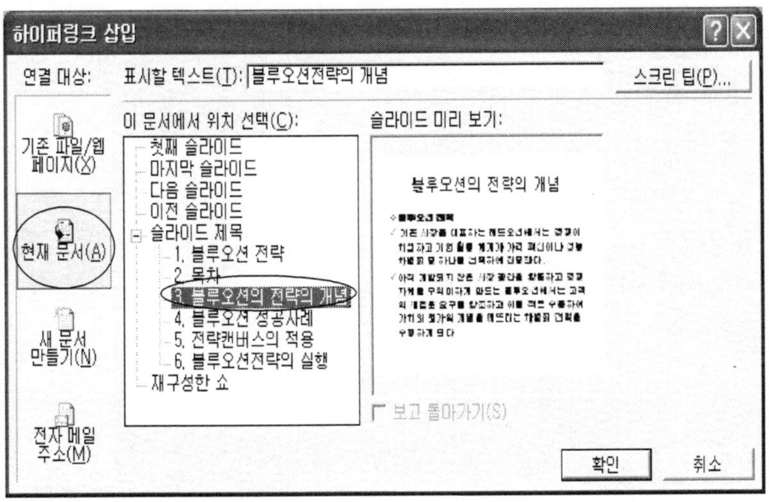

• 슬라이드 쇼 보기에서 하이퍼링크기능이 설정된 텍스트 '블루오션 전략의 개념'을 클릭하면 슬라이드 3번이 화면에 나타난다.

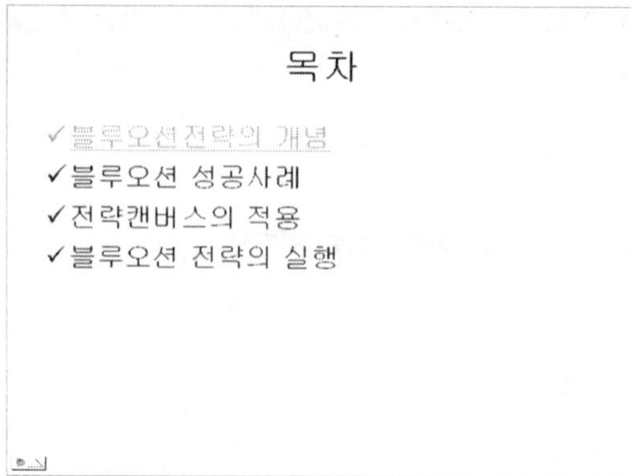
목차
✓블루오션전략의 개념
✓블루오션 성공사례
✓전략캔버스의 적용
✓블루오션 전략의 실행

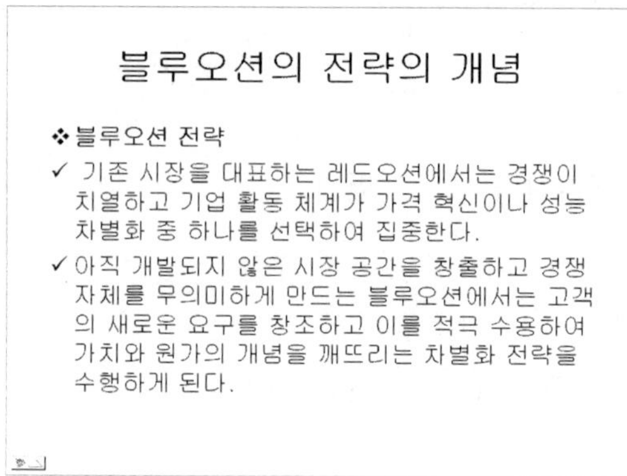
블루오션의 전략의 개념
❖블루오션 전략
✓ 기존 시장을 대표하는 레드오션에서는 경쟁이 치열하고 기업 활동 체계가 가격 혁신이나 성능 차별화 중 하나를 선택하여 집중한다.
✓ 아직 개발되지 않은 시장 공간을 창출하고 경쟁 자체를 무의미하게 만드는 블루오션에서는 고객의 새로운 요구를 창조하고 이를 적극 수용하여 가치와 원가의 개념을 깨뜨리는 차별화 전략을 수행하게 된다.

연습문제 1 : 자동차 박물관 소개

[슬라이드 1]

[조 건]

1. 슬라이드 레이아웃 적용 [텍스트 레이아웃][제목 및 텍스트] 적용
3. 워드아트를 이용하여 "자동차 박물관" 입력(크기:36)
4. 그리기 도구의 도형 "현수막"을 선택하여 이중물결 삽입 후 문자열 "대한자동차협회" 입력
5. [보기][머리글/바닥글]선택 후 바닥글 "자동차 입력", "슬라이드 번호" 체크, "모두 적용" 선택

[슬라이드 2]

[조 건]

1. 슬라이드 레이아웃 적용 [텍스트 레이아웃][제목 및 2단 텍스트] 적용
2. 제목영역
   ① 그리기 도구의 직사각형 작성 후 "자동차 개요" 입력(크기 : 63, 글꼴색: 흰색 , 도형 바탕색 : 나무색, 채우기 효과의 질감 "모래" 지정)
3. 2단 텍스트 영역 삭제 후 그리기 도구의 직사각형 2개 작성
   ① 직사각형 1, 2 "그림자 설정"
   ② 직사각형 1,2 글머리표 및 기호 입력 후 텍스트 내용 입력

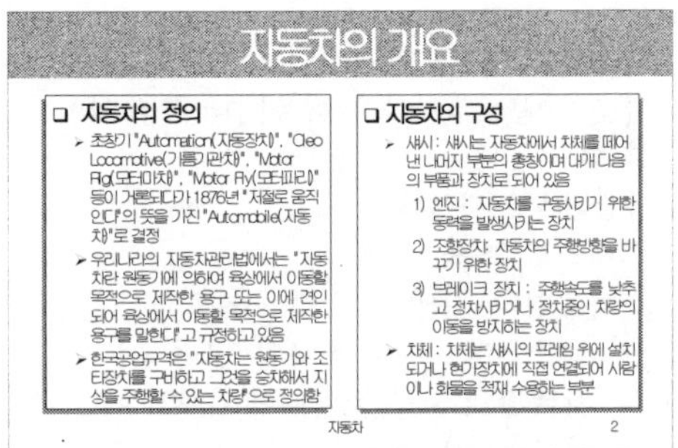

[슬라이드 3]

[조 건]

1. 슬라이드 2를 복사
2. 직사각형 1, 2 삭제
3. 슬라이드 레이아웃 적용 [제목 및 표] 로 변경
4. 제목영역
 ① 제목 영역 크기 : 슬라이드 1의 제목영역 크기와 동일하게
 ② "승용차와 승합차의 구"" 입력
5. 표영역 작업
 ① 6×6형태의 표 작성
 ② 표 테두리 너비 "3"지정
 ③ 표 제목 부분
 셀 음영 "회색", "반투명" 지정, 글꼴색 "검정" 지정
 ④ 그 외 텍스트 : 글꼴색 "검정" 지정
 ⑤ 표 영역 크기 조정

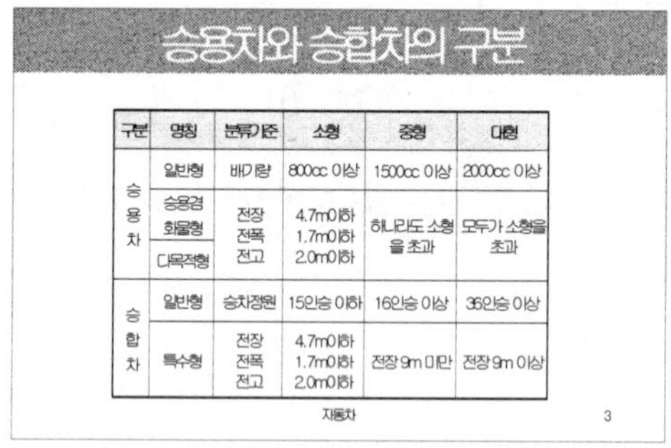

[슬라이드 4]

[조 건]

1. [삽입][새 슬라이드]선택
2. [슬라이드 레이아웃 적용] [내용 레이아웃] [빈 화면] 적용
3. [삽입][차트]선택
 ① 텍스트 입력
 ② 차트영역 작업
  • 차트유형:3차원 효과의 원형
  • 차트전체:글꼴(굴림), 크기(22)
  • 차트영역:노랑
  • 차트제목:크기(32), 영역(흰색), 테두리 표시, 그림자 적용
  • 범례:아래쪽에 표시
  • 데이터 레이블과 백분율 표시는 소수점 이하 한자리까지 표시
  • 데이터 요소서식:요소 "승용차"의 [채우기 효과]의 질감 "신문용지"적용
  • 차트 외곽선 표시

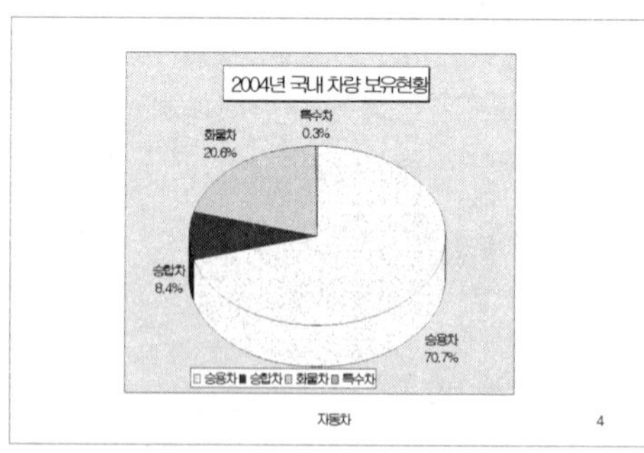

[슬라이드 5]

[조건]

1. 슬라이드 3을 복사
2. 표 영역 삭제
3. 슬라이드 레이아웃 적용 [제목 및 다이어그램 또는 조직도] 로 변경
4. 제목영역
 ① 제목영역 크기는 슬라이드 3의 제목영역 크기와 동일하게
 ② "자동차 개발과정" 입력
5. 다이어그램 또는 조직도영역 작업
 ① 다이어그램 또는 조직도 영역을 더블클릭하여 다이어그램 종류 선택 "조직도" 지정
 ② 조직도와 그리기 도구상자를 활용하여 작성
 ③ 조직도 작업
  · 도형서식:색 "채우기 없음", 선 두께 "1". "그림자적용" 지정
  · 글꼴색 "검정", "가운데 맞춤"지정

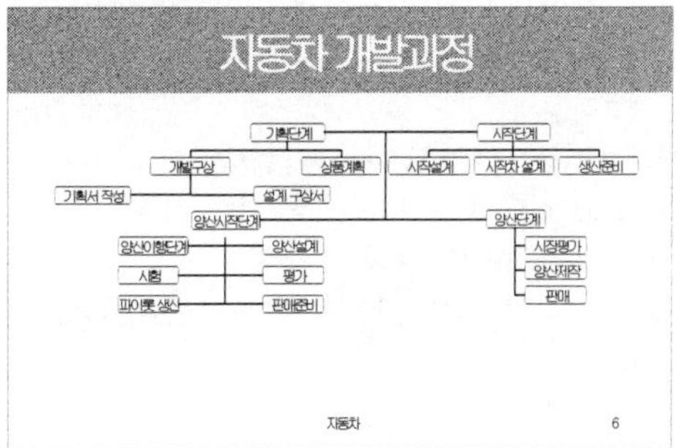

연습문제 2 : YES 또는 NO 차트 만들기

[슬라이드 1]

[조 건]

1. 슬라이드 디자인 서식파일 “눈꽃”적용
2. 슬라이드 레이아웃 적용 [내용 레이아웃][빈 화면] 적용
3. [보기][슬라이드 마스터]선택
4. 수준에 따라 글자크기 및 색상 지정
5. [보기][기본]메뉴로 돌아감
6. 제목영역 : 워드아트를 이용하여 “START” 입력
7. 텍스트영역
 ① 입력할 문자열은 슬라이드와 동일하게 작성
 ② [슬라이드 쇼][실행단추] 또는 그리기 도구 [도형][실행단추] “홈”형태를 선택하여 마스터 내의 적당한 위치에 놓기
 ③ 실행단추의 하이퍼링크 옵션 “처음 슬라이드”로 지정
8. [슬라이드 쇼][실행설정]을 선택 후 화면 전환 “수동” 지정

[슬라이드 2]

[조 건]

1. 슬라이드 레이아웃 적용 [텍스트 레이아웃][제목 및 텍스트] 적용
2. 제목영역 : “학생이세요?”입력
3. 텍스트영역
 ① 입력할 문자열은 슬라이드와 동일하게 작성
 ② 워드아트를 이용하여 “YES”와 “NO” 작성
 ③ [슬라이드 쇼][실행단추] 또는 그리기 도구에서 [도형][실행단추] 중 “홈”형태를 선택하여 마스터 내의 적당한 위치에 놓기
 ④ 실행단추의 하이퍼링크 옵션 “처음 슬라이드”로 지정
4. 슬라이드 3, 4에 복사하여 붙여넣기
5. “YES”에 하이퍼링크기능 적용 → 슬라이드 3
6. “NO”에 하이퍼링크기능 적용 → 슬라이드 4

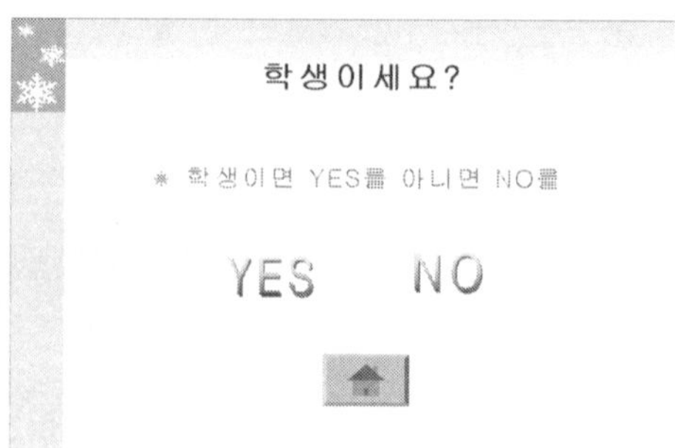

[슬라이드 3]

[조 건]

1. 제목영역 : "늦게 잠을 자나요?"입력
2. 텍스트영역
   ① "늦게 자면 YES를 아니면 NO"를 입력
3. 슬라이드 5, 6에 복사하여 붙여넣기
4. "YES"에 하이퍼링크기능 적용 → 슬라이드 5
5. "NO"에 하이퍼링크기능 적용 → 슬라이드 6

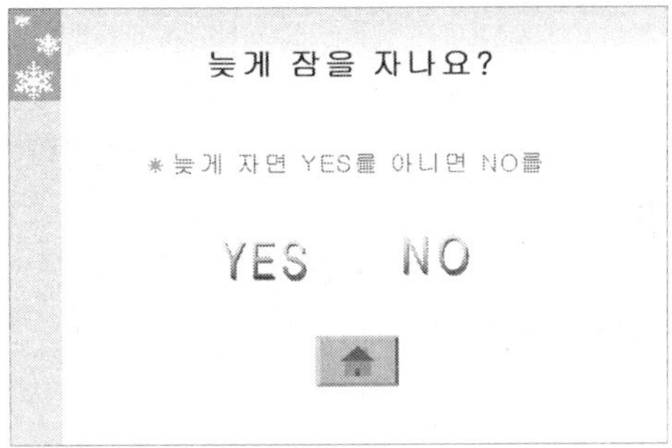

[슬라이드 4]

[조 건]

1. 제목영역 : "집에 일찍 귀가하나요?"입력
2. 텍스트영역 : "일찍 가면 YES를 아니면 NO"를 입력

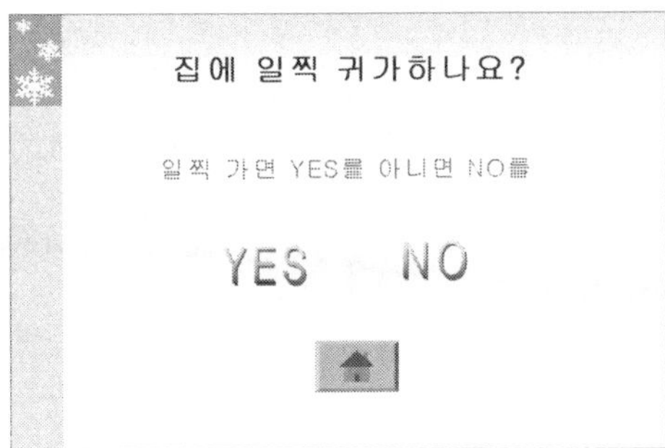

[슬라이드 5]

[조 건]

1. 제목영역 : "나는 학구파..."입력
2. 텍스트영역 : "당신은 컴퓨터가 필요합니다" 입력

[슬라이드 6]

<table>
<tr>
<td>

[조 건]

1. 제목영역 : "나는 게으른...." 입력
2. 텍스트영역 : "당신은 컴퓨터가 필요합니다" 입력
3. [슬라이드 쇼][화면전환]효과를 선택하여 소리 "클릭"지정, "모든 슬라이드에 적용" 지정

</td>
<td>

</td>
</tr>
</table>

연습문제 3 : 전자 생일 카드 만들기

[슬라이드 1]

<table>
<tr><td>

[조 건]

1. [파일][페이지설정] 선택
2. [슬라이드 크기]에서 [사용자 지정] 선택
너비 : 19.2, 높이 : 9.6 , 방향 : 가로방향
3. [보기][확대/축소]선택 후 75%입력
4. [슬라이드 레이아웃][내용 레이아웃]에서 "빈 화면"선택
5. [서식][배경] 을 "검정", "모두 적용"선택
6. 그리기 도구모음을 이용하여 직사각형 만들기(바탕색 : 흰색)
7. 그리기 도구의 [회전 또는 대칭] 에서 "사용자 정의" 회전 단추를 이용하여 원하는 각도로 회전
8. 직사각형을 하나 더 삽입하고 유형을 변경(바탕색:녹색)
9. 두번째 직사각형에 "사랑하는 친구에게"입력
10. 도형 "달"을 만든 후 "누르세요"입력
11. 도형"달" 선택 후 [실행설정] −[마우스를 클릭할 때마다]−[하이퍼링크] −"다음 슬라이드"지정

</td><td>

</td></tr>
</table>

[슬라이드 2]

<table>
<tr><td>

[조 건]

1. 슬라이드 1을 복사
2. 그리기 도구의 직사각형을 이용하여 사각형을 그린 후 여러 가지 색을 지정 후 그룹화하기
3. 그리기 도구의 [도형][선][자유형]을 이용하여 곡선 그리기(리본형태)
4. 단계 2, 3에서 작성한 정사각형, 리본형태에 [슬라이드 쇼][사용자 지정 애니메이션] 지정
① 애니메이션 순서를 가로 리본, 세로 리본그룹, 작은 정사각형 그룹 순으로 지정
② 도형 선택 후 [효과적용][강조하기][크게/작게]−크기 "50%"입력
5. [타이밍]탭에서 시작 "마우스를 클릭할 때", 지연 "0"을 입력

</td><td>

</td></tr>
</table>

[슬라이드 3]

[조 건]

1. 슬라이드 2를 복사
2. 흰 가로상자와 도형"달"삭제
3. [슬라이드 쇼][사용자 지정 애니메이션]에서 애니메이션 효과를 없애기

[슬라이드 4]

[조 건]

1. 슬라이드 3을 복사
2. 가로 문자열 상자 삭제
3. 슬라이드 배경 "흰색"으로 변경

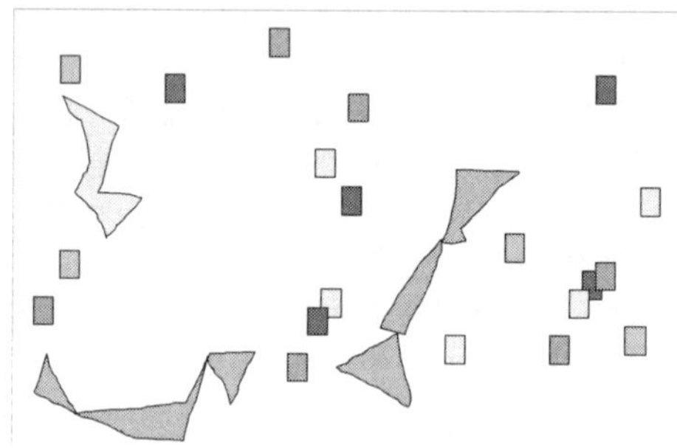

[슬라이드 5]

[조 건]

1. 슬라이드 4를 복사
2. 워드아트를 이용하여"Happy" "Birthday" 입력
3. 각 글자 선택 후 [사용자 지정 애니메이션][효과적용][강조하기][크게/작게] 지정

[슬라이드 6]

[조 건]	
1. 슬라이드 5를 복사 2. 도형 "타원" 입력 후 "그림자 스타일 14"지정 3. 워드아트로 숫자 "22"입력 4. 타원과 숫자 22 그룹화(개체2)한 후 투명도 50% 설정 5. 세로 문자열 상자(개체3)를 이용하여 글자 입력(크기:20) 6. "Happy"와 "Birthday" 애니메이션 효과 새로이 지정 ① "Happy"와 "Birthday" 그룹화(개체1) ② 애니메이션 효과 "나타내기－날라오기" 지정 7. 개체 3의 애니메이션 효과 "사라지기－밝기 변화며 회전시키기" 지정 8. 개체 2의 애니메에션 효과 "강조하기－회전(반복수 3회)" 지정 9. [보기][여러 슬라이드 보기] 선택 10. [슬라이드 쇼][화면전환]선택 후 [다음 시간 후 자동 전환]을 선택하고 "1"로 지정 후 [모두 적용]을 선택 11. 슬라이드3, 4를 선택 후 [화면전환]"흩어 뿌리기" 적용	

정보기술자격(ITQ) 실기시험

과 목	코 드	문제유형	시험시간	수험번호	성 명
한글파워포인트	1142	A	60분		

수험자 유의사항

◉ **파일명은** 본인의 **"수험번호-성명"**으로 **입력**하여 A 드라이브의 답안 디스켓에 **하나의 파일**로 저장해야 하며, 답안문서 파일명이 "수험번호-성명"과 일치하지 않을 경우 실격 처리됩니다.
(예 : 12345678-홍길동)

◉ 시험의 완료는 작성이 완료된 답안을 저장하고, 저장된 것을 확인한 것으로 합니다.
만약, 미저장되었거나 저장한 파일이 손상되었을 경우에는 실격 처리합니다.

◉ 답안문서는 답안 디스켓 외의 다른 보조 기억장치에 저장 할 경우 부정 행위로 간주하여 실격으로 처리합니다.

◉ 시스템 조작의 미숙으로 시험이 불가능하다고 판단되는 수험자는 실격으로 처리합니다.

◉ 시험중 부주의 또는 고의로 시스템을 파손한 경우는 수험자 부담으로 합니다.

◉ 시험을 완료한 수험자는 답안작성용 디스켓에 저장되었는지 확인한 후 문제지와 디스켓을 감독위원에게 제출한 후 퇴실합니다.

답안 작성 요령

◉ 슬라이드의 총 개수는 6개로 구성되어 있으며, **반드시 슬라이드1부터 순서대로** 작업하고, 반드시 문제와 세부조건대로 한다.

◉ 문제와 세부조건, 세부조건 번호 ◌(점선원)은 입력하지 않습니다.

◉ 글꼴 및 기타 사항에 대해 별도의 지시사항이 없는 경우, 슬라이드 크기와 전체적인 균형을 고려하여 임의로 작성합니다.

◉ 배점은 전체 구성점수 60점과 각 슬라이드 점수의 합계로 이루어진다.

◉ 슬라이드 번호와 바닥글을 작성합니다. (1번 슬라이드에는 생략)

◉ 클립아트는 임의의 클립아트를 삽입합니다.

◉ 슬라이드 출력 크기는 A4 Paper로 설정하여 작성한다.

◉ *각 슬라이드를 각각의 파일로 작업해서 저장할 경우 실격 처리합니다.*

韓國生產性本部

기출문제 1

[슬라이드 1] [제목 슬라이드]

(1) 제목 : 워드아트로 작성 (그림자 스타일 5 적용)
(2) 부제목 : 그리기 도형을 작성하고 문자열 입력
(3) 클립아트 : 임의의 클립아트 삽입
(4) 제목 애니메이션 : 드라이브인 효과

▶ 세부조건

※ 각 개체의 위치는 슬라이드와 동일하게 구성
※ 클립아트 삽입

[슬라이드 2] [텍스트 스라이드]

(1) 슬라이드 제목은 채우기 효과(질감 : 코르크)를 적용하고 문자열은 흰색을 적용한다.
(2) 텍스트 상자의 글머리표 사용(❖, ➤, ✔)
(3) 텍스트 상자의 외곽선을 표시하고 그림자를 적용한다.
(4) 제목 애니메이션 효과 적용 : 레이저 텍스트 효과

▶ 세부조건

※ 각 개체의 위치는 슬라이드와 동일하게 구성

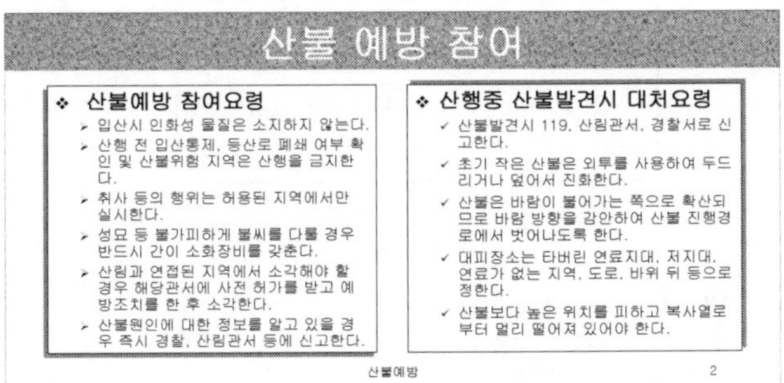

[슬라이드 3] [도형슬라이드]

(1) 슬라이드 제목은 채우기 효과(질감 : 코르크)를 적용하고 문자열은 흰색을 적용한다.
(2) 슬라이드와 같이 도형을 배치한다.
(3) 그룹화 설정 : 제목을 제외하고 완성된 모든 도형을 하나의 개체로 그룹화한다.

(4) 도형 애니메이션효과 지정 : 카메라 효과

▶ **세부조건**

※ 각 개체의 위치는 슬라이드와 동일하게 구성

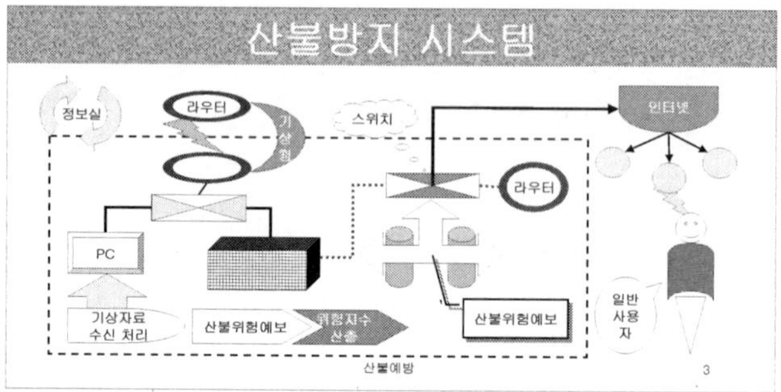

[슬라이드 4] [표 슬라이드]

(1) 슬라이드 제목은 도형을 이용하여 작성하고 채우기 효과(질감 : 코르크)를 적용하고 문자열은 흰색을 적용한다.

(2) 표 작성 기능을 이용하여 슬라이드를 작성한다.

(3) 표 애니메이션효과 지정 : 카메라 효과

▶ **세부조건**

※ 각 개체의 위치는 슬라이드와 동일하게 구성

① 표 작업

· 표 테두리 표시(3pt)

· 표제목 : 셀 음영(빨강), 글꼴(흰색)

· 문자 : 가운데 맞춤

· 숫자 : 오른쪽 맞춤

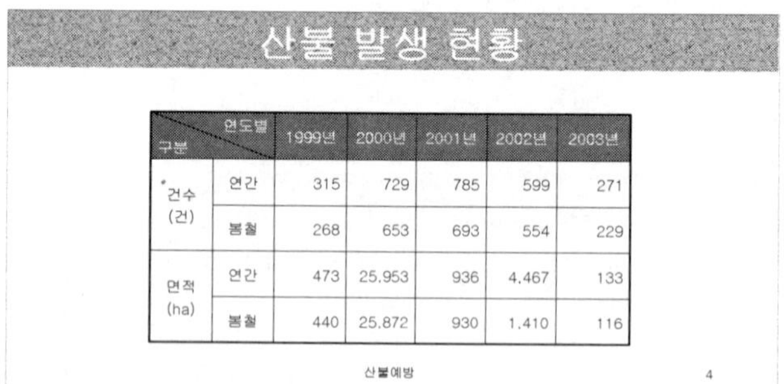

구분 \ 연도별		1999년	2000년	2001년	2002년	2003년
건수 (건)	연간	315	729	785	599	271
	봄철	268	653	693	554	229
면적 (ha)	연간	473	25,953	936	4,467	133
	봄철	440	25,872	930	1,410	116

[슬라이드 5] [차트 슬라이드]

(1) 차트 작성 기능을 이용하여 슬라이드를 작성한다.

(2) 차트 애니메이션 효과 적용 : 종류별로

(3) 데이터

	입산자실화	논밭두렁소각	담뱃불실화	쓰레기소각	성묘객실화	기 타
원인	42	19	9	8	7	15

▶ 세부조건
※ 각 개체의 위치는 슬라이드와 동일하게 구성
① 차트설명
- 차트제목유형 : 3차원 효과
- 차트전체 : 돋움, 22pt
- 차트제목 : 32pt
- 차트영역 : 흰색, 테두리 표시
- 차트영역 : 노랑
- 범례 : 표시 안함
- 레이블과 백분율표시

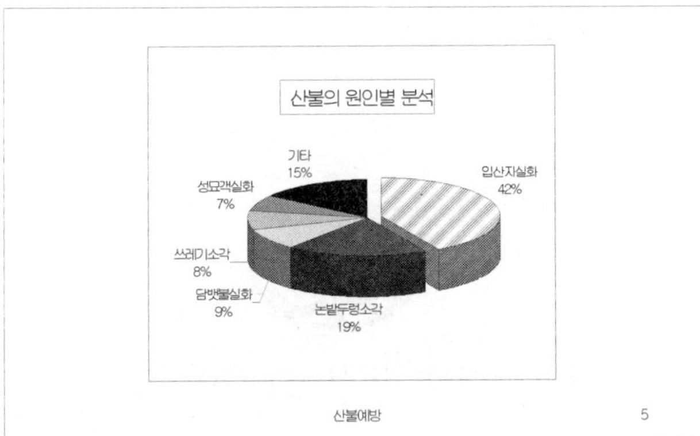

[슬라이드 6] [도형 슬라이드]
(1) 슬라이드 제목은 채우기 효과(질감 : 코르크)를 적용하고 문자열은 흰색을 적용한다.
(2) 조직도 작성 기능을 이용하여 슬라이드를 작성한다.
(3) 조직도 애니메이션 효과 적용 : 드라이브인 효과

▶ 세부조건
※각 개체의 위치는 슬라이드와 동일하게 구성
① 조직도를 이용하여 작성

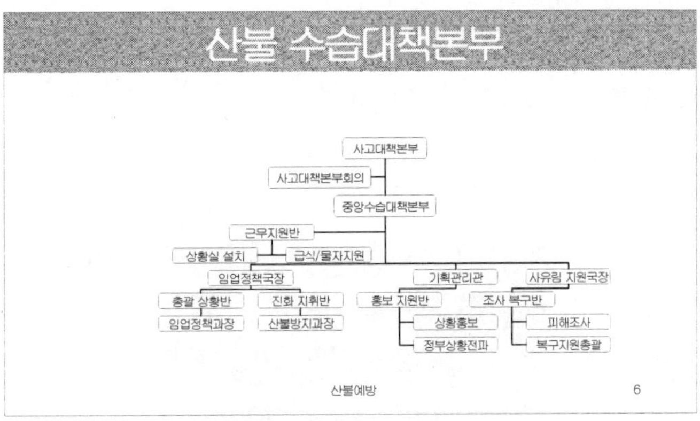

기출문제 2

[슬라이드1] [제목 슬라이드]

(1) 제목 : 도형(그림자 스타일 4) + 텍스트(글꼴－굴림, 40pt, 빨강), 채우기 효과(질감－꽃다발)
(2) 부제목 : 워드아트로 작성(글꼴－돋움, 36pt)
(3) 클립아트 : 임의의 클립아트(그림) 삽입
(4) 제목 애니메이션 : 드라이브인 효과

▶ 세부조건

※ 각 개체의 위치는 슬라이드와 동일하게 구성
① 클립아트 삽입위치

[슬라이드 2] [목차 슬라이드]

(1) 슬라이드 제목은 도형을 이용해서 작성(글머리 기호 사용 : ❑), 글꼴(굴림, 40pt, 빨강), 채우기 효과(질감－꽃다발)
(2) 슬라이드와 같이 도형(그림자 스타일 5)을 이용하여 목차를 작성한다(글꼴－굴림, 24pt).
(3) 클립아트 : 임의의 클립아트(그림) 삽입
(4) 제목 애니메이션 : 날아오기 효과

▶ 세부조건

※ 각 개체의 위치는 슬라이드와 동일하게 구성
① 텍스트에 하이퍼링크 적용 → '슬라이드 3'
② 실행단추 → 첫째 슬라이드
③ 클립아트 삽입위치(이미지조절 : 워터마크)

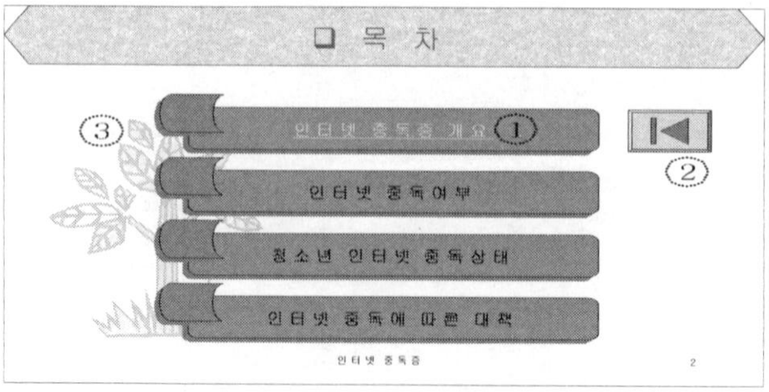

[슬라이드 3] [텍스트 슬라이드]

(1) 슬라이드 제목은 도형을 이용해서 작성(글머리 기호 사용 : ❑), 글꼴(굴림, 40pt, 빨강), 채우기 효과(질감－꽃다발)
(2) 글머리 기호 사용(❖, ➢)
(3) 슬라이드와 같이 도형을 작성하고, 임의의 클립아트(그림)를 삽입한다.
(4) ①도형과 ②클립아트를 그룹화하여 애니메이션 효과 적용 : 날아오기 효과

▶ 세부조건

※ 각 개체의 위치는 슬라이드와 동일하게 구성
① 도형의 조합으로 작성(외곽선 없음)
② 클립아트 삽입위치

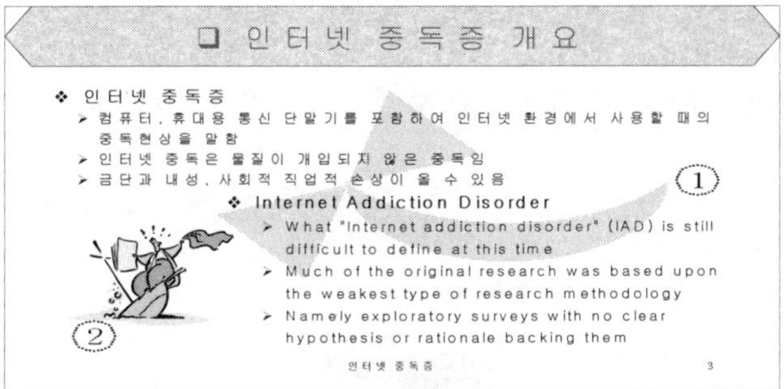

[슬라이드 4] [표 슬라이드]

(1) 슬라이드 제목은 도형을 이용해서 작성(글머리 기호 사용 : ❑), 글꼴(굴림, 40pt, 빨강), 채우기 효과(질감－꽃다발)
(2) 표 작성 기능을 이용하여 슬라이드를 작성한다.
(3) 도형은 슬라이드와 같은 위치에 작성한다.
(4) ①, ④도형과 표를 그룹화하여 애니메이션 효과 적용 : 날아오기 효과

▶ 세부조건

※ 각 개체의 위치는 슬라이드와 동일하게 구성
① 도형으로 작성
② 상단 행 셀(그라데이션, 색 1－강조색, 색 2－배경색)
③ 하단 행 셀(질감 : 편지지)
④ 도형 삽입, 없음(연녹색 적용, 외곽선 없음)

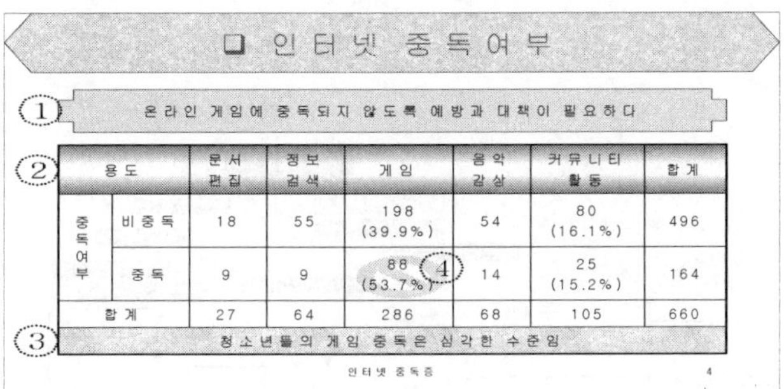

용도		문서 편집	정보 검색	게임	음악 감상	커뮤니티 활동	합계
중독여부	비중독	18	55	198 (39.9%)	54	80 (16.1%)	496
	중독	9	9	88 (53.7%)	14	25 (15.2%)	164
합계		27	64	286	68	105	660

[슬라이드 5] [차트 슬라이드]

(1) 슬라이드 제목은 도형을 이용해서 작성(글머리 기호 사용 : ❑), 글꼴(굴림, 40pt, 빨강), 채우기 효과(질감－꽃다발)

(2) 차트 작성 기능을 이용하여 슬라이드를 작성한다.

(3) 하단의 표도 작성한다.

(4) ①도형과 차트를 그룹화하여 애니메이션 효과 적용 : 카메라 효과

▶ 세부조건

※ 각 개체의 위치는 슬라이드와 동일하게 구성

※ 차트설명

- 차트유형 : 3차원 효과의 쪼개진 원형
- 차트전체 : 굴림, 18pt, 굵게
- 차트영역 : 색 없음
- 데이터 레이블 값 표시

① 도형을 이용하여 "위험대상" 표시(파란색 적용, 반투명, 외곽선 없음)

② 도형으로 작성

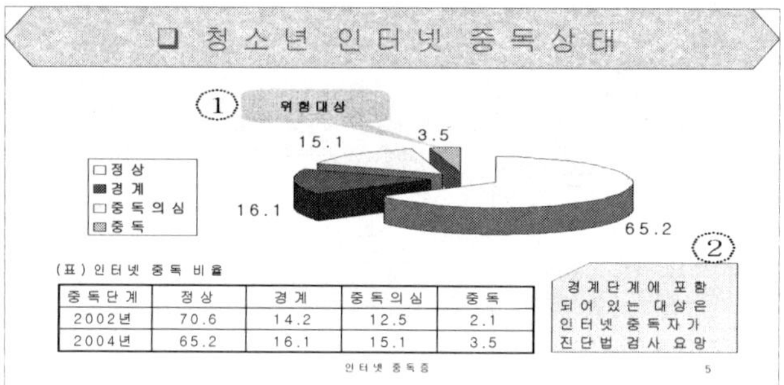

[슬라이드 6] [도형 슬라이드]

(1) 슬라이드 제목은 도형을 이용해서 작성(글머리 기호 사용 : ❑), 글꼴(굴림, 40pt, 빨강), 채우기 효과(질감－꽃다발)

(2) 슬라이드와 같이 조직도와 도형을 배치한다.

(3) 그룹화 설정 : 제목을 제외하고 완성된 모든 도형을 하나의 개체로 그룹화한다.

(4) 애니메이션 효과(그룹화한 도형) : 카메라 효과

▶ 세부조건

※ 각 개체의 위치는 슬라이드와 동일하게 구성

※ 도형의 화살표 및 선은 '연결선'기능을 이용하여 작성

① 조직도를 이용하여 작성

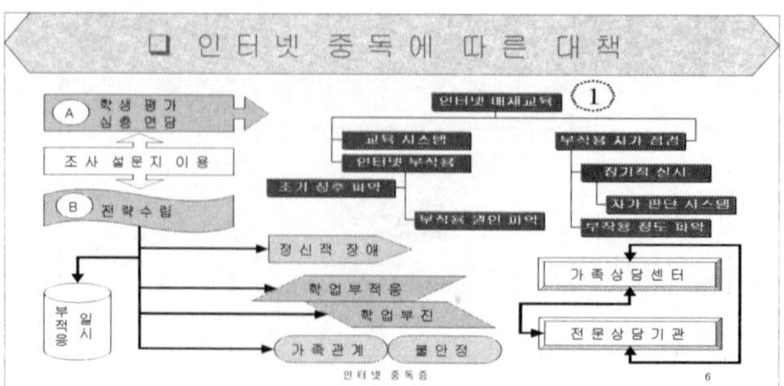

기출문제 3

[슬라이드 1] [제목 슬라이드]

(1) 제목 : 도형(그림자 스타일 4)+텍스트(글꼴-굴림, 40pt, 흰색), 채우기 효과(질감-일반 목재)
(2) 부제목 : 워드아트로 작성(글꼴-돋움, 36pt)
(3) 클립아트 : 임의의 클립아트(그림) 삽입
(4) 제목 애니메이션 : 드라이브인 효과

▶ 세부조건

※ 각 개체의 위치는 슬라이드와 동일하게 구성
① 클립아트 삽입위치

[슬라이드 2] [목차 슬라이드]

(1) 슬라이드 제목은 도형을 이용해서 작성(글머리 기호 사용 : ❑), 글꼴(굴림, 40pt, 흰색), 채우기 효과(질감-일반 목재)
(2) 슬라이드와 같이 도형(그림자 스타일 6)을 이용하여 목차를 작성한다(글꼴-굴림, 24pt).
(3) 클립아트 : 임의의 클립아트(그림) 삽입
(4) 제목 애니메이션 : 날아오기 효과

▶ 세부조건

※ 각 개체의 위치는 슬라이드와 동일하게 구성
① 텍스트에 하이퍼링크 적용 → '슬라이드 4'
② 실행단추 → 다음 슬라이드
③ 클립아트 삽입위치(이미지조절 : 워터마크)

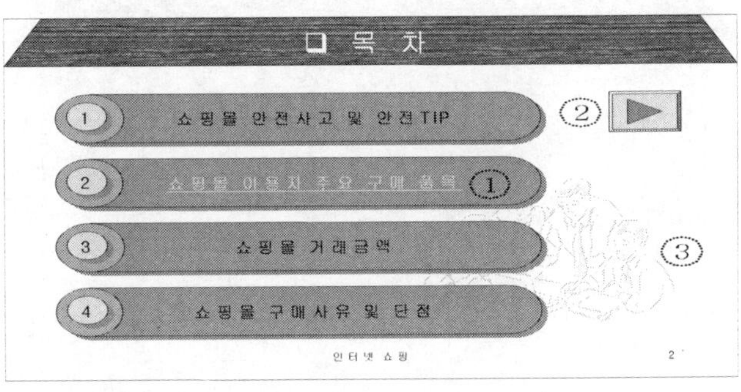

[슬라이드 3] [텍스트 슬라이드]

(1) 슬라이드 제목은 도형을 이용해서 작성(글머리 기호 사용 : ❑), 글꼴(굴림, 40pt, 흰색), 채우기

효과(질감－일반 목재)

(2) 글머리 기호 사용 (❖, ➢)

(3) 슬라이드와 같이 도형을 작성하고, 임의의 클립아트(그림)를 삽입한다.

(4) ①도형과 ②클립아트를 그룹화하여 애니메이션 효과 적용 : 날아오기 효과

▶ 세부조건

※ 각 개체의 위치는 슬라이드와 동일하게 구성

① 도형의 조합으로 작성(외곽선 없음)

② 클립아트 삽입위치

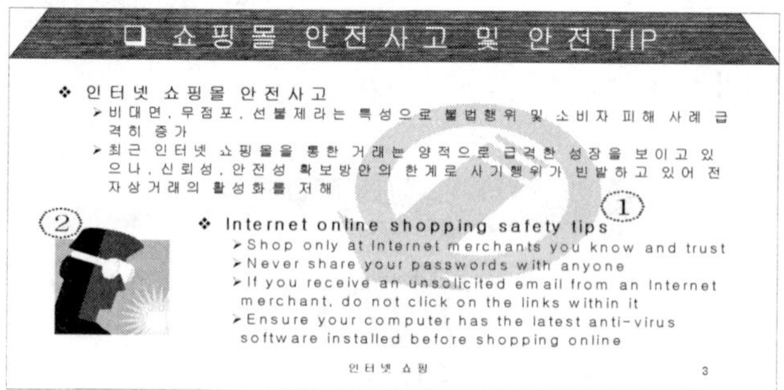

[슬라이드 4] [표 슬라이드]

(1) 슬라이드 제목은 도형을 이용해서 작성(글머리 기호 사용 : ❑), 글꼴(굴림, 40pt, 흰색), 채우기 효과(질감－일반 목재)

(2) 표 작성 기능을 이용하여 슬라이드를 작성한다.

(3) 도형은 슬라이드와 같은 위치에 작성한다.

(4) ①, ④도형과 표를 그룹화하여 애니메이션 효과 적용 : 날아오기 효과

▶ 세부조건

※ 각 개체의 위치는슬라이드와 동일하게 구성

① 도형으로 작성

② 상단 행 셀(질감 : 작은 물방울)

③ 좌측 열 셀(그라데이션, 색 1－강조색, 색 2－배경색)

④ 도형으로 작성, 폭발 1(연녹색 적용, 외곽선 없음)

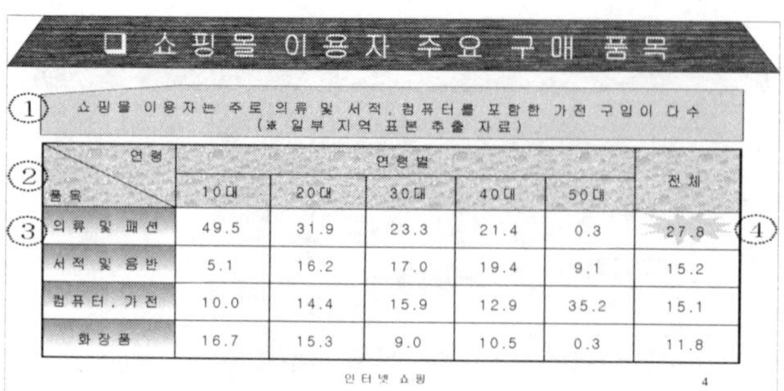

[슬라이드 5] [차트 슬라이드]

(1) 슬라이드 제목은 도형을 이용해서 작성(글머리 기호 사용 : ❑), 글꼴(굴림, 40pt, 흰색), 채우기

효과(질감-일반 목재)

(2) 차트 작성 기능을 이용하여 슬라이드를 작성한다.

(3) 하단의 표도 작성한다.

(4) ①도형과 차트를 그룹화하여 애니메이션 효과 적용 : 카메라 효과

▶ 세부조건

※ 각 개체의 위치는 슬라이드와 동일하게 구성

※ 차트설명

· 차트유형 : 원통 모양의 세로 막대형

· 차트전체 : 굴림, 18pt, 굵게

· 차트영역 : 색 없음

· 값(Z)축 서식 : 주단위 눈금(2,000)

① 도형을 이용하여 표시(파란색 적용, 반투명, 외곽선 없음)

② 도형으로 작성

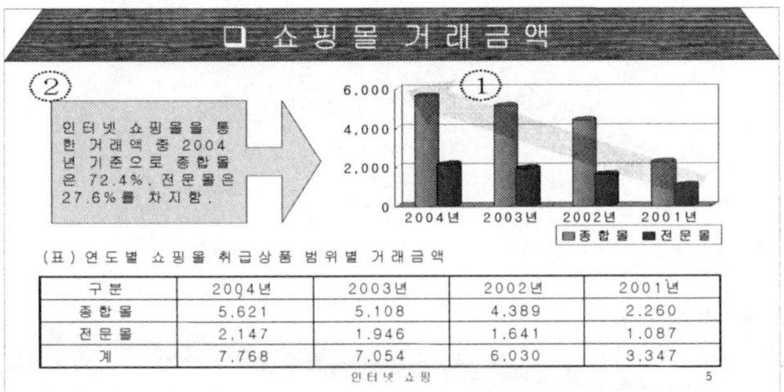

[슬라이드 6] [도형 슬라이드]

(1) 슬라이드 제목은 도형을 이용해서 작성(글머리 기호 사용 : ❑), 글꼴(굴림, 40pt, 흰색), 채우기 효과(질감-일반 목재)

(2) 슬라이드와 같이 조직도와 도형을 배치한다.

(3) 그룹화 설정 : 제목을 제외하고 완성된 모든 도형을 하나의 개체로 그룹화한다.

(4) 애니메이션 효과(그룹화한 도형) : 카메라효과

▶ 세부조건

※ 각 개체의 위치는 슬라이드와 동일하게 구성

※ 도형의 화살표 및 선은 '연결선'기능을 이용하여 작성

① 조직도를 이용하여 작성

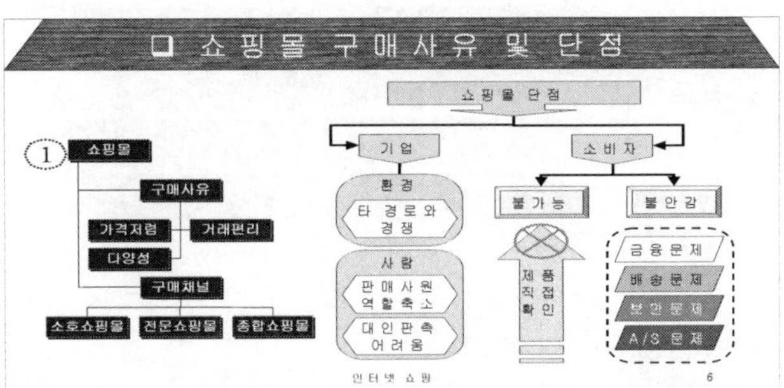

기출문제 4

[슬라이드 1] [제목 슬라이드]

(1) 제목 : 도형(그림자 스타일 5)+텍스트(글꼴－굴림, 40pt, 흰색), 채우기 효과(질감－오크)
(2) 부제목 : 워드아트로 작성(글꼴－돋움, 36pt)
(3) 클립아트 : 임의의 클립아트(그림) 삽입
(4) 제목 애니메이션 : 드라이브인효과

▶ 세부조건

※ 각 개체의 위치는 슬라이드와 동일하게 구성
① 클립아트 삽입위치

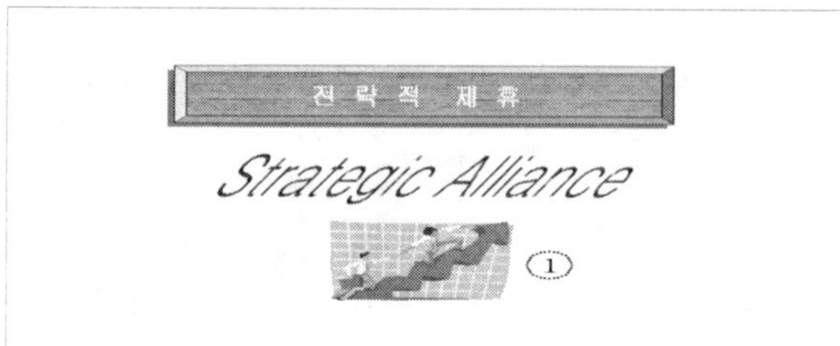

[슬라이드 2] [목차 슬라이드]

(1) 슬라이드 제목은 도형을 이용해서 작성(글머리 기호 사용 : ❖), 글꼴(굴림, 40pt, 흰색), 채우기 효과(질감－오크)
(2) 슬라이드와 같이 도형(그림자 스타일 1)을 이용하여 목차를 작성한다(글꼴－굴림, 24pt)·
(3) 클립아트 : 임의의 클립아트(그림) 삽입
(4) 제목 애니메이션 : 날아오기 효과

▶ 세부조건

※ 각 개체의 위치는 슬라이드와 동일하게 구성
① 텍스트에 하이퍼링크 적용 → '슬라이드 6'
② 실행단추 → 마지막으로 본 슬라이드
③ 클립아트 삽입위치(이미지조절 : 워터마크)

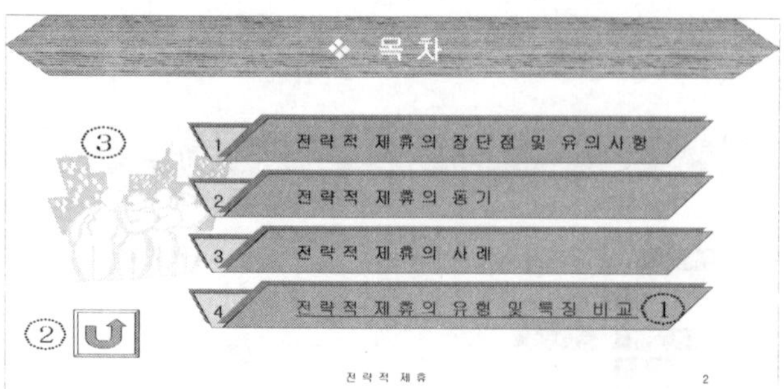

[슬라이드 3] [텍스트 슬라이드]

(1) 슬라이드 제목은 도형을 이용해서 작성(글머리 기호 사용 : ❖), 글꼴(굴림, 40pt, 흰색), 채우기

효과(질감-오크)
(2) 글머리 기호 사용(❑, ➤)
(3) 슬라이드와 같이 도형을 작성하고, 임의의 클립아트(그림)를 삽입한다.
(4) ①도형과 ②클립아트를 그룹화하여 애니메이션 효과 적용 : 날아오기 효과

▶ **세부조건**
※ 각 개체의 위치는 슬라이드와 동일하게 구성
① 도형의 조합으로 작성(외곽선 없음)
② 클립아트 삽입위치

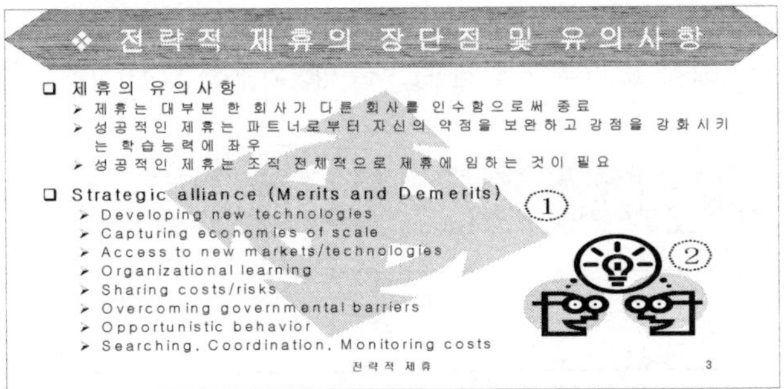

[슬라이드 4] [표 슬라이드]
(1) 슬라이드 제목은 도형을 이용해서 작성(글머리 기호 사용 : ❖), 글꼴(굴림, 40pt, 흰색), 채우기 효과(질감-오크)
(2) 표 작성 기능을 이용하여 슬라이드를 작성한다.
(3) 도형은 슬라이드와 같은 위치에 작성한다.
(4) ①, ④도형과 표를 그룹화하여 애니메이션 효과 적용 : 날아오기 효과

▶ **세부조건**
※ 각 개체의 위치는 슬라이드와 동일하게 구성
① 도형으로 작성
② 상단 행 셀(그라데이션, 색 1-강조색, 색 2-배경색)
③ 좌측 열 셀(질감 : 파랑박엽지)
④ 도형 삽입, 이중 물결(연녹색 적용, 외곽선 없음)

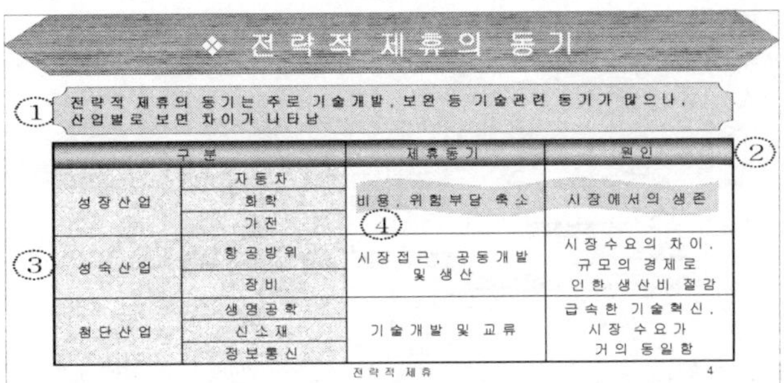

[슬라이드 5] [차트 슬라이드]
(1) 슬라이드 제목은 도형을 이용해서 작성(글머리 기호 사용 : ❖), 글꼴(굴림, 40pt, 흰색), 채우기 효과(질감-오크)

(2) 차트 작성 기능을 이용하여 슬라이드를 작성한다.
(3) 상단의 표도 작성한다.
(4) ①도형과 차트를 그룹화하여 애니메이션 효과 적용 : 카메라 효과

▶ 세부조건
※ 각 개체의 위치는 슬라이드와 동일하게 구성
※ 차트설명
· 차트유형 : 3차원 효과의 누적 가로막대형
· 차트전체 : 굴림, 18pt, 굵게
· 차트영역 : 색 없음
· Z(값)축 단위 눈금 : 125
① 도형을 이용하여 '62건'표시(파란색 적용, 반투명, 외곽선 없음)
② 도형으로 작성

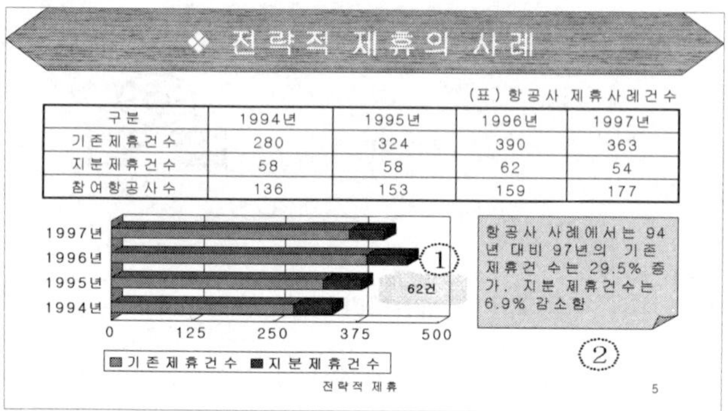

[슬라이드 6] [도형 슬라이드]
(1) 슬라이드 제목은 도형을 이용해서 작성(글머리 기호 사용 : ❖), 글꼴(굴림, 40pt, 흰색), 채우기 효과(질감－오크)
(2) 슬라이드와 같이 조직도와 도형을 배치한다.
(3) 그룹화 설정 : 제목을 제외하고 완성된 모든 도형을 하나의 개체로 그룹화한다.
(4) 애니메이션 효과(그룹화한 도형) : 카메라 효과
▶ 세부조건
※ 각 개체의 위치는 슬라이드와 동일하게 구성
※ 도형의 화살표 및 선은 '연결선'기능을 이용하여 작성
① 조직도를 이용하여 작성

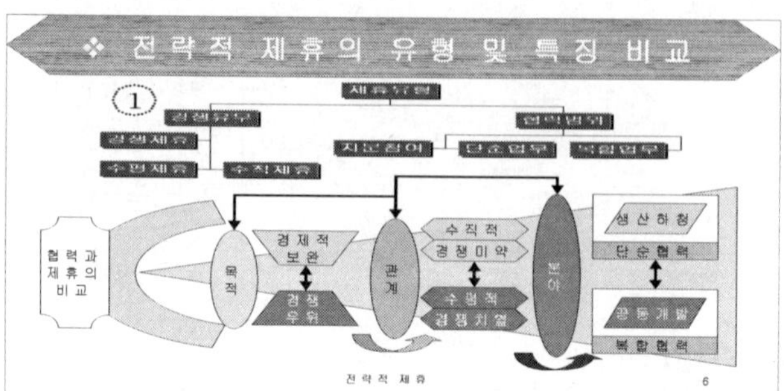

기출문제 5

[슬라이드 1] [제목 슬라이드]

(1) 제목 : 도형(그림자 스타일 4) + 텍스트(글꼴-굴림, 40pt, 흰색), 채우기 효과(질감-코르크)
(2) 부제목 : 워드아트로 작성(글꼴-굴림, 36pt)
(3) 클립아트 : 임의의 클립아트(그림) 삽입
(4) 제목 애니메이션 : 드라이브인 효과

▶ **세부조건**

※ 각 개체의 위치는 슬라이드와 동일하게 구성
① 클립아트 삽입위치

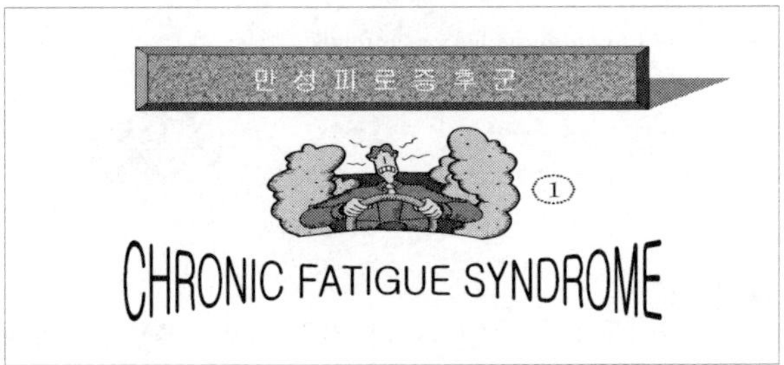

[슬라이드 2] [목차 슬라이드]

(1) 슬라이드 제목은 도형을 이용해서 작성(글머리 기호 사용 : ❖), 글꼴(굴림, 40pt, 흰색), 채우기 효과(질감-코르크)
(2) 슬라이드와 같이 도형(그림자 스타일 1)을 이용하여 목차를 작성한다(글꼴-굴림, 24pt).
(3) 클립아트 : 임의의 클립아트(그림) 삽입
(4) 제목 애니메이션 : 날아오기 효과

▶ **세부조건**

※ 각 개체의 위치는 슬라이드와 동일하게 구성
① 텍스트에 하이퍼링크 적용 → '슬라이드 6'
② 실행단추 → 첫째 슬라이드
③ 클립아트 삽입위치(이미지조절 : 워터마크)

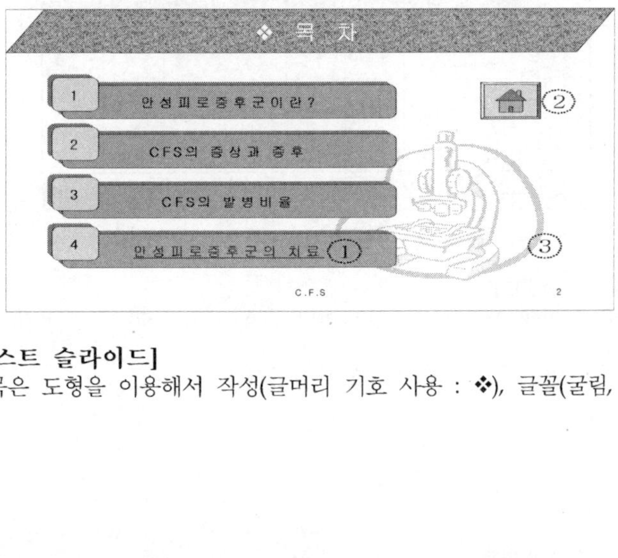

[슬라이드 3] [텍스트 슬라이드]

(1) 슬라이드 제목은 도형을 이용해서 작성(글머리 기호 사용 : ❖), 글꼴(굴림, 40pt, 흰색), 채우기

효과(질감 - 코르크)
(2) 글머리 기호 사용(➢, ▪)
(3) 슬라이드와 같이 도형을 작성하고, 임의의 클립아트(그림)를 삽입한다.
(4) ①도형과 ②클립아트를 그룹화하여 애니메이션 효과 적용 : 날아오기 효과

▶ **세부조건**
※ 각 개체의 위치는 슬라이드와 동일하게 구성
① 도형의 조합으로 작성(외곽선 없음)
② 클립아트 삽입위치

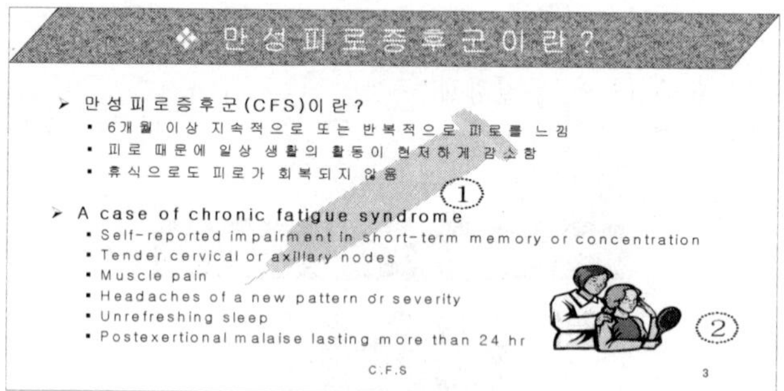

[슬라이드 4] [표 슬라이드]
(1) 슬라이드 제목은 도형을 이용해서 작성(글머리 기호 사용 : ❖), 글꼴(굴림, 40pt, 흰색), 채우기 효과(질감 - 코르크)
(2) 표 작성 기능을 이용하여 슬라이드를 작성한다.
(3) 도형은 슬라이드와 같은 위치에 작성한다.
(4) ①, ④도형과 표를 그룹화하여 애니메이션 효과 적용 : 날아오기 효과

▶ **세부조건**
※ 각 개체의 위치는 슬라이드와 동일하게 구성
① 도형으로 작성
② 상단 행 셀(그라데이션, 색 1 - 강조색, 색 2 - 배경색)
③ 좌측 열 셀(질감 : 파랑 박엽지)
④ 도형 삽입, 갈매기형 수장

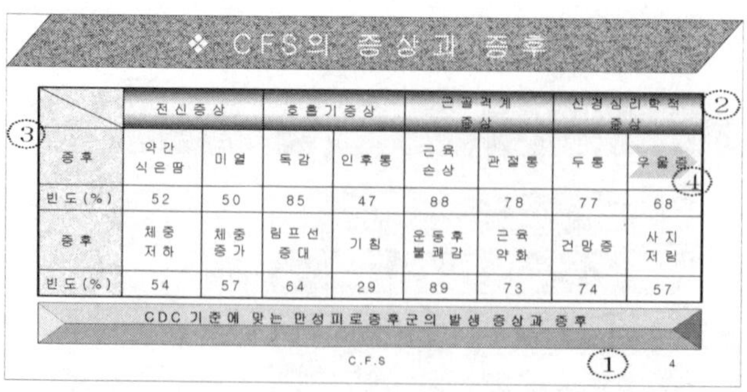

	전신증상		호흡기증상		근골격계 증상		신경심리학적 증상	
증후	약간 식은땀	미열	독감	인후통	근육 손상	관절통	두통	우울증
빈도(%)	52	50	85	47	88	78	77	68
증후	체중 저하	체중 증가	림프선 증대	기침	운동후 불쾌감	근육 약화	건망증	사지 저림
빈도(%)	54	57	64	29	89	73	74	57

[슬라이드 5] [차트 슬라이드]
(1) 슬라이드 제목은 도형을 이용해서 작성(글머리 기호 사용 : ❖), 글꼴(굴림, 40pt, 흰색), 채우기 효과(질감 - 코르크)
(2) 차트 작성 기능을 이용하여 슬라이드를 작성한다.

(3) 상단의 표도 작성한다.
(4) ①도형과 차트를 그룹화하여 애니메이션 효과 적용 : 카메라 효과

▶ 세부조건
※ 개체의 위치는 슬라이드와 동일하게 구성
※ 차트설명
· 차트유형 : 3차원 효과의 묶은 가로 막대형
· 차트전체 : 굴림, 18pt, 굵게
· 옆면 서식(질감 : 인쇄용지)
· 데이터 계열 서식 : '한국' 무늬－영역 색(밝은 옥색)
① 도형을 이용하여 '증가' 표시(파란색 적용, 반투명, 외곽선 없음)
② 도형으로 작성

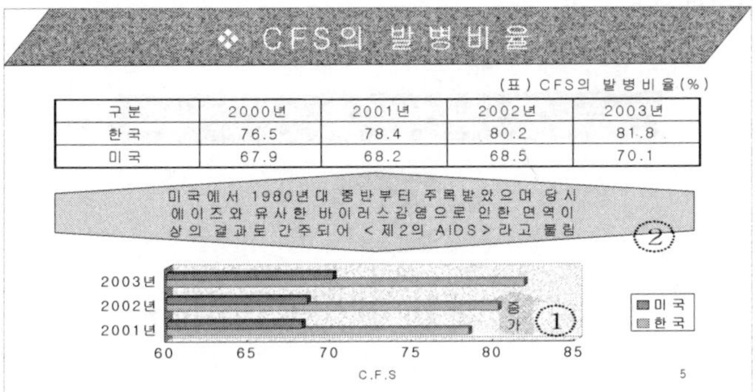

[슬라이드 6] [도형 슬라이드]
(1) 슬라이드 제목은 도형을 이용해서 작성(글머리 기호 사용 : ❖), 글꼴(굴림, 40pt, 흰색), 채우기 효과(질감－코르크)
(2) 슬라이드와 같이 조직도와 도형을 배치한다.
(3) 그룹화 설정 : 제목을 제외하고 완성된 모든 도형을 하나의 개체로 그룹화한다.
(4) 애니메이션 효과(그룹화한 도형) : 카메라 효과

▶ 세부조건
※ 각 개체의 위치는 슬라이드와 동일하게 구성
※ 도형의 화살표 및 선은 '연결선'기능을 이용하여 작성
① 조직도를 이용하여 작성

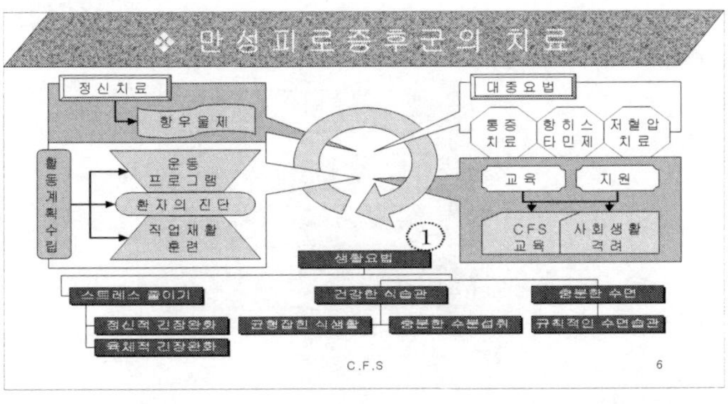

기출문제 6

[슬라이드 1] [제목 슬라이드]

(1) 제목 : 도형(그림자 스타일 4) + 텍스트(글꼴 – 굴림, 40pt, 흰색), 채우기 효과(질감 – 자주 편물)
(2) 부제목 : 워드아트로 작성(글꼴 – 궁서, 36pt)
(3) 클립아트 : 임의의 클립아트(그림) 삽입
(4) 제목 애니메이션 : 카메라 효과

▶ **세부조건**

※ 각 개체의 위치는 슬라이드와 동일하게 구성
① 클립아트 삽입위치

[슬라이드 2] [목차 슬라이드]

(1) 슬라이드 제목은 도형을 이용해서 작성(글머리 기호 사용), 글꼴(굴림, 40pt, 흰색), 채우기 효과(질감 – 자주 편물)
(2) 슬라이드와 같이 도형(그림자 스타일 6)을 이용하여 목차를 작성한다(글꼴 – 굴림, 24pt).
(3) 클립아트 : 임의의 클립아트(그림) 삽입
(4) 제목 애니메이션 : 카메라 효과

▶ **세부조건**

※ 각 개체의 위치는 슬라이드와 동일하게 구성
① 텍스트에 하이퍼링크 적용→'슬라이드 4'
② 실행단추→마지막 슬라이드
③ 클립아트 삽입위치

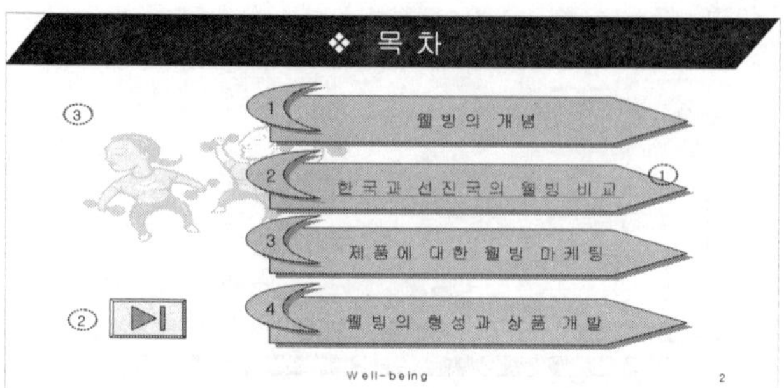

[슬라이드 3] [텍스트 슬라이드]

(1) 슬라이드 제목은 도형을 이용해서 작성(글머리 기호 사용), 글꼴(굴림, 40pt, 흰색), 채우기 효과

(질감 – 자주 편물)
(2) 글머리 기호 사용
(3) 슬라이드와 같이 도형을 작성하고, 임의의 클립아트(그림)를 삽입한다.
(4) ①도형과 ②클립아트를 그룹화하여 애니메이션 효과 적용 : 날아오기 효과

▶ **세부조건**
※ 각 개체의 위치는 슬라이드와 동일하게 구성
① 도형의 조합으로 작성(외곽선 없음)
② 클립아트 삽입위치

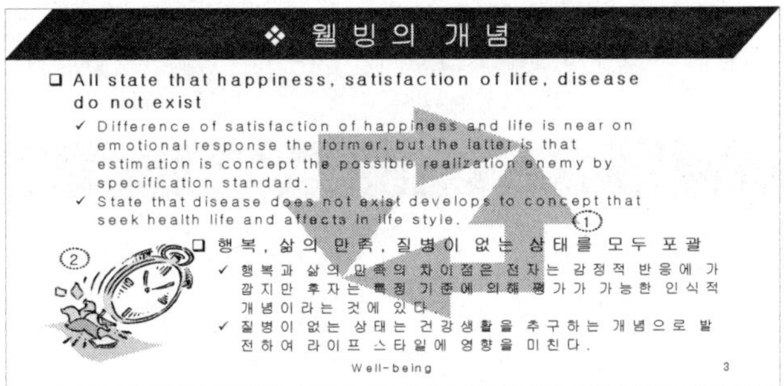

[슬라이드 4] [표 슬라이드]
(1) 슬라이드 제목은 도형을 이용해서 작성(글머리 기호 사용), 글꼴(굴림, 40pt, 흰색), 채우기 효과 (질감 – 자주 편물)
(2) 표 작성 기능을 이용하여 슬라이드를 작성한다.
(3) 도형은 슬라이드와 같은 위치에 작성한다.
(4) ①,④도형과 표를 그룹화하여 애니메이션 효과 적용 : 날아오기 효과

▶ **세부조건**
※ 각 개체의 위치는 슬라이드와 동일하게 구성
① 도형으로 작성
② 상단행 셀(그라데이션)(색1 – 강조색, 색2 – 배경색)
③ 좌측 열 셀(질감 : 인쇄용지)
④ 도형 삽입 : 물결(연녹색 적용, 외곽선 없음)

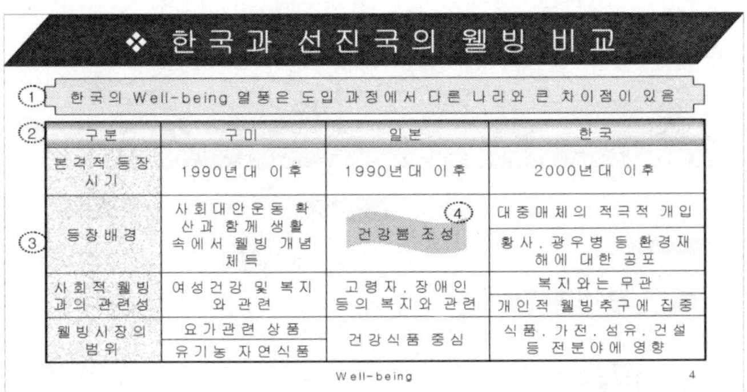

[슬라이드 5] [차트 슬라이드]
(1) 슬라이드 제목은 도형을 이용해서 작성(글머리 기호 사용), 글꼴(굴림, 40pt, 흰색), 채우기 효과 (질 감 – 자주 편물)

(2) 차트 작성 기능을 이용하여 슬라이드를 작성한다.
(3) 하단의 표도 작성한다.
(4) ①도형과 차트를 그룹화하여 애니메이션 효과 적용 : 날아오기 효과

▶ 세부조건

※ 각 개체의 위치는 오른쪽의 슬라이드와 동일하게 구성
※ 차트설명

· 차트유형 : 이중축 혼합형
· 차트전체 : 굴림, 18pt, 굵게
· 그림영역 : 색 없음
· 데이터 레이블 : '성장율'계열의 '2003년'요소만 표시)

① 도형을 이용하여 '웰빙 마케팅' 표시(파란색 적용, 반투명, 외곽선 없음)
② 도형으로 작성

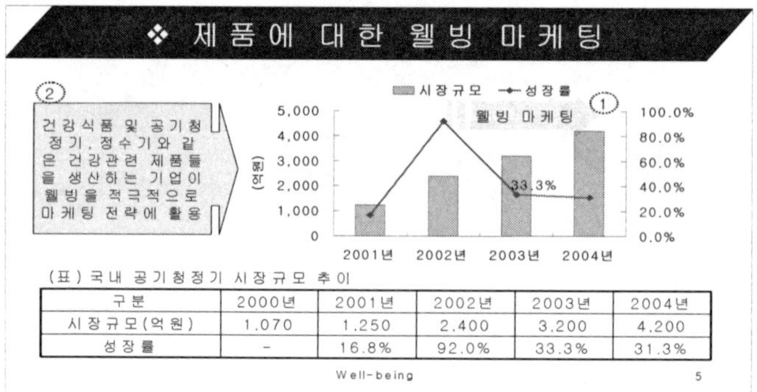

[슬라이드 6] [도형 슬라이드]

(1) 슬라이드 제목은 도형을 이용해서 작성(글머리 기호 사용), 글꼴(굴림, 40pt, 흰색), 채우기 효과(질감－자주 편물)
(2) 슬라이드와 같이 조직도와 도형을 배치한다.
(3) 그룹화 설정 : 제목을 제외한 완성된 모든 개체를 하나로 그룹화한다.
(4) 애니메이션 효과(그룹화한 개체) : 드라이브인 효과

▶ 세부조건

※ 각 개체의 위치는 슬라이드와 동일하게 구성
※ 도형의 화살표 및 선은 '연결선'기능을 이용하여 작성

① 조직도를 이용하여 작성

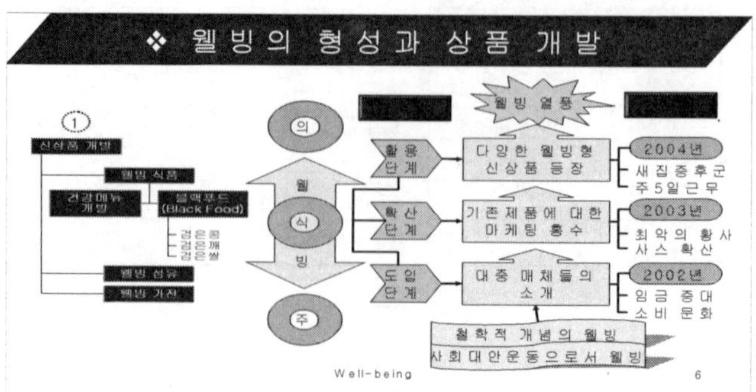

기출문제 7

[슬라이드 1] [제목 슬라이드]

(1) 제목 : 도형(그림자 스타일 5)+텍스트(글꼴-궁서, 40pt, 검정), 채우기 효과(질감-파피루스)
(2) 부제목 : 워드아트로 작성(글꼴-궁서, 44pt)
(3) 그림 : 임의의 그림 삽입
(4) 제목 애니메이션 : 레이저 텍스트 효과

▶ 세부조건
※ 각 개체의 위치는 슬라이드와 동일하게 구성
① 그림 삽입위치

[슬라이드 2] [목차 슬라이드]

(1) 슬라이드 제목은 도형을 이용해서 작성(글머리 기호 사용), 글꼴(굴림, 40pt, 빨강), 채우기 효과(질감-흰색 대리석)
(2) 슬라이드와 같이 도형(그림자 스타일 6)을 이용하여 목차를 작성한다(글꼴-굴림, 24pt).
(3) 그림 : 임의의 그림 삽입
(4) 제목 애니메이션 : 날아오기 효과

▶ 세부조건
※ 각 개체의 위치는 슬라이드와 동일하게 구성
① 텍스트에 하이퍼링크 적용→'슬라이드 6'
② 실행단추 → 첫째 슬라이드
③ 그림 삽입위치(이미지조절 : 워터마크)

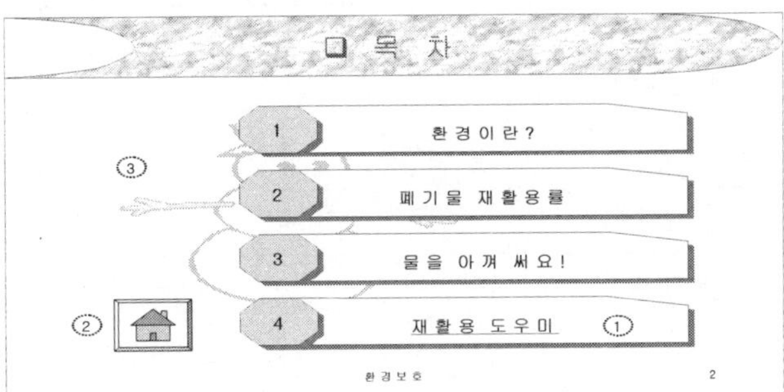

[슬라이드 3] [텍스트 슬라이드]

(1) 슬라이드 제목은 도형을 이용해서 작성(글머리 기호 사용), 글꼴(굴림, 40pt, 빨강), 채우기 효과(질감-흰색 대리석)

(2) 글머리 기호 사용
(3) 슬라이드와 같이 도형을 작성하고, 임의의 그림을 삽입한다.
(4) ①도형과 ②그림을 그룹화하여 애니메이션 효과 적용 : 날아오기 효과

▶ 세부조건
※ 각 개체의 위치는 슬라이드와 동일하게 구성
① 도형의 조합으로 작성(외곽선 없음)
② 그림 삽입위치

[슬라이드 4] [표 슬라이드]
(1) 슬라이드 제목은 도형을 이용해서 작성(글머리 기호 사용), 글꼴(굴림, 40pt, 빨강), 채우기 효과(질감－흰색 대리석)
(2) 표 작성 기능을 이용하여 슬라이드를 작성한다.
(3) 도형은 슬라이드와 같은 위치에 작성한다.
(4)①, ④도형과 표를 그룹화하여 애니메이션 효과 적용 : 날아오기 효과

▶ 세부조건
※ 각 개체의 위치는 슬라이드와 동일하게 구성
① 도형으로 작성
② 상단 행 셀(그라데이션)(색1－강조색, 색2－배경색)
③ 좌측 열 셀(질감 : 분홍박엽지)
④ 도형 삽입 : 원형 화살표(연녹색 적용, 외곽선 없음)

[슬라이드 5] [차트 슬라이드]
(1) 슬라이드 제목은 도형을 이용해서 작성(글머리 기호 사용), 글꼴(굴림, 40pt, 빨강), 채우기 효과(질감－흰색 대리석)
(2) 차트 작성 기능을 이용하여 슬라이드를 작성한다.

(3) 상단의 표도 작성한다.
(4) ①도형과 차트를 그룹화하여 애니메이션 효과 적용 : 카메라 효과

▶ **세부조건**

※ 각 개체의 위치는 슬라이드와 동일하게 구성

※ 차트설명

- 차트유형 : 이중축 혼합형
- 차트전체 : 굴림, 18pt, 굵게
- 차트영역 : 색 없음
- 데이터 레이블 : 값표시(1일 급수량 계열만)

① 도형을 이용하여 '약 3배' 표시(파란색 적용, 반투명, 외곽선 없음)

② 도형으로 작성

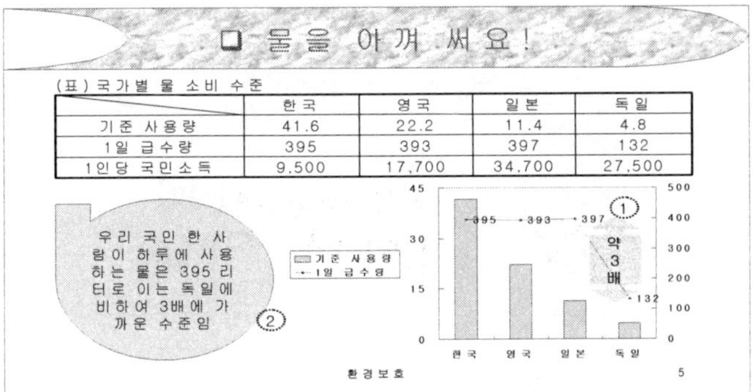

[슬라이드 6] [도형 슬라이드]

(1) 슬라이드 제목은 도형을 이용해서 작성(글머리 기호 사용), 글꼴(굴림, 40pt, 빨강), 채우기 효과 (질감－흰색 대리석)
(2) 슬라이드와 같이 조직도와 도형을 배치한다.
(3) 그룹화 설정 : 제목을 제외하고 완성된 모든 개체를 하나로 그룹화한다.
(4) 애니메이션 효과(그룹화한 개체) : 카메라 효과

▶ **세부조건**

※ 각 개체의 위치는 슬라이드와 동일하게 구성

※ 도형의 화살표 및 선은 '연결선'기능을 이용하여 작성

① 조직도를 이용하여 작성

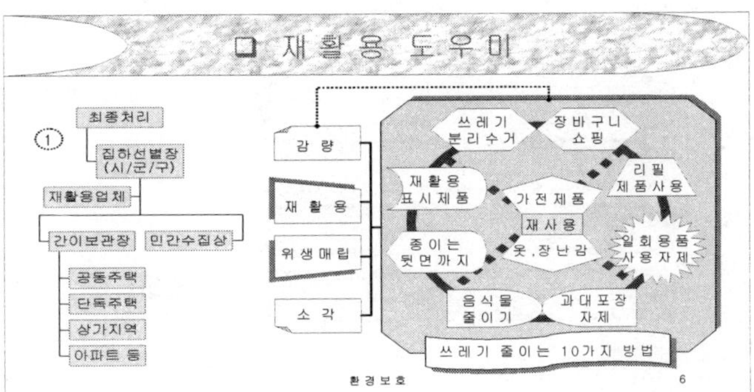

기출문제 8

[슬라이드 1] [제목 슬라이드]

(1) 제목 : 도형(그림자 스타일 12) + 텍스트(글꼴 – 굴림, 40pt, 검정), 채우기 효과(질감 – 작은 물방울)
(2) 부제목 : 워드아트로 작성(글꼴 – 궁서, 40pt)
(3) 그림 : 임의 그림 삽입
(4) 제목 애니메이션 : 레이저 텍스트 효과

▶ 세부조건

※ 각 개체의 위치는 슬라이드와 동일하게 구성
① 그림삽입위치

[슬라이드 2] [목차 슬라이드]

(1) 슬라이드 제목은 도형을 이용해서 작성(글머리 기호 사용), 글꼴(굴림, 40pt, 검정), 채우기 효과(질감 – 흰색 대리석)
(2) 슬라이드와 같이 도형(그림자 스타일 2)을 이용하여 목차를 작성한다(글꼴 – 굴림, 24pt, 굵게).
(3) 그림 : 임의 그림 삽입
(4) 제목 애니메이션 : 날아오기 효과

▶ 세부조건

※ 각 개체의 위치는 슬라이드와 동일하게 구성
① 텍스트에 하이퍼링크 적용 → '슬라이드 5'
② 실행단추 → 다음 슬라이드
③ 그림삽입위치(이미지조절 : 워터마크)

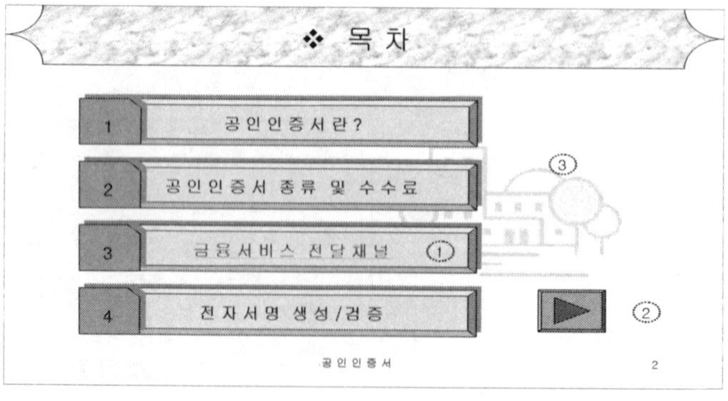

[슬라이드 3][텍스트 슬라이드]

(1) 슬라이드 제목은 도형을 이용해서 작성(글머리 기호 사용), 글꼴(굴림, 40pt, 검정), 채우기 효과

(질감 – 흰색 대리석)
(2) 글머리 기호 사용
(3) 슬라이드와 같이 도형을 작성하고 임의의 그림을 삽입한다.
(4) ①도형과 ②그림을 그룹화하여 애니메이션 효과 적용 : 날아오기 효과

▶ 세부조건
※ 각 개체의 위치는 슬라이드와 동일하게 구성
① 도형의 조합으로 작성(외곽선 없음)
② 그림삽입위치

[슬라이드 4] [표 슬라이드]
(1) 슬라이드 제목은 도형을 이용해서 작성(글머리 기호 사용), 글꼴(굴림, 40pt, 검정), 채우기 효과 (질감 – 흰색 대리석)
(2) 표 작성 기능을 이용하여 슬라이드를 작성한다.
(3) 도형은 슬라이드와 같은 위치에 작성한다.
(4)①,④도형과 표를 그룹화하여 애니메이션 효과 적용 : 날아오기 효과

▶ 세부조건
※ 각 개체의 위치는 슬라이드와 동일하게 구성
① 도형으로 작성
② 상단행 셀(그레데이션)(색1 – 강조색, 색2 – 배경색)
③ 좌측 열 셀(질감:켄버스)
④ 도형 삽입 : "포인트가 4개인 별"(연녹색, 외곽선 없음)

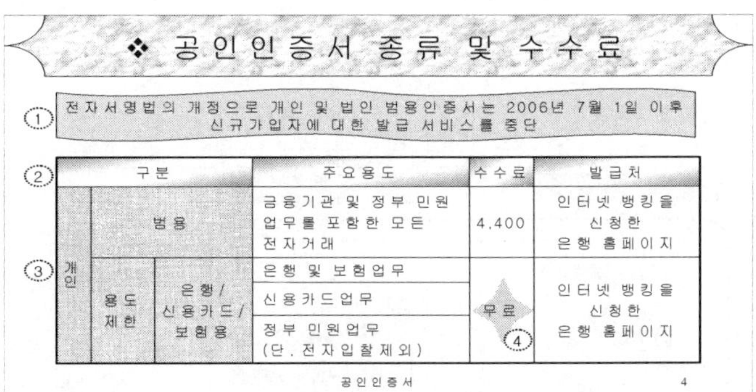

[슬라이드 5] [차트 슬라이드]
(1) 슬라이드 제목은 도형을 이용해서 작성(글머리 기호 사용), 글꼴(굴림, 40pt, 검정), 채우기 효과

(질감 – 흰색 대리석)
(2) 차트 작성 기능을 이용하여 슬라이드를 작성한다.
(3) 하단의 표도 작성한다.
(4) ①도형과 차트를 그룹화하여 애니메이션 효과 적용 : 카메라 효과

▶ 세부조건
※ 각 개체의 위치는 슬라이드와 동일하게 구성
※ 차트설명
· 차트유형 : 3차원 효과의 원형
· 차트전체 : 굴림, 18pt, 굵게
· 차트영역: 색 없음, 테두리 없음
· 데이터 레이블 : 값 표시, 인터넷 뱅킹 조각 분리
① 도형을 이용하여 '가장 높음' 표시(파란색 적용, 반투명, 외곽선 없음)
② 도형으로 작성

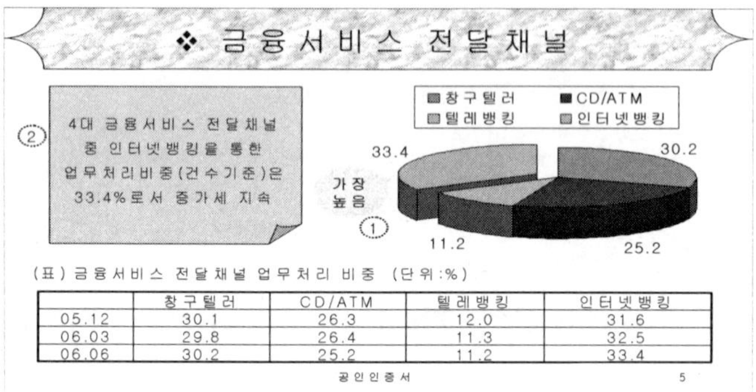

[슬라이드 6] [도형 슬라이드]
(1) 슬라이드 제목은 도형을 이용해서 작성(글머리 기호 사용), 글꼴(굴림, 40pt, 검정), 채우기 효과(질감 – 흰색 대리석)
(2) 슬라이드와 같이 조직도와 도형을 배치한다.
(3) 그룹화 설정 : 제목을 제외하고 완성된 모든 개체를 하나로 그룹화한다.
(4) 애니메이션 효과(그룹화한 개체) : 카메라효과

▶ 세부조건
※ 각 개체의 위치는 슬라이드와 동일하게 구성
※ 도형의 화살표 및 선은 '연결선'기능을 이용하여 작성
① 조직도를 이용하여 작성

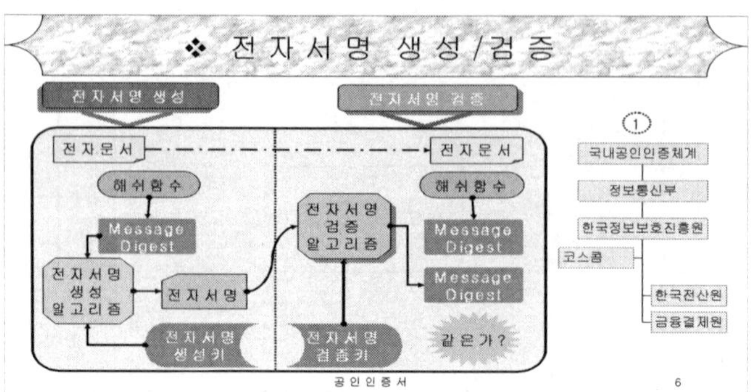

엑셀 · 파워포인트

2010년 2월 20일 1판 2쇄 발행

저 자 곽 효 연

발행인 남 승 우

발행처 도서출판 상尙 학學 당堂

서울시 동작구 조홍1길 4 (사당3동 220-43)
TEL : 02) 595-1692~4
FAX : 02) 595-1394
E-mail : namdoo6@unitel.co.kr
신고 : 2-155호 (1968. 11. 29)

정가 15,000원

ISBN 978-89-85437-48-6 93000